ZHONGGUO DANG'AN NIANJIAN

中国档案年鉴

（2018）

国家档案局
中央档案馆 编

中国文史出版社

图书在版编目(CIP)数据

中国档案年鉴. 2018 / 国家档案局,中央档案馆编.
—北京: 中国文史出版社, 2019.12
ISBN 978-7-5205-3084-2

Ⅰ. ①中… Ⅱ. ①国… ②中… Ⅲ. ①档案工作-中国-2018-年鉴 Ⅳ. ①G279.2-54

中国版本图书馆 CIP 数据核字(2021)第 140040 号

责任编辑: 詹红旗

出版发行: **中国文史出版社**
社　　址: 北京市海淀区西八里庄路 69 号　　邮编: 100142
电　　话: 010-81136606　81136602　81136603 (发行部)
传　　真: 010-81136655
印　　装: 廊坊市海涛印刷有限公司
经　　销: 全国新华书店
开　　本: 787 毫米×1092 毫米　1/16
印　　张: 18.25
字　　数: 490 千字
版　　次: 2021 年 9 月北京第 1 版
印　　次: 2021 年 9 月第 1 次印刷
定　　价: 200.00 元

文史版图书, 版权所有, 侵权必究。

2017 年 12 月 27 日，全国档案局长馆长会议在北京召开

2017 年 6 月 20 日，李明华、王绍忠出席“中印尼社会文化关系档案展”

2017年7月28日，李明华出席河南省档案局在信阳市光山县举办的全省精准扶贫档案工作现场会

2017年12月11日，李明华出席《世界记忆名录——南京大屠杀档案》《拉贝日记》（影印本）新书首发式

2017 年 9 月 23 日，胡旺林在江阴市档案馆调研档案工作

2017 年 7 月 18 日，王绍忠出席《中央档案馆藏日本侵华战犯笔供选编》新书发布会暨赠书仪式

付华为第一期全国县级档案局长馆长培训班授课

2017 年 12 月 8 日，刘鲤生（左二）在山西省档案局检查工作

2017 年 2 月 4 日，山西省副省长王赋在山西省档案馆进行新馆建设项目调研

2017 年 6 月 30 日，山东省委书记刘家义，省委副书记、省长龚正，省政协主席刘伟等在山东省档案馆参观“全面从严治党永远在路上”专题展览

2017 年 8 月 10 日，吉林省档案馆举办“铁证如山——日本帝国主义在中国东北的金融掠夺展”

2017 年 10 月 12 日，云南省档案馆工作会议与会代表实地参观昭通市档案馆

2017 年 11 月 15 日，中共湖北省委常委、省委秘书长梁伟年莅临湖北省档案馆参观“不忘初心、牢记使命——学习贯彻党的十九大精神红色档案史料展”

2017 年 11 月 19 日，新四军及四野部队首长后人在海南省档案局参观“张云逸大将”档案展后与档案局同志合影

2017 年 12 月 18 日，浙江省档案局与贵州省档案局在浙江省档案馆签署开展“异地查档、跨馆服务”工作合作协议

袁振威夫妇向安徽省档案馆捐赠《袁国平纪念文集》《袁国平传》《追寻先辈的足迹》等书籍以及人物传记片《父亲·将军》光盘

中国科学院党组成员、秘书长邓麦村观看院机关举办的“档案，我们共同的记忆”主题档案宣传展

《中国档案年鉴》编辑委员会

主　　任　李明华

副 主 任　胡旺林　王绍忠　付　华　刘鲤生

委　　员　闫志全　刘　芸　杜　梅　于晶霞
焦东华　黄丽华　李　忱　边甦宁
王燕民　王红敏　可力平　许　虹
蔡　伟

《中国档案年鉴》编辑部

主　　任　杜　梅

副 主 任　常建宏　张向军

编辑人员　王　忻　李莉娜　林　菁　王　孖
史　书

成　　员　宗文萍　陈　燕　王　琳　张　琳　杨　静
高　源　吴庄岩　杜凯欣　徐　珂　沈付君
邹文婧　杨　影　叶建强　邓东燕　朱凯奇
张晓乐　徐早祥　张　璇　焦林涛　冯　华
曹双双　刘　浩　赵　书　周端敏　邓　琳
黄文霞　赵军辉　郭潇月　孔忠勇　赵立薇
宁　燕　张　军　李　展　徐延誉

编辑说明

一、《中国档案年鉴》是一部供国内外读者了解和研究我国档案事业发展基本情况所必备的综合性、资料性的大型文献和工具书。所采用的资料由国家档案局中央档案馆，中央和地方各部门，各省、自治区、直辖市档案局及有关单位提供，内容全面、翔实、准确，具有权威性。

二、《中国档案年鉴（2018）》反映2017年度的全国档案工作情况。

三、《中国档案年鉴（2018）》以各地档案事业发展情况为主干，从档案法规、标准的制定，档案馆、机关档案室工作，经济科技档案工作，档案教育、科技、宣传、出版、外事工作等各个方面反映我国档案事业发展的全貌。《中国档案年鉴（2018）》介绍了有关档案工作会议及中国档案学会的主要活动，发表了2017年度的档案事业统计资料。

四、《中国档案年鉴（2018）》内容包括：（一）特载；（二）综合概况；（三）档案事业发展概况；（四）档案法治和标准化工作；（五）档案馆工作；（六）机关档案工作；（七）经济科技档案工作；（八）档案专业教育工作；（九）档案科技工作；（十）档案宣传工作；（十一）档案编研工作；（十二）档案外事工作；（十三）中国档案学会；（十四）档案统计资料。书后附有2017年中央档案馆国家档案局大事记。

五、《中国档案年鉴（2018）》收录的资料未包括台湾省。香港特别行政区和澳门特别行政区的有关材料由香港特别行政区和澳门特别行政区自行公布。

六、《中国档案年鉴》的编辑和出版工作，得到了各省、自治区、直辖市档案部门和中央、国家机关档案部门以及中国文史出版社的大力支持，谨在此表示衷心的感谢。

七、《中国档案年鉴》的编辑工作尚存在缺点和不足，敬请读者提出宝贵意见，以便改进。

《中国档案年鉴》编辑部

2021年3月

目　　录

（六）机关档案工作

（七）经济科技档案工作

(八)档案专业教育工作

(九)档案科技工作

(十)档案宣传工作

(十一) 档案编研工作

(十二) 档案外事工作

(十三) 中国档案学会

(十四)档案统计资料

（一）特　　载

国家档案局局长、中央档案馆馆长李明华在全国档案安全工作会议上的讲话

（2017 年 6 月 5 日）

同志们：

这次会议是在全国上下积极迎接党的十九大之际召开的，是 2010 年全国档案安全体系建设工作会议以来又一次专门以档案安全为主题的全国性会议。会议的主要任务是：深入学习贯彻党的十八大和十八届三中、四中、五中、六中全会精神，深入学习贯彻习近平总书记系列重要讲话精神和治国理政新理念新思想新战略，坚持以总体国家安全观为指导，坚持稳中求进工作总基调，认真总结近年来档案安全工作的经验做法，进一步明确档案安全工作的目标、任务和要求，在新的起点上更加积极稳妥地做好档案安全工作，为档案事业长远发展打下坚实基础，为党的十九大胜利召开营造良好氛围。

档案安全是档案工作的底线，是档案事业的根基。党中央、国务院高度重视档案安全，始终强调要把维护档案安全作为档案工作不可动摇的一条原则。1956 年国务院印发《关于加强国家档案工作的决定》，提出了档案工作的基本原则，其中一条就是“维护档案的完整与安全”。1987 年颁布、后经两次修正的《档案法》，都明确规定要“维护档案完整与安全”，强调各级各类档案馆和档案机构要“配置必要的设施，确保档案的安全”。2014 年中办、国办印发《关于加强和改进新形势下档案工作的意见》，进一步强调要“建立健全确保档案安全保密的档案安全体系”，把确保档案安全保密作为加强和改进档案工作的一个重要目标。

长期以来，各级档案部门认真贯彻党中央、国务院有关要求和《档案法》等相关法规，自觉把确保档案安全作为首要任务和基本职责，通过健全安全保密制度、改善档案保管条件、配备安全防护设施、实施重点档案抢救与保护、开展异地异质备份等多种手段，有效确保了档案安全，维护了党和国家的根本利益。去年，我们还专门印发了《关于进一步加强档案安全工作的意见》，对扎实做好新形势下档案安全工作提出了明确要求，各地区各部门也都结合实际开展了许多工作，取得了良好效果。在看到成绩的同时，我们也要看到，随着经济社会的快速发展，档案工作面临的内外部环境日趋复杂，危及档案安全的传统风险与非传统风险日益增多，特别是档案安全事故在近几年仍有发生，有的因管理不善导致档案虫蛀霉变、丢失被盗或意外损毁，有的因管理不严导致档案被涂改、撕毁或调包替换，有的因工作失误导致档案资源流失、数据损毁或信息泄密，个别地方甚至发生了恶意销毁档案，内外勾结伪造、篡改档案以及监守自盗、倒卖档案的事件，性质极其恶劣、危害十分严重。这些情况警示我们，档案安全工作在任何时候都不能有丝毫放松，必须根据形势任务的发展变化不断加强和改进。

下面，我就深入贯彻党中央、国务院有关部署要求和习近平总书记关于保稳定、护安全、促和谐的重要指示精神，进一步抓好档案安全工作，讲 4 点意见。

一、深入贯彻总体国家安全观，从维护国家安全的高度来认识和推进档案安全工作

2014 年 4 月 15 日，习近平总书记在中央国家安全委员会第一次会议上，鲜明提出了总体国家安全观重大战略思想，强调“当前我国国家安全内涵和外延比历史上任何时候都要丰富，时空领域比历史上任何时候都要宽广，内外因素比历史上任何时候都要复杂，必须坚持总体国家安全观，以人民安全为宗旨，以政治安全为根本，以经济安全为基础，以军事、文化、社会安全为保障，以促进国际安全为依托，走出一条中国特色国家安全道路”。总体国家安全观是以习近平同志为核心的党中央洞察国际国内形势作出的重大战略决策，是我们党关于国家安全领域的重大理论创新，是新形势下维护和塑造

中国特色大国安全的强大思想武器，为各地区各部门抓好相关领域国家安全提供了根本遵循和行动指南。各级档案部门都要深入学习领会总体国家安全观的科学内涵和实践要求，正确理解确保档案安全与维护国家安全的辩证关系，努力把总体国家安全观的科学思想和工作要求落实到档案安全工作中去，立足档案工作实际积极维护和巩固国家安全。

（一）深刻认识档案安全对于国家安全的重要意义

习近平总书记在论述总体国家安全观时提出，要“构建集政治安全、国土安全、军事安全、经济安全、文化安全、社会安全、科技安全、信息安全、生态安全、资源安全、核安全等于一体的国家安全体系”，明确了维护国家安全的目标任务，重点强调了11个领域的安全。这里虽然没有出现档案安全的字眼，但毋庸置疑，根据总体国家安全观所构建的国家安全体系，必然包括了确保档案安全的要求。之所以这样讲，这是由档案的性质和作用所决定的。从国家层面看，档案作为党和国家各项工作的真实记录，其中包含了大量的国家秘密和重要敏感信息，涉及政治、军事、外交、司法、经济、科技等各个方面，前述11个领域无不形成档案，且这些档案具有极高的情报价值，直接关系到党和国家的核心利益，一旦发生丢失、损毁、被盗、泄密等事故，必然会对国家安全和利益造成严重损害，甚至危及国家的政权和主权。从民族层面看，档案在记录中华民族悠久历史的同时，也延续了中华民族的共同记忆和璀璨文明，维护档案的完整与安全，不仅有利于继承和弘扬中华优秀传统文化，而且有利于增强文化自信、维护文化安全，为实现国家长治久安提供重要保障。从社会层面看，档案客观记录和反映了各种各样的社会关系，涉及到人民群众的切身利益，如果档案安全出现问题，无论丢失、损毁还是被涂改、被滥用，都有可能导致社会关系混乱、群众利益受损，由此引发各种各样的矛盾纠纷甚至群体性事件，直接影响人民团结和社会稳定，最终也会危害国家安全。这就要求我们，必须以强烈的责任感和使命感、以对党和国家高度负责的态度认真抓好档案安全。

（二）牢固树立国家利益至上的根本理念

国家利益是国家主权和人民福祉的集中体现，是人民群众各方面利益的最大公约数。习近平总书记多次强调，维护国家安全必须捍卫国家利益。总体国家安全观的一个鲜明特征就是坚持国家利益至上，把国家利益放在最为重要、最为核心的位置，把捍卫国家利益作为最高目标和根本使命。贯彻落实总体国家安全观，一定要把国家利益至上作为档案安全工作乃至整个档案工作的根本理念，谋划和推进工作必须考虑是否符合国家利益，评价和检验工作必须考虑是否有利于国家利益。坚持国家利益至上，关键是要强化“四个意识”、提高工作站位，任何时候任何情况下都要从党和国家工作大局出发研究推进我们的工作，切实把党的路线方针政策学习好，把党和国家的工作部署贯彻好，把党中央、国务院的有关指示要求落实好，真正做到围绕中心、服务大局，这样才能更好地维护国家利益。坚持国家利益至上，必须自觉克服部门利益和地方利益的束缚，做决策、办事情一定要讲政治、讲大局、讲奉献，决不能以自我为中心，决不能掺杂一己之利，特别是当部门利益、地方利益与国家利益不一致时，要坚决服从国家利益。在现实工作中，有的部门和单位出于自身利益考虑，该归档的文件材料未及时归档，该移交进馆的档案未依法移交，该履行的审查登记手续未严格履行，诸如此类的种种做法既不符合相关法规，也不利于档案安全，明显背离了国家利益至上的理念和要求，必须坚决纠正和避免。

（三）善学善用总体国家安全观的基本思想方法

总体国家安全观是马克思主义中国化时代化的重要成果，是习近平总书记治国理政新理念新思想新战略的重要组成部分，蕴含着丰富的哲学思想和政治智慧。贯彻落实总体国家安全观，要善于学习掌握其中的各种思想方法，并联系实际自觉运用到各项工作中去。对于档案安全工作来说，重点是要学习运用战略思维、系统思维、法治思维和底线思维。学习运用战略思维，就是要立足当前、着眼长远，科学研判档案事业发展的大方向大趋势，准确把握档案安全面临的新情况新挑战，紧紧围绕传统档案保护、电子数据存储、信息网络运维等事关档案安全的重大问题，努力做到超前谋划、有效应对。学习运用系统思维，就是要全面分析影响档案安全的各种因素，综合考虑可以运用的各种手段，抓好顶层设计和总体规划，织密档案安全的防护网，增强各项措施的协同性，调动各个方面的积极性，推动形成维护档案安全的工作合力。学习运用法治思维，就是要认真贯彻《档案法》《国家安全法》《网络安全法》《保守国家秘密法》等相关法律规定，进一步完善档案安全方面的管理制度、标准规范和操作规程，严肃处理违法违规行为，着力提高档案安全工作的制度化规范化科学化水平。学习运用底线思维，就是要充分考虑档案安全可能遭受的极端风险，既要考虑地震、台风、洪水、雷电等自然灾害，也要考虑暴恐袭击等突发事件，既要考虑失火、爆炸等意外情形，也要考虑纵火、盗抢、黑客攻击、网络病毒等人为破坏，对各种情况都作最坏的打算和最充分的准备，以最大可能确保安全，最大限度减少损失。

（四）切实增强维护国家安全的行动自觉

维护国家安全人人有责。习近平总书记强调，贯彻落实总体国家安全观，必须坚持国家安全一切为了人民、一切依靠人民。《国家安全法》规定，全体公民和一切国家机关、武装力量、企事业单位等都有维护国家安全的责任和义务，各级国家机关及其工作人员在履行职责时都应把维护国家安全作为一条重要原则。对于档案部门来说，履行维护国家安全的责任和义务，关键是要管好档案、用好档案，努力为国家安全工作增添正能量、消减负能量。一方面，要切实管好档案。以维护档案安全为中心，着力抓好各方面各环节管理，确保档案资源不流失，确保档案库房不受意外灾害或人为破坏，确保档案实体不丢失、不损毁，确保档案数据、信息系统及网络始终可用可控，确保档案开放利用、编研出版、宣传展览等始终坚持正确政治方向和舆论导向，坚决杜绝各种安全事故、失泄密事故和重大工作差错，决不给国家安全工作添乱子、埋隐患、帮倒忙。另一方面，要切实用好档案。充分发挥档案作用，深入挖掘档案在维护国家安全中的独特价值，利用档案为国家安全工作提供服务和支持。比如，充分发挥档案的资政作用，深入做好档案信息开发，为国家安全工作提供决策参考；充分发挥档案的育人作用，通过档案编研成果、档案展览等弘扬中华优秀传统文化、革命文化和社会主义先进文化，培育和践行社会主义核心价值观，巩固和发展主流意识形态，为筑牢全党全国各族人民团结奋斗的共同思想基础作贡献；充分发挥档案的历史凭证作用，对涉及国家主权、领土完整、民族团结等核心利益的重大问题及时提供档案支持，对否定、歪曲、丑化党史国史的历史虚无主义坚决予以反击，以实际行动维护国家安全。

二、认真总结经验，准确把握档案安全工作的基本要求

档案安全是档案工作必须始终面对和解决的重要问题。2015 年，栗战书同志在中央档案馆国家档案局干部会议和一史馆成立 90 周年纪念会上的讲话，都强调要健全档案安全管理制度，完善档案安全保护措施，确保档案实体和信息安全。回顾这些年来的工作，我们在维护档案安全方面积极探索实践、不断改进提高，积累了许多行之有效的好经验好做法。把栗战书同志的指示要求贯彻好、落实好，把以往的经验做法总结好、坚持好，对于我们准确把握档案安全工作的特点和规律，进一步明确档案安全工作的目标和方向具有重要意义。归纳起来，我们认为，在今后工作中应坚持做到以下几点。

（一）坚持安全第一

确保安全才能更好发展。这些年来，我们一直把档案安全作为头等大事，始终紧绷档案安全这根弦，处处讲安全，时时抓安全，想方设法保安全，正是由于我们坚持了安全第一的理念，做到了思想上重视、行动上自觉、措施上到位，才切实避免了重特大档案安全事故，总体实现了档案事业安全发展。实践证明，档案安全怎么强调都不为过，一丝一毫的疏忽和松懈都可酿成严重事故。进一步做好档案安全工作，必须认真落实安全第一的要求，时刻把档案安全放在心上、抓在手上。要把档案安全作为首要目标，谋划和推进工作必须首先考虑是否影响档案安全、能否确保档案安全，凡可能影响档案安全的必须慎重考虑，凡无法确保档案安全的必须坚决停止，任何时候都不能以牺牲档案安全为代价，这要成为一条硬性规定和刚性约束。要把档案安全融入各项工作，无论是传统的档案收集、保管、利用，还是档案数字化与档案信息系统的建设、运维、使用，无论是制定规章制度、标准规范，还是开展执法检查、业务考核，都要增强档案安全意识，把确保档案安全、维护档案安全的要求贯穿其中。要把档案安全放在优先位置，当档案安全与其他事项无法兼顾时必须优先保证档案安全，当出现经费紧缺、用房紧张等实际困难时必须优先满足档案安全需要，任何时候都不能挤占、挪用档案安全经费以及档案库房等设施。

（二）坚持预防为主

科学研究表明，绝大多数安全事故都有诱因和征兆，通过努力都是可以预防和避免的。这些年来，我们坚持把加强防范作为确保档案安全的根本，大力推行档案“八防”措施和档案馆防治灾害工作指南，积极推进中西部县级档案馆建设、国家重点档案保护与开发、传统载体档案数字化等重点项目，持续深化档案信息系统安全保护、档案关键信息基础设施安全防护等工作，不断加强突发事件应急处置能力建设，这些都充分贯彻了防患于未然的思想，大大减少了各类事故，有效维护了档案安全。进一步做好档案安全工作，必须坚持把加强预防作为档案安全工作的重中之重，着力提高化解风险、防范事故的能力。要把预防事故与应对事故结合起来，既要想方设法降低档案安全事故的发生概率，坚决遏制各类事故，又要全面做好应对不同事故的准备，

确保在万一发生事故时能快速反应和有效处置。要把事前预防与事后补救结合起来，既要未雨绸缪，积极做好安全形势和风险因素分析研判，有预见性地做好防范应对，防止事故发生，又要亡羊补牢，在发生事故后深刻汲取教训，认真进行补救，及时填补漏洞、补齐短板、加固防线，坚决防止同类事故再次发生。要把科学理念与严实作风结合起来，既要学习借鉴风险管控、应急管理、容灾备份等先进理念和科学方法，又要认真践行“三严三实”要求，确保各项防范措施落细落小落实，决不能在抓预防上做表面文章、搞形式主义，真正做到科学预防、有效预防。

（三）坚持综合治理

安全问题无处不在，事故诱因复杂多样，确保安全必须全面分析、系统应对。这些年来，我们按照综合治理的要求，密切关注影响档案安全的各种风险因素，积极构建人防、物防、技防相结合的安全防控体系，综合运用法律、行政、技术等手段强化安全管理，并通过教育培训、监督检查、考核问责等方式推动工作落实，取得了良好效果。进一步做好档案安全工作，必须坚持多管齐下、多措并举，做到综合施策、全面覆盖。要突出重点部位治理，对档案库房、设备机房、档案数据库、档案信息系统以及涉密载体、设备、网络等高风险部位，要严格落实各项安防措施和管理制度，并对设备设施运行情况等经常进行巡查。要突出关键环节治理，对档案交接、整理、利用、运输以及档案信息系统改造、档案数据迁移等容易出现问题的环节，要加强业务培训、严格工作流程、明确操作规范。要突出薄弱领域治理，对电子档案管理、档案数字化外包、档案社会保管服务、企业资产与产权变动过程中的档案处置、农村档案工作等领域的档案安全问题，要加强研究、完善制度。要突出特殊时段治理，针对严重自然灾害、极端天气情况、突发公共事件、重大会议活动以及敏感历史事件周年日等特殊时段和时间节点，要提前制定工作预案，密切关注形势发展变化，有针对性地加强防范应对，既要确保档案本身的安全，又要防止有人借助档案炒作敏感话题、制造负面影响。

（四）坚持规范运行

规范才能有序，有序才能安全。事故也好、差错也好，背后往往都不同程度存在着工作运行不规范的问题。这些年来，我们积极推进档案工作规范化建设，除了国家档案局发布的各项行业标准和工作指南外，各级档案部门也都结合实际制定了许多内部的业务规范和工作制度，内容涵盖了档案工作的多个方面多个环节，在实践中发挥了重要作用。事实表明，规范化建设不仅可以提高档案工作的质量和效率，而且能够避免很多工作差错和安全事故，对于维护档案安全具有重要意义。进一步做好档案安全工作，必须坚持推进规范化建设，努力做到以规范促安全、以规范保安全。规范运行首先要从硬件环境抓起，无论档案库房、设备间、工作间，还是办公室、会议室，所有场所都要整洁有序，各种物品和设备都要合理摆放，特别是各种电器包括线路都要按规程运行、按规范防护。大家可以想象一下，一个环境杂乱、不讲秩序的单位怎么可能确保安全？规范运行的本质是要做到精细化、标准化管理。所谓精细化，就是要针对档案工作各项业务，针对各个部门各个岗位，针对各种设备的运维、各类档案的保管，细化业务规范，细化职责任务，细化管理要求，既要全面覆盖，又要具体可行。所谓标准化，就是要针对基础性经常性的工作事项，研究制定统一的工作流程、操作方法、质量指标等，以减少工作中的随意性，最大限度避免差错和事故。比如，档案交接要有统一的交接程序，人员、档案出入库房要有统一的登记记录，库房巡查要有统一的巡查项目清单，数字化扫描、备份数据检验等要有统一的操作方法和质量指标。

（五）坚持科技支撑

科技进步是档案事业发展的强大动力，也是解决档案安全问题的重要支撑。这些年来，我们持续加大档案安全科技投入，装备了必要的安防设备设施，增强了技术防范能力；同时还围绕档案实体安全、存储介质安全、信息系统安全等组织了科研攻关，取得了丰硕成果，有效解决了档案安全面临的许多现实问题。可以预见，随着信息化网络化的迅猛发展，尤其是数字档案馆（室）的建设，科技对档案安全的支撑作用将越来越强。进一步做好档案安全工作，必须坚持借助现代科技手段，积极推进科技创新和成果转化，不断提高档案安全工作的科技含量和现代化水平。一方面，要积极关注档案工作相关领域的科技动态，特别是要着眼档案事业发展大势、围绕档案安全工作所需，密切跟踪防灾减灾、数据存储、信息安全等方面的理论前沿和技术成果，结合实际认真学习借鉴，妥善应对信息化网络化等带来的安全挑战。另一方面，要继续加大档案安全科研力度，围绕档案安全工作面临的紧要、突出问题和重点难点问题，尤其是制约档案安全的瓶颈问题，加强规划，整合资源，有计划有步骤地攻关突破，努力推出一批高质量的科技创新成果，并及时转化应用到实际工作中去。

三、突出问题导向，进一步加强和改进档案安全工作

经过这些年的探索和实践，我们在维护档案安全方面取得了一定成绩，积累了一些经验，初步建立起了与档案资源体系、档案利用体系相配套的档案安全体系。但也要清醒地看到，与中央的希望和要求相比，与档案事业科学发展的需要相比，档案安全工作仍存在不少问题和短板。比如，维护档案安全的意识还不够强，档案安全的基础还有一些薄弱点，风险管控体系还不够完善，应急处置能力还有待提高，等等。对存在的问题和短板，务必高度重视，认真研究解决，不断提高档案安全工作水平。

（一）强化责任落实

确保档案安全是各级档案部门和所有档案工作人员义不容辞、无可推卸的责任。做好档案安全工作，必须明确责任、落实责任，对失职失责的要严肃追究责任。

一是要明责知责。档案安全责任是具体的而不是抽象的。各级档案部门，首先是对自身的档案安全承担主体责任，要通过人防、物防、技防等措施，确保本单位档案安全不出任何问题；同时还对管辖区域内各部门各单位的档案安全承担监督责任，要通过检查、指导、考核等方式，督促各部门各单位抓好档案安全。各级档案部门主要负责人，是档案安全的第一责任人，要对档案安全工作负全面责任；其他各级领导干部既要抓业务也要抓安全，要对分管领域的档案安全负领导责任；所有档案工作人员在各自职责范围内，都要对档案安全切实负责，这是最为直接的一种责任。要按照档案安全责任制的要求，制定责任清单，细化任务分工，把责任和任务分解到每个部门每个人头。在此基础上，要通过签订档案安全责任书、划分档案安全责任区等方式，逐级明确责任，层层传导压力，督促大家种好各自的“责任田”。要经常对档案安全责任落实情况进行检查，同时加大档案安全在各类考核中的比重，确保档案安全责任真正落到实处。

二是要问责追责。问责追责是确保责任落实的关键，否则所谓制度也只是贴在墙上的“一纸空文”，所谓防线也只是不攻自破的“马奇诺防线”。要认真贯彻《中国共产党问责条例》《档案管理违法违纪行为处分规定》等法规制度，建立健全档案安全事故问责办法，把兑现责任、追究责任的机制健全起来，对失职渎职的单位和个人依纪依规严肃处理。近两年，有的地方在查处档案安全事故的同时，对相关责任人员一并作出处理，并在一定范围内进行通报，形成了以问责追责倒逼责任落实的局面。

（二）强化基础业务建设

抓好档案基础业务建设，对于确保档案安全至关重要，可以说是档案安全的第一道防线。从目前情况看，重点是要抓好国家档案局8、9、10号令的贯彻执行，档案馆库建设，国家重点档案保护与开发，传统载体档案数字化，重点档案异地异质备份，数字档案馆（室）建设，档案信息系统安全保护，档案关键信息基础设施安全保护，档案业务建设评价等工作。这些工作都与档案安全密切相关，基本上也都是这几年持续推进的重点工作，这里不再一一展开讲了，重点就其中几项讲一讲需要注意的问题。

一是关于档案馆库建设。近年来，各地区各部门积极推进馆库建设，大大改善了档案保管条件，基本消除了“无库馆”“危房馆”现象。但在新馆库建设热潮背后，也存在一些令人担忧的问题。一些新馆选址条件差、库房容量小、建筑设计不规范、安防设施不到位，甚至被安排其他单位进驻或出借、出租，导致新建成的馆库存在影响档案安全的风险和隐患。下一步推进馆库建设，务必把有利于档案安全作为首要标准，严格落实《档案馆建设标准》《档案馆建筑设计规范》的各项要求，慎重考虑地理位置、建筑设计、功能布局以及设备设施配置等问题。对新建成的馆库要进行评估，有安全问题的要认真整改，切实减少问题存量；对未开工的项目要深度参与，加强对设计方案、施工方案、施工过程的审核监督，坚决遏制问题增量。特别要清理、杜绝新馆被其他单位挤占和出借、出租问题，凡有这些问题的都要予以相应处理。目前我们正配合住建部修订《公共建筑建设规范》，这是一部强制性标准，档案馆建设的强制性要求也将纳入其中。希望各级档案部门结合近年来的建馆经验多提需求建议，共同把档案馆建设的基本要求确定好，为今后的新馆建设提供保障。

二是关于国家重点档案保护与开发。国家重点档案保护与开发的总体思路就是用开发带动保护，使档案保护更有针对性，提高档案保护工作的效率和效益。目前，有的地方申报项目不规范甚至不积极，承担的目录基础体系建设、《抗日战争档案汇编》编纂工作进展缓慢，对这项工作还没有真正重视起来。这里强调一下，无论是文件级著录，还是抗日档案的整理出版，都是开发带动保护的重要项目，都与档案安全息息相关。一些地方与其挖空心思去策划“自选动作”，不如把上述“规定动作”做扎实，防止档案基础业务工作流于形式，甚至偏离方向。

三是关于数字档案馆（室）建设。建设数字档案馆（室）是档案工作适应时代发展的现实需要，可以大幅提高档案部门的工作效率和服务能力，但同时也给档案安全工作带来巨大挑战。如果安全管理跟不上，系统瘫痪是小事，可怕的是海量档案数据很可能被人轻而易举就给弄走了。针对数字档案馆（室）建设，我们已经印发了建设指南等文件，对安全防护提出了明确要求。但在实际工作中，一些地方和单位贯彻落实不到位，有的还存在一些相当严重的问题。比如，涉密档案数据未按照国家保密要求进行安全存储，涉密档案目录与非密档案目录数据混存，涉密档案数据托管保存在档案部门以外的信息系统，局域网与外网未严格物理隔离，等等。这些都是重大安全隐患，有的已涉嫌违反保密规定，一旦发生问题，后果极其严重。下一步推进数字档案馆（室）建设，务必更加重视安全，安全不过关，项目就不能通过验收，更不能上线运行。

四是关于档案信息系统安全保护。档案信息系统的安全，远比档案信息载体、档案信息终端的安全更重要。载体丢失或终端出问题，都只是局部性的问题，而系统出问题，则是整体性、全局性的问题，危害要大得多。按照国家有关规定，档案信息系统属于国家信息系统安全等级保护的重点对象，县级以上档案部门网站等信息系统属于关键信息基础设施，应在等级保护基础上实行重点保护。各级档案部门要把档案信息系统安全保护工作纳入档案信息化建设整体布局，与档案信息化工作同步规划、同步实施、同步考核，坚决不搞缺乏安全保障的信息化建设。要认真贯彻《档案信息系统安全等级保护定级工作指南》《档案信息系统安全保护基本要求》，健全安全管理制度，采用相应的技术手段确保物理安全、网络安全、主机安全、应用安全和数据安全。要进一步完善档案行业网络与信息安全信息通报机制，定期对安全联络员进行培训，做好重要档案信息系统、重点网站和关键信息基础设施的调查摸底，加强对重要档案信息系统的安全检查，及时通报信息安全情况，不断提高档案行业信息安全工作水平。要进一步做好档案数据的安全备份，建设适用的电子档案存储应用系统，实现电子档案在备份阶段的可验证性、可维护性、可迁移性和可管理性，进一步降低存储成本和风险，确保电子档案在长期保存过程中的安全有效。下一步，国家档案局将发布《电子档案备份操作指南》，为档案备份中的载体选择、备份操作、载体管理、定期检测等项工作提供指导。

五是关于档案业务建设评价。从现实情况看，各地区各部门档案业务建设不均衡的问题十分突出。有的档案馆（室）业务建设长期处于荒废状态，档案安全几乎处于失控状态；有的档案馆（室）业务建设不扎实、不规范，档案安全存在极大隐患。针对这种局面，我们决定建立档案馆（室）业务建设评价制度，以评价促规范、保安全。目前，省级档案馆业务建设评价标准已印发部分省市征求意见，大家可以发现，档案安全在评价标准各个方面都有体现，占了很大比重。下一步，还将研究制定机关档案业务建设评价办法。我们就是要通过这样一种机制，强化档案业务建设，夯实档案安全的基础。各地区各部门也要借助业务评价这个机制，推动档案基础业务建设和档案安全工作迈上新的台阶。

（三）强化风险隐患治理

去年7月，习近平总书记对加强安全生产和汛期安全防范工作作出重要指示，强调要把重大风险隐患当成事故来对待。李克强总理作出批示，要求各地区各部门切实加强安全风险识别管控和隐患排查治理。各级档案部门要认真学习贯彻党中央、国务院的重要指示精神，牢固树立风险隐患就是安全事故的观念，把构建风险分级管控和隐患排查治理双重预防机制作为进一步做好档案安全工作的重要抓手，筑牢档案安全防控体系，严防因风险发酵演变、隐患累积叠加而导致档案安全事故。

一是要完善风险分级管控机制。推行档案安全风险分级管控，有助于从源头上防范和遏制事故，从根本上提高档案安全工作科学化水平。去年印发的《关于进一步加强档案安全工作的意见》明确提出了风险治理的要求，并对档案安全风险进行了梳理，指出了法律政策执行风险，制度安全风险，资源安全风险，档案实体管理风险，档案信息管理风险，档案保密、开放与利用风险等6个方面的风险。各级档案部门要引入风险管控的科学方法，对影响档案安全的各类风险进行全面排查，逐一确定风险等级，提出相应的管控措施，并根据形势变化进行动态调整，确保档案安全风险始终处于可控范围内。近期，我们将出台《档案馆安全风险评估指标体系》，为各级档案馆加强风险治理提供指导，希望各地区各部门认真学习贯彻。需要说明的是，这个指标体系是针对档案馆的具体情况制定的，并未涵盖档案形成、运转的全过程。在加强档案馆风险治理的同时，还要切实加强其他各方面各环节的风险治理，尤其不能忽视档案接收进馆之前的风险治理。要在进一步明确政策的基础上，通过业务指导、执法检查等强化监管，确保文件材料收集归档时“应收尽收”“应归尽归”，档案移交接收时“应交尽交”“应接尽接”，特别是档案形成单位的机构、人事、资产、隶属关系等发生变化时，要确保档案归属明确、流向清晰、保护得当，把避免档案资源流失作为维护档案安全的起点。

二是要抓好安全隐患排查治理。事故总藏于大意，祸患常积于忽微。平时对安全隐患视若无睹，最终就会累积演化成我们无法承受的“意外”和“万一”。要把安全隐患排查治理作为一项经常性工作，除定期开展例行性排查治理外，还要在重要时间节点深入开展专项排查治理。一方面要全方位排查隐患，从思想认识到规章制度，从工作流程到工作场所，从档案实体管理到档案信息管理，都要认认真真“过筛子”，不漏掉任何一个细节、不放过任何一个疑点、不留下任何一个盲区。另一方面要以“零容忍”态度对待隐患，克服侥幸心理和麻痹思想，对隐患治理实行登记销号制度，确保不搞形式、不走过场。近期，各级档案部门都要集中组织开展一次安全隐患排查治理，决不让任何隐患有潜伏和蔓延的空间。

（四）强化应急处置管理

应急处置是档案安全的最后一道防线。国务院2006年就发布了《国家突发公共事件总体应急预案》，设立了专门的应急机构，建立了应急管理制度。2007年，国家又颁布了《突发事件应对法》，从法律层面明确了应急处置工作的要求。2008年，按照国家要求，结合汶川地震救灾工作的经验教训，国家档案局印发了《档案工作突发事件应急处置管理办法》，对做好应急处置工作提出了要求。2010年，我们推出了《档案馆防治灾害工作指南》，指导各级档案馆做好防灾减灾工作。2015年，按照国家有关要求，我们建立了档案行业网络与信息安全信息通报机制和网络安全应急响应机制。总的来看，虽然我们已建立了应对突发事件的制度机制，但工作基础仍比较薄弱，亟需进一步加强。

一是要健全应急预案。完善的应急预案是做好应急处置工作的前提和基础。2013年国务院办公厅印发了《突发事件应急预案管理办法》，对应急预案的规划、编制、审批、发布、备案、演练、修订等作出了明确规定。各级档案部门都要按照这个文件的要求，结合近年来的工作实际，进一步建立完善档案工作突发事件应急预案。尚未编制预案，或缺少某方面专项预案的，要尽快组织编制。已经编制了预案的，要适应形势变化和新的要求认真做好修订完善工作。在编制、修订应急预案时，要尽可能把形势看得严峻一些，把困难想得复杂一些，从应付最坏的局面去考虑问题，这样才能有备无患、遇事不乱。

二是要重视应急培训和演练。加强应急培训和演练，是提高应急处置能力的重要途径。从我们了解的情况看，大部分档案部门确实按要求建立了应急工作机制，编制了相应的预案，但基本上都停留在“纸上谈兵”这样一个层面，既不组织培训，也不进行演练。这样一旦发生突发事件，肯定还是手忙脚乱、不知所措，难以达到应急管理的预期目的。所以，不仅要重视应急预案的编制，还必须根据预案加强培训和演练，在实际操作中检验预案的科学性和可行性，提高应急反应速度和处置能力。

三是要推进联防联动。在重大突发事件面前，仅仅依靠档案部门一家的力量，很难适应实际工作需要。各级档案部门在建立完善系统内部的协调联动机制的同时，还要主动加强与公安、消防、气象、保密、网管等部门的联系，一方面可以在预警信息上实现资源共享，增强安全形势研判能力，另一方面争取在应急处置上做到无缝对接，形成应对合力。有的地方在联防联动方面已进行了积极探索，希望继续坚持并不断完善。

（五）强化制度建设

近年来，各级档案部门在完善档案安全制度方面做了大量工作，制定了一系列规章制度，初步形成了比较完善的制度体系。进一步强化制度建设，关键是要做好两个方面的工作。

一是要抓好制度的废改立。要对现有制度加以全面梳理，该废止的废止，该修订的修订，对现实工作急需但还没有建立的制度要抓紧研究制定，努力做到档案工作开展到哪里，档案安全制度就覆盖到哪里。要加强统筹规划，确保制度之间相互衔接、成龙配套，切实避免“制度空白”和交叉重复，与此同时还要尽可能做到少而精，既要减少制度的数量，又要精简条款的数量，否则制度庞杂、条款冗长，容易让人不明其意、无所适从，不仅难以达到建章立制的目的，而且可能出现执行中的混乱。要坚持务实管用，一切从工作需要出发，注意把经过实践检验、切实可行的成熟做法上升为制度。各地区各部门在制定档案安全工作制度时，一定要紧密结合各自实际，不能简单照抄照搬，不能说上级有个什么规定我就“复制”一个什么规定，这样做实际上就是以文件落实文件、以制度落实制度，没有多大实际意义。

二是要抓好制度的执行。制度的生命力在于执行。习近平总书记指出：“一分部署还要九分落实。制定制度很重要，更重要的是抓落实，九分气力要花在这上面。”各级档案部门在抓好制度废改立的同时，务必拿出足够精力抓好制度的执行，决不能“制度如林、落实无人”，让制度成为形同虚设的“纸老虎”“稻草人”。执行制度必须持之以恒、杜绝例外，决不能管一阵放一阵、严一阵松一阵，更不能因人而异、因事而异，高度警惕“破窗效应”对制度公信力和约束力的严重损害。

在强化制度建设的同时，对相关的标准规范也要一并考虑，把制度的优势与标准规范的优势结合起来，构建维护档案安全的长效机制，使档案安全工作有章可循、有规可依。

（六）强化监督检查

监督检查是实施科学领导、推动工作落实的重要环节，也是抓好责任落实、保证制度执行的重要手段。近年来，各级档案部门通过执法检查等形式加大档案工作督查力度，及时发现和解决了档案安全方面的不少问题。但从现实情况看，重决策轻落实、重布置轻检查的现象在一些地方依然存在，进一步加强对档案安全工作的监督检查十分必要。

一是要完善督查机制。档案安全事故一旦发生，即使应急处置得再好、问责处理得再严，造成的影响和损失也是永远弥补不了的。加强档案安全监督检查，可以让我们多些事先预防、少些事后补救。要通过集中检查、随机抽查、专项巡查等形式，定期或不定期开展档案安全监督检查，坚持抓早抓小抓预防，坚持监督检查与督促整改并重，确保每次发现的问题都能及时归零。今年 8 月底之前，各省（自治区、直辖市）档案部门要对本地区各级档案馆（室）开展档案安全风险隐患治理的情况，组织一次专项督查，力争把一切风险控制在隐患形成之前、把一切隐患消灭在事故发生之前。

二是要狠抓一线督查。档案安全督查要想取得实效，就必须深入一线，到档案工作的现场去摸实情、查隐患、找问题，“一竿子插到底”，坐在办公室里看材料、听汇报，那是发现不了问题的。要坚持一视同仁，不能因为检查对象是一级馆、大单位就认为档案安全有保证，觉得用不着查、用不着管；也不能因为检查对象是兄弟单位、下属单位就碍于情面，不愿去查、不愿去管。在档案安全督查面前，任何单位都没有特权也没有例外。

三是要建立督查通报制度。过去，我们一些档案部门奉行“家丑不可外扬”的观念，查出问题，甚至出了事故，都还要藏着掖着，使监督检查工作没能起到应有的警醒、震慑作用。今后，对发生重大档案安全事故或存在重大安全隐患的单位要严肃处理并予以曝光，既要向其上级主管单位通报，也要在全系统点名通报，给那些对档案安全满不在乎、不以为然者敲响警钟，给那些对整改要求置若罔闻、敷衍塞责者“亮牌吹哨”，切实做到警钟长鸣、以往鉴来，推动形成持续改进档案安全工作的内生机制。

四、加强统筹谋划，妥善处理档案安全工作面临的几个关系

从会前开展书面调查的情况看，各地区各部门在档案安全工作中都或多或少存在一些困难和问题，不少还带有一定的普遍性。如何应对这些困难和问题，关键是要加强统筹谋划，妥善处理好档案安全工作中的几个关系。

（一）立足当前与着眼长远的关系

做好档案安全工作，需要关注长远，从档案事业发展的趋势和需要出发，考虑档案安全工作的规划和远景；但同时一定要立足当前，坚持在现有条件下，想方设法做好档案安全工作，确保档案安全万无一失。从目前情况看，不少地方还面临馆库条件不达标、经费保障不到位、有关方面的支持配合不给力等实际问题，制约了档案安全工作的有效开展。无论面对何种困难，档案安全的责任时时刻刻压在我们肩上，是无法推卸也不能推卸的，档案安全的任务实实在在摆在我们眼前，是无法拖延也不能拖延的。所以，即使客观上存在这样那样的困难，主观上对档案安全也丝毫不能掉以轻心。否则，如果出了问题，那就是严重的失职渎职，我们将无法向党和政府交代，无法向人民群众交代。请同志们注意，影响档案安全的因素无时不在，即使客观条件改善了，也并不意味着就能高枕无忧了，档案安全工作只有进行时，没有完成时。比如，新馆建好了，档案安全工作就能一劳永逸了吗？肯定不是！新馆可能面临这样那样意想不到的安全风险。再比如，档案数字化工作完成了，档案安全的风险隐患就消失了吗？肯定不是！随之而来的电子数据存储、信息系统运维更是面临许多风险和挑战。各级档案部门一定要从当前实际出发，在积极争取党委、政府和有关部门支持，推动把档案安全工作列入党委和政府议事日程的同时，脚踏实地、真抓实干，多拿出一些聚焦精准、务实管用的办法，着力解决好最紧迫、最突出的问题，在战术上打好歼灭战，在战略上坚持持久战。

（二）安全保密与开放利用的关系

近年来，社会上对加大档案开放力度的呼声越来越高，但由于制度不健全等原因，各级档案部门几乎都面临着到期档案解密和划控工作难以推进的局面，不能很好地满足社会各界广泛利用档案的需求，档案安全保密与开放利用之间的矛盾日益凸显。妥善处理这一矛盾，重点是要解决以下几个问题。

首先是要解决涉密档案解密的问题。根据《保守国家秘密法》及实施条例，"谁定密、谁解密"是一条总的工作原则。目前，我们正与国家保密局协商制定相关工作方案，以明确涉密档案解密工作的职责分工和时间进度，初步商定由各级档案馆负责统筹安排，各定密单位负责具体实施，共同推进涉密档案解密工作。其次是要解决档案划控使用的问题。划控工作的基本依据是1991年制定的《各级国家档案馆馆藏档案解密和划分控制使用范围的暂行规定》，其中明确了20种应当控制使用的情形。一些同志反映，这些规定过于笼统，在实际操作中难以掌握。最近，我们已经启动《暂行规定》修订工作，对划控的范围进行了反复论证，目前看原来确定的这个范围总体上还是符合实际的，作为一个原则性、方向性的规定，它不宜定得过细，那样反而容易挂一漏万。各级档案馆要结合馆藏实际制定具体的工作细则，这是《暂行规定》明文要求的。我们认为眼下更需要的是一个划控工作的操作指南和实例教程。这方面我们委托青岛市档案馆进行了多年的实践研究，我局相关部门也开展了很多工作，现已取得积极成果，待进一步论证完善后，将尽快予以推广。最后也是最重要的是要解决政策底线的问题。既不能为了安全保密而拒不开放利用，也不能忽视安全保密而盲目扩大开放利用。凡是涉及国家秘密、商业秘密、个人隐私的档案，凡是开放利用影响到党和国家利益的档案，必须严格按照有关法律法规的规定办理。在开放利用中，一定不能突破安全保密这个底线。

（三）传统安全与非传统安全的关系

近年来，伴随着档案工作领域的逐步扩大和信息技术在档案工作中的广泛应用，档案安全的内涵和外延也发生了很大变化。集中体现在以下几个方面：一是档案安全的范围更加广泛了，过去主要强调档案实体安全，现在必须同时强调档案数据、档案信息系统、档案信息资源开发等多个方面的安全；二是档案安全的潜在影响更加深刻了，档案安全与政治安全、经济安全、科技安全、文化安全等紧密关联；三是档案安全的因果关系更加复杂了，社会上的不安全、不稳定因素有可能对档案安全产生倒灌效应，档案安全本身也有可能对社会稳定产生溢出效应。这就是说，档案安全不仅要解决传统安全的问题，而且要解决非传统安全的问题，过去那种把档案藏在库房里、锁在柜子里就以为万事大吉的时代已经一去不复返了。这就要求我们，必须以更加宽广的视角来认识和理解档案安全，更加积极主动地做好应对非传统安全的各项工作。另外我们也要看到，非传统安全是档案工作发展到一定阶段的自然结果，虽然它使档案安全面临着更多风险，但仍然可防可控，同时还为档案工作的转型升级提供了突破口。比如，针对电子文件和电子档案产生的风险，我们要更加重视接收之前的协调管理，这将有助于实现电子档案的前端控制和全程管理；针对海量档案数据的安全存储风险，我们要更加重视档案异地异质备份，这将全面提升档案系统抵御风险的能力；针对档案信息系统面临的安全风险，我们要更加重视信息安全保护，这将为数字档案馆（室）的建设打牢安全基础。总之，要积极应对档案安全面临的新情况新挑战，特别是对非传统安全问题加强研究预判，既要防风险也要抓机遇，在确保档案安全的同时努力推动档案工作转型升级。

（四）创新发展与稳妥推进的关系

面对新形势新情况，传统的工作思路和方法已不能完全适应档案安全工作的需要，必须通过创新发展特别是引入新技术新手段来应对档案安全风险。但创新发展必须以确保档案安全为前提，不能出现任何闪失。比如，在档案科技成果推广应用之前，一定要充分论证，反复试验，必要时可以在一定范围内先行试点，待进一步验证、时机成熟后再大范围铺开。在引入新技术新设备之前，一定要多考察、多调研，特别是充分了解这些技术和设备在其他领域的实际应用情况，确保引入的新技术新设备在相关领域有成功应用的先例，不能把我们自己变成"试验田""小白鼠"。在选用新技术新设备时，要以国产化、成熟可靠、经济适用为前提，不要盲目追求高端、领先，不要盲目追求智能化、自动化，不要盲目追求量身定做、个性化定制，一定要立足档案安全工作实际，否则不仅难以达到预期目的，甚至可能适得其反、受制于人。这方面，一些地方在过去是有惨痛教训的。各级档案部门一定要引以为戒，在档案安全理论、技术和设备的研究上，可以大胆创新、宽容失误，但在新技术新设备新手段的大规模运用上，一定要稳妥推进、安全至上。

（五）管好档案与管好队伍的关系

人是档案事业发展的根本依靠，也是决定档案安全的第一位因素，管好档案必须首先管好队伍。总的来看，全国档案系统这支队伍是值得充分肯定、充分信赖的，是能够胜任档案工作需要的。但不可否认的是，我们目前的这支队伍，无论政治素质还是业务能力，无论精神状态还是纪律观念，无论年龄结构还是知识结构，都不同程度存在一些令人担忧的问题，直接影响到档案事业发展和档案安全。突出表现在：有的干部政治意识淡薄，不能从国家安全特别是政治安全的高度来认识档案安全；有的干部不思进取，不善学习，对非传统安全缺乏基本认识和应对能力；有的干部精神懈怠，作风漂浮，这就隐含酿成档案安全事故的风险；更为可怕的是，个别干部无视党纪国法，利用职权或工作便利谋取非法利益，甚至在馆藏档案和工作经费上动歪脑筋，如不及时查处，后果不堪设想。据粗略统计，党的十八大以来，档案部门因各种原因被追究刑事责任的就不下 20 人，受到党纪政纪处理的人数就更多了。这样下去，档案安全的底线能不能守住真要打上一个问号了。这不是危言耸听，更不是杞人忧天。各级档案部门对干部队伍存在的问题务必保持高度警醒，坚持把管好队伍作为管好档案的前提和保证。要狠抓思想政治建设，深入开展理想信念教育和政治理论武装，引导大家增强“四个意识”，坚定“四个自信”，牢记职责使命，始终同以习近平同志为核心的党中央保持高度一致。要加大教育培训力度，推进档案安全文化建设，帮助大家更新思想理念，丰富知识储备，提高业务技能，增强做好档案工作、维护档案安全的本领。要着力优化干部队伍结构，尽快解决人才断档、骨干力量流失、专业人才尤其是新型专业人才不足等问题。要认真落实管党治党责任，严明党的纪律规矩，强化监督执纪问责，确保干部队伍忠诚干净担当，为确保档案安全打下坚实基础。

刚才，我们专题研究部署了档案安全工作。借此机会，再强调一点，在抓好档案安全的同时，还要认真抓好文件安全、资产安全、交通安全、水电气暖安全、设备设施安全、办公场所安全等各个方面的安全，看住自家门、管好自家人，确保整个档案系统既勤勤恳恳、兢兢业业，又平平安安、踏踏实实。

同志们，党的十九大下半年就要召开，做好档案安全工作具有特殊重要意义。让我们紧密团结在以习近平同志为核心的党中央周围，深入贯彻党中央、国务院各项决策部署，牢牢把握稳中求进工作总基调，紧紧围绕迎接服务十九大、学习贯彻十九大精神这条主线，自觉承担起维护档案安全的重大政治任务，扎实做好档案部门保稳定、护安全、促和谐的各项工作，坚决做到零失误、零差错、零事故，大力营造团结和谐稳定的良好氛围，以实际行动维护国家政治安全，以优异成绩迎接党的十九大胜利召开！

国家档案局局长、中央档案馆馆长李明华在河南省精准扶贫档案工作现场会上的讲话

（2017 年 7 月 28 日）

同志们：

在全国上下深入贯彻中央扶贫开发战略部署和习近平总书记重要指示精神，加快推进精准扶贫工作，努力打赢脱贫攻坚战的冲刺阶段，河南省档案局召开全省精准扶贫档案工作现场会，专题研究部署精准扶贫档案工作，对于加强档案业务能力建设、助力全省精准扶贫工作，具有重要意义。

党的十八大以来，以习近平同志为核心的党中央高度重视扶贫开发工作，将其纳入“四个全面”战略布局、作为实现第一个百年奋斗目标的重点任务，向全国人民作出了打赢脱贫攻坚战、到 2020 年让 7000 多万农村贫困人口摆脱贫困的庄严承诺。为实现这一宏伟目标，党中央、国务院明确提出，要把精准扶贫、精准脱贫作为脱贫攻坚的基本方略，切实解决好扶持谁、谁来扶、怎么扶的问题，真正做到扶真贫、真扶贫、真脱贫，同时还提出了“抓好精准识别、建档立卡”“建立精准扶贫台账”等具体工作要求。这些要求充分体现了档案和档案工作的基础性、支撑性作用，也为档案部门服务精准扶贫工作大局指明了努力方向。

去年 9 月，在深入调研论证的基础上，国家档案局与国务院扶贫办联合印发了《关于做好精准扶贫档案工作的意见》和《精准扶贫档案管理办法》，明确了精准扶贫档案工作的指导思想、工作原则、主要任务和业务规范，为各地区各部门做好精准扶贫档案工作提供了基本依据。《意见》和《办法》印发后，各级档案部门认真贯彻落实，包括河南在内的不少地方，都制定了实施办法或实施细则，进一步明确了工作机制、工作流程以及文件材料的归档范围、归档要求等，并通过举办培训班、建设示范点、召开经验交流会等方式推动工作落实，取得了良好效果。

刚才，听取了 7 个市县的经验交流，总的感觉，在河南省委、省政府的高度重视和统一领导下，在全省各级档案部门的积极推动和共同努力下，河南精准扶贫档案工作的进展是比较扎实的，成效是比较明显的，实践中探索形成的不少做法是值得充分肯定的。张荣斌同志对当前和今后一个时期全省精准扶贫档案工作作出了安排，希望全省各地认真抓好贯彻落实，力争取得更大成绩。

借此机会，我就档案部门深入贯彻中央关于脱贫攻坚的决策部署，进一步做好精准扶贫档案工作，讲几点意见。

一要提高认识，鼓足干劲。打赢脱贫攻坚战，让 7000 多万农村贫困人口在 2020 年同全国人民一道迈入全面小康社会，这是以习近平同志为核心的党中央高瞻远瞩、审时度势作出的战略决策，是促进全体人民共享改革发展成果、实现共同富裕的重大举措，是坚持和发展中国特色社会主义的必然要求。如期实现这一宏伟目标，对于增进人民福祉、巩固党的执政基础、维护国家长治久安具有重大现实意义和深远历史意义。习近平总书记强调，当前我国脱贫攻坚已经到了啃硬骨头、攻坚拔寨的冲刺阶段，必须以更大的决心、更明确的思路、更精准的举措、超常规的力度，众志成城实现脱贫攻坚目标；各级党委和政府必须坚定信心、勇于担当，把脱贫职责扛在肩上，把脱贫任务抓在手上。档案部门作为各级党委、政府专门负责档案工作的职能部门，管好用好精准扶贫档案是我们义不容辞的光荣职责，也是我们服务精准扶贫的基本途径。各级档案部门和广大档案工作者要准确把握中央精神，充分认识做好精准扶贫档案工作对于打赢脱贫攻坚战的特殊意义，以高度的政治责任感和历史使命感，以饱满的精神状态和工作热情，认真履行职责、充分发挥作用，推动各地区各部门扎实做好精准扶贫档案工作，努力为打赢脱贫攻坚战作出应有贡献。

二要找准定位，积极作为。精准扶贫档案工作涉及面广、工作量大，覆盖了精准扶贫工作的各个领域、各个环节，涉及到承担扶贫任务的多个部门、多个层级，必须在各级党委、政府的统一领导下，

在扶贫部门的组织协调下，依靠各有关方面的共同努力和密切协作才能取得预期效果。档案部门作为档案工作的业务主管部门，要切实增强工作的积极性和主动性，认真做好精准扶贫档案工作的统筹规划、业务管理和监督指导，推动档案法规制度在精准扶贫工作中得到贯彻落实，确保精准扶贫档案的收集、整理、保管、利用等合法合规、科学规范。要切实增强全局观念和协作意识，坚持从精准扶贫工作全局出发来谋划和推进档案工作，把档案工作的各项任务、各项要求、各项措施全面融入精准扶贫工作之中，真正做到与精准扶贫工作同步部署、同步实施、同步检查、同步验收，避免出现档案工作与精准扶贫工作“两张皮”问题。要切实加强工作研究，既要及时跟进中央关于精准扶贫的新部署新要求，认真总结经验教训，不断提高科学化规范化水平；又要紧密联系精准扶贫工作实际，深入做好档案信息的开发利用，为党委、政府科学决策提供支持和参考。

三要重心下移，聚焦基层。精准扶贫的主战场在县、乡、村，尤其是在乡和村这两个层面，有关精准识别、精准施策、精准脱贫、精准考核的各项工作最终都要落在乡镇和农村，这就决定了精准扶贫档案工作的重点是在乡镇和农村。但大家都清楚，乡镇和农村恰恰又是档案工作的薄弱环节，很多地方都存在着人员力量不足、办公条件简陋、工作经费紧张等种种困难，所以说精准扶贫档案工作的难点也是在乡镇和农村。各级档案部门对此要有清醒认识，切实把工作重心下移，坚持把乡镇、农村作为精准扶贫档案工作的聚焦点和着力点，想方设法把这两个层面的工作抓好抓实。要把更多的精力投向基层，深入了解基层所需所盼，有针对地加大政策宣传和业务培训，引导干部群众增强档案意识，帮助大家做好相关工作。要把更多的资源投向基层，在工作经费分配、办公设备配备等方面，对乡镇和农村给予更多政策倾斜，尽可能为他们做好精准扶贫档案工作创造有利条件。要把更多的关怀投向基层，大力宣传精准扶贫档案工作一线的先进典型，评优表彰要重点考虑基层的单位和个人，激励他们扎实做好精准扶贫档案工作。

四要立足实际，讲求实效。实事求是是党的优良传统和一贯要求。河南50多个贫困县、8100多个贫困村分布在不同地市，各县、各村的经济社会发展水平、扶贫开发工作基础等各不相同，如果从全国范围看，各个地方的差别就更大了。谋划和推进精准扶贫档案工作，一定要充分考虑各地实际情况，坚持一切从实际出发，力求取得扎实成效。在确定精准扶贫档案的工作目标、工作标准、工作要求时，既要符合档案法规制度，又要符合地方工作实际，不能脱离实际追求所谓的高水准、上档次。在具体操作上要允许各地存在一定差别，不要什么事都搞“一刀切”。比如，贫困村的精准扶贫档案，可以由村里保管也可以由乡镇代管；乡镇形成的精准扶贫档案，根据实际可以提前向县级综合档案馆移交；精准扶贫档案的数字化及信息化工作进度，也要符合各地实际。即使是推广精准扶贫档案工作的好经验好做法，也要分类指导、因地制宜，不能搞行政命令式的复制推广。另外，精准扶贫档案作为精准扶贫工作的原始记录，其形成过程必须实事求是，如实反映精准扶贫的进程和成果，确保精准扶贫工作的整个过程可追溯、可查询、可评价、可问责，坚决防止少数地方、少数干部搞“填表脱贫”“数字脱贫”。

五要改进作风，优化服务。前段时间，看到一些媒体反映，个别地方在精准扶贫工作中存在报表多、会议多、检查考评多等问题，有些报表还存在多次改版、重复填报等现象，浪费了许多人力物力。就在前几天，国务院扶贫办再次就克服形式主义问题专门印发通知，要求在精准扶贫中减少填表报数、检查考评、会议活动、发文数量并规范调查研究。对此，我们档案部门要予以高度重视，并以改进作风、优化服务为主线，不断加强和改进我们自身的工作。首先是要从档案管理上减少繁文缛节，坚决避免各种不必要的文件、报表、会议、检查、考评等，能取消的取消，能合并的合并，原则上涉及精准扶贫档案工作的文件、报表、会议、检查、考评等都要纳入精准扶贫工作总体格局，档案部门不单独组织。其次是要优化档案工作安排，涉及精准扶贫档案工作的部署要求要科学合理、清晰明了，杜绝层层加码，杜绝重复无效工作，杜绝“翻烧饼”，最大限度减轻扶贫干部的工作负担。需要强调的是，积极推进精准扶贫档案工作是各级档案部门的职责所在，但要处理好“抓档案”与“促扶贫”的关系，手段和目的不能错位，“抓档案”必须服从和服务于“促扶贫”，要帮忙而不能添乱。下半年，国家档案局将对全国精准扶贫档案工作开展一次摸底检查，一方面是要发现和推广经验做法，另一方面也是要发现和解决存在的问题，以更好地服务精准扶贫工作大局。

关于为档案馆工作人员设立岗位津贴的提案

职业病防治事关劳动者身体健康和生命安全，事关经济发展和社会稳定大局。党和国家一向十分重视职业病防治工作，明确要求积极推进职业病危害源头治理，努力预防和控制职业病发生，切实确保广大职工身体健康。

目前，我国共有各级国家综合档案馆、国家专门档案馆、部门档案馆3700多个，共有工作人员24000多人。由于档案库房采取全封闭设计，通风不畅，且库房内须放置防虫、防霉等药物，加之多年的陈旧档案容易滋生病菌，从而导致档案库房中各种微生物和有害气体易于聚集不易扩散，这使得经常在档案库房工作和频繁进入档案库房的档案馆工作人员身体健康受到有毒有害物质的影响，比常人更易罹患某些疾病。据《档案库房微生物以及有害气体对档案载体和人体健康影响研究》显示，档案库房中的微生物主要是亮白曲霉、黄曲霉、黄柄曲霉、桔青霉等真菌。这些真菌可通过空气附着在皮肤表面或侵入人体内部，引起急性支气管炎、肺炎、鼻炎、哮喘等疾病。档案库房空气中存在的二氧化硫、氮氧化物、甲醛、苯、甲苯和二甲苯等有害气体，吸入人体后可引起头疼、乏力等不良反应，会导致肺气肿、肺部感染、肺纹理增多、白细胞偏低及免疫功能减退等症状。特别是档案库房空气中黄曲霉所产生的黄曲霉素，以及甲醛、氡还具有致癌作用。据一些档案馆的调查，由于长期接触档案，有的工作人员局部或全身皮肤过敏，甚至皮肤组织溃烂；有的工作人员患有鼻炎、咽炎等呼吸道疾病；有的工作人员患有结膜炎等眼科疾病；还有些工作人员由于长期在库房低温环境下工作，患有关节炎等疾病。

在档案库房这一特殊环境工作的档案馆工作人员，其身体健康受到工作环境中微生物、有害气体、粉尘等有毒物质的影响，理应得到合理的补偿。1994年，国家人事部等部门曾对博物馆、图书馆、档案馆工作人员享受健康津贴做出过规定，但后来停止执行。近年来，档案系统的干部职工纷纷呼吁，应设立专门的档案库房工作人员岗位津贴，并采取措施对档案库房工作人员的健康予以切实保障。目前，有些地方的政府已经通过为档案馆工作人员发放保健津贴等措施，对档案馆工作人员提供了劳动保护。我认为，这是非常必要的，而且也完全符合我国设立公职人员岗位津贴的有关规定。

我建议：国家参照目前已有的卫生防疫等津贴，为档案馆工作人员设立岗位津贴，由人力资源和社会保障部、财政部、国家档案局共同调研，确定发放的人员范围和标准等，以进一步体现国家对档案工作的重视和对档案人员健康的关心，体现国家对特殊劳动者予以特殊劳动保护的公平政策。

（杨冬权）

关于全线恢复京杭大运河的提案

京杭大运河，是中国历史上与长城齐名的千年人工工程，是中华文明的标志之一，也是中华民族的名片之一。自1855年黄河改道造成运河部分河段断航，至今已有100多年。在即将迎来中华民族伟大复兴的今天，我提议，国家组织全线恢复京杭大运河。

全线恢复京杭大运河，指的是实施北段运河复航工程，全线恢复京杭大运河的河道、水面和航运。目前，1300多公里的京杭大运河，杭州至济宁段的1000公里左右基本已通航；济宁至北京300多公里的北段运河则尚未通航，其中，大部分河道已通水，少部分河道有壅塞，如需通航，尚需开挖并调水。全线恢复京杭大运河，涉及京、津、冀、鲁4个省市，涉及河道300多公里。这300多公里的河道复航，天津以南200多公里航道恢复已列入国务院《海河流域综合规划》中；天津以北100多公里的复航有关方面已开展了研究工作。因此，整个工程并非不可行和没基础。

全线恢复京杭大运河，是实现习近平同志提出的实现中华民族伟大复兴中国梦的实际举措。习近平同志担任总书记不久，就提出了实现中华民族伟大复兴中国梦的伟大构想。京杭大运河的全线通航，是中华民族盛兴时代的产物，是中华盛世的象征。实现中华民族伟大复兴中国梦，不能缺少京杭大运河全线复航这一幕。缺少了这一具有象征意义的标志性一幕，中国梦就不完整、就不辉煌，就意味着我们在某些方面还未达到古人的水平。

全线恢复京杭大运河，是落实习近平同志最近关于“保护大运河”指示的实际行动。不久前，习近平同志视察了北京市大运河森林公园，指出：保护大运河是运河沿线所有地区的共同责任，要深入挖掘以大运河为核心的历史文化资源。保护大运河，首先要全线恢复大运河，重新恢复大运河的航运功能，重新发挥其现实作用，重现大运河的生机与活力。

全线恢复京杭大运河，是统筹推进“五位一体”总体布局的实际步伐。全线恢复京杭大运河，不但是一项经济工程，同时也是一项政治工程、文化工程、民生工程、生态工程。说它是经济工程，是因为它不仅具有航运效益，而且还有旅游效益、沿河房地产溢出效益等，对推动沿河地区经济发展具有促进作用；说它是政治工程，是因为它对实现中华民族伟大复兴具有象征性、标志性意义；说它是文化工程，是因为它本身是一道文化景观，千百年来在沿线各地都孕育出了深厚的运河文化，有了它，今后还会产生新的运河文化，它的文化效应远胜过很多表面轰轰烈烈、只会热闹一阵子的伪文化工程、文化面子工程；说它是民生工程，是因为运河航运会增加就业和航运者收入，运河旅游、运河房地产开发等会大大改善沿河居民的生活状况，运河文化带会让无数老百姓增加休闲、锻炼新去处，因此，运河也与百姓生活、与民生息息相关；说它是生态工程，是因为运河通航、通水会让原来运河壅塞地区生态更好更美。这种集经济、政治、文化、民生、生态5个功能于一身的工程建设，不但完全符合“五位一体”的总体布局，而且对于统筹推进“五位一体”总体布局也是一个实际的步伐。

综上所述，全线恢复京杭大运河利国利民，振古益今；很有必要，意义重大。

为此，我建议：国务院成立由一名领导人牵头的协调组织，由中央有关部门（发改委、财政部、交通部、水利部、环保局、旅游局、文物局等）和京津冀鲁4省市相关负责人参加，制订规划，提出要求，组织实施，督促落实。4省市按照统一规划和统一要求，各管一段，各自负责本辖区内运河复航工程的建设。发改委、财政部根据情况，对困难较多的省份给以补助，以调动其积极性；同时鼓励各省市尽量运用各种经济的办法（如成立股份制经营公司、开展社会集资等）来实施这一工程，以减少国家补助，让国家少花钱甚至不花钱即可办成这件利国利民的大好事。

（杨冬权）

（二）综合概况

中央档案馆国家档案局机构情况一览表

（2017年）

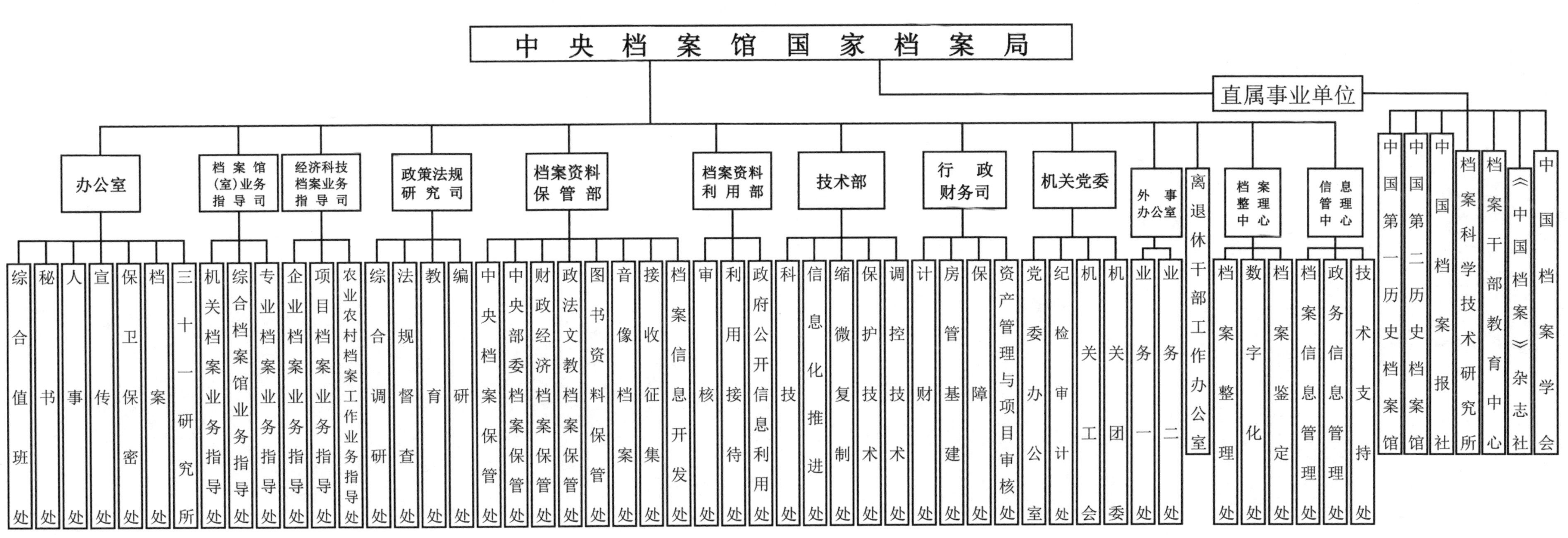

中央档案馆国家档案局人事处制

各省、自治区、直辖市级档案机构情况一览表

（2017年）

档案机构名称	级别	上级主管部门	编制（人）		内设机构	直属事业单位
			行政	事业		
北京市档案局（馆）	正局	北京市委		263	办公室、监督指导一处、监督指导二处、区县业务处、法规处、科研教育处、综合研究处、数字资源管理处、信息技术处、接收征集处、整理编目处、技术保护处、保管处、利用处、开放鉴定处、编研处、展览陈列处、设备处、保卫处、行政管理处、人事处、机关党委、机关工会	北京市档案局（馆）老干部活动站、北京市档案干部教育中心、《北京档案》杂志社、北京市档案事业服务中心
天津市档案局（馆）	正局	天津市委		241	办公室、人事教育处、法制处、区县业务指导处、机关事业档案管理处、企业档案管理处、项目档案管理处（行政审批处）、档案宣传处、接收整理处、保管利用处（天津市政府信息公开查阅服务中心）、编辑研究处（近代天津历史研究中心）、电子档案信息处、技术保护处、行政保卫处	天津市档案咨询服务中心、天津市档案干部培训中心、天津市档案局人才交流服务中心
河北省档案局（馆）	正厅	河北省政府		116	办公室（政策法规处）、业务指导处、征集开发处、技术处、保管利用处（后库管理处）、行政财务处（安全保卫处）、机关党委（人事处）、离退休干部处	河北省档案干部培训中心
山西省档案局（馆）	正厅	山西省政府		102	办公室、人事教育处、政策法规处、科技信息处、档案馆（室）业务指导处、经济科技档案业务指导处、档案收集整理处、档案保管利用处、编研处、档案技术保护处、安全保卫处、机关党委	

续表

档案机构名　称	级　别	上级主管部　门	编制(人)		内 设 机 构	直属事业单位
			行政	事业		
内蒙古自治区档案局(馆)	正厅	内蒙古自治区党委办公厅		132	办公室、人事教育处(机关党委)、离退休干部管理处、法规处、档案馆室、业务监督指导处、经济档案业务监督、指导处、信息技术处、收集整理部、蒙文档案部、科技部、保管利用部、编目编研部	内蒙古自治区档案局机关事务服务中心、内蒙古档案教育与研究中心
辽宁省档案局(辽宁省档案馆、辽宁省社会档案寄存中心)	正厅	辽宁省委办公厅	33	148	办公室、综合法规处(行政审批处)、档案馆(室)处、经济科技处、科研处、接收征集处、保管处、电子档案管理处、历史档案整理处、现行档案整理处、编研展览处、档案利用处、技术保护处、档案开放鉴定处、电子档案备份中心、人事教育处、行政管理处、离退休干部处、保卫处	兰台世界杂志社
吉林省档案局(馆)	正厅	吉林省委办公厅	35	88	办公室、人事处、综合法规处、省直档案监督指导处、地区档案监督指导处、经济科技档案监督指导处、历史档案管理处、党政档案管理处、档案征集处、档案开发利用处、档案史料编研处、档案保护技术处、档案信息化工作处、馆藏档案数字化管理处、老干部处、行政保卫处、局(馆)机关党委	吉林省档案科研所、吉林省档案文化展览中心、吉林省省属改制企业档案托管中心
黑龙江省档案局(馆)	正厅	黑龙江省委		133	办公室、人事处、机关党委、档案馆(室)业务指导处、经济科技档案业务指导处、教育宣传(法制建设)处、第一档案保管处、第二档案保管处、编研处、技术处、档案信息处、档案利用处、接收征集处、离退休干部工作处	黑龙江省档案技术服务中心

续表

档案机构名称	级别	上级主管部门	编制(人)		内设机构	直属事业单位
			行政	事业		
上海市档案局(馆)	正局	上海市委、上海市政府	64	156	办公室、综合规划处、政策法规处、业务指导处、科技教育处、组织人事处、档案接收征集部、档案保管部(电子档案保管部)、档案整理编目部、档案利用服务部(社会教育部)、档案史料编研部(档案宣传部)、档案保护技术部、档案信息技术部、行政处(保卫处)	上海市档案干部培训中心、上海市档案缩微技术中心
江苏省档案局(馆)	正厅	江苏省委	125	28	办公室、人事处、机关党委、业务指导处、科技处、法规宣教处、征集接收处、社会事业档案管理处、保卫处、管理部、利用部、技术部	江苏省数字档案中心、江苏省档案展览陈列馆
浙江省档案局(馆)	正厅	浙江省委办公厅	86		办公室、业务指导处、档案电子文件登记与管理处、法规宣传处、档案保管利用处、信息科技处、编研处、档案文化处、人事教育处、机关党委	浙江省电子政务数据灾难备份中心、《浙江档案》杂志社、浙江省档案事务所
安徽省档案局(馆)	正厅	安徽省委、安徽省政府	5	72	办公室(人事处)、法规处、标准化建设处、科技信息处、保管处、征集利用处、整理编目处、机关党委	安徽省档案缩微技术服务中心(安徽省档案事务所)
福建省档案局(馆)	正厅	福建省委	10	82	办公室、监督指导处、法制处、保管利用处、鉴定整理处、编研处、技术处、机关党委、人事教育处	福建省档案信息中心
江西省档案局(馆)	正厅	江西省委、江西省政府	95	24	办公室、业务指导处、综合调研处、政策法规处、档案保管处、档案利用处(已公开现行文件利用中心)、档案征集编研处、档案技术保护处、科技教育处、机关党委(人事保卫处)	江西省档案局机关后勤服务中心、江西省档案局档案服务中心
山东省档案局(馆)	正厅	山东省委办公厅		101	办公室、人事处、档案馆(室)业务处、经济和科技档案业务处、法规处、教育培训处、档案接收征集处、档案保管处、档案利用开发处、信息技术处、编辑研究处、档案保护处、财务保障处、机关党委	

续表

档案机构名称	级别	上级主管部门	编制(人)		内设机构	直属事业单位
			行政	事业		
河南省档案局(馆)	正厅	河南省委、省政府		115	办公室、政策法规处、人事教育处(机关党委、纪检)、离退休工作处、业务指导处、保管利用处、接收征集处、科研技术处、编研处	
湖北省档案局(馆)	正厅	湖北省委、湖北省政府		112	办公室、档案馆室业务指导处、经济科技档案业务指导处、法规标准宣传处、科技处、电子档案管理处、档案资料保管处、档案信息开发利用处、行政保卫处、人事教育处、离退休干部处、机关党委	湖北省档案科技推广中心、湖北省档案技术咨询中心
湖南省档案局(馆)	正厅	湖南省委、湖南省政府		118	办公室、宣传教育处(法规处)、业务指导处、科技信息处、人事保卫处、征收保管部、接待利用部、编研展览部、电子声像部、机关党委	
广东省档案局(馆)	正厅	广东省政府		93	办公室(人事处、机关党委)、综合法规处、馆室督导处、经济科技档案业务指导处、技术处、收集整理部、保管利用部、编研出版部、声像档案部	
广西壮族自治区档案局(馆)	副厅	广西壮族自治区党委办公厅		84	办公室(人事处)、档案馆(室)业务指导处、经济科技档案业务指导处、法规科教处、档案收集保管处、档案编研利用处、档案保护技术处、档案信息化工作处、机关党委	
海南省档案局(馆)	副厅	海南省政府办公厅		47	办公室、业务指导处、档案管理处、音像档案管理处、法制宣传处、技术处、征集编研处	海南省档案干部培训中心
重庆市档案局(馆)	正厅	重庆市政府	15	93	办公室、馆(室)业务指导处、经济科技档案、业务指导处、法规处、收集整理处、管理处、保护技术处、编研处、信息技术处、人事处	

续表

档案机构名称	级别	上级主管部门	编制(人)		内设机构	直属事业单位
			行政	事业		
四川省档案局(馆)	正厅	四川省政府		127	办公室、档案馆(室)业务指导处、经济科技档案业务指导处、政策法规处(行政审批处)、宣传教育处、档案接收征集处、档案保管处、档案利用处(四川省已公开现行文件利用中心)、档案保护技术处、档案信息技术处、人事处、机关党委办公室、离退休人员工作处、后勤保障处	四川省档案学校、四川省档案局档案科学技术研究所
贵州省档案局(省地方志编纂委员会办公室、省档案馆)	正厅	贵州省政府	132		办公室、政策法规处、业务一处、业务二处、业务三处、业务四处、业务五处、业务六处(贵州省电子文件档案管理中心)、业务七处、业务八处(贵州省政府信息公开服务中心)、业务九处(贵州省档案资料缩微复制中心)、业务十处、宣传处、人事处(贵州省档案地方志干部教育培训中心)、机关党委办公室、离退休干部处	
云南省档案局(馆)	副厅	云南省政府办公厅		118	办公室、业务指导一处、业务指导二处、电子档案管理处、法规宣传教育处、备份管理处、征集整理处、机关党委人事处、老干部工作办公室、运行保障处、利用服务处、接收整理处、管理保护处	
西藏自治区档案局(馆)	副厅	西藏自治区党委办公厅		90	办公室、业务指导处、法规宣传处、保管利用一处、保管利用二处、保护技术处、编译研究室	
陕西省档案局(馆)	正厅	陕西省委		142	办公室、人事处(省档案干部培训中心)、指导处、法规处、宣传处(《陕西档案》编辑部)、保管处、利用处(陕西省现行文件阅览中心)、编研处、科研所、信息处、后库管理处、机关党委	

续表

档案机构名称	级别	上级主管部门	编制(人)		内设机构	直属事业单位
			行政	事业		
甘肃省档案局(馆)	正厅	甘肃省委		119	办公室、人事教育处、老干部工作处、机关党委、法规宣传处、档案业务指导处、档案项目管理处、机关事业档案管理处、科技信息处、电子文件管理处、档案开发利用处、档案编研处、档案收集整理处、档案保管保护处、后库管理处、保卫处	甘肃档案学校、甘肃省档案装具标准化管理中心
青海省档案局(馆)	副厅	青海省省委办公厅		45	办公室、业务指导处、综合法规处、保管利用处、信息技术和电子文件管理处	省政府公开信息查阅服务中心
宁夏回族自治区档案局(馆)	副厅	宁夏回族自治区党委办公厅	41	14	机关党委、办公室、业务监督指导处、法制宣传教育处、接收征集处、保管利用处、技术处、信息开发处	宁夏档案文件利用服务中心
新疆维吾尔自治区档案局(馆)	副厅	新疆维吾尔自治区党委办公厅		100	办公室、综合法规处(《新疆档案》编辑部)、业务指导处(档案学会)、人事教育处(档案干部培训中心)、档案保管保护处、档案信息开发利用处、档案征集接收处、档案信息化处、机关党委(纪检(监察)组)	

（三）档案事业发展概况

2017 年全国档案事业发展综述

2017 年，档案部门在各级党委和政府的领导下，围绕中心，服务大局，拼搏进取，狠抓落实，各项工作取得了新进展。

一、档案服务能力不断提升

（一）服务中心工作成绩突出

贯彻习近平总书记“让历史说话，用史实发言，深入开展中国人民抗日战争研究”重要指示精神，扎实推进《抗日战争档案汇编》编纂工程。在全民族抗战爆发 80 周年之际，出版《中央档案馆藏日本侵华战犯笔供选编》（第二辑）。在国家公祭日前，举行《世界记忆名录——南京大屠杀档案》（21 册）《拉贝日记》（6 册）两套影印丛书首发式。在全国多地举办“红星照耀中国——外国记者眼中的中国共产党人”“信仰的力量——中国共产党人的家国情怀”“中国档案珍品展”“‘两学一做’学习教育专题档案展”。国家档案局与国家海洋局联合举办“档案服务海洋强国建设”主题研讨活动。北京、厦门等地积极做好“一带一路”国际合作高峰论坛、厦门金砖峰会等重大会议活动的档案工作。

（二）服务经济建设持续深入

围绕供给侧结构性改革加强企业资产与产权变动过程中的档案管理工作，国家档案局作为国务院处置“僵尸企业”协调小组成员，大力加强“僵尸企业”处置过程中的档案处置工作，并对各省（区、市）和中央企业档案处置情况进行全面调查；同时组织召开破产、关闭国有企业档案处置工作专题座谈会研究国有企业资产与产权变动档案工作。做好国资委职能转变过程中中央企业档案业务指导工作。加强非公企业和企业境外档案工作业务指导。指导各中央企业将档案工作融入主业、服务主业，举办全国企业档案资源开发利用案例评选活动。

国家档案局对内蒙古、吉林建设项目档案工作开展巡回检查。完成浙江泰山核电厂扩建项目、大渡河大岗山水电站项目、沪昆高铁新建路段等国家重大建设项目档案验收工作。加强国防科技工业固定资产投资项目档案管理，联合国防科工局召开固定资产投资项目档案协作组会议，并开展专项检查。加强对国家人口基础信息库、金关工程等电子政务工程档案的指导监督。做好《建设项目电子文件归档和电子档案管理暂行办法》《建设项目档案监督指导工作指南》的宣传贯彻工作。

（三）服务民生领域不断拓展

配合精准扶贫战略，国家档案局深入推进《关于做好精准扶贫档案工作的意见》《精准扶贫档案管理办法》的贯彻落实。扎实做好农村土地承包经营权确权登记颁证和集体林权制度改革档案工作。开展美丽乡村档案工作。深入开展社保、城市社区、民政等民生类专业档案工作。各级综合档案馆优先安排民生档案的整理编目、数字化和鉴定开放，创新民生档案利用机制，为保障和改善民生提供支持。全国多地开展民生档案“异地查询、跨馆出证”工作。以“档案——我们共同的记忆”为主题开展国际档案日宣传活动。

二、档案基础业务更加扎实

（一）档案资源不断丰富

各级档案馆继续加大专业档案接受进馆力度，丰富了馆藏资源，优化了馆藏结构。积极开展档案征集，安徽、湖南、甘肃、青海、沈阳等地分别征集到一批特色档案。

（二）国家重点档案保护与开发工作和中西部地区县级综合档案馆建设工作稳步推进

完成 2016 年度项目的验收工作，积极推动 2017 年度项目的实施并按时发放专项资金，评审 2018 年度项目；组织召开国家重点档案保护与开发项目管理和实施座谈会、培训会、专家咨询委员会会议、区域性国家重点档案保护中心评审会；印发《国家重点档案文件级目录数据验收办法（试行）》《国家重点档案专项资金管理办法》《区域性国家重点档案保护中心建设与管理办法》，修订《国家重点档案保护与开发项目管理办法》。通报 2010—2016 年项目开工情况，审核 2017 年度申报项目，与发展改革委共同审定 2018 年度项目资金分配方案；印发《关于加快推进中西部地区县级综合档案馆项目开工建设的通知》；赴青海、西藏开展项目实施情况专项检查。

（三）档案业务管理全面加强

推进档案业务规范化建设，制定副省级以上综合档案馆业务建设评价标准和评价办法，推进中央和国家机关、中央企业档案业务规范化管理，开展全国建设项目档案管理示范工程，全国多地建立了档案工作目标考核机制。认真开展行业协会商会与行政机关脱钩改革中档案处置工作，对责任划分、移交范围、移交标准等作出要求。创新企业档案考核检查方式，制定《企业档案工作双随机检查细则》。积极组织国家建设项目档案业务规范体系建设，按照分类指导原则，率先开展铁路建设项目档案工作业务标准体系建设。加强档案安全管理，构建人防、物防、技防“三位一体”的档案安全防范体系，一大批综合档案馆完成结对异地备份工作。加强档案科技管理，印发《国家档案局科技项目管理办法》，91项科技项目列入2017年国家档案局科技项目计划，35项科技成果获得国家档案局优秀科技成果奖，9项科技成果和1项档案行业标准得到重点推广应用，有力支撑了档案事业发展。

三、依法治档更加深入

（一）档案法规标准体系不断完善

《档案法》修订工作有序推进，国家档案局梳理吸收近百家单位关于《档案法（修订草案送审稿）》反馈意见，报送国务院法制办，推动将《档案法》修订工作列入国务院2018年立法工作计划。与民政部、农业部联合印发《村级档案管理办法》。与国家测绘地理信息局联合印发《测绘地理信息档案管理规定》。组织开展对151件档案部门规章及规范性文件的清理工作，剔除非规范性文件34件，拟废止20件，拟继续有效97件。扎实推进档案标准化工作，发布《纸质档案数字化规范》等12项行业标准，公布《纸质档案所为数字一体化技术规范》等8项行业标准草案公开征求意见。举办全国档案工作标准化技术委员会第25次年会。

（二）档案执法机制逐步健全

国家档案局对宁夏、河北、海南、山西、福建5个省区开展档案行政执法检查“回头看”，召开全国档案行政执法检查工作总结暨经验交流会。推进行政审批工作规范化建设，制定《国家档案局行政许可标准化工作规范》，接受国务院审改办行政许可标准化测评组实地测评，协同相关部门规范审计档案出境审批程序。落实“谁执法谁普法”“谁主管谁负责”普法责任制，按照《全国档案“七五”法治宣传教育规划（2016—2020）》要求，广泛宣传档案法律法规、普及档案知识，营造尊崇法治、依法治档的良好环境。

四、档案信息化成效更加显著

（一）扎实推进数字档案馆（室）建设

山东潍坊市、河南省济源市、安徽省蚌埠市等6家数字档案馆系统通过全国示范数字档案馆测试。国家档案局组织召开数字档案室评价工作现场会，完成中山市档案局、南京市建邺区档案局、南京市审计局等3家试点单位全国示范数字档案室评价工作。印发《企业数字档案馆（室）建设指南》，举办企业数字档案馆（室）建设培训班。印发《关于开展企业数字档案馆（室）建设试点的通知》，启动第一批试点单位遴选工作。

（二）稳步推进档案数字化和电子档案管理工作

档案数字化进展顺利，部分中央和国家机关档案室、部分市县档案馆馆藏档案完成全部数字化，各级档案馆数字档案资源的比例均有大幅提高，数字化全文识别取得重要进展。国家档案局开展会计电子文件归档和电子发票管理综合试点，实现电子会计档案单轨制归档，促进电子商务健康发展。召开企业电子文件归档和电子档案管理试点中期检查会，完成4家企业试点项目验收。规范建设项目电子文件归档和电子档案管理。

（三）档案信息资源共享取得重要进展

建设全国档案业务管理系统，28家副省级以上档案部门已接入运行，初步实现了档案部门间的业务协同。明清、民国、革命历史3个全国档案目录中心工作有序开展。国家档案局完成对全国各综合档案馆网站及重要信息系统基本情况、等级保护定级备案情况及关键信息基础设施情况的统计摸底工作。建立健全档案行业信息安全通报机制，印发《档案行业网络与信息安全信息通报工作规范》。

五、国际交流合作更加广泛

（一）积极参与档案国际事务

《甲骨文》和《近现代中国苏州丝绸档案》成功入选《世界记忆名录》。国家档案局履行世界记忆项目亚太地区委员会主席的职责，出席联合国教科文组织举办的“保护与利用：数字时代东南亚文献遗产”研讨会、《关于保存和获取数字遗产在内的文献遗产的建议书》东盟+3磋商会和世界记忆项目亚太地区委员会执行局会议。参加国际档案理事会2017年年会并作专题报告，参加国际档案理事会企业档案处会议及执委会会议、欧亚地区分会第18次会议。参加第44届国际标准化组织/信息与文献工作技术委员会会议，参加第21届太平洋音像档案协会会议和“设想未来的音像档案”研讨会。在北京举办中国世界记忆项目北京学术中心启动仪式和“中国与世界记忆项目”论坛。在贵阳举办国际档案理事会东亚地区分会第13次大会暨“数字格式文献遗产的选择和保护”研讨会。

（二）深度推进双边交流合作

中俄人文合作及档案工作交流持续深化，中俄档案合作分委会第一次会议和“大数据时代与档案工作”研讨会召开。国家档案局加入中南非副总理级人文交流机制中方委员会，参加中国—南非高级别人文交流机制首次会议。组团赴美国参加美国档案法律法规体系培训。组团赴香港特别行政区参加国际档案理事会东亚分会和香港大学合办的档案学深造证书班培训。2017年，中国与捷克、保加利亚和立陶宛等3个国家签署档案合作协议，已与27个国家建立了档案双边合作关系。

六、档案干部队伍更加充满活力

按照《全国档案专家选拔与培养实施方案》要求，国家档案局开展2017年度全国档案专家选拔工作，各地区各部门共推荐候选专家364名，并以此为契机建立了本级的专家库，全国多地也启动实施档案人才工程。贯彻落实《干部教育培训工作条例》，科学制定教育培训计划，分层次、分专题统筹抓好全国档案干部教育培训，在中央党校和浦东干部学院举办9期档案领导干部培训班，对各省（区、市）档案工作分管领导和档案部门负责同志进行轮训，取得良好成效。启动全国县级档案局长馆长轮训工作，举办3期培训班，培训学院300余人次。继续与浦东干部学院、延安干部学院、国家行政学院以及浙江、河南、甘肃等地省委党校、干部学院合作办好党性教育主题教室，充分发挥档案在党员干部教育培训中的作用。

（国家档案局）

北京市

一、服务大局更加有力

（一）服务首都“四个中心”建设

市档案局（馆）主动与市委宣传部、市文化局、市文物局沟通，就推进“三个文化带”建设主动发力。编辑出版《档案中的北京地名变迁》史料专辑。完成城市解放系列丛书中《北平解放》的修订、再版工作。积极参与中国国家档案局、蒙古国国家档案总局主办的“中蒙关系1949—2016档案展”。与北京电视台新闻频道《这里是北京》、北京卫视《档案》栏目组建立长期合作机制，相继推出《老档案里的通衢之州》等四部档案文献片。西城、朝阳、海淀、石景山、密云等区档案馆开发《平淡天真——金从政口述我的父亲载涛》《叙说朝阳——非遗篇》《重生的凝固乐章》《高端绿色石景山》《古诗词中的美丽密云》等一批档案文化产品。

（二）服务城市副中心建设

制发《关于在搬迁至北京城市副中心行政办公区过程中加强档案工作的意见》，推出“通衢之州大美新城——魅力副中心”展览，先后在市委办公大楼和市档案馆展出。

（三）服务京津冀协同发展

市档案局主动加强与津冀两地档案部门的工作对接，积极推进京津冀三地在查档绿色通道、档案人才交流、科研联合攻关、重点工程项目联合指导检查等方面加快协作步伐。通州区档案局与天津市武清区档案局、河北省廊坊市档案局签署交流合作框架协议，就北运河历史档案挖掘、业务工作交流、便民服务等合作项目达成共识。平谷、密云区档案局认真落实与天津市蓟县、河北省遵化市、兴隆县档案局签订的《京津冀五县区档案合作备忘录》，努力推进区域合作、资源共享。

（四）服务保障重大活动、重点工程项目

圆满完成“一带一路”国际合作高峰论坛档案服务保障工作，全面收集、规范整理活动形成的各种载体档案并接收进馆，市档案局受到北京市服务保障工作领导小组表彰。市档案馆和延庆区档案馆采取加强指导、专人进驻、举办专题培训、开通“查档绿色通道”等方式，积极做好北京冬奥会冬残奥会档案服务保障工作。市档案局和东城、海淀、丰台、房山、通州、大兴、怀柔、密云、延庆等区档案局围绕世园会、平原地区造林、低收入农户增收、十九大安保、国家公共文化服务体系示范区、世界月季洲际大会等重大活动、重点工作、重点建设项目开展指导、培训。

（五）服务企业改革

按照“放管服”改革要求，精简、规范、统一市区两级档案部门权力清单。市档案局行政许可事项实现一网办理。组织开展市属国企改革中档案处置工作专项检查，全面调研涉及改革的市属国企档案工作，实地检查改革任务重的30家企业档案工作，及时提出书面整改意见并予跟踪落实。修订并印发《北京市非公有制企业档案管理指南》，为非公有制企业规范档案工作提供依据。各区档案局通过举办培训、加强调研、发放指导材料等方式，进一步规范管理区属企业档案工作。

（六）服务保障民生

市档案局制发《北京市区档案馆档案利用工作管理办法》，进一步统一和规范档案利用工作。2017年，市和区档案馆共提供利用档案15万余人次，其中东城、西城、朝阳、通州、平谷、密云、昌平等7个区档案馆接待利用突破万人次。市一中院拓宽便民服务渠道，在全国范围内首创“互联网+司法便民”服务新模式，利用微信城市服务平台和微信小程序为当事人及代理人提供诉讼档案调阅服务。市工商局在推进工商登记信息共享与部门协同的基础上，以石景山分局为试点，积极推动市场主体信用资料库的建设，石景山区档案馆主动参与，加强对本区企业信用档案管理系统的监管。市卫计委在30家试点医院实现电子病历信息的共享调阅，提高电子病历的利用效率。

二、法治建设制度化规范化水平明显提高

一是完善制度建设。市档案局制发《关于进一步提高档案工作依法行政水平的意见》；制定出台《北京市档案局行政权力实施程序规定》《北京市档案行政复议程序规定》《北京市档案行政应诉管理办法》。市和区档案局动态调整了档案行政权力清单，全面清理各类证明。二是严格规范执法检查。市和区档案局深入开展“双随机”执法检查，进一步细化检查标准，严格履行规范程序，通过及时反馈、书面通报、限期整改、跟踪复查等措施，大力提升执法检查的力度与效果，保障档案法律的权威性。

三、信息化建设实现实质性突破

北京数字档案馆（电子文件中心）建设项目正式通过竣工验收，进入全面试运行，市档案馆主体业务已全面使用数字档案馆系统进行办理，6家试点单位结合实际工作对系统进行重点试用。北京数字档案馆采用集约化建设模式，建设范围覆盖市区两级档案馆和档案移交单位；应用电子档案身份证技术，以保障电子档案的凭证价值；全面采用国产自主软硬件设备并进行深度应用，在加强对档案数字资源安全保障与规范管理、加强对电子档案的管理、提升档案信息网络服务能力等方面取得初步成效。怀柔区投资近200万元对数字化档案数据存储安全与备份容灾和数字档案管理系统功能升级。朝阳、石景山、房山、昌平、通州、顺义、延庆等7个区档案馆馆藏档案数字化达到100%，平谷区启动村级档案数字化试点工作。北京经济技术开发区管委会、市政府法制办、市环保局、市住房公积金管理中心等引进开发新的综合档案管理软件系统；首发集团、北投集团、对外经贸公司完成室藏全部文书档案的数字化工作。公交集团研发档案管理系统，实现与OA系统的对接；市住建委启用数字档案系统，住总集团推进数字档案管理系统建设，充分发挥室藏档案信息资源服务网络化作用。

四、档案馆（室）业务工作稳步提升

（一）把档案安全作为“身家性命”常抓不懈

全市传达学习全国档案安全工作会议精神，在全市范围内发起档案安全隐患排查治理集中行动，市档案局检查组对丰台、房山、通州、延庆区档案局及11家市属单位进行实地抽查。“11·18”火灾事故发生后，全市档案部门通过召开会议、制发文件、全面排查、实地督导等形式对所辖区域的档案安全工作进行再动员、再部署、再检查，扎实推进安全隐患大排查大清理大整治专项行动。

（二）市和区档案馆新馆建设取得新进展

市委市政府领导张工、崔述强、隋振江等同志积极研究解决市档案馆新馆建设中的难题，大力支持新馆建设工作。区档案局（馆）以落实市级资金补助政策为抓手，着力推进区档案馆新馆建设，东城区档案馆新馆进入室内装修阶段；房山区档案馆扩建项目正式开工；顺义区档案馆新馆购买项目已完成；朝阳、昌平区档案馆新建项目业已立项。

（三）档案馆（室）基础业务进一步夯实

截至2017年底，北京市档案馆馆藏总量超800万卷件。市档案馆征集到革命先驱邓中夏的档案资料；完成10位工美艺术大师口述史料的采集工作。市政协采集的《中关村口述史资料》（第一期）入藏市档案馆和海淀区档案馆。市档案馆编制完成了《馆藏建国后档案控制使用范围划分工作手册》；启动馆藏民国档案文件级目录大规模著录工作；完成《北京市民国档案文件级目录著录细则》。

（四）档案宣传工作不断拓展

市档案馆开展丰富多彩的档案文化讲座、特藏库参观等活动；编辑制作北京发展历史的视频专题片《北京记忆·馆藏映像》；邀请北京、天津、河北6位非物质文化传承人进行非物质文化遗产展示。北汽集团、首钢总公司等企业紧扣活动主题，开展“档案见证工匠精神”和见证历史发展的系列宣传活动；“首钢档案今昔”编研成果获三等奖，北汽集团“打造国际档案日活动品牌，服务大型汽车集团企业文化建设”展览案例被评为入围案例。市档案馆，房山区、通州区、平谷区档案馆被评为2018—2019年“北京市中小学生社会大课堂资源单位”。朝阳区档案馆被评为北京市爱国主义教育基地红色旅游景区。门头沟区档案馆被授予“服务型示范单位”“创新型达标单位”及“和谐型达标单位”称号。

五、人才强档工作有成效

推进“131”人才培养工程，建立人才选拔与培养的长效机制。配合国家档案局完成全国档案专家选拔推荐工作。全市各级档案部门通过选拔任用、轮岗交流、招录接收、教育培训等多种方式，加强干部队伍管理和人才培养。市档案局完成《北京市档案工作人员初任培训教程》编写。

（北京市档案局　宋文萍）

天津市

一、全面从严治党深入推进

坚持把讲政治放在首位，把学习宣传贯彻习近平新时代中国特色社会主义思想和党的十九大精神作为首要政治任务，举办全市档案系统领导干部培训班，深入学习贯彻党的十九大精神。各级档案部门牢固树立“抓好党建作为最大政绩”的理念，充分发挥党组织的领导核心作用，将机关党建工作与业务工作同部署、同落实、同检查、同考核，进一步健全完善全面从严治党制度机制，层层传递压实主体责任。出台《天津市档案从业人员十条行为底线》和《天津市档案工作者职业道德守则》，进一步加强对全市档案工作者的行为规范。严格执纪问责，坚决维护党规党纪的严肃性和威慑力，为档案事业发展营造良好环境。

二、档案服务经济社会和民生成效显著

制发《关于进一步推进档案工作服务大局的意见》，推动全市档案部门在新形势下紧密围绕大局深化档案服务。围绕服务全面从严治党，与天津市委宣传部等部门联合举办《信仰的力量》展览，接待1500家单位3万余名党员干部参观。完成《建国后中共天津历史档案史料汇编（第2卷）》编撰工作，为天津党史研究提供权威资料。与天津电视台联合制作党史人物专题片《曙光》（第1部），获2017年天津市优秀纪录片长片二等奖。围绕纪念建军90周年，与市委宣传部、平津战役纪念馆等单位联合举办《钢铁长城强军梦》《永远的红军》展览，生动展现我军军史军魂军威。

主动服务重大建设项目。制订《天津市重点建设项目（市级政府投资类）档案专项验收工作细则（试行）》，优化档案验收工作流程。跟进国有企业混合所有制改革，编制《国企混改档案处置工作服务手册》，做好混改退出企业档案管理工作。积极推进农村土地承包经营权确权登记档案工作，滨海新区、武清、宝坻、静海、宁河、蓟州等6个涉农区全部通过检查验收。

坚持“以人民为中心”的发展思想，切实抓好各类民生档案的收集、管理和利用工作。各区档案馆新接收一批民生档案进馆，红桥区完成西于庄地区6864户危陋房屋改造档案整理工作。大力推进民生档案资源共享，市档案馆与市高级人民法院合作开展诉讼类案件目录数据共享利用服务。市、区档案馆接待查阅档案和政府公开信息9.6万人次、提供利用档案文件30万卷件次，为广大群众落实政策、解决待遇等提供了有效凭证。积极配合全市学历认证工作，提供学籍档案查阅接待服务，市委党校接待3.26万人查询，出具证明9737页，市档案馆开通绿色服务通道，为3989人出具学历证明。

档案编研工作再结新果，《天津近代历史人物传略（1—3卷）》等多部档案文化精品出版，和平、南开、北辰、宁河等区档案馆依托馆藏资源，编辑出版《天津知名老餐饮》《天津老城里百姓故事》《杨连弟》《烽火硝烟的岁月》等特色佳作。与天津电视台联合开展天津方言档案文化寻根活动，拍摄播出大型纪录片《天津方言寻根之旅》，引起社会广泛关注。

三、依法治档取得新成绩

认真贯彻落实市委、市政府《关于国家档案行政执法检查反馈意见整改方案》要求，建立整改定期报告机制，并对整改任务实行台账管理，逐条逐项推进落实。档案馆建设取得新突破，市档案馆改扩建项目开始方案论证，河西区8500平方米新馆投入使用，滨海新区2.85万平方米新馆主体工程封顶进入内装修阶段，和平、南开、西青等区新馆建设即将开工。档案数字化工作加快推进，出台《天津市档案数字化工作发展规划（2017—2020年）》，各区累计完成档案数字化扫描1.1亿页，西青、北辰、武清等区档案馆馆藏档案实现数字化，121家市级机关、28家企业集团开展数字化工作。着力解决档案人员不足的问题，各区档案局共落实增编25人，招录调入13人，通过政府购买服务方式引入58人。

市档案局与市人大内司委、市政府法制办联合开展全市档案联合执法监督检查。市人大常委会副主任散襄军带领部分市人大常委会委员、市人大内司委组成人员和市人大代表，对全市贯彻实施《中华人民共和国档案法》和《天津市档案管理条例》情况进行集中检查，实地察看河西区档案馆、南开区行政审批局档案工作。对19家单位实施“双随机”抽查，32位市人大代表参加，直面问题，书面反馈，限期整改，集中通报，取得良好成效。滨海、河东、河北、西青等区将档案法治教育纳入党校教学计划。修订《归档文件整理规范》地方标准，适应新形势对机关档案工作的新要求。做好新农村档案管理工作，西青区实施“村村建档修志”工程，推动全区160个村达到“八个一”标准。修订《企业档案工作评估办法》，加大对企业档案工作管理体制机制、基础设施建设、信息化建设的评估比重。

四、档案基础建设取得新成果

大力推进国家重点档案保护与开发项目，市档案馆馆藏民国档案目录基础体系建设项目累计完成130万余条文件级目录著录。做好应进馆档案收集工作，市、区档案馆全年共接收档案24万卷、49万件，馆藏总量达539万卷、450万件。主动跟进重大活动，接收2016年达沃斯论坛档案资料2600余件。市档案馆面向社会开展档案史料征集工作并征集征购《满铁华北文献资料选编》《盛宣怀档案选编》《北洋官报》缩微胶片及大龙邮票等珍贵史料，和平、红桥、西青、北辰、宝坻、蓟州等区征集特色历史档案史料进馆。

数字档案馆（室）建设迈出新步伐。天津轨道交通集团电子文件归档和电子档案管理首批国家试点工作通过国家档案局验收，成为全国第3家通过验收的单位。北辰区档案馆通过天津市数字档案馆系统测试，成为全市首家市级数字档案馆。市水务局等4家单位率先通过市级数字档案室示范单位测评，39家市级机关单位实现电子文件归档。天津市档案馆微信平台累计发布消息1000余条，阅读量达275万人次。继续做好电子档案异地备份工作，在广州市国家档案馆备份市、区档案馆数据207TB。

市档案局与市总工会等单位联合举办第2届档案系统业务技能大比武竞赛。全市757个单位1213名一线档案干部报名参赛，通过档案基础知识竞赛、档案操作技能比武，角逐产生1位市“五一”劳动奖章参评者和30名档案技术能手，竞赛的广泛性和影响力进一步提升。

（天津市档案馆）

河北省

一、档案馆基础设施建设稳步推进

河北省档案方志馆新馆建设正在进行可研和初步设计。唐山市档案馆年内已建成并投入使用；张家口市档案馆新馆主体完工；其他各设区市新馆建设项目进展顺利。同时，省档案局积极督导县级综合档案馆建设，积极帮助争取中央资金和政策支持，全省列入中西部地区县级综合档案馆建设规划的140个县（市、区），已有68个县获得中央支持资金，共计1.2495亿元。

二、档案文化建设取得丰硕成果

依托丰富馆藏，以专题片、纪录片、档案文献展、编研著作等多种形式推出档案文化产品。其中，60集专题片《世说新语 档案百年》在《你早京津冀》栏目播出。6月29日，“铁肩担道义——中国共产党主要创始人之一李大钊档案文献展”隆重开展，此次展览得到了省领导的高度重视，省委常委、省委宣传部长田向利等出席开幕式并现场观展，40余家新闻媒体进行了采访报道，65家省直单位组织党员干部集体参观，观展人数突破16万。坚持把档案编研作为档案文化建设的重头戏，先后编辑完成了《西柏坡档案》《河北省档案馆民国名人墨迹典藏》《河北抗日战争档案文献图片集》等；多部档案编研作品正在全力推进中，《不忘初心 继续前进——中国共产党主要创始人之一李大钊档案文献精粹》《河北地区干部南下档案选编》《河北红色档案文库·察哈尔卷》《抗日战争档案汇编·河北省档案馆卷》等已进入档案资料复选、审核和编辑阶段，并将按计划出版。

被列入省政府重点工作的《河北省志·档案志》编辑出版工作已完成初稿并通过初审，正按照初审意见修改，全部工作将于年底前完成。

三、档案基础业务取得新成绩

推进河北省国家重点档案目录体系建设，开展国家重点档案文件级目录中心（明清档案目录中心、革命历史目录中心、民国档案目录中心）三个目录中心建设。印发《河北省“十三五”国家重点档案目录基础体系建设工作计划》，按国家档案局要求，已完成革命历史档案、民国档案目录采集24.7万条。完成2018年全省国家重点档案目录基础体系建设项目申报工作。

完成全省国家重点档案保护与开发专项资金预算汇总上报工作，向14家任务单位下发了年度国家重点档案专项资金任务预算额度有关通知，2017年，全省有包括档案目录基础体系建设在内的7个项目获批中央补助资金528万元，比2016年增长近一倍。完成2018年国家重点档案保护与开发项目申报工作，全省共申报9项，申请资金638.52万元。

开展革命历史档案鉴定划控工作，完成7899件档案的初步鉴定，对档案利用平台上1.6万件革命历史档案进行重新划控和鉴定，其中开放1.4万条。

四、档案信息化水平稳步提升

坚持把档案信息化建设作为提升档案现代化管理水平的重要抓手，完成省检察院和邯郸市档案局两个省内试点的指导和电子政务内网的联通工作。继续开展省档案馆传统载体档案数字化工作，已完成档案扫描 137 万画幅，质检 7 万画幅。档案修复和仿真复制档案 8625 页，比去年翻了一番。

提高档案室档案信息化利用服务水平，推进省直各系统建立省、市、县三级档案利用服务网络平台，其中，全省检察院、国土资源、无线电管理、农村信用联社等 4 个系统的档案利用服务网络平台建设实现部分区域接通。

五、以创新思维推进档案资源建设

创新档案资源建设模式，注重民生档案利用服务，在 11 个设区市建立“民生档案查阅中心”试点，年底前完成挂牌对外利用。加强对省监管企业、省重点建设项目档案工作的监督指导，起草下发了《关于做好 2017 年省管重点建设项目档案管理登记工作的函》，对石家庄市地铁工程 1、3 号线等重点项目档案工作进行业务指导。以档案工作目标管理认定为抓手，大力推进机关团体及企事业单位档案室工作的规范化建设，目前，已对 70 多个单位进行了现场指导，通过目标管理认定的 6A 1 家，5A 8 家。

积极做好农村土地确权、精准扶贫档案工作，制定印发了《河北省精准扶贫档案管理实施办法》，与农业厅联合制定了农村土地承包经营权验收方案，已对 5 个县的农村土地确权档案进行了验收。联合举办两期农村承包地确权登记颁证培训班，共培训 400 余人。

大力推进雄安新区档案工作，印发《关于做好雄安新区建设前期档案工作的通知》，把雄安新区档案工作作为一号工程来抓。组织雄安新区档案工作汇报会，由局领导带队分别到雄县、安新、容城档案局馆就建设前期档案工作进行了督导调研。6 月份，与雄安新区筹委会进行档案工作对接，组成雄安新区档案工作专题组，赴深圳、浦东新区和苏州市就雄安新区档案工作进行专门调研学习，为雄安新区档案工作机制等提出意见建议。与雄安新区设立同步谋划实施“雄安记忆”工程，加强各阶段档案资料收集归档、保管利用，取得了阶段性成果。通过开展影像活动等方式形成影像资料档案 2.1 万多画幅。

六、强化整改措施，依法治档取得新的成效

推进档案行政执法“三项制度”相关工作，制定《河北省档案局行政执法公示实施办法》《河北省档案局行政执法全过程记录制度》《河北省档案局重大行政执法决定法制审核规定》，编制清单、服务指南、流程图，将三项制度、四类文本、五个清单、39 个法律文书辑印成执法工作手册在全省分发。开展行政审批事项清理，按照国家和省政府要求，取消两项行政许可事项（其中一项转为内部审批），取消一项行政强制，完成向雄安新区下放行政权利有关工作。

以约谈等举措解决部分市县档案机构上的问题。8 月，省分管档案工作的领导就石家庄市存在的机构、经费方面突出问题约谈石家庄市有关部门。石家庄市政府高度重视，印发《专题会议纪要》《关于我市档案工作有关问题的通报》，要求各县（市）、区加大经费投入力度，按标准落实档案馆日常维护费；加快推进市县新馆建设项目。目前，正定县恢复档案局，其他县（市）、区政府办公室加挂档案局牌子，实行一套人员两块牌子。

七、档案宣传科教、学会工作取得新成效

加强档案宣传取得较好社会。结合 6·9 国际档案日、《档案法》颁布 30 周年等重大节点，在全省开展一系列内容丰富、形式多样的社会化和媒体宣传活动，引起社会各界强烈反响。开展“公众开放日”活动，160 多家档案馆同步向公众开放，让群众零距离走进档案馆。到地铁站口、公园等群众集散地进行档案宣传，向市民免费发放宣传海报、宣传册及宣传资料 160 多套，2000 多份。在《中国档案报》《中国档案》等国家行业报刊刊发文章 40 多篇，对多项省档案工作进行了宣传报道；在“河北档案网”“冀小兰”微信公众号、“中国河北”网站合计更新文章近 400 条，在开通微信公众号基础上，又开通腾讯内容开放平台、联通“今日头条”，形成档案宣传合力。

守牢档案安全底线，进一步健全和落实档案安全相关制度，建立健全档案安全事故预防、报告及处理机制，重新修订《河北省档案局（馆）突发事件应急预案》，在全省范围印发开展档案安全隐患排查治理通知，7 月中旬，省档案局领导带队对全省档案安全工作进行检查，督导各市县档案馆彻底排查、消除存在的各种安全隐患，确保档案安全事故“零发生”，馆藏档案绝对安全。

印发档案科研立项指南，指导并组织全省科研立项和国家档案局立项工作，2017 年，全省档案科研立项 17 项，国家档案局立项 2 项。组织完成 6 项课题的评审鉴定工作，国家档案局课题结题 1 项。组织完成《河北省档案信息利用中心系统》项目的验收工作。

加强档案行业专家人才选拔和培养，完成了省档案专家的组织申报和推荐工作，共向国家档案局推荐 10 名专家，涉及 6 个档案工作领域。

（河北省档案局 王琳）

山西省

一、全面从严治党扎实推进

一是加强思想政治引领。山西省档案局深入贯彻落实习近平总书记视察山西重要讲话精神，认真开展“两学一做”学习教育常态化制度化和“维护核心见诸行动”主题教育，突出党建引领作用，全面加强理论武装。党的十九大召开后，全省档案工作者深入学习贯彻党的十九大精神和习近平新时代中国特色社会主义思想，着力在“学懂、弄通、做实”上狠下功夫；结合山西省开展的“万名干部大调研”活动，将宣讲党的十九大精神延伸到基层。

二是严肃党内政治生活。将政治纪律政治规矩挺在前面，全力配合山西省委专项巡视工作。组织全体党员认真学习贯彻新党章和“两准则四条例”等党内法规。严格落实“三会一课”制度，突出政治学习和党性锻炼，定期召开专题组织生活会和民主生活会，认真开展民主评议、主题党日活动。

二、档案事业发展环境不断优化

档案工作得到各级党委政府和领导的大力支持，受到社会各界的广泛关注。国家档案局开展档案行政执法检查“回头看”，副省长贺天才代表省政府出席意见反馈会并作表态发言；副省长、省发改委主任王赋调研省档案局并就加快推进省馆新馆建设作出指示。省委常委、大同市委书记张吉福出席大同档案文史展并作指示，阳泉市委书记陈永奇带领市委理论学习中心组集体参观阳泉市档案图片展，长治市委书记席小军、市长卢建明，朔州市代市长陈振亮等通过调研指导、出席会议等形式对本市档案工作予以支持。

三、档案馆基础业务稳步推进

一是档案馆库建设进展顺利。山西省档案馆新馆建设在省委、省政府大力支持下取得重大突破，可研报告获省发改委批复，土地不动产权登记证办理完毕，新馆占地约66亩，总建筑面积5.4万平方米，总投资近4亿，各项工作正在快速推进。市级档案馆新馆建设成绩喜人。积极落实国家中西部县级综合档案馆建设规划，中央已批准建设的52个项目中，23个已建成启用，14个主体完工，3个开工建设。

二是国家重点档案保护与开发有序开展。国家档案局批复山西省国家重点档案专项资金预算249万元，涉及国家重点档案文件级目录61万条的编制工作。全省档案的抢救修裱保护条件得到改善，技术得到提升。

三是档案基础理论研究可圈可点。山西省档案学会围绕全省档案工作实际，积极开展学术研究活动，相继举办了“档案文化建设”学术研讨会和“重大活动档案管理”学术研讨会，为促进全省档案事业发展提供了智力支持。

四、档案服务水平显著提升

一是服务政治大局能力增强。山西省档案局努力找准档案工作切入点和着力点，奏响档案强音，贡献档案力量。根据《山西日报》相关报道，汇集编印《骆惠宁同志工作活动剪辑》，得到省委相关部门肯定。落实山西省委在推进“两学一做”学习教育常态化制度化中加强“三基建设”（即基层组织、基础工作、基本能力）的决策部署，推进全省党政机关规范文书和档案管理。

二是服务经济社会亮点突出。山西省档案局继续积极为全省经济转型和国企改革提供服务，以企业档案资源建设为核心，连续7年对省属企业进行档案工作年度目标考核，通过在省属企业之间开展“结对子”活动，形成互助共进的良好态势。正式出台《重大建设项目档案验收规范》，填补了此前空白，为全省重大建设项目档案验收提供了遵循。围绕全国第二届青年运动会，山西省档案局及早谋划、主动介入，为筹备工作提供档案基础保障。强化对各级各类党政机关、社会团体、企事业单位档案工作业务监督指导，通过开展档案工作规范化管理活动，不断提升档案管理水平。在服务社会主义新农村建设方面，截至2017年，共完成14个社会主义新农村建设档案工作示范县和17个示范单位建设。

三是服务文化建设成果丰硕。全省各级档案部门大力推进档案文化建设，打造档案文化精品。山西省档案局推动全省《抗日战争档案汇编》编纂工作有序开展，并举办了抗日战争档案汇编暨档案鉴定划控工作轮训。同时，充分发挥档案“存史育人”的重要作用，开展“档案文化进校园”活动，讲述档案故事，传播档案文化。

五、全省“三个体系”建设日趋完善

一是全省档案资源体系不断丰富。全省各级各类档案部门持续推进档案资源体系建设，归档范围更加明晰，归档措施愈发有力，归档质量逐步提升，档案资源不断丰富。山西省档案馆共计接收档案6706卷（件）、政府公开信息2428件（册）。完成民国档案9099卷，革命历史档案21279卷、12816件，共计2032255页档案的划控鉴定工作。

二是全省档案安全体系逐步规范。山西省档案局制定档案安全工作方案，签订安全责任书，划分安全责任区，强化责任考核，建立档案安全事故问

责办法，狠抓档案实体安全和信息安全，全年未发生一起档案安全事故。

三是全省档案利用体系更加开放。山西省档案馆开展“党员先锋行”活动，加强利用服务窗口建设，实行档案查阅首问责任制，为利用者提供精准便捷的人性化服务，接待各界档案利用者3204人次，查阅档案10594卷、资料2957册，为山西经济建设、编史修志、落实政策、调解纠纷、学术研究等提供了翔实资料，发挥了重要作用。

六、档案法治建设持续加强

一是法规制度体系不断完善。出台了《山西省档案局关于进一步改进和加强机关档案工作的实施意见》，规范机关档案工作。按照省政府办公厅要求，对1949年以来由山西省档案局起草、省政府印发的现行有效文件和由省档案局制定或与其他部门联合制定的档案规范性文件进行全面清理，适时废止了一批过时的规范性文件。各级档案部门加强重点领域档案规范性文件制定，对推动全省档案事业健康发展起到了政策引导和支撑作用。

二是行政执法机制逐步健全。山西省各级档案部门深入贯彻“放管服效”改革要求，加快政府职能转变，开展行政权力清单和行政职权责任清单的编制工作，并加强权责清单运行管理。山西省档案局配合省政府督查室，对各市和部分省直单位贯彻落实《山西省重大活动档案管理办法》情况进行督查，有力推动了全省档案事业的发展。各市档案局也不断强化行政管理职能，档案行政执法形成常态。各级档案部门普遍建立法律顾问制度，充分发挥法律顾问在制定重大行政决策、推进依法行政中的积极作用，提高档案部门依法办事能力。

七、档案信息化建设快速发展

一是信息化整体水平显著提高。省档案馆多媒体档案管理系统项目竣工，具备了接收、管理包括音、视频在内的各种门类档案的能力。结合国家档案局“十三五”规划中信息化建设内容和山西省信息化建设规划，制定了“全省档案信息化建设五年规划”，对未来五年档案信息化建设提出了宏观目标和具体要求。

二是档案数字资源建设加快推进。山西省档案馆连续三年开展馆藏纸质档案的整理和全文扫描工作，截至2017年底已完成全文扫描300余万页、近500万画幅，其中100余万页已挂接局域网系统，可对外提供利用。市、县档案馆档案目录数字化工作全面开展，全文数字化工作覆盖率稳步提升。

八、档案人才队伍建设力度加大

一是干部培训工作有力推动。山西省档案局着力打造学习型机关，以“山西兰台大讲堂”为平台，充分利用局机关和省内外专家资源，对省直机关、企事业单位档案从业人员及省局新进人员开展档案业务培训，截至2017年底共培训业务人员2600余人。与省委组织部联合举办全省档案信息化建设专题培训班，收到良好效果。

二是干部队伍素质稳步提升。各级档案部门通过公开招录，充实档案新生力量，增强了工作活力。以全省“万名干部大调研”活动为契机，扑下身子、沉到一线，转变了工作作风，提升了工作本领。针对各领域档案人员的不同需要，开展形式多样的学习交流，全省档案干部队伍整体素质显著提升。

（山西省档案局）

内蒙古自治区

一、档案法制和标准化工作

自治区档案局制定《内蒙古自治区档案局2017年度依法行政工作计划》；制定并公开《内蒙古自治区档案局权责清单》，简化优化公共服务流程；修订细化《内蒙古自治区档案行政处罚裁量权基准规范》；推进执行“一单两库一细则”，开展档案行政执法随机抽查工作；开展规范性文件清理工作，起草《蒙古文档案管理规范》；举办“纪念《档案法》颁布30周年、《内蒙古自治区档案条例》修订10周年”主题征文活动，收到论文近200份。锡林郭勒盟将《档案法》列入“七五”普法规划，将档案工作列入《锡林郭勒盟国民经济和社会发展第十三个五年规划纲要》，将“档案工作管理及档案规范化建设”列入《2017年度旗县市（区）党政领导班子绩效考核指标》。

二、档案信息化工作

自治区档案馆按照《数字档案馆建设指南》《数字档案馆测试办法》对通辽市、包头市数字档案馆建设进行业务指导，建立数字档案馆试点；对乌兰察布市、阿拉善盟、赤峰市元宝山区档案馆和人民银行呼和浩特市分行、内蒙古公积金管理中心等档案信息化工作进行监督指导。全区各级档案馆共完成档案数字化扫描1500余万页。自治区档案馆将数字档案室、全区档案教育培训平台、全区档案资源共享平台和电子文件中心系统迁移至电子政务云中心，“基于云平台的数字档案室业务系统”获得国家档案局优秀科技成果三等奖。通辽市档案局完成数字档案数据库更新，对《蓝晶档案管理系统》进行升级开发，并研发推广使用《数字档案馆》和《数字档案室》程序，开发升级三个子系统“档案查询利用系统”“档案编研系统”和“档案接收系统”。

三、档案馆工作

贯彻《中西部地区县级综合档案馆建设规划》，按照自治区党委办公厅、政府办公厅印发的《关于加强旗县级综合档案馆建设的通知》要求，对呼和浩特、包头、通辽、呼伦贝尔市、锡林郭勒盟等的旗县级综合档案馆建设进行督查指导。中央投资补助的69个旗县级综合档案馆建设项目中，已完工或正在建设的57个，正在筹备开工的12个，部分旗县综合档案馆建设项目设计图纸审核完成。鄂尔多斯、呼伦贝尔、乌兰察布、锡林郭勒等4个盟市建成符合规范标准的档案馆，呼和浩特市档案馆已破土动工。

四、机关档案工作

自治区档案局制定了《2017年盟市厅局党政领导班子档案工作考核指标评价办法》《2017年厅局领导班子档案工作考核指标评价办法》《考核指标评价标准》，组织对列入自治区党委政府年度考核范围的12个盟市、75个厅局集中开展了档案工作督查调研，将调研结果上报自治区政法委。各盟市档案局结合地区实际情况，进一步加强对机关档案工作的监督指导。

五、企业档案工作

落实《内蒙古自治区人民政府办公厅关于印发加快剥离国有企业办社会职能和解决历史遗留问题工作方案的通知》精神，对剥离国有企业办社会职能过程中档案处置工作进行调研，印发《关于加强剥离国有企业办社会职能过程中档案处置工作的通知》；对呼和浩特地铁1号线等6个建设项目进行巡回检查，参与28个建设项目档案验收。

六、农村牧区档案工作

积极配合自治区农牧业厅，对土地确权登记颁证和草原确权承包及基本草原划定档案工作进行培训、指导；会同自治区土地确权颁证领导小组赴通辽市奈曼旗进行土地确权检查验收。

七、档案利用服务工作

自治区档案馆完成接待日本驻华大使馆查阅申遗《慰安妇档案》工作；同自治区将军衙署博物馆签订《关于合作利用档案举办展览的协议书》；编纂《清代内蒙古西部垦务档案汇编》《抗日战争档案汇编》《内蒙古自治区档案资料汇编》（六卷本）；爱国主义教育等展室接待参观单位50余个。乌海市档案史志局利用馆藏资料编辑完成《乌海市政府工作报告汇编》《中共乌海市委全委会报告汇编》。乌兰察布市档案馆开辟毛泽东生平图片实物展厅，农耕实物展厅，丝绸之路实物展厅，蒙元文化精品瓷器展厅，接待参观群众约5000人次。

八、档案收集工作

自治区档案馆主动服务自治区成立70周年庆祝活动，提前介入庆祝活动档案管理工作，选派专业档案人员参与自治区成立70周年庆祝活动档案管理工作，广泛收集、规范整理；印发《内蒙古自治区档案馆档案接收办法（试行）》；接收自治区第十次党代会选票；接收《内蒙古文史资料集萃》《杭锦旗扎萨克衙门档案》《内蒙古自治区档案资料汇编》、内蒙古人物评选活动组委会移交的历届感动内蒙古人物评选活动档案资料、内蒙古大学成立60周年庆祝活动档案资料等795册（件、张）；召开“王铎同志档案捐赠座谈会”，接收捐赠档案102件。呼和浩特市档案局选派专业人员参加“第26届中国金鸡百花电影节”档案管理，接收各类档案1280件。

九、国家重点档案保护与开发工作

完成全区各级国家综合档案馆重点档案信息普查和项目储备库信息报送工作，储备案卷目录28余万条，建立1个项目储备库，储备项目19个，包括1个目录基础体系建设项目、1个重大专题开发项目和17个重点专题开发项目，结项2个；采集重点档案目录170余万条，向全国目录中心报送48余万条。呼伦贝尔市档案史志局向国家档案局申请的《民国初期呼伦贝尔副都统衙门档案史料专题汇编》已获批，项目期3年，经费296万元。兴安盟档案局积极争取国家重点档案开发项目资金36万元，申报并启动《党和国家领导人视察兴安盟图文集》项目。

十、档案安全工作

自治区档案馆加强人防、物防、技防“三位一体”的档案安全体系建设，制定《内蒙古档案局（馆）安全事故及灾害应急预案》等安全规章制度；贯彻国家档案局《关于进一步加强档案安全工作的意见》和全国档案安全工作会议精神，开展月查、季查、集中检查、专项检查，确保档案绝对安全；开展档案异地异质备份工作，将数字档案馆中的数据形成光盘、数转模等异质备份，与重点档案异质备份一起在吉林省档案馆备份；落实国家档案局和自治区有关保密规定和要求，开展保密自查、网络安全检查等，形成自查报告；涉密局域网通过国家、自治区保密局专家组的分级保护测评；采购正版办公软件240套。巴彦淖尔市档案局设立特藏库，将建国前和河套行政区时期档案入特藏库管理，加强珍贵档案资源的保护。

十一、档案宣传与教育培训

各地充分利用馆藏档案资源，举办展览，开展“6·9国际档案日”系列宣传活动。自治区档案局先后深入企业、学校、社区开展档案宣传；联合呼和浩特市档案局等部门在满都海公园举行档案宣传活动；发送6·9国际档案日公益短信；举办“信仰的力量——‘两学一做’学习教育主题展”；与《北方新报》签订合作协议，开辟“七十年、七十事”专栏，刊发文章140余篇。包头市档案局举办“不忘初心 继续前进——‘两学一做’学习教育常态化制度化主题展”“挺钢铁脊梁 振包头雄风——包头市庆祝内蒙古自治区成立70周年展览”“信仰的力量——中国共产党人的家国情怀”档案展等三个展览；与包头日报社合办《包头记忆》专栏，回顾建设包头过程中的重大事件，缅怀为包头做出突出贡献的建设者。呼伦贝尔市档案局举办“不忘初心 牢记使命——以党的十九大精神为统领 重温党史、《党章》微型展”。巴彦淖尔市档案局与市电业局、人民银行巴彦淖尔市中心支行、中国银行胜利南路支行组成宣传团队进行国际档案日主题活动宣传；内蒙古日报、北方新报、巴彦淖尔市电视台等7家媒体进行现场报道。全区各级综合档案馆在《中国档案报》《中国档案》刊载档案宣传报道74篇。内蒙古档案学会组织参加中国档案工作者年会、中国档案职业发展论坛、华北地区档案学会学术讨论会等学术会议交流。

选派23名年轻干部参加国家档案局举办的培训班，向国家档案局选拔推荐档案专业人才10名；搭建了“内蒙古自治区档案专业网络教育平台”；举办了档案人员继续教育培训班、区直机关档案人员岗位培训班、全区建设项目档案管理培训班和全区档案法治建设培训班，共培训1662人次。

（杨　静）

辽宁省

一、档案服务大局工作

一是服务重大活动成绩突出。省档案局（馆）与省直机关工委联合举办了“铁血沉思——满铁与七七事变主题档案展览”。沈阳市档案局举办“九一八”事变、“皇姑屯事件”档案资料展览；大连市档案局精心筹备主题展览“信仰的力量——外国记者眼中的中国共产党人”，举办馆藏境外征集档案珍品展；丹东市档案局连续在各机关、社区、广场等地举办以“铭记历史，珍视和平”为主题的图片展览；铁岭市档案局面向社会举办“光辉的历程——铁岭党史档案图片展”。

二是服务重点项目成效显著。国家重点档案保护与开发项目平稳实施，省档案馆历史档案文件级目录著录项目如期完成。完成《满铁与七七事变档案史料汇编》《满铁剪报选辑》的送审复审工作。形成《辽宁省档案馆馆藏“一带一路”档案目录》。省档案局（馆）首获国家社科基金特别委托项目《辽宁省档案馆藏涉日史料整理研究》。成功申报区域性国家重点档案保护中心项目，辽宁作为两家首批获批项目之一，得到国家投入资金2000万元。沈阳市档案馆开展“皇姑屯事件档案资料保护与开发”项目，印刷出版《九一八事变前日本在奉天的侵略活动档案汇编》，并举办九一八事变档案资料展览。沈阳、抚顺、本溪、辽阳市档案馆获得国家档案局批准与资助的国家重点档案目录基础体系建设任务进展顺利。

三是服务民生工作形式多样。与省实验学校合作建成全省首家中小学生实践教育基地。沈阳市档案局将2017年确定为“档案利用服务年”，制定《沈阳市民生档案跨馆利用暂行办法》，实现市和13个区县（市）档案馆婚姻档案目录数据共享和跨馆利用。鞍山市档案局建立全地区退伍安置档案信息资源数据库，实现鞍山地区退伍转业军人可跨地区就地就近查询。辽阳市档案局利用网站和官方微信，开展多种形式的档案查阅服务。盘锦市档案局推行“一站式”服务。

四是服务农业农村工作精准到位。省档案局与省扶贫办举办全省精准扶贫档案工作业务培训会，指导服务13个精准扶贫档案工作示范县、乡。丹东市档案局制作《精准扶贫档案工作管理办法解读》课件用于县区扶贫档案工作培训。锦州市档案局全市4个县（市）扶贫档案归档率达到100%，实现扶贫档案全覆盖。阜新市档案局与市扶贫开发领导小组联合印发了《阜新市精准扶贫精准脱贫档案管理实施细则》。朝阳市档案局与市扶贫开发办联合印发《朝阳市精准扶贫档案工作实施方案》。

五是服务经济社会发展作用独特。省档案局（馆）完成了对沈四高速路等21个项目的档案业务指导工作。省档案局印发《辽宁省归档文件整理实施细则》《辽宁省档案局“双随机一公开”实施细则》。召开全省新组建省属企业集团公司档案工作座谈会，开展企业数字档案馆（室）创建工作。大连市档案局组织对地铁1号线二期工程等18个工程项目竣工档案专项验收。本溪市印发《关于在市属企业中开展档案服务指导季活动的通知》，锦州市印发《关于做好新组建市属企业集团公司档案工作的通知》，帮助企业健全各项档案管理制度。阜新市档案局主动服务民营企业档案工作，帮助威尔玛塑胶有限公司建立档案室。

二、档案宣传工作

全省各级档案部门以“七五”法治宣传教育为重点，组织开展主题征文、档案流动展览、档案法制讲座等活动。大连市档案局借助“新闻大连”官方微信平台报道档案查阅服务内容与方式，还通过电话连线大连广播电视台新闻广播频道《法眼看天下》栏目在线解答档案热点问题。鞍山市档案局“寻找档案里的鞍山记忆”全媒体联动活动在全市引起强烈反响。本溪市档案馆与市电视台合拍六集电视文献片《源点·1905——中国本溪近现代煤铁工业文明记忆》。锦州市档案局在《锦州日报》推出《守护兰台 传承历史 服务社会》通栏专版。铁岭市档案局赠送《铁岭老照片》书籍到机关、在广场组织文艺演出，还在“铁岭档案信息网”开辟“国际档案日”宣传专栏。

三、档案资源体系建设

省档案局（馆）完成21个单位档案接收进馆。锦州市档案局制定《锦州市电子文件接收办法》。大连市档案馆制定印发《大连市民间档案资料征集办法（暂行）》。抚顺市档案局开展“城市记忆工程”取得新成效，征集到具有抚顺特色的照片2000余张。铁岭市档案局在《铁岭日报》《铁岭晚报》刊发征集档案公告。朝阳市档案局征集了有关朝阳历史的资料1000余页。盘锦市档案局征集参加抗日战争、解放战争的辽河油田离休老兵相关资料。葫芦岛市档案局印发《档案资料征集范围的通知》，征集到了个人收藏的日本绘制的红螺蚬、宁远洲、药王庙等珍贵地图。

四、档案基础设施、安全保障体系建设

全省各级档案馆新馆建设取得实质性进展，基础设施条件得到改善。大连旅顺口区档案馆、鞍山市档案馆新馆主体建筑封顶。大连西岗区新档案馆建设写入区委全会报告和政府工作报告，列入2018年区政府30项重点民生工程建设项目。鞍山海城市新馆建设项目得到规划许可及用地批准。盘锦市大洼区新馆项目正式立项，将按照国家二级综合档案馆标准建设。双台子区档案馆新馆交付使用。省档案局完成《电子档案异地异质备份现状调研报告》。省档案局加入了辽宁省政务信息系统安全监控预警平台，完成了《网络与信息安全应急预案》《辽宁省档案信息网网站应急操作办法》等7项规章制度的起草。大连市档案局组织召开“电子签章、数字证书在档案信息化工作中的应用”专题研讨会，全方位保障网络与信息安全。朝阳市档案局（馆）制定了《朝阳市档案局网络安全保密管理办法》《朝阳市档案局信息安全等级保护方案》《信息安全保护工作流程》等多项规章制度。

五、档案数字化建设

沈阳市档案局完成馆藏档案全文数字化（三期）项目招标工作。大连市档案局完成市直机关声像档案数字化抢救工作，大连甘井子区档案馆和庄河市档案馆被确定为全省AAAA级数字档案馆建设试点单位。鞍山市档案局将档案信息化建设纳入市政府信息化建设总体规划、纳入智慧鞍山建设。抚顺市档案局完成了馆藏民国档案7万条数字化建设的外包招投标工作。营口市档案局对查档利用频繁，与民生相关的档案进行电子化著录，档案数字化便民服务工程被评为“营口市市直机关第十四批优秀工作成果”。盘锦市档案馆编写了《数字档案馆建设项目可行性研究报告》《数字档案馆项目建设方案》。

六、档案文化建设

省档案局（馆）汇编了《辽宁经济社会发展综述1953—2015》《辽宁记忆》《辽宁档案资政》。沈阳市档案局出版《日俄战争奉天大会战影像》《盛京古城影像》《满铁奉天附属地影像》，编印《九一八事变前日本在奉天侵略活动档案史料汇编》。抚顺市档案局协助市委宣传部编纂《中国国家人文地理·抚顺》。锦州市档案局编辑出版《书记和市长上半年工作纪实档案》。辽阳市档案局编印《辽阳历史地图集》。铁岭市档案局编辑完成《铁岭老字号》。盘锦市档案局出版《盘锦历史人物传记》。

七、档案法治建设

省档案局对14个市和144家省（中）直机关单位档案工作开展执法检查并通报结果，各市委市政府及部分省直单位积极反馈整改意见。进一步健全完善窗口行政审批服务机制，将“对重点建设项目档案工作的验收”审批承诺时限由18个工作日压缩至16个工作日，所有行政审批事项的办结证照改以邮寄方式送达行政相对人。鞍山市档案局优化营商环境，制定了《鞍山市档案局营商环境专项整治工作落实方案》《关于违规增加企业负担专项整治行动方案》。丹东市档案局成立行政审批管理办公室，制定《丹东市档案局关于推进行政审批便利化实施方案》。阜新市档案局聘请法律顾问，以保证档案执法过程的严谨与规范。

八、档案科技教育建设

全省档案科技水平进一步提升。4项国家档案局科技项目成果审批结项。大连市档案局召开了全市档案科技工作座谈会。沈阳市档案局将档案工作纳入市委组织部领导干部专题培训计划，与市委组织部在市委党校联合举办2017年区县（市）档案局（馆）长、业务科长及档案部门负责人培训班。大连市档案局举办全市档案局（馆）长培训班，积极开展“送培训下基层”活动。鞍山市档案局采取“远程教育与实体教学相结合”的“互联网+实用档案业务培训”新模式举办档案业务人员培训班。本溪市档案局组织召开企业档案业务专题培训班，采取现场指导的方式开展培训。

（辽宁省档案局）

吉林省

2017年，吉林省各级档案部门以习近平新时代中国特色社会主义思想为指引，以五大发展理念引领档案事业科学发展，积极谋划加强和改进新形势下档案工作科学发展的思路和具体举措，围绕“三个体系”建设，加快档案信息化进程，奋力推进档案事业转型升级，各项工作取得了可喜的成绩。

一、省委省政府高度重视，档案事业发展环境不断优化

吉林省领导关心省档案馆新馆建设项目，组织协调土地、资金等重大事项，审定吉林省档案馆新馆设计方案。经吉林省委批准，对各市（州）党委政府贯彻落实中办国办《关于加强和改进新形势下档案工作的意见》和吉林省委省政府《关于加强和改进新形势下吉林省档案工作的实施意见》整改落实情况进行了复查。研究制定了《吉林省档案局（馆）2018—2022年发展规划》。

二、加大开发研究，发挥档案传承历史记忆作用成效显著

日本侵华档案研究不断深化。国家社科基金重大委托项目《吉林省档案馆藏日本侵华档案整理研究》顺利结项。持续推进教育部特别委托重大项目课题的研究，相关工作人员参加了“吉林大学纪念抗日战争全面爆发80周年学术研讨会”。与台湾抗日志士亲属协进会、韩中文化友好协会举办了交流座谈会。国家出版基金项目《铁证如山》系列丛书7—9卷中文、日文版已出版。纪录片《世纪罪恶——关东军宪兵队埋藏档案追踪》，通过国家审核获得准播证。

档案文化研究持续推进。《档案吉林》系列文化丛书辽源卷、农安卷出版；《清代吉林机构及印章图鉴》送专家审阅；扎实推进馆庆60周年系列丛书的编撰工作，《人才荟萃》初稿完成。

档案展览作用明显。与中央档案馆、上海市档案馆、省直机关工委共同举办了“红星照耀中国——外国记者眼中的中国共产党人档案展”。与长春金融高等专科学校在河北、辽宁联合举办了“铁证如山——日本帝国主义对中国东北的金融掠夺展览”“铭记历史，警钟长鸣——爱国主义教育档案图片展”，在长春市文化广场、延边大学、通化师范学院等地巡回展览，取得很好效果。

三、围绕中心工作，服务经济社会发展能力不断增强

服务农业农村和精准扶贫取得实效。对吉林省农村土地承包经营权确权登记颁证工作进行督查，并联合吉林省土地确权办对公主岭农村土地承包经营权确权登记颁证工作进行了验收。积极开展精准扶贫试点工作，确定试点地区，召开了精准扶贫档案试点工作对接会以及吉林省精准扶贫档案工作现场会，对推广试点工作经验作了安排部署。

服务重大项目及时跟进。组织对吉林市兰旗大桥工程、珲乌高速长春东及龙嘉机场收费站改扩建工程等建设项目档案进行专项验收。积极开展建设项目电子文件管理工作，与吉林省发改委联合印发《关于建设项目电子文件归档和电子档案管理暂行办法》，并将吉林省重大项目档案验收工作纳入吉林省项目审批事项清单。

服务机关和企业不断深入。联合吉林省社保事业管理局对四平、通化等6个单位进行档案规范管理示范单位考核验收。制定《吉林省文书类电子档案移交与接收细则》（试行），进一步规范了文书类电子档案移交与接收工作。向国家档案局报送2项企业档案资源开发利用优秀案例。

服务民生举措创新。印发《吉林省社区矫正人员档案管理办法》《吉林省社会救助家庭经济状况核对档案管理办法》。启动吉林省城市社区档案管理示范县（市、区）创建活动。

四、贯彻全面依法治国要求，档案治理能力稳步推进

档案法规体系建设更加完善。做好《国家档案局关于〈中华人民共和国档案法〉〈中华人民共和国档案法实施办法〉修订通知》政策解读工作，将《吉林省档案条例》修订工作纳入吉林省修订计划。与吉林省政府沟通，依据《中华人民共和国档案法》修订内容取消1项省级行政许可。

档案宣传形式更加丰富。结合“七五”普法工作，突出“档案——我们共同的记忆”主题，围绕主题征文、现场宣传、档案开放日、档案展览等形式开展系列宣传活动。为纪念《档案法》颁布三十周年，举办了吉林省档案法律法规知识竞赛。发挥吉林档案信息网和《兰台内外》杂志宣传平台作用，宣传吉林省档案系统开展活动的情况和经验，交流档案工作经验、提供档案宣传信息。

五、抓档案管理规范化建设，档案事业发展根基夯实

档案“三个体系”建设持续强化。认真贯彻落实国家档案局8号令、10号令，完善接收、归档制度。制定《关于开展吉林省教、科、文领域“名人”档案资料征集的工作方案》。优化档案利用流程，简化利用服务方式，通过网上服务和接待服务等方式，服务社会公众查阅利用效果显著。召开吉林省档案安全工作会议，对加强吉林省档案安全工作进行了全面部署。组成专项督查组，对吉林省各档案部门的档案安全风险隐患排查整治工作进行了专项督查，同时启动了吉林省机关档案安全评价工作。

中西部县级档案馆新馆建设大力实施。吉林省委办公厅、吉林省政府办公厅印发了《关于加强吉林省档案馆库建设的意见》；召开了吉林省县级档案馆新馆建设工作推进会，对“十三五”时期县级档案馆建设做了重要部署；截至2017年底，吉林省在建档案馆总计21个，其中12个已经开工建设，9个立项获批将于2018年动工，已建成和新建在建数目达29家，占吉林省县级档案馆总数近50%。

重点档案保护与开发项目成果丰硕。组织开展吉林省2018年度国家重点档案保护与开发项目申报工作，申请专项资金1082万元，申报重大专题开发项目和重点专题项目13个，为21个档案馆申报国家重点档案文件级目录基础体系建设资金。加大对吉林省各档案馆国家重点档案专项资金执行和项目绩效完成情况以及2016年度中央资金支持项目实施情况进行监管和检查。完成了98万条文件级目录数据的质检和报送任务，吉林省市县两级国家重点档案案卷级目录数据已全部接收完毕。

档案事业发展资金保障有力。对吉林省2016年度档案事业发展补助资金使用情况及效果进行监管。因档案事业发展补助资金拨款管理方式发生变化，协调吉林省财政厅对《吉林省档案事业发展补助资金管理办法》进行了修改，确保原定的重点支持新馆建设及数字档案馆建设的补助方向不变。

六、加快档案信息化建设，档案管理现代化逐步健全

进一步推动档案信息网站群建设，采用集群型垂直化整站建设与管理模式，将60个县（市、区）级档案局外网挂接在吉林省档案信息网域名下。稳步推进馆藏档案数字化进度，数字化档案在利用服务中的作用明显提高。

七、活化档案人才培养方式，档案人才队伍建设扎实推进

积极开展培训工作。为提高档案干部业务水平，组织吉林省档案局（馆）领导干部、业务人员和部分市（州）、县级档案局（馆）长参加国家档案局、浦东干部学院、吉林省委党校等形式的培训；举办了吉林省档案局馆长培训、吉林省档案干部业务培训、吉林省（中）直机关档案业务人员培训等各种档案专题培训。与浙江省签订了教育培训合作协议，确定了培训合作事宜。

组织完成吉林省档案专家选拔工作。下发《吉林省档案专家选拔与培养实施方案》，在吉林省范围内分层次选拔了10名领军人才、29名高级专家和66名优秀中青年业务骨干，10名领军人才推荐参加全国档案专家选拔。

吉林省档案学会完成换届工作。召开了第七届会员代表大会及第七届理事会第一次会议，选举产生了正副理事长、秘书长、常务理事、理事等共计67人，为繁荣档案学术活动，推动吉林省档案事业健康发展提供学术支撑。

（吉林省档案局）

黑龙江省

一、尽职责、争支持，档案事业发展支撑条件更加充分

全省各级党委政府高度重视档案工作，省委办公厅省政府办公厅出台《关于加强和改进新形势下档案工作的实施意见》，对新形势下黑龙江省档案工作的目标、任务、要求予以具体化，第一次明确提出以卷定费原则，并强调重视档案人员岗位保健问题，为新时期全省档案事业发展提供了根本遵循和政策保障。

在各级党委政府大力支持下，全省档案事业领导机制、经费投入、班子配备等关键问题取得积极进展。许多市地建立党委政府双重领导档案工作的体制机制；各级档案行政管理部门行政执法主体资格得到依法确认；各级财政把档案日常运维经费列入预算给予保障，并加大对档案信息化、保管保护、开发利用、设施设备购置等专项资金的支持。

二、融大局、促发展，档案服务水平全面提升

积极作为，在服务中心工作中发挥作用。全省各级档案部门以前所未有的姿态融入中心、服务大局，发挥档案部门独特作用。省档案局与省委党史研究室联合举办“中共黑龙江省历次代表大会回顾展”；配合国家档案局编纂《抗日战争档案汇编》，为国家“一带一路”专题档案展览提供支持；与省电视台共同制作建军90周年专题节目。省档案馆创编《龙档资政》10余期，为各级领导和相关部门提

供资政信息，获省领导批示 20 余条。

拓展空间，在服务经济建设中提升站位。全省各级档案部门把围绕地方重大发展战略作为着力点，积极投身经济建设主战场。服务重点项目，省档案局强化业务指导和监管，完成 15 个国家级、省级重点建设项目专项验收。服务企业发展，全省有 407 家企业通过企业档案管理规范化评估；省级 17 家、市地级 84 家国资部门出资企业归档范围和保管期限审批全部完成。服务农业农村，通过农村土地承包经营权确权登记颁证现场推进会，开展全省攻坚年活动，并加强对精准扶贫档案工作调研指导。

精品迭出，在服务文化建设中展现成果。全省各级档案部门挖掘馆藏资源，努力打造档案文化精品。省档案馆《龙档珍存——跨越时空的记忆》《黑龙江解放战争史》相继出版，并分别与黑龙江日报、省电视台联合推出专栏，宣传档案文化，引起较大社会反响。

务实为民，在服务社会民生中彰显价值。全省档案部门把关注民生、服务百姓作为档案工作的出发点和立脚点，转变服务理念，改进工作作风，档案利用形式、内容、效果均有质的突破。省档案局全面开展“四零”承诺服务；黑龙江档案信息网改版，网站手机端实现档案信息、政策、新闻直达掌上。全省各级档案部门全年接待查阅者 8 万余人次，调阅档案和现行文件 26 万余卷（件/册）。

三、强执法、重履职，档案治理能力显著增强

法治工作日益规范。全省各级档案行政管理部门不断完善档案工作规范，厉行法治，依法治档。省档案局聘请法律顾问，设立档案行政复议委员会；全省《农村土地承包经营权确权登记颁证档案管理实施办法》《黑龙江省〈归档文件整理规则〉实施细则》《黑龙江省国家重点档案专项资金管理细则》等相继出台。

依法治档强力推进。全省各级档案行政管理部门坚持常态化业务指导和制度化行政执法相结合，强化档案行政管理和依法监管。省档案局坚持全省档案工作目标考核机制，加强各市地档案工作的监督检查；会同有关部门开展省（中）直机关、国有企业和建设项目等专项行政执法检查，有效促进了基层档案工作水平的提高；建立并坚持“两随机 一公开”工作机制，随机抽取被检单位并将检查结果向社会公开。

档案宣传亮点频现。全省各级档案部门强化档案宣传，努力增强全民档案意识。省档案局围绕“档案——我们共同的记忆”主题，纪念“6·9”国际档案日，同时，推出全省档案法律法规知识竞赛等 10 余项纪念活动，开展档案法颁布 30 周年宣传，参与 2017 年全国科普日活动。在充分运用传统媒介宣传的基础上，更加注重运用网站、微信、微博等新兴媒介，省档案局开通微信公众号“龙江档案”，扩大了影响，推进了档案文化和档案知识的传播。

档案科研不断创新。3 个档案科技类项目纳入 2017 年国家档案局科技项目计划，省档案局 1 个项目列为省经济社会发展重点研究课题，1 个国家级、7 个省级档案科研项目结项完成，科研立项、结题数量和质量均有突破。

四、夯基础、练内功，档案事业发展根基更加扎实

档案基础设施建设有新进展。全省争取国家下达县级档案馆建设项目 4 个，涉及中央投资 1626 万元，地方应配套资金 1362 万元。省档案局加强县级档案馆建设项目督查指导，严格项目图纸设计审核把关，跟踪监管在建项日实施，做好项目功能验收，实现了全省档案基础设施建设提档晋级。

档案基础业务建设有新突破。全省各级档案部门进一步强化档案接收征集工作，馆藏数量大幅增加，资源结构更加优化，全省综合档案馆馆藏总量接近千万卷。省档案馆年内完成 50 个省直部门档案接收进馆，第一次实现了档案阶段性应收尽收。在各市地和农垦、森工大力支持下，知青档案二轮征集工作全面完成。省馆馆藏总量 418 个全宗、87 万余卷。注重夯实档案整理、保护、鉴定等基础业务，省档案局馆全员实行“5+1”工作日模式，全力进行“副省级以上综合档案馆业务建设评价”迎检准备，9 个档案加工场地同时开工，完成 87 万卷馆藏档案清点、9. 1 万卷档案鉴定划控、33 万条外文档案翻译著录、6. 8 万页破损档案修复。

档案安全体系建设有新举措。全省各级档案部门高度重视档案安全管理，不断完善安全基础设施，健全安全防范机制，落实安全管理措施，确保档案安全万无一失。省档案局对全省各市地档案局馆及省（中）直 68 家单位档案部门进行安全执法检查，推动各级档案部门进一步增强档案安全意识，加强和改进档案安全管理。2017 年，全省争取国家重点档案保护与开发项目专项资金 860 万元，为深度实施档案保护与开发提供了有力支撑。

档案信息化建设有新成果。大力实施馆藏档案“存量数字化、增量电子化、利用网络化”战略。省档案馆利用中央和省财政资金 1160 万元，年内完成馆藏档案扫描 225 万页，另有 3 个项目即将启动，档案数字化建设进入提速期。省高院、哈工大列为国家数字档案馆（室）建设试点单位。全省各级档案

部门培育典型、以点带面，积极推动机关、企业数字档案室建设，全省档案信息化建设步伐大幅加快。

五、提素质、强能力，档案干部队伍建设持续推进

全省各级档案部门深入贯彻习近平总书记系列重要讲话、党的十九大和省第十二次党代会精神，抓党建促工作谋发展。省档案局持续开展作风整顿，在全局干部职工中大力倡扬“六个好作风”，争做“三个好把式”，全局上下形成了攻坚克难、奋发进取、敢闯新路、团结和谐的新风正气，2017 年获“省级文明单位”荣誉称号。全省各级档案部门以岗位培训为重点，以专题培训为特色，着力强化档案基础业务培训。省档案局举办 3 期专题培训班，参培达 1600 余人次。省档案局加入国际档案理事会东亚分会，与俄罗斯哈巴罗夫斯克边疆区、斯维尔德洛夫斯克州档案部门实现常态互访。全省各级档案部门积极组织档案工作调研交流，选派业务骨干外出培训，开阔工作视野，提升履职能力。在全国档案职业发展论坛等活动中，多篇推荐论文获奖。

（黑龙江省档案局　杜凯欣）

上海市

一、服务大局、服务民生、服务社会能力持续提高

市档案局（馆）与国家档案局联合筹办“中国共产党人的家风”档案展；认真办好“信仰的力量——中国共产党人的家国情怀”档案展并在全国多个省区市巡展，编辑同名图册；联合有关区档案馆和高校档案馆，推出“丰功伟绩、记忆永存”红色珍档陈列；出版《不忘初心——上海市档案馆藏红色文献选萃》一书。努力服务自贸区建设国家战略，上海自由贸易试验区各片区管理局全面实行电子文件归档和电子档案“单套制”管理制度，陆家嘴管理局、金桥管理局实现“单套制”管理系统上线，保税区管理局将“单套制”管理范围扩大到行政审批档案和历年积存档案。努力服务百姓民生，持续推进民生档案“全市通办”工作，“兵役登记”档案和“转业退伍军人”档案上线投入运行，全市通办点增加到 250 多个，6 万余名市民受益。

二、档案依法行政进一步加强

档案法治建设不断推进，市、区两级档案行政管理部门进一步强化档案行政执法检查，推动档案法律法规贯彻实施。浦东新区档案局实行档案执法监督检查“双随机一公开”制度，闵行区档案局积极推进档案行政监管常态化，嘉定区档案局开展档案网上检查，奉贤区档案局注重档案行政检查的督查回访整改。各级各类档案部门通过多种形式纪念《中华人民共和国档案法》颁布 30 周年，“档案里的故事”巡讲走进更多社区、企业。档案管理规范化水平不断提升，市档案局分别联合市水务局、市环保局印发《上海市城乡中小河道综合整治档案管理暂行办法》《关于贯彻实施〈环境保护档案管理办法〉的通知》。来自市级机关、市属国有企业的 5 家单位档案室获颁首批“样板档案室”证书。杨浦区、松江区、崇明区通过市档案局组织的档案事业发展综合评估。机关、企事业单位档案管理工作不断加强，市科技工作党委着力加强全市科技系统档案管理工作，服务上海科创中心建设。市审计局推动档案工作和审计工作同步协调发展。浦东发展银行制发《档案业务外包管理办法》。市住房和城乡建设管理委认真开展档案宣传和普法工作。

三、档案文化传播影响力不断扩大

近百个各级各类档案部门和历史文博单位参加“国际档案日”活动，档案发布、开放参观、展览陈列、咨询服务、档案故事巡讲等活动普及了档案知识，传播了档案文化。市档案馆推出的系列微纪录片《上海记忆》第二辑“金融的变迁”在上海电视台纪实频道播出。杨浦区档案馆编辑的《杨浦百年工业大转型》亮相上海书展，虹口区档案馆加强“党的诞生地”历史资料研究工作，宝山区档案局（馆）推出“追寻人民军队中的宝山英烈”系列宣传专版、专栏，崇明区档案馆结合地方名人档案收集开办崇明楚默学术馆。市档案局（馆）和金山区档案局（馆）微信公众号“档案春秋”“金山记忆”在全国档案微信公众号排名中保持领先，“档案春秋”微信公众号多篇文章被国内重要新媒体平台转发。普陀区档案馆利用“虚拟现实”技术制作上海普陀 720VR 全息地图。

四、档案信息化和科技教育工作稳中有进

闵行区档案馆通过“国家级数字档案馆”系统测试，本市国家级以上数字档案馆数量达到 3 家。国泰君安证券股份有限公司入选“全国企业电子文件归档和电子档案管理”首批试点示范单位。市档案馆完成 80 余万条文件级目录著录，纸质档案数字化全文幅数超过 1.6 亿幅。浦东新区档案局启动面向智慧城市的全区档案资源集中与分布可控管理。市高级人民法院建成三级法院数字档案网络化资源平台。上海申通地铁集团有限公司精心打造超大地铁网络背后的精细化档案服务网。本市 4 个档案科研项目通过国家档案局验收。市档案学会举办“档案事业的发展与创新”等一系列学术研讨活动。市

档案局举办档案局（馆）长、大口党委办公室主任培训班。微信教学、视频教学等引入培训工作，线上线下融合发展，培训形式更加多样、效果更加优化。

五、档案基础保障工作成果丰硕

市档案馆依法接收市政府驻外办事处等撤销机构档案，以及第十八届中国上海国际艺术节、上海机床厂等重大活动、重要机构档案，并与海通证券公司签订档案移交进馆意见书。市绿化市容局等单位积极向市档案馆移交电子档案。宝山区委、区政府以“两办”名义下发《关于启动全区 1999—2008 年档案移交进馆工作的实施意见》，闵行区档案馆接收农村土地承包经营权确权登记纸质和电子档案。市、区两级档案馆珍贵历史档案、名人档案、口述档案征集工作取得成果，多个区利用航拍技术收集反映城区历史巨变的影像资料。全市档案部门强化总体国家安全观，认真落实全国档案安全工作会议要求，市、区两级档案行政管理部门开展全市档案系统安全检查，排查安全隐患，强化安全措施。市档案局第七次赴重庆开展档案数据异地异质备份。市公安档案安全工作受到公安部检查组肯定。全市档案系统未发生安全责任事故和失密泄密行为，档案安全得到切实保障。市档案馆新馆（一期）工程建设地下工程全部完成，库房部分已建到地上 4 层。普陀区档案馆已经竣工，青浦区档案新馆建设有序推进，浦东新区、黄浦、静安、长宁、宝山、松江、嘉定等区也积极推进档案新馆库筹建工作，档案馆库建设得到有效加强。

（上海市档案局　徐珂）

江苏省

一、全力推进国家档案局部署的年度重点工作

将国家重点档案保护与开发工作列入《江苏省“十三五”档案事业发展规划》“7+1”工程，成立江苏省档案局国家重点档案保护与开发项目领导小组，印发《国家重点档案保护与开发工程实施意见》。出台《江苏省国家重点档案专项资金管理实施细则（试行）》和《江苏省国家重点档案保护与开发项目管理实施细则》，进一步明确项目（任务）的管理职责、资金使用审核与支付、监督检查与绩效评价等。对苏州、常州、徐州、镇江等市档案馆项目实施进度和经费使用情况进行抽查。

派员参加国家档案局组织的《抗日战争档案汇编》编纂培训，成立省编纂委员会及领导小组办公室，组织全省共同围绕相关专题开展编纂工作。2017 年，江苏档案部门重点围绕“抗战损失”专题，共申报编纂任务 14 册，且顺利完成，交付国家档案局审查。《近现代苏州丝绸样本档案》成功入选《世界记忆遗产名录》，徐州市贾汪区马庄村成为国家档案局“美丽乡村建档”国家级试点。

二、服务中心工作和经济社会发展取得新进展

与省社科院合作，开展专题研究，形成“聚力创新、聚焦富民”成果展览大纲。首次走出国门到埃及举办档案图片展，受到埃及政府及人民的热情欢迎。主动开展“百湖百川”环境治理建档试点工作，确定 22 条河道、1 个湖泊和 3 个水库为首批试点，已收集涉及河道、湖泊、水库的自然资源、历史变迁、民俗文化等湖川档案两万余卷（件）。出台《深入推进全省档案系统“一盘棋”工作实施意见》，积极推动苏南苏北市、县两级档案部门结对挂钩，通过提供人员、资金、技术多方面条件支持，促进全省各地档案工作协调发展。开展全省乡村记忆建档试点工作，明确 72 个乡镇、147 个村为全省首批乡村记忆建档试点单位。

基本完成土地承包经营权确权颁证档案验收进馆任务。印发《关于加强农村土地承包经营权确权登记颁证档案检查验收进馆工作的通知》并开展专项督查。联合省扶贫办制定《江苏省精准扶贫档案管理办法》，不断提升精准扶贫档案工作水平。承担国家档案局食品安全建档试点工作，选择雨润集团、卫岗集团、洋河集团及恒顺集团作为试点单位，开展食品安全追溯体系关键数据采集建档目录编制工作，起草《食品安全档案管理办法》。与省民政厅联合下发《关于开展全省婚姻登记档案整理和历史数据补录工作的通知》，共同推进全省婚姻登记档案整理、进馆和历史数据补录工作。

联合制定《江苏省安全监管监察部门许可证档案管理办法实施细则》《关于做好国有林场改革中档案管理工作的通知》《江苏省〈国土资源业务档案管理办法〉实施细则》《江苏省环境保护档案管理办法实施细则》《江苏省中小学档案管理办法》等 8 个业务规范。与省农委联合举办全省农民合作社规范化辅导员培训，确定 143 个省级以上规范化合作社为试点单位并指导完成建档工作。

三、加强档案治理能力建设

完成法治政府建设考核，完成规范性文件清理及备案工作。修改《江苏省档案管理条例》涉及相关许可的内容，由江苏省第十二届人民代表大会常务委员会第三十次会议通过，并在网上公布实施。省档案局馆 46 件规范性文件经过清理，7 件废止，5 件修改，34 件保留实施。组织开展“纪念《中华人

民共和国档案法》颁布30周年，强化行政职能，推进依法治档”主题宣传活动；开展“12·4宪法宣传日”活动，传播档案知识，普及宪法、档案法治文化。开展有关省级单位贯彻执行档案法情况“双随机”专项检查。举办全省档案行政执法人员培训班，围绕法治思维、司法实践和依法治档能力提升进行专题培训。

四、狠抓档案管理规范化建设

省档案馆制定《建国后零散纸质档案整理工作方案》《唱片档案整理登记方案》《零散实物档案整理登记方案》《录音带整理登记方案》《馆藏建国后积存零散图书整理工作方案》《馆藏古籍图书清点整理工作方案》。制定《江苏省档案馆利用开放档案暂行办法》《江苏省档案馆利用非开放档案暂行办法》《档案利用者须知》《江苏省档案馆查阅利用服务工作承诺》并上网公布，接受社会监督。

开展机关档案工作年检，继续抓好省级机关文件材料归档范围和保管期限表的实施工作，结合国家档案局关于加强档案安全工作的要求，对各年检单位档案安全执行情况进行督查并印发通报。组织开展对省级机关和全省机关团体企业事业单位档案工作的规范评估、复查工作，并印发相关情况通报。加强对全省重大建设项目档案工作监督指导。组织省重大建设项目档案专项验收，形成验收意见，办理审批材料并报送国家档案局备案。继续组织开展重大建设项目档案登记工作并印发登记情况通报。配合国家档案局全国企业档案开发利用优秀案例评选活动，开展全省企业档案资源开发利用优秀案例评选活动。召开全省业务指导工作会议、全省档案工作业务规范宣贯会议，进一步加强业务指导工作的规范化建设。举办5期全省重大建设项目档案业务知识培训班，出版《档案业务工作文件汇编》。贯彻国家档案局10号令，指导部分重点省属企业集团总部机关文件材料归档范围和档案保管期限表的编制审批，促进省属企业档案资源建设。召开全省档案馆馆藏管理研讨会，就档案安全保管、馆藏档案数字化前处理、查档利用等方面的工作进行交流研讨。

五、加快全省档案信息化步伐

印发《江苏省档案信息化“十三五”发展指导意见》，明确“十三五”全省档案信息化建设的目标任务和组织保障措施。全面实施省档案馆数字档案馆项目。根据省财政厅要求，对项目的总体进度安排、组织实施方式、价格和预算构成等情况进行细化说明，为项目审批提供参考依据。省档案馆数字档案馆工程项目已获省发改委立项，建设总投资7000余万元。研究制定并组织实施省档案馆馆藏档案数字化工作三年计划。组织召开省馆馆藏档案数字化工程专家论证会，邀请专家对《江苏省档案馆馆藏档案数字化规范制度汇编》进行鉴定并加以完善。大力推进省级机关和市县档案信息化。编制全省档案信息化补助经费、绩效考核等管理办法。加强对各地档案信息化建设和档案数字化项目实施的跟踪指导，新建“全国示范数字档案馆”1个，“全国示范数字档案室”2个，新增5A级数字档案馆3个、5A级数字档案室63个。

六、着力推进档案安全工作水平

深入贯彻落实全国档案安全工作会议精神，采取有力措施，着力提高全省档案安全工作水平。印发《关于认真学习贯彻全国档案安全工作会议精神的通知》，全面组织开展自查整改。省馆及各级档案部门从法律政策执行风险等6个方面，纷纷开展自查整改。召开全省档案安全专题会议，进一步强化档案安全工作的极端重要性，要求全省档案部门必须把档案工作的出发点和立足点都聚焦到档案安全的底线上。结合全省“党员干部大走访、两聚一高大落实”活动，组成督查组，对全省13个设区市和部分县（市、区）进行督查。向22家市县档案部门和14个地方党委、政府下发《档案安全风险隐患督查意见书》，针对督查工作中发现的问题提出限期整改要求。

七、加快高素质干部队伍建设

联合省人才办印发《江苏省“十三五”档案人才发展规划》，首次编制和发布档案人才发展专项规划，建立健全人才培养使用的工作机制。出台《江苏省档案局学术研究成果奖励实施办法》，鼓励局馆人员重视学术研究，多出成果、出好成果，形成以成果检验人才的工作导向。组织召开“151工程”第一层次科研课题申报研讨会，第一、二层次培养对象科研课题开题会等；组织全体培养对象参加全国档案学基础理论专业委员会年会；组织召开全省第二届档案人才“151工程”学术论坛，完成12名学员赴苏州大学脱产培训。与中国人民大学联办第二期全省档案系统领导干部培训班。完成10名全国档案专家候选人选拔推荐工作。

（江苏省档案局）

浙江省

一、服务中心工作

服务“最多跑一次”改革。与浙江省政府办公厅联合召开全省“最多跑一次”事项电子化归档工作部署会，发布浙江省地方标准《政务服务网电子文件归档数据规范》，出台《电子文件归档管理业务需求和技术规范》，举办相关工作培训。浙江省电子化归档工作取得明显成效，浙江省本级已基本完成电子化归档技术支撑平台建设。95 个市、县（市、区）完成“最多跑一次”行政许可事项归档范围和保管期限制订审查；70 个市、县（市、区）完成电子文件管理统一平台项目立项；97 个市、县（市、区）在浙江政务服务网部署启用归档模块，共归档电子档案 28 万余件。梳理公布“最多跑一次”事项清单，全系统办事事项“最多跑一次”覆盖率和实现率均达到 100%。

服务省委省政府重点工作。紧扣“四个强省”的工作导向和“六个浙江”建设，针对性地推出档案工作跟进服务的各项举措。围绕人才强省建设，推进杰出人才建档工作，已征集到 6 位杰出人才档案资料。围绕创新强省建设，加强对世界互联网大会档案的业务指导。围绕开放强省建设，与浙江省社科联联合举办了 2017 社科普及周“青瓷与‘一带一路’”主题活动，共有社会公众 2100 多人参加了 7 个场次的活动。温州市加强“城中村改造”档案管理和温州商会建档工作。围绕美丽浙江建设，积极推进全省美丽乡村建设档案工作，完成国家档案局课题调研，扎实推进“千村档案”建设和农村文化礼堂建档工作。围绕农村基层组织建设，制定《浙江省村级组织换届档案管理暂行办法》，加强换届过程中档案的规范管理，加强对农村土地确权档案的业务指导和成果检查。围绕转型升级系列组合拳做好档案工作，开展剿灭劣 V 类水调研和督查工作，承办《“两美”建设的成功实践——浙江省“三改一拆”“五水共治”成就展》。

服务党性主题教育。浙江省档案馆党性教育主题活动室接待 70 余批次近 2000 人次；与浙江共产党员杂志社《反腐败导刊》共同推出“浙档案”专栏；杭州市举办了“信仰的力量——中国共产党人的家国情怀”主题展览；金华市建成红色主题教育展厅；宁海县、长兴县、嵊州市等档案馆建成党性教育主题教室。

二、档案公共服务

明确档案公共服务推进思路。召开全省档案公共服务推进会进行全面部署，印发贯彻落实党的十九大精神推进新时代全省档案公共服务能力和水平再提升的意见，明确了均等化、标准化、现代化的发展方向，提出了到 2022 年市县级国家综合档案馆要全部通过规范化档案馆确认、优质便捷高效的档案公共服务体系建成的发展目标。

档案公共服务融入基本公共服务体系。积极沟通，省档案局被增列为省推进基本公共服务均等化工作协调小组成员单位，档案服务纳入省基本公共服务均等化实现度评价指标体系，国家综合档案馆基础设施建设、数字档案馆建设、档案公共文化服务等内容写入《浙江省公共文化服务保障条例》。《浙江省国家综合档案馆公共服务规范》完成省地方标准立项。

进一步完善档案公共服务网络。深化“异地查档、跨馆服务”工作，建成使用浙江档案服务网，实现互联网查档，让人民群众查档少跑甚至不跑，打出了“一网查档、百馆联动”的浙江档案公共服务品牌。浙江档案服务网全省累计受理网上查档 163 件，跨馆查档 297 件。与贵州签订跨省跨馆查档合作协议，与上海、江苏初步达成三地跨馆查档合作意向。档案管理和服务纳入乡镇（街道）基层治理“四个平台”建设和村（社区）便民服务中心事项，加快推进档案公共服务向基层延伸。

档案公共服务基础进一步夯实。部署开展民生档案分布及查阅指南编制工作，梳理整合馆内馆外民生档案基本信息和分布状况，全省所有市县区均完成编制工作，百姓查阅利用档案更为便利。开展专业档案数据归集共享调研，与省民政厅合作推进全省婚姻档案数据归集共享。

三、“三个走向”示范区建设

深化法治档案建设。一是修订地方性法规、地方政府规章和规范性文件。参与《浙江省公共数据和电子政务管理办法》（省政府令 354 号）起草工作。出台《政务办事“最多跑一次”工作规范 第 3 部分：政务服务网电子文件归档数据规范》。配合浙江省政府办公厅制发《浙江政务服务网电子文件管理暂行办法》《关于贯彻落实“最多跑一次”改革决策部署全面推进建筑工程“竣工测验合一”改革的实施意见》。二是严格开展行政执法检查。档案安全连续八年纳入“平安浙江”考核，电子化归档纳入省政府直属单位目标责任制考核。推进“双随机”档案执法检查，通报 20 起档案行政执法案例，办结省直单位档案违法案件 1 起。金华市、嘉兴市、丽水市、德清县分别在试点探索依法治档示范区建设、档案法治层级监督规范化建设、档案法治区域监管规范化建设、档案工作基层治理规范化建设等方面取得阶段性成果。三加大档案法制宣传力度。利用《档案法》颁布 30 周年契机，系统联动举办宣传活动，评选 10 件大事，制发档案法治动漫宣传片。全省档案系统推选宣传“法治档案建设示范单位”4 个和“浙江兰台铁军法治标兵”20 名。

加快推进档案开放利用。加大开放合作，浙江省档案局（馆）与省文化厅、浙江传媒学院等单位签署战略合作协议。扎实开展“国际档案日”宣传活动；与浙江新闻客户端联合推出“浙江记忆”系列报道，累计点击量达80余万人次；与省外侨办、杭州市青少年活动中心、浙江在线、杭州电视台以及周边社区联合开展“走进省档案馆”系列活动；成功创建拱墅区中小学第二课堂。编撰《档案信息参阅》5期，出版《记忆浙江2017》《浙江省各级综合档案馆馆藏档案精品介绍（第三辑）》《日军侵浙细菌战档案史料汇编》。推进实施《抗日战争档案汇报》编纂工作，对全省抗战档案进行了摸查，在衢州市、丽水市、海宁市进行试点，加强业务指导和督查，总结经验向全省推广。省档案局（馆）积极参与“一带一路”档案展览专项工作，报送海关档案目录150条，提供海关档案封面2卷、扉页扫描件及海关档案简介。认真做好明清档案、革命历史档案、民国文件级目录的采集和报送工作，举办全省国家重点档案文件级目录采集与报送工作培训班。省档案馆开展建国后档案开放鉴定工作，除部分全宗档案根据形成单位的意见延迟开放外，基本完成到期档案的开放鉴定工作，并公布目录和全文，提供馆内及互联网查用。组织实施国家重点档案保护与开发项目，完成2016年5个项目实施情况的督查和2017年20个项目的申报培训、核查落实。

档案工作现代化水平进一步提升。组织实施大数据建设中的档案管理和开放共享示范工程，推进14个子项目建设。与省数据管理中心等单位调研公积金等大数据归档工作。数字档案馆（室）建设成绩显著，嘉善县通过国家示范数字档案馆系统测试，5家档案馆通过国家级数字档案馆系统测试，全省累计达16家。建成示范数字档案室309家，规范化数字档案室730家，全省累计达7281家。积极推进科技项目成果及其应用，《基于网上审批的行政审批电子文件整理归档和移交接收模式研究》《国家档案馆公共服务评价体系设计与实证研究》分别获国家档案局优秀科技成果二、三等奖，其中行政审批电子文件归档的课题成果有效助力了浙江省“最多跑一次”事项电子化归档工作。

四、档案安全建设

浙江省档案系统未发生安全事故。以钉钉子精神推进档案馆新馆建设，新立项建设档案馆8个，新开工建设16个。浙江省档案馆新馆（丰潭路409号）正式搬迁并启用。

五、档案干部教育与培训

推选公布30名“践行浙江档案人职业精神”楷模，发挥先进引领作用。加大人才培养力度。推荐全国档案专家人选10名。完成第二批“115”档案人才推报工作，累计达585人。办好全省档案局（馆）长培训班、档案人才高级研修班等重点班次。

组织浙江档案工作代表团出访2批次，共12人，分别赴美国、墨西哥。韩国、美国进行访问交流，推进档案资源合作开发利用。与美国犹他家谱学会签署合作协议，建立美国犹他家谱学会浙江查阅利用中心，累计接收浙江历史家谱和方志画幅数据2万多GB，接受社会公众免费查阅利用家谱数据。

（浙江省档案局）

安徽省

一、档案工作服务经济社会发展

省档案局履行省土地确权登记颁证工作专项领导小组成员单位职责，承担土地确权登记颁证试点成果省级检查验收组长单位工作，牵头完成凤台、田家庵等7个县区的检查验收工作，牵头完成芜湖、马鞍山两市检查验收问题整改督查工作。与省扶贫办联合印发《关于进一步做好精准扶贫档案工作的实施意见》，为决战脱贫攻坚提供档案服务。办理省人大代表建议、省政协委员提案，规范土地确权和精准扶贫档案管理。联合省国资委开展省属企业档案工作调研指导，组织开展国有企业资产与产权变动中档案处置情况调查。制定《安徽省民营企业档案工作协作组规则》，组建全省民营企业档案工作协作组，在铜陵召开全省民营企业档案工作协作组成立会议。印发《安徽省开发区档案管理暂行办法》《安徽省会计档案整理要求及案卷格式》。组织对合肥轨道交通1号线等15个重大建设项目档案进行专项验收，对商合杭高铁等重大建设项目档案工作进行检查指导，对阜阳、宿州、滁州、马鞍山、芜湖5市区域内建设项目档案工作进行检查。充实全省建设项目档案验收专家库，召开建设项目档案工作座谈会和援疆、援藏档案工作座谈会，开展建设项目档案业务培训。与省民政厅联发《安徽省孤儿档案管理办法》，受到《人民日报》关注报道。与省居保中心联合对县（市、区）居保档案工作进行指导、检查、考核验收。

二、档案工作服务文化强省建设

省档案局完成《清代南陵司法档案选编》《安徽省志·档案志》和《安徽改革开放实录》丛书档案工作内容编写。参与《抗日战争档案汇编》编纂工程，组织全省各级国家综合档案馆抗战档案目录筛查、审核、汇总和上报，完成安徽抗战档案清查、《日军侵略安徽图集》编辑工作。协助省委党校建成党性教育馆，联合举办党性教育展。

三、档案法治建设

档案工作列入省委对省直机关领导班子和领导干部综合考核、省政府对各市政府目标管理绩效考核工作内容。省档案局印发《各市档案工作目标管理绩效考核实施办法》及《评分细则》，组织对16个市开展档案工作目标管理绩效考核。省政府常务会议研究通过《安徽省档案条例》修改决定。省档案局参与完成省政府文件全面清理工作、“放管服”改革涉及的规章规范性文件清理工作。重新编印省档案局窗口服务指南和告知单，3个窗口事项全部纳入“最多跑一次”事项清单。在安庆召开全省档案事业依法管理现场会。印发《关于进一步加强档案行政执法督查工作的通知》，组织对2016年档案行政执法督查中挂牌督办单位开展“回头看”。督查淮南、六安、铜陵、黄山4市履行档案行政执法职责情况，对省直30家单位开展档案行政执法检查。联合省民政厅，对黄山、宣城、阜阳、淮南4市民政部门婚姻登记、收养和孤儿等民生档案工作开展专项执法检查。联合省教育厅，对10所高等学校档案工作开展专项执法检查。

四、档案宣传培训

省档案局组织开展“6·9”国际档案日集中宣传周系列活动，举办《2016年度安徽省档案事业发展研究报告》在线访谈、《毛泽东文稿的故事》专题讲座、宣传挂图巡展、全网发送档案法治短信。完成全省“档案与民生”征文及评选工作。在“安徽省档案局”网站开通“我在安徽用档案”微视频栏目，展示我省档案利用效果。与省委组织部联合举办全省档案工作专题培训班，继续对市县和省直单位分管档案工作的领导进行培训。举办第一期全省新任档案局馆长培训班。

五、档案基础业务建设

省档案局印发《关于规范全宗设置和全宗号管理的通知》，规范属省档案馆接收范围的立档单位全宗管理。开展徽墨口述历史建档，专题采访制墨大师冯良才，建立良才墨业制作工艺数字记忆。征集民国时期原国民政府军事委员会委员长侍从室少将组长梅嶙高先生档案3000余件，多件档案填补馆藏空白。建立八路军新四军老战士、远征军等265人口述历史档案。启动《我的高考——恢复高考四十周年》口述历史专题片摄制工作。2017年国家档案局批复安徽省国家重点档案目录基础体系建设项目1个、围绕社会关切的重点档案保护与开发项目10个，下达国家重点档案保护与开发专项资金总预算849万元。省档案局与国家档案局签订项目任务委托书，及时转发《国家重点档案专项资金管理办法》《国家重点档案保护与开发项目管理细则（试行）》，将资金额度和绩效目标下达具体任务承担单位。组织对六安、淮南、濉溪等市、县档案馆承担项目进行实地督查调研。

六、档案馆库建设及安全管理

省档案馆新馆主体封顶，进入内部装修阶段，库房档案装具、档案展示馆布展和屏蔽机房、屏蔽库房、智能低温冷冻杀虫库等9个项目列入预算。开展新馆智能化系统优化设计，进行新馆外立面材料变更。省档案馆老馆完成监控系统改造升级，加强档案安全风险防控。实行24小时专业值守，落实领导节假日在岗带班制度。组织安全大检查，编制《安徽省档案局计算机网络系统应急响应预案》，严格规范档案数字化外包管理，严格执行保密流程，杜绝档案信息失泄密。省档案局协同办公系统通过等级保护测试，被定为2级等保。

七、档案信息化建设

省档案局承担的国家档案局科技项目《电子文件长期有效性保证的研究》通过鉴定。修订出台《馆藏建国后档案数字化部分问题的处理意见》等业务规定。参与的《量子保密通信技术在数字档案馆和馆际互联互通中的应用》通过国家档案局科技项目立项。省档案馆对数字档案馆一期工程的数字档案管理系统、二期工程的办公自动化系统进行完善并上线运行，同时开展以数字档案室和档案信息共享利用为主要内容的数字档案馆三期工程建设。省档案局接入全国档案业务管理系统，参与国家开放档案信息资源共享平台建设，对馆藏民国档案安徽省政府教育类全宗进行开放鉴定，鉴定完成可开放档案6万余件。

八、档案干部队伍建设

省档案局调研起草《安徽省档案人才建设“152”计划》，明确在全省选拔培养10名左右全国档案专家、50名左右省级档案专家、200名左右市厅级档案专家的目标任务。调研起草《安徽省档案局科技项目管理办法》，引导和推动档案科研工作。举办“皖档大讲堂”“皖档青年沙龙”，搭建档案业务学习交流平台。组织开展全国档案专家选拔推荐工作。

（安徽省档案馆 杨影）

福建省

一、领导更加重视档案工作

省委书记、省长于伟国主持召开省政府常务会议，审议通过《福建省数字档案共享管理办法》；省委常委、统战部部长雷春美出席省档案局（馆）在第九届海峡论坛举办的展览开幕式并致辞；省委常委、秘书长梁建勇出席全省档案局长馆长会议并讲话；省政府副省长杨贤金出席档案行政执法检查“回头看”反馈会；省财政落实2018—2020年省档案馆馆藏档案数字化专项资金2156万元。

各市县区、平潭综合实验区出台落实省“两办”《关于进一步加强和改进新形势下档案工作的实施意见》的具体意见。福州市档案工作纳入绩效考评体系。漳州、莆田、宁德等地将档案工作写入政府工作报告。南平市将档案工作纳入文明单位考核范围。龙岩市人大常委会开展档案执法专题调研，市政府出台《龙岩市行政审批电子文件管理暂行办法》。

二、融入中心，服务发展大局有新作为

1. 积极服务重大活动。省档案馆围绕服务金砖国家领导人厦门会晤，整理福建省与俄罗斯、印度、巴西等国家友好交往的相关档案，为省金砖筹备办提供专题档案服务。福州、厦门市档案局主动对接金砖会晤筹备办，指导做好金砖会晤档案工作。省档案局（馆）在第九届海峡论坛主会场举办“文脉流长——科举制度在台湾”展览，召开“台湾进士后裔与学者座谈会”。福州市档案局完成市政府系统重点调研课题《重点建设项目档案工作的现状与思考》，出台《福州市土地房屋征收档案管理办法（试行）》。厦门市档案局为鼓浪屿成功申报世界文化遗产工作提供档案服务。泉州市档案局积极服务“古泉州（刺桐）史迹”申遗工作。福州、厦门自贸片区和泉州台商投资区等档案工作有效推进。

2. 全力服务经济建设。省档案局成立省重点建设项目档案验收专家委员会，对36个省重点项目进行档案专项验收，提前完成福州地铁1号线工程项目档案验收任务及厦门地铁1号线工程档案预验收工作。宁德与福清核电一期工程档案分别通过国家档案局验收和预验收。联合省物价局制定《福建省价格认定档案管理办法》，联合省民政厅印发《福建省第二次全国地名普查档案验收规范》。各设区市和平潭综合实验区档案局主动对接做好重点建设项目档案归档和管理工作。

3. 主动服务社会公众。省档案局出台《关于进一步加强政府信息查阅场所建设工作的实施意见》。配合省社保局、省医保中心、省城乡居民社会养老保险管理中心，对社会保险业务档案规范化管理实施“回头看”。联合省教育厅在福州、马尾、南安、大田等档案馆设立省级中小学档案教育社会实践基地。福州、厦门、龙岩市档案馆入驻市民服务中心。福州、龙岩等地继续推行“就近查档、跨馆服务”，福州推行与温州等地“异地查档、跨馆服务”，泉州出台城市社区档案管理规范性文件，莆田持续规范企业档案、教育资助档案管理工作，三明利用微信公众号平台服务民生取得实效。

4. 有效服务乡村发展。省档案局联合省扶贫开发领导小组办公室出台《精准扶贫档案实施办法》，联合省农业厅、省国土资源厅出台《关于进一步做好农村土地承包经营权确权登记颁证档案工作的通知》，各地协调推进土地确权和精准扶贫档案工作。57个“乡村记忆档案”示范项目全部完成验收。三明、莆田等地“村档乡（镇）管”工作模式持续深化，宁德创新开展农民专业合作社建档试点工作。

三、立足特色，传承地域文化有新亮点

1. 对台交流合作不断推向深入。省档案局（馆）主办的“闽台关系档案图片展览”系列活动列入第九届海峡论坛活动项目，在省档案馆举办“文脉流长——科举制度在台湾”专题展。国家出版基金资助项目——《馆藏民国闽台关系档案汇编》（100册）完成20册，编辑出版《明清宫藏闽台关系档案汇编》（30册）《闽台寻根大典》，完成《抗日复台档案选编》（6册）、《文脉流长——科举制度在台湾》《明清宫藏闽台关系档案图录》编研。厦门市档案局编辑出版《厦台交流档案资料选编》。

2. 侨批档案开发宣传不断取得突破。省档案馆设立“世界记忆项目福建学术中心”。完成《福建侨批档案文献汇编》第一辑（25册）《民国福建华侨档案目录汇编》的编纂工作；举办“世界记忆遗产里的中华根脉——侨生读侨批”活动。泉州市档案局拍摄侨批微电影《回家的路》。

3. “红色”档案作用不断呈现效应。承办“不忘初心、牢记使命”档案文献展，扎实推进“党性教育主题教室”建设。三明市做好闽西北中央苏区党的宣传工作档案资料图片展，龙岩市完善闽西籍老一辈无产阶级革命家档案专题数据库，并举办革命历史档案专题展览。

四、统筹推动，基础条件改善有新成效

1. 档案馆项目建设持续推进。省档案局召开全省综合档案馆项目建设暨数字档案馆（室）建设推进会，推动新馆项目建设。建宁、周宁等18个项目投入使用，建阳、上杭等10个项目正在装修中，寿宁、永安等9个项目已土建施工。

2. 档案资源建设持续加强。省档案局制定出台《福建省省直单位纸质档案数字化成果移交与接收暂行办法》。召开全省国家重点档案保护与开发项目绩效编报与资金管理专题会议，出台《国家重点档案专题开发项目验收办法》。做好“馆藏习近平与晋江经验档案”和馆藏长征档案资料等普查工作，建立专题数据库。依法接收省直单位、省级重大活动、省级重点建设项目、公务礼品等各门类各载体档案；21项珍贵档案入选《福建省珍贵档案文献名录》，征集到侨批等珍贵档案资料近4000件；厦门市档案馆接收全市抗击“莫兰蒂”台风特色档案；南平市档案馆建成廖俊波同志实物档案陈列室和事迹影像室。

3. 档案法治建设水平持续提升。梳理并公布档案部门权责事项清单32项，其中“一趟不用跑”事项3项、“最多跑一趟”事项2项。采用“双随机一公开”方式在全省联动开展依法移交和依法接收档案执法检查，其中省档案局检查25个单位，并书面反馈整改意见。对全省100家档案服务机构备案登记情况进行清理，取消30家不符合要求的档案服务机构的备案资格，并对10家档案服务机构备案情况开展督查。福州市实现机关、园区、服务机构执法检查全覆盖。漳州、泉州、龙岩、宁德等地开展档案执法检查。

4. 档案安全保障能力持续增强。省档案局召开全省档案安全工作座谈会，组织检查组赴各设区市、平潭综合实验区及26个县市区开展档案安全工作专项检查，督促责任落实。检查并通报全省档案网站集群、档案数字化外包安全管理情况。部署开展汛期档案安全工作，完善档案信息网络发布制度。实行档案数据异地异质备份，启动馆藏档案数转模工作。厦门、漳州和平潭综合实验区档案馆建立微型消防站，南平市档案馆开展安全隐患排查治理活动，宁德市档案局与保密局联合出台《档案安全保密保管保护条件建设指引》。

5. 档案信息化步伐持续加快。制定《福建省民国档案文件级目录著录实施细则（试行）》，省档案馆优化完善“公共档案馆综合管理平台”功能，开发档案鉴定管理系统。省档案馆全部完成民国档案资料全文数字化工作。省公安厅档案室通过“全国示范数字档案室”预评价，南平、平潭、马尾、石狮、上杭等加快推进数字档案馆（室）建设。福州市直单位实现电子档案、纸质档案同步归档和定期移交进馆工作，厦门市财政票据会计档案电子化管理试点工作通过财政部、国家档案局验收，龙岩市出台《龙岩市行政电子文件归档及电子档案管理操作规范》。漳州、泉州、马尾等档案馆实现馆藏档案数字化率100%。

6. 机关档案工作实效持续凸显。成立省直机关档案业务规范化评价专家委员会，推行监督内容标准化、监管手段信息化、监管方式规范化、监管队伍专业化，实现档案监督指导创新和工作提质增效。推动“互联网+监督指导”工作模式，实施省档案工作网上监督指导平台建设，探索推进立档单位档案整理质量检查、目录数据检验报送、业务指导交流等工作网络化、信息化。在马尾海关召开省直机关所属二级机构档案规范化建设现场会。

（福建省档案局　叶建强）

江西省

一、档案事业发展环境持续改善

各级党委、政府更加重视支持档案工作，为档案事业发展创造良好条件。数字档案馆建设、电子文件归档与管理、民生档案“一站式”查档服务、档案大数据工程等工作纳入了江西省“十三五”信息化发展规划、电子政务发展规划和大数据发展行动计划。国家对江西省4个县级综合档案馆项目下达投资计划2479万元，省财政下拨2000万元专项资金，用于25个县级档案馆馆藏档案数字化和江西档案云中心建设。省档案局完成了12个县级档案馆新馆建筑设计方案审查，专项督查了9个县级档案馆建设工作，有5个县级馆竣工，5个市、县级馆开工。截至2017年，全省共有7个设区市档案馆、61个县（市、区）档案馆建成并投入使用。

二、档案工作服务能力不断增强

一是服务中心工作有新举措。省档案局、省扶贫移民办联合印发《江西省精准扶贫档案管理实施办法》《江西省精准扶贫档案整理细则》《江西省精准扶贫档案工作指导意见》，打造一批精准扶贫档案工作试点县、试点乡镇、试点村。新余市档案局积极推动“保家行动”专项档案工作，完成了水库退养“一库一档”工作。二是服务经济建设有新进展。省档案局继续推进全省重点建设项目档案工作，完成了75个省重点建设项目档案管理登记，对20多个省重点建设项目档案工作进行实地指导。南昌市档案局完成了南昌轨道交通2号线一期工程首通段及南延线项目档案专项验收。三是服务民生工作有新成效。省档案馆在江西档案信息网向社会公开了9万余条档案文件目录，接待查档者2000余人次，提供档案资料3万余卷（件）次，解决查档者工龄、学术研究等问题608个。四是服务文化建设有新内容。省档案局弘扬传承优良家史家风家训，在全省统一开展了以“岁月记忆 社会缩影——我的家庭档案”为主题的家庭档案展览，吸引了近十万人参观，社会反响热烈。为纪念“建军90周年”，省档案局在江西档案信息网上举办了“彪炳史册的伟大壮举——纪念“八一”南昌起义90周年历史图片展”。

完成了2009年版《南昌解放》的修订，新增近10万字、14张图片。抚州市档案局启动了“江西抚州境内红军第四、五次‘反围剿’”专题纪录片拍摄工作。

三、档案治理能力不断提升

一是档案法治建设逐步加强。省档案局清理改革开放以来以省政府、省政府办公厅名义发布的有关档案工作的文件5件，并清理了2000年以来省档案局为主实施的江西省地方性法规和省政府规章、规范性文件。上饶市档案局明确了17项档案执法检查内容，并制定了《上饶市档案局档案行政执法监督检查工作细则》。鹰潭市档案局编制鹰潭市档案行政许可标准化标准汇编，制定了“最多跑一次”改革工作贯彻实施意见。二是依法治档力度加大。省档案局首次使用“江西省行政执法监督平台”，对40家省直单位档案工作开展“双随机一公开”现场执法检查。三是档案法制宣传教育形式多样。全省档案部门继续实施“七五”普法工作，利用多种形式，深入开展档案法制宣传活动，提高全社会的档案意识。

四、档案基础业务建设不断夯实

一是档案资源建设稳步开展。省档案馆接收省直单位移交的到期档案9000余卷、2.9万件和26家省直单位报送的已公开现行文件2000余份、资料500余册。征集了家庭档案6000余份、重要出版物50册、特色档案和名人档案62件。九江市档案局开展了九江方言建档工作，建立了方言档案基础数据库。景德镇市档案局征集了民国手工业制瓷口述档案、实物和陶瓷专著。二是档案查阅利用更加便捷。省档案馆和南昌市两级综合档案馆民生档案“一站式”档案服务试点工作扎实推进，南昌市总计46个，新增32个便民服务中心接入民生档案远程利用平台，汇集知青、婚姻登记等档案目录数据100万余条，已经为许多百姓提供了跨馆出证服务。三是档案工作规范化有序推进。省档案局举办了新修订地方标准《归档文件整理规范》宣贯会，完成了15家省直单位《文件材料归档范围和档案保管期限规定》重新修订后的审核工作。全省新增358家机关、企事业单位档案工作规范化管理达到省三级以上水平。四是档案安全管理措施更加有效。省档案局把每月28日确定为“档案馆安全日”，定期或不定期组织开展档案安全检查。南昌、新余、萍乡、吉安、抚州、赣州、景德镇等地档案部门组织开展了档案安全检查、培训和应急演练等，加强档案安全管理。

五、档案信息化建设不断推进

一是全省区域性数字档案馆建设有新发展。省档案局编制的《江西档案云中心初步设计方案》通过专家评审，组织各级综合档案馆开展存量目录数据和纸质档案数字副本上传与备份工作，区域平台共存储、备份市县两级综合档案馆目录数据1900余万条、纸质档案数字副本207万余件。二是数字档案资源得到充实。省档案馆完成第五期49个全宗、近1.2万卷纸质档案数字化项目终验，以创建国家级数字档案馆为目标，编制了省馆馆藏纸质档案数字化规划。开展了政府公开信息电子数据采集；拍摄记录省级重大活动30次。抢救性采集了三位赣剧传承人口述历史照片电子档案3卷30件、录像电子档案3卷12件381分钟。三是档案信息化标准建设有新成果。省档案局承担起草的全国档案行业标准《录音录像类电子档案元数据方案》，已经由国家档案局正式发布。

六、档案宣传工作影响力不断扩大

一方面借助新闻媒体强势宣传。省档案局多次组织新闻媒体对全省档案工作重点、亮点进行采访报道，特别是梅桂馨热心公益事业的先进事迹、全省家庭档案展分别被20余家媒体报道后，社会反映较好。德兴市馆征集到侵华日军私人从军影集档案被中央电视台新闻频道报道后，受到社会广泛关注。一方面利用新媒体宣传走在全国前列。省档案局开通“江西档案”微信公众号，用档案讲述江西故事，粉丝量、阅读量和点赞量不断攀升。据统计，“江西档案”在全国333个档案微信公众号排名第10、省级第2。

七、档案干部队伍建设呈现新变化

省档案局建立全省档案专家库，向全省从事档案工作30年的档案干部颁发荣誉证书。各级档案部门继续加强档案教育培训工作，进一步提高了档案干部的业务素质。省档案局委托南昌大学举办各类档案业务培训班10期。

（江西省档案局）

山东省

一、发挥档案资政育人功能作用更加突出

省档案局馆充分挖掘利用档案信息资源，举办了“全面从严治党永远在路上”专题展览。青岛为纪念中国人民解放军建军90周年，举办“军地合作军民同心——青岛市创建全国双拥模范城八连冠之路”展览。东营举办“红星照耀中国——外国记者眼中的中国共产党人”展览。枣庄围绕纪念全民族抗战爆发80周年，举办“永远不能忘却的记忆——枣庄市纪念全民族抗战爆发80周年图片展”。省档案局馆、青岛、烟台、济宁编印《档案资政参考》

《档案信息专报》等，为领导决策提供信息，发挥档案资政参考作用。省委书记刘家义对省档案局馆编报的2017年总第5、6期《档案资政参考》分别作出批示，对省档案局馆发挥档案资源作用，围绕中心服务大局的做法给予肯定。全省各级档案部门深入贯彻落实习近平总书记关于加强抗战研究重要指示精神，认真开展《抗战档案史料汇编（山东卷）》的编纂工作。

二、依法治档科学管档工作更加深入

贯彻落实省委、省政府领导批示精神，研究制定《山东省档案馆馆藏档案资料利用规定》，经省委常委会会议审议后以省委办公厅文件印发。省档案局馆印发《山东省档案局馆“双随机一公开”执法检查工作实施细则通知》，针对执法检查中发现的德州市德城区人事部门干部档案违规调出遗失问题，省档案局对有关部门和责任人进行了执法检查和行政处罚，审慎稳妥处理了档案违法案件。全年各级档案部门对各类单位开展档案行政执法检查1100余次，实现档案执法常态化，提高了各级各部门档案法治意识和档案规范化管理水平。省档案局继续对省直机关文件材料归档情况进行检查，组织开展档案科学化管理测评工作，国网山东省电力公司济南供电公司系统、国网山东省电力公司潍坊供电公司系统、交运集团公司被评为山东省档案工作科学化管理示范系统；济宁市公安机关、潍坊市统计系统被评为山东省档案工作科学化管理先进系统；省委组织部等186个单位被评为档案工作科学化管理示范单位；省国资委等643个单位被评为档案工作科学化管理先进单位。加强全省重点工程项目档案工作，省档案局馆召开“山东省建设项目档案工作经验交流会”。省档案局馆赴澳大利亚、新加坡对山东境外投资企业进行档案检查督导。潍坊、济宁等积极做好农村“精准扶贫、精准脱贫”档案管理工作。

三、档案信息化建设成效更加明显

贯彻落实国家档案局对加快档案信息化建设部署要求，以全省数字档案馆建设带动全省档案信息化建设实现新的突破。省档案局馆召开“全省档案信息化培训暨潍坊市数字档案馆测试观摩会”，进一步加快全省数字档案馆建设步伐，潍坊市档案局馆数字档案馆通过国家档案局馆“全国示范数字档案馆”系统测试。截至2017年底，已有3个市、县档案馆建成“全国示范数字档案馆”。省档案局馆召开档案信息化推进协调小组会议，研究加快推进全省档案信息化建设有关工作。滨州印发实施《滨州市档案信息化建设规划》，将档案信息化建设纳入全市党政信息化规划建设体系。省档案馆馆藏档案数字化工作持续推进，馆藏数字化率从2012年的10%左右提升至超过85%。2017年，省发展改革委确定此后3年对“省档案馆数字档案建设项目”投入资金1750万元。全省档案科研工作取得新突破，27个项目被列入2017年度山东省档案局馆科技项目计划；全省共有3个项目被列入2017年国家档案局科技项目计划；省档案局馆承担并组织完成的《纸质档案去酸工艺及设备研制》科研成果荣获2017年度国家档案局优秀科技成果一等奖。省档案局馆承担的《山东省电子档案容灾备份管理系统建设》通过国家档案局科技项目验收。

四、综合档案馆业务建设评价准备更加充分

省档案局馆高度重视国家综合档案馆业务建设评价工作，成立工作协调小组，召开全省副省级以上综合档案馆业务建设评价准备工作座谈会，对全省档案馆业务建设评价相关准备工作进行全面安排部署；从《副省级以上综合档案馆业务建设评价标准》的96个指标项入手，结合山东实际，认真制定了《山东省档案馆业务建设评价准备工作任务分解表》，逐项列出任务清单，共计98大项202小项，分别明确了完成时限、分管领导、责任处室和责任人，对工作完成质量提出明确要求，保证各项准备工作扎实有序开展；加强督查考核，建立长效机制，定期调度工作进展情况，确保全省档案馆业务建设评价工作顺利推进、全面落实。

五、档案“三个体系”建设更加扎实

在档案资源体系建设方面，全省档案征集接收工作取得新成绩，实现电子档案与纸质档案同步进馆，进馆民生档案占比例进一步增大，重大活动档案、口述档案征集实现新的突破。济南赴美国和台湾开展境外档案征集工作。青岛为第24届省运会、新机场、地铁等重大活动或重点建设项目做好档案监督指导服务。威海、潍坊开展口述档案访谈活动。在档案利用体系建设方面，认真践行以人民为中心的发展思想，依法维护人民群众合法权益。省档案局馆认真处理济宁市群众要求省政府有关信息公开引起的行政复议事项，从切实维护人民群众利益的角度提出解决问题措施，使问题得到圆满妥善解决。济南、淄博、泰安努力打造档案查档特色服务品牌。在档案安全体系建设方面，省档案局馆认真落实全国档案安全工作会议精神和国家档案局《关于进一步加强档案安全工作的意见》，通过印发文件、召开专题会议、开展督查指导等方式，全面加强档案安全风险隐患排查治理，确保档案安全。召开全省档案信息系统安全保护培训会议，强化档案安全红线意识。省档案局馆聚焦制约事业发展瓶颈问题，创新方式方法，印发《馆藏档案解密划控和开放鉴定工作方案》，与省保密局联合印发《关于在全省档案部门做好涉密文件和涉密档案秘密变更和解密清理工作的通知》，成立档案开放鉴定工作委员会，组织开展了两期全省档案开放鉴定业务骨干实训工作，在完成建国前档案开放鉴定审核、公开的基础上，建国后档案解密和开放鉴定工作全面启动，推进全省档案开放鉴定工作实现了新的突破。扎实开展档案容灾备份工作，山东省电子文件（档案）容灾备份中心已接收2个省级档案馆、17个市档案馆、136个县（市、区）档案馆和43个省直及其他单位的档案备份数据。全省县级档案馆库建设成效更加显著，省级财政“十三五”时期给予全省县级档案馆建设奖补资金5.9亿元。2017年，省级财政拨付2.5亿元奖补资金，共有61个县级档案馆正式开工建设，43个列入2018年开工计划，从根本上扭转了全省县级档案馆建设严重滞后的局面。

六、档案信息资源开发共享更加开放

全省各级档案部门进一步加大档案信息资源的开发、开放和共享工作力度。省档案局馆召开全省档案宣传工作会议，组织开展了6月9日“国际档案日”系列宣传活动，在全民族抗战爆发80周年之际，连续一个月每天在山东档案信息网公布一组抗战档案，重现山东人民不怕牺牲、浴血奋战的历史壮举。继续通过官方微博和今日头条客户端等新媒体平台对全省档案工作进行全方位、多角度宣传报道。开展《镜光岁影——摄影家眼中的山东改革开放40年》编纂工作，完成《山东档案珍品丛书（第二辑）》《山东省档案年鉴（2017）》编纂出版工作。济南、青岛拍摄档案题材微电影。菏泽、烟台、枣庄开通档案工作微信公众号，扩大档案工作影响力。

七、档案专业化干部队伍建设更加有力

落实国家档案局部署要求，省档案局制定下发《全省档案专家选拔与培养实施方案》，评选出48名全省档案系统领军人才和全省档案专家，建设高素质专业化档案干部队伍，为档案事业发展提供了有力人才支撑。省档案局与省委组织部联合举办全省“档案信息化建设”专题研讨培训班，邀请对口帮扶的青海省海北州档案部门同志参加培训。与上海交通大学联合举办全省档案干部综合素能提升班，举办机关事业单位档案人员初任培训班、企业档案人员初任培训班等。

（山东省档案局）

河南省

一、服务经济社会发展成效显著

一是服务工作大局有新作为。为迎接党的十九大胜利召开，在全省档案系统深入开展“五查五促”集中督查活动，积极化解档案工作中存在的重大风险，消除潜在安全隐患。编辑出版《中国共产党河南省发展历程（1979—2016）档案图文集》。二是服务经济建设有新举措。组织召开省管企业档案工作座谈会，总结近年来省管企业档案工作以及国有企业资产与产权变动中档案处置情况，安排今后一个时期相关工作。河南的经验做法在国家档案局召开的全国破产、关闭国有企业档案处置工作专题座谈会上做了重点介绍。三是服务农业农村工作有新亮点。充分发挥档案在精准扶贫工作中的积极作用，印发了《河南省精准扶贫档案管理细则》，召开了全省精准扶贫档案工作现场会；积极服务河南省农村承包经营土地确权颁证工作，参与土地确权档案的指导检查和人员培训，有效推动了土地确权档案的齐全完整和整理规范。

二、档案治理能力持续提升

深入推进依法治档。对省直单位开展档案行政执法监督检查，对省直管县（市）开展档案执法调研，编制省档案局权力清单和责任清单，明确权力和责任界限，规范权力运行。围绕“国际档案日”，在河南档案信息网举办“河南省珍贵馆藏民国徽章展”；组织省直单位档案部门和机关干部参加档案法律法规知识有奖竞赛；开展档案咨询、普法宣传；进一步规范了网站微博微信等新媒体信息管理，在宣传党和国家的方针政策，弘扬主旋律、传播正能量等方面发挥了积极作用。

三、档案基础业务建设稳步推进

一是档案资源建设持续推进。各级档案馆注重接收民生档案，征集专家学者、书法画家手稿作品及珍贵影像资料进馆，进一步丰富馆藏。二是国家重点档案保护与开发工作有序推进。成立河南省国家重点档案保护与开发工作领导小组，举办全省国家重点档案保护与开发项目管理培训班，组织对有关项目进行验收，仿真出版了明代《河南如堂黄氏宗谱》。三是机关档案工作稳步推进。贯彻国家档案局新修订的《归档文件整理规则》，举办两期省直单位归档文件整理培训班，组织对67家省直单位文件材料归档工作进行检查。四是积极探索新领域档案工作。为省委组织部起草有关干部档案整理工作方案，与省民政厅联合印发《河南省孤儿档案管理办法》。五是开展省档案馆国家重点档案的开放划控工作。成立档案开放鉴定委员会，组成鉴定工作小组，对馆藏民国档案50余万件进行开放鉴定。

四、档案安全建设持续加强

一是贯彻全国档案安全工作会议精神，召开全省档案安全工作会议，对当前和今后一个时期全省档案安全工作进行安排部署；二是以开展“五查五促”集中督查活动为抓手，对全省各地开展档案安全督查；三是档案馆舍建设取得新进展。省档案馆新馆建设项目目前已实现主体结构封顶，纳入中央支持中西部县级综合档案馆建设项目的59个县级综合档案馆，有56个已开工或投入使用，档案保管条件显著改善。

五、档案信息化建设推进有力

省数字档案馆建设取得新进展，目前已完成了项目预算申报和系统开发与集成建设项目的招标工作；指导济源市数字档案馆通过国家示范档案馆测评，为中西部地区数字档案馆建设树立了标杆，并在济源市召开全省数字档案馆建设现场会。

六、档案科研工作实现新突破

与中原工学院合作开发“河南省档案科技管理系统”，在全国范围内率先实现档案科技工作的网上申报与管理，系统功能涵盖档案科技项目从立项到结题、优秀科技成果奖申报的全过程。

七、为国家脱贫攻坚工作做好档案服务

省档案局党组紧紧围绕省委、省政府关于脱贫攻坚的重要部署，加强精准扶贫档案工作的调研、监督和指导，召开全省精准扶贫档案工作培训会、推进会，从贫困户建档立卡规范化管理入手，制定措施、出台文件，提前介入、跟踪服务。

（河南省档案局）

湖北省

一、凝聚档案智慧，全力服务中心任务、大局工作

一是全力服务党的十九大精神学习贯彻。党的十九大胜利闭幕后，档案部门迅速组织挖掘整理红色档案资源，举办“不忘初心　牢记使命”红色档案史料展，以大量真实、准确、鲜活的红色档案，诠释和弘扬中国共产党为中国人民谋幸福、为中华民族谋振兴的初心和使命。省直机关有100多个单位、近万名党员干部参观了展览。通过参观，广大党员干部受到一次生动、深刻的理想信念、党性党风和家风家教教育。二是全力服务省十一次党代会筹备。在湖北省第十一次党代会召开前夕，组织编写《中共湖北省历次党代会研究》文稿，编辑出版《中共湖北省历次党代会文件汇编》，并抽调专业干部参与党代会全程摄影，为省党代会筹备和舆论宣传提供了良好档案服务。三是全力服务各项配套改革推进。配合“放管服”改革、国有企业“三供一业”改革、国有林场改革，出台档案管理指导意见，确保各项改革方案、措施、成效及相关档案资料收集真实、准确、完整，为全面深化改革提供了档案支撑。四是全力服务重大任务落实。加强精准扶贫、土地确权、移民安置、重大项目等重大任务档案动态监管与服务，全省190.3万贫困户建档立卡率达100%，规范整理精准扶贫档案169万余卷；完成土地确权建档285万余卷、1576万余件；规范建立南水北调移民档案20多万卷；完成1305个重大项目档案登记、11个重大项目档案验收工作。

二、汇聚档案力量，全力推动创新发展、转型升级

一是全力推动档案资源建设创新。由传统机关文书档案扩展到社会档案、人文档案、家庭档案，构建了档案资源建设大格局。一年来，建立湖泊档案755个，方言档案105个，著名书画家书画档案130多位，著名家族档案70卷272册，非物质文化遗产档案11项200多件，家庭建档示范户1010个，形成了兼容并蓄、特色鲜明的湖北档案资源体系。二是全力推动档案开发利用渠道创新。由档案部门独家开发利用，转向利用社会力量共同合作、协同发展。开展赣鄂湘三省合作，编辑出版纪念红军长征专著（江西卷、湖北卷、湖南卷）；与湖北大学、湖北师大、中南民大合作共建研究中心，开展“江汉关”、“汉冶萍”、少数民族等重点历史档案研究，形成系列成果；与《湖北日报》《中国档案报》合作，讲好档案背后的湖北故事，最大限度满足了人民群众日益增长的档案文化需求。三是全力推动档案业态转型升级。加强档案基础科技自主创新，7项科研项目被国家立项，其中3项获得全国优秀成果奖；完善省级档案保护中心建设，较好地发挥了集产学研于一体的辐射服务功能；推进电子文件在线归档，52家省直单位完全实现在线归档；在全省范围内开展数字馆（室）创建，省、市、县馆藏档案数字化率超过42%，其中省档案馆数字化率达到65%，一批市、县档案馆建成或正在创建数字化档案馆。

三、实施档案方案，全力促进依法治档、依规管档

一是依法接收各级各类档案。2017年，全省共依法接收档案90万卷。其中，省档案馆共接收档案5万卷，馆藏总量达到90万卷，创历史新高。二是

依法开展档案行政执法检查。按照“双随机一公开”原则，全省开展行政执法检查 2994 家，共发现问题 523 家，督促当场整改 58 家，限期完成整改 465 家，较好地维护了档案法律法规的严肃性。三是依规推进档案信用体系建设。建立完善档案信用信息报送工作机制，累计录入档案信用体系信息 2800 条，全年实现了全省档案信用信息归一管理。四是依规推进档案馆库建设。省档案馆新馆顺利开工建设，国家已下达的 52 个中西部县级档案馆建设项目，已有 29 个建成投入使用，19 个在建；命名了一批“红色记忆档案馆”和“最美档案馆”。五是依规提升基层单位档案管理水平。全省行政村、社区建档率分别达到 91.8%、88.1%，建立档案工作示范村 529 个、示范社区 142 个；机关、企事业单位档案管理整体水平普遍提高，全年新增档案管理省特级单位 169 个、省一级 2259 个。六是依法依规加强档案安全管理。严格落实档案安全责任制，加强和完善人防、物防、技防档案安全防范体系，全省档案系统实现“零事故”。

（湖北省档案局）

湖南省

一、档案资源建设迅猛发展

资源总量大幅增长。湖南省各级档案部门认真贯彻落实国家档案局 8、9、10 号令，全面加强了对机关、企事业单位、重大活动、重大建设项目及民生档案的接收力度。

馆藏结构显著优化。湖南省档案局（馆）建设知名文艺家档案专馆，为艺术家建档，开展书法、国画、工艺系列建档工作；建立图片中心，接收照片档案 20 余万张。开展公务礼品档案的接收与管理，为廉政文化建设服务。开展湖南省档案文献遗产评选，12 项档案文献入选第一批名录。

各级档案部门加大档案征集力度。邵阳市档案馆建立“邵阳将军”档案全宗群。常德市武陵区档案局、鼎城区档案局“常德细菌战诉讼案”档案征集富有成效。张家界市档案局征集到百年前的珍贵历史图片 300 余张。益阳市档案局建立“花鼓戏档案”专题数据库。

二、档案基础设施面貌显著改变

召开了全省档案馆工作会议，对如何加强档案馆基础业务工作提出了明确要求，特别是对于档案馆基础设施建设，加大了督促力度。地市级档案馆建设成效显著。省直单位加大了对档案基础设施的投入，中南大学新建了专用库房；湖南理工学院档案用房面积由 $200m^2$ 增加到 $800m^2$。

三、服务中心大局有作为

围绕中心开发档案资源。湖南省档案局（馆）获得第 24 届中国国际广告节唯一的“金鸮公益广告奖”。编纂《抗日战争时期湖南人口伤亡和财产损失》（一、二册）《红军长征在湖南》《走向辉煌——中共湖南省委九十六周年档案图集》等。株洲市举办“走进西藏—株洲对口援藏档案展”，出版了《走进西藏—株洲对口援藏工作纪实》。岳阳市君山区史志档案局编辑出版《君山记忆》第五辑。常德市完成《常德细菌战诉讼档案汇编》编研；澧县完成《澧州六百年史述补遗》出版发行；津市编辑出版了《津兰文史图文丛书》第二辑《老区岁月（1925—1935）》。益阳市桃江县、沅江市、南县出版了《乡镇简志》。怀化市编写《融古通今》服务市委、市政府提出的生态旅游经济带发展战略。

围绕中心开展档案服务。主动服务洞庭湖生态经济区建设，建立专题档案数据库。做好国有企业改制档案工作，湖南省档案馆完成 184 家改制企业 22 万卷档案的接收整理任务。衡阳市积极服务 2017 年衡州经济论坛筹备工作。湘潭市档案局荣获“全市创建全国文明城市突出贡献单位”。湘西州档案局主动服务自治州成立 60 周年庆祝活动。

围绕中心抓好档案业务指导。湖南省档案局与省农委联合下发确权登记颁证档案管理实施办法，扎实推进农村土地承包经营权确权登记档案工作，为湖南省 1500 万农户建好档；湖南省档案局与省扶贫开发办公室联合印发《湖南省精准扶贫档案管理实施办法》；加强精准扶贫档案工作指导；加强对重点建设项目档案的监管，主动为全省机构改革、乡镇区划调整服务，湖南省各级机构改革单位档案处置工作有序推进。株洲市档案局全力做好清水塘老工业区搬迁改造档案处置工作。岳阳市档案局开展“四大会战”重点项目档案管理工作。郴州狠抓民营企业档案工作，187 家民营企业档案室达到规范化管理省二级以上标准。省人民检察院认真贯彻落实监察体制改革工作要求，制定下发了《关于在职务犯罪侦查预防部门转隶过程中认真做好检察档案管理工作的紧急通知》。

围绕中心提升档案社会影响力。各级档案部门精心组织开展“6·9 国际档案日”活动。省档案局充分发挥门户网站、“湖南档案”微博和《档案时空》杂志的平台作用，积极开展档案工作与形象宣传，档案宣传的传播力和影响力不断提升。湖南省档案馆积极发挥爱国主义教育基地、社会实践基地的作用，湖南省档案馆举办“走近档案 认识档案，利用档案”的档案馆开放日活动。湖南都市频道、潇湘晨报、长沙晚报、红网等媒体进行了报道。长沙市档案局在湖南省汽车音乐电台早中晚三档节目开展档案法制宣传活动，节目中，向听众普及了档案及档案法的相关知识，节目采取互动的形式进行，取得很好的效果。衡阳市档案局与市委宣传部、市文明办联合举办“衡阳记忆·兰台颂歌——档案与文明同行”大型文艺汇演，得到各级领导高度评价，获得社会公众广泛关注。常德、娄底等地开通微信公众号，积极利用新媒体宣传档案工作。

四、档案信息化建设有突破性成效

馆藏档案数字化工作稳步推进。数字化档案资源较2012年底增长近15倍。省档案馆加速推进馆藏档案数字化工作，建立了湖南旧政权档案、红色档案、革命历史档案、洞庭湖档案等10多个专题数据库。建立了第三方监理机制，加强了数字化质量管理。市县、省直档案部门数字化进程明显加快。长沙市、常德市档案馆大力推进馆藏档案数字化，成效显著。湖南省法院完成全部库藏诉讼档案的数字化工作。湖南省机场管理集团档案数字化两期工程对1956年至2015年的文书档案进行数字化。

档案信息化平台建设取得成效。省档案局加强档案信息化建设顶层规划。馆藏资源管理系统功能完善，已在18家综合档案馆得到应用；电子文件接收与保管系统已完成开发。长沙市档案馆开发远程共享利用系统，与6个区县档案馆实现了档案信息资源远程共享。湘潭市诚信资讯公共网络平台和档案资讯平台建设成为全市档案信息化建设的有力抓手。

数字档案馆（室）建设有序开展。组织湖南省档案局、省林业厅、嘉禾县档案局参加全国数字档案室建设试点，湖南省档案局已经完成电子文件管理系统的开发与部署，湖南省林业厅已经完成数字档案室系统（一期项目）的开发与验收。株洲市数字档案馆建设项目纳入“智慧株洲”互联网+政务服务平台项目。永州市数字档案馆建设写进了《政府工作报告》。湖南移动启动云化数字档案系统建设。

档案信息安全管理有力加强。湖南省档案局（馆）按照B类机房标准建设档案数据中心机房，开展馆藏资源管理系统的等级保护测评。开展信息安全基础常识和信息安全法宣讲。与江苏省档案局结成异地备份对子，组织省市县三级档案馆赴江苏开展异地备份工作。湖南省住建厅与辽宁省住建厅开展城建档案异地备份。

五、对外交流合作呈现前所未有的局面

“走出去”发出中国声音。与美国华侨创办的位于旧金山的海外抗日战争纪念馆建立长效合作机制，实现档案信息资源共享，开展海外档案文化交流；制作了《中国人民抗日战争暨世界反法西斯战争东方主战场视频档案集锦》赴美交流。湖南省档案局加入国际档案理事会东亚地区分会，积极开展档案国际交流与合作。

“走出去”征集档案资源。与湖南红色记忆基金会合作，共同赴俄罗斯采集中共早期湘籍赴苏人员档案，2017年收集到徐特立、左权、邓中夏、朱务善、李梅羹等人的珍贵档案。湖南省张家界市档案局赴芬兰、意大利开展了历史档案征集考察活动，并与其就档案展览、发展旅游市场等进行深入交流。

六、依法治档工作有实质性进展

档案执法检查全面铺开。湖南省档案局对省直101个立档单位进行了执法检查，对年检年审不符合要求的单位提出了整改意见和建议。档案执法检查成为省市县三级档案部门的常规性动作，规范化和专业化程度不断提升，有力推动了档案法律法规的落实。各地加大了对档案违规违法案件的查处力度。衡阳市档案局查处了衡阳县民政局擅自销毁医疗救助档案案件。

档案行政行为日益规范。积极响应推进简政放权放管结合优化服务改革精神，全面梳理了档案部门行政权力清单和责任清单，在湖南省政府门户网站和湖南省档案局网站公示。推进“互联网+政务服务”工作，湖南省档案局将行政审批和公共服务事项纳入湖南省政府一体化平台。实行法律顾问制度为依法行政提供参谋服务。

七、档案人才队伍建设

湖南省档案局共举办岗位培训、继续教育培训、业务骨干培训、全省档案局馆长培训、信息化培训、档案编研培训等各类培训班28期，培训学员3653人。组建湖南省档案专家库，选拔出91名专家。规范档案系列职称评审。

（湖南省档案局　张璇）

广东省

一、档案服务深入开展

服务重大活动。全省档案部门围绕建军90周年、全面抗战爆发80周年、“一带一路”建设、粤港合作等重大活动以及迎接党的十九大胜利召开和配合“两学一做”学习教育，深入挖掘档案资源，通过举办展览、拍摄电视纪录片、编印资政材料等方式，深入开展党史、国史和革命传统宣传教育，其中“信仰的力量——中国共产党人的家国情怀”“不忘初心 牢记使命——学习宣传贯彻党的十九大精神展”“南粤丰碑”“广东侨批档案”等档案展，在社会上引起热烈反响。省档案局（馆）积极为党的十九大、省第十二次党代会、广东经济发展国际咨询会等重要会议建立声像档案，为中央领导文集《南粤大地创新篇——世纪之交广东改革发展的探索与实践》的编纂出版提供大部分照片。广州积极做好2017全球《财富》论坛档案工作。广州市黄埔区积极为南海神庙申报海上丝绸之路世界文化遗产和全国文物保护重点单位服务。

服务经济建设。省档案局（馆）对13个重大建设项目档案工作进行现场检查指导，对14个重大建设项目进行档案专项验收。珠海为港珠澳大桥建设提供档案指导服务。广州、佛山、东莞、江门等借助档案加强食品安全监管。顺德全面开展中小学校和幼儿园食品安全建档工作。广州轻工工贸集团充分发挥档案历史凭证作用，为公司追回历史欠款和补偿等超过2000万元。深圳配合相关部门利用工程档案排查社区安全隐患。

服务民生。全省档案部门扎实做好农村土地承包经营权确权登记颁证、国有林场改革、精准扶贫档案工作和家庭档案工作，深入推进新农村建设档案工作。佛山市顺德区利用新农村建设档案化解农村矛盾纠纷200多起。档案文化产品开发更加活跃，广州开展声像档案展播110余场，广州粤剧院利用档案编排《汉高祖刘邦》等10余部新剧目。

二、依法治档有新成效

省档案局积极推进《广东省档案条例》的修改，省政府常务会议审议通过《广东省侨批档案保护管理办法》。省档案局（馆）组织开展全省档案安全专项执法检查，在国家档案局组织召开的档案执法检查总结暨经验交流会上作了经验交流发言。广州、深圳市制定执法检查程序、行政处罚自由裁量标准、规范行政许可自由裁量权规定等工作制度和流程。广州、珠海、汕头、佛山、梅州、惠州、东莞、茂名、揭阳等地开展《档案法》贯彻情况、《档案管理违法违纪行为处分规定》执行情况、档案安全工作情况等专项执法检查。全省档案部门开展纪念《档案法》颁布30周年普法学习活动，省档案局和广州市档案局获得“全国档案法律法规知识普及宣传优秀组织奖”。

三、档案资源建设稳步推进

全省各级档案部门积极贯彻落实国家档案局8、9、10号令，制定和完善各类档案的收集办法、收集范围和档案保管期限表，努力做到应建尽建、应归尽归，新型农村合作医疗档案、农村养老保险档案、农村劳动力转移培训档案、城乡最低生活保障档案、下岗再就业档案等在各地普遍建立。持续做好档案移交和接收工作，加大专业档案接收力度，土地确权档案、精准扶贫档案等民生档案纳入各级档案馆接收范围。佛山接收改制企业档案、病例档案约13万卷。广州、佛山、韶关、中山、江门、潮州等地档案部门将一大批反映地方历史和文化特色的档案征集进馆。档案提前移交进馆改革进展顺利，有的试点单位已提前完成任务。

四、档案业务不断深化

全省档案部门以开展达标升级、目标管理、年度评估等为抓手，持续规范档案馆（室）业务管理。省档案局（馆）对75家省直单位、140家市县级综合档案馆，广州、惠州等市档案局和省水利厅、省戒毒管理局分别对市直单位、省直属单位开展年度评估工作，评定档案业务工作等级。英德市馆、佛冈县馆、恩平市馆晋升为省特级档案馆，广州市档案局馆等59家单位的机关档案室晋升为省特级。省档案局（馆）以及广州、深圳市按照国家档案局印发的副省级以上综合档案馆业务建设评价标准和评价办法要求，开展档案业务建设自查自检工作。东莞组织制定出台广东省地方标准《社区档案管理规范》。档案安全不断加强，档案馆（室）基础设施条件得到明显改善。全省档案安全专项执法检查未发现档案安全事件。全省档案异地异质联合备份平台项目完成土地征用工作。珠海与韶关结对开展档案数据异地异质备份。广州与市保密部门联合推动已进馆档案的解密清理工作。

五、档案馆库建设持续推进

省政府办公厅印发《关于加快推进全省国家综合档案馆建设有关事宜的通知》。省政府督查室将档案馆建设列入省政府督查计划。汕头、汕尾等地召开档案馆舍建设推进会。韶关、茂名市政府督查档案馆建设情况。江门市政府将档案馆全面达标纳入工作责任落实清单。2017年，惠州市馆二期、增城区馆、南山区馆、龙岗区馆、禅城区馆、江城区馆、霞山区馆、徐闻县馆、广宁县馆等9个档案馆正式启用，另有24个档案馆正在建设。全国首个在民政部门登记注册的民间档案馆广东省岭海档案馆诞生。

六、档案信息化建设成绩突出

国家示范数字档案馆珠海数字档案馆系统不断完善，初步实现档案督导、行政执法、年度评估的双向反馈和在线考核。广东省数字档案馆（一期）项目基本完成上线前的准备工作。广州、深圳、佛山、汕尾、东莞、中山、清远、云浮等地数字档案馆建设正积极推进。数字档案室建设试点单位积极开展试点工作，其中，中山市局的数字档案室成为首家地方性“全国示范数字档案室”，省国土资源厅、广东交通职业技术学院已基本完成试点任务并通过了省局馆预评价。省档案局（馆）印发贯彻落实《国家电子文件管理“十三五”规划》的实施意见，指导全省各级档案部门开展电子文件归档和电子档案移交工作。珠海积极开展电子档案“单套制”“单轨制”试点工作，在线接收各类商事登记原生电子档案120余万件。

七、国家重点档案抢救保护和开发成绩显著

国家重点档案抢救有序推进，珠江三角洲地区档案馆已基本完成抢救任务。省馆和欠发达地区档案馆正在按照省档案事业发展“十三五”规划确定的时间节点，有序开展抢救工作。省档案局（馆）制定工作指引，规范国家重点档案专项资金管理使用，配合国家档案局对潮州、揭阳两市进行检查；在雷州新设1个区域性档案修裱中心；组织开展全省国家重点档案目录基础体系建设工作数据普查，落实国家重点档案31万条文件级目录报送工作；实施《抗日战争档案汇编》编纂项目，完成《粤海关档案·各项事件传闻录》和《南海主权档案数据库及专题研究》项目。《东莞明伦堂档案开发研究和出版》等10个国家重点档案保护与开发项目获国家档案局批准通过。

八、档案科研水平不断提高

全省有5个项目在国家档案局立项，25个项目在省档案局立项。省档案局（馆）加大对重点科研项目的资助力度，发放科研项目资助经费64万元。“免拆卷档案数字化设备及数据自动处理系统”在中央档案馆、一史馆等单位得到推广应用。中山市档案局、广州市城建档案馆分别参与的科研项目“基于政务云的区域性文档一体化综合管理平台研究”“广州市城市建设档案信息化建设创新发展研究”获得国家档案局优秀科技成果三等奖。省档案局（馆）联合中山大学申报的“近代广东海关档案文献整理和数据库建设研究”成功通过全国哲学社会科学规划办公室审批立项，成为全省档案系统首个国家社会科学基金重大项目。

九、档案宣传有声有色

省档案局（馆）及广州、珠海、佛山等市档案局（馆）举办的文化讲座、暑期夏令营、民俗文化体验、爱国主义教育、党性主题教育、档案历史文化教育等活动社会反响热烈，参与群众近10万人次。深圳市、佛山市、河源市、中山市档案馆通过省级中小学档案教育社会实践基地认定。全省各级档案部门坚持正确舆论导向，讲述档案故事，在《档案工作信息》《中国档案报》《中国档案》刊稿137篇，以“档案——我们共同的记忆”为主题举办国际档案日系列宣传活动。

（广东省档案局　焦林涛）

广西壮族自治区

一、档案事业发展环境不断改善

自治区党委书记、自治区人大常委会主任彭清华专题听取全区档案工作汇报，充分肯定全区档案工作者在强化档案资源开发利用，发挥档案资政育人作用等方面取得的成绩，并就加强档案工作作出重要指示要求。自治区政府主席陈武在全区脱贫攻坚推进大会上对强化扶贫档案精准管理作出部署要求。自治区党委常委、自治区常务副主席蓝天立专程到自治区档案局（馆）看望档案干部职工，听取档案工作汇报。自治区党委常委、秘书长王可出席2017年全区档案工作暨档案系统党风廉政建设工作会议并讲话。自治区党委常委、宣传部长范晓莉，自治区党委常委、纪委书记于春生，自治区党委常委、政法委书记黄世勇，自治区副主席张秀隆等自治区领导先后就加强档案工作作出指示、批示。南宁、梧州、北海、钦州等12个市以“两办”名义印发落实国家档案行政执法检查反馈意见整改方案。在各级领导的关心支持下，档案事业发展保障体制机制得到了进一步完善。

二、档案服务中心大局成效明显

一是服务经济建设持续深入。全区各级档案部门上下联动，共同做好重大建设项目分级登记、巡查指导、专项督查、竣工验收各环节档案工作，服务全区基础设施建设攻坚战。分解落实198项自治区新开工项目档案工作任务，深入662个建设项目现场巡查指导，选聘56位专家组建自治区重大建设项目档案验收专家库，完成55个建设项目验收，实现全区设区市建设项目档案工作巡查全覆盖。

二是服务脱贫攻坚成效显著。深入贯彻落实自治区党委政府在陆川召开的全区精准扶贫档案工作现场会精神，制定归档文件整理规程，举办业务培训，创建规范化建设试点，深入镇村检查指导，做到精准扶贫工作开展到哪里，档案服务就跟进到哪里，助力脱贫攻坚战，得到国家档案局、国务院扶贫办肯定。

三是服务农村土地确权工作扎实有效。深入贯彻落实全区农村土地承包经营权确权登记颁证工作推进会精神，扎实做好农村土地承包经营权确权登记颁证档案工作，从全区档案系统抽调人员组成“档案管理业务专家小组”开展了三轮全区性检查共抽查72个县144个乡镇，有效促进了全区农村土地确权工作开展，得到国家农业部专家肯定。

四是服务文化建设成绩突出。各级档案部门通过举办展览、出版图书等方式深入开展党史国史和革命传统宣传教育，唱响主旋律、凝聚正能量，为党的十九大胜利召开营造良好氛围。自治区档案馆举办“信仰的力量——‘中国共产党人的家国情怀’档案展”“飞虎传奇——中美空军抗战档案图片展”，举办“喜迎十九大·不忘初心跟党走”书法长卷创作笔会等，编辑出版《抗战时期的广西档案资料选编》《雷经天画传》。桂林市档案馆举办“桂林抗战文化城档案展”和桂林抗战英烈档案图片展。防城港市档案馆编纂《防城港市抗战时期口述档案汇编》。

五是服务民生领域不断拓展。开展美丽乡村建设档案工作，作为全国六个试点省份之一，协助国家档案局制定出台《美丽乡村建设档案工作指南》并选定12个村试点。加强对民生档案工作的监督指导，优先做好民生档案的收集整理和开发利用解决了一批与群众切身利益息息相关的实际问题。

三、档案基础业务建设取得新成效

一是档案馆新馆建设持续推进。全区有7个县级新馆建成投入使用，新获得中央下达县级新馆项目8个，获得中央投资3789万元，年内已全部开工建设。目前，全区县级新馆已建成投入使用28个，在建29个。防城港市新馆投入使用，南宁市、百色市、桂林市、来宾市4个新馆建成。

二是档案资源建设持续深化。积极开展国内外档案征集和档案进馆工作，丰富馆藏资源。柳州市征集苗族坡会、六甲山歌等民俗文化档案。北海市开展非物质文化遗产、海上丝绸之路等档案史料征集。防城港市从法国巴黎外交档案馆、广东省档案馆等征集珍贵历史档案。自治区档案馆和贵港市档案馆开展抗战老兵等口述档案征集。

三是档案业务管理持续加强。启动迎接国家档案局开展副省级以上综合档案馆业务建设评价工作。组织召开全区城市社区档案规范化管理现场会，充分发挥档案工作协作组作用，开展业务交流、现场考察、会议研讨等工作，有效推动了中区直机关、企事业单位档案工作规范化建设。

四是档案信息化建设持续加快。开展数字档案馆（室）建设工作，推进4个全国数字档案室试点建设，南宁市国土资源档案室率先申报全国示范数字档案室。新一代档案综合管理系统GD2016 V1.0投入使用，已在1700多个单位推广使用。

五是档案安全建设水平持续提升。进一步建立健全各项安全管理制度和安全责任体系，构筑人防、物防、技防相结合的“三位一体”综合防范体系。各级综合档案馆投入资金3710万元，对库房恒温恒湿、消防、监控等系统升级改造，档案保管条件显著改善。升级完善网络管理系统和硬件设施设备，自治区档案馆局域网信息系统顺利通过2017年度信息系统安全等级保护三级测评。加强档案安全工作指导和安全警示教育，开展档案安全隐患排查和档案安全巡查，加强数字化工作安全监管，确保了档案实体安全和信息安全。

六是档案保护技术水平持续提高。全区各级档案部门切实做好档案病虫害防治、消毒杀虫、破损档案修复等工作，确保馆藏档案资料安全。通过外出培训、考察交流、跟班学习、上门培训等方式加强档案保护技术队伍建设。自治区档案馆编辑《广西档案保护工作手册》，制作档案修裱教学光盘，供市县档案部门学习使用，进一步规范了保护技术工作。

七是国家重点档案保护和开发项目工作持续强化。贯彻落实《“十三五”时期国家重点档案保护与开发工作总体规划》，认真审核报送2016年自治区档案馆和12个设区市档案馆民国档案文件级目录数据10.2万条。组织实施2017年国家重点档案保护与开发项目6个（目录项目1个、开发项目5个），获得国家资金373万元，涉及全区各级档案馆60个。召开全区重点档案保护与开发工作推进会，培训70多名各级综合档案馆业务骨干。申报落实2018年国家重点档案保护与开发项目5个，资金285万元，涉及28个档案馆。

八是档案法制宣传工作持续进步。全区各级档案部门开展档案执法检查236次，制定《广西壮族自治区档案局档案工作“双随机一公开”工作制度》，首次开展“双随机一公开”行政执法检查。深化档案行政审批制度改革，取消1项行政许可事项和全部非行政许可事项。制定会计档案整理规程、照片档案整理规程等规范性文件。通过召开全区档案宣传工作座谈会、档案新闻信息写作人员培训座谈会，印发新闻宣传稿件采用情况通报，邀请国家媒体记者到广西调研报道等措施推进档案宣传工作。

（广西壮族自治区　冯华）

海南省

一、夯实发展基础，档案馆库建设稳步推进

2017年，海南省电子文件备份中心（省重要档案特藏库）项目主体已建设完成。万宁市档案馆完成新馆搬迁。五指山市、乐东县档案馆新馆主体建设已完成。屯昌县档案馆新馆已正式破土动工建设。儋州档案馆新馆已完成选址意见。三亚市档案馆新馆建设项目已完成立项审批工作。海口市已将新档案馆建设项目列为“2018 年市委市政府为民办实事”事项。除屯昌县、乐东县档案馆正在建设外，海南省纳入国家中西部地区的县级综合档案馆已全部完成建设。

二、紧跟发展大局，服务经济社会成效明显

一是强化机关、企业档案工作。海南省档案局举办《建设项目档案监督指导工作指南》宣贯培训，有效提升了项目档案管理水平。做好建设项目档案监督指导，通过现场指导、带卷指导、远程指导等，加强对交通、水利等建设项目档案工作的监管力度，全年共完成 14 个项目的档案管理登记工作。对交通建设项目档案工作进行验收，组织有关专家对华信洋浦石油储备基地项目档案进行专项验收。对 18 家（二、三级企业 356 家）省属国有企业改制档案处置工作进行调查。召开省属企业档案工作会议，对企业档案整理进行了专项培训。开展企业数字档案馆（室）建设试点的申报工作，同时在省属企业中推广使用电子文件管理系统。组织企业参加全国企业档案资源开发利用优秀案例评选，海南核电有限公司报送的“挖掘培训档案价值，助力核电厂操纵员考操取照”案例、海航地产集团有限公司报送的“房产证注销办理实例”案例和海航集团有限公司报送的“海航集团展览馆建设彰显档案价值”案例获得通报表扬。

二是全力服务农业农村工作。海南省印发《关于印发海南省农村土地承包经营权确权登记颁证农户档案扫描文件组织与命名规则的通知》，全年归档 238 万件，扫描 41 万件，确保了该项工作的顺利开展。年内 17 个市县、洋浦管委会和海口市 4 个区的农村土地承包经营权确权颁证登记工作成果通过省级验收。印发《海南省精准扶贫档案工作实施细则》，为全省各级扶贫部门和乡镇就如何做好扶贫档案工作进行了规范、指明了方向。海口市档案局配合海口市委农办，深入四个区开展扶贫建档立卡指导工作，并顺利通过省级验收。三亚市档案局前往三亚市农业局及各区指导扶贫档案工作，6 月初完成了扶贫材料整理归档工作。文昌市档案局成立扶贫档案督导工作领导小组，建立健全扶贫档案督导工作机制。

三、多措收集整理，档案资源开发成果丰硕

一是档案征集编研硕果累累。海南省档案馆征集到开国中将庄田 55 式军礼服及档案资料一批；征集到省高级人民法院首任院长田忠木同志的回忆录、各类活动照片等实物档案；征集到《青春岁月 永恒记忆——西沙之战参战部队部分战友军旅照片纪念集》两册；征集到海南日报社党委书记、社长钟业昌捐赠的《解放海南——战时文献与战后回忆解码》两套共 32 卷；征集到海南知名摄影家吴文生卫星发射照片和反映儋州区域人文及经济社会发展的照片档案资料一批。此外还征集到其他图书资料约 2000 余册，其中包括《南溟奇甸集》《龙梅王氏族谱》《海南省三沙考察团纪行》等一批珍贵资料。定安县档案馆征集到一批珍贵的母瑞山革命烈士实物档案。乐东县档案馆征集到《崖州民歌》、《黄流乡土文艺》等 9 种图书资料以及黎锦、剪纸一批等实物档案。

二是重大活动音像档案采集工作积极推进。海南省档案馆采集重大活动音像档案，拍摄采集了省五届人大五次会议、省政协六届五次会议、“三月三”黎苗族传统节日、农博会、欢乐节、冬交会、文昌卫星发射等照片档案 600 余张。整合全省各级馆藏重要音像档案资源，完成文昌、乐东、东方、昌江和澄迈等市县档案馆的扫描采集任务，共采集整合照片 600 余张。澄迈县档案馆积极参与福山咖啡文化节、大海歌曲、第 15 届海南澄迈盈滨龙水节、第十二届环海南岛国际公路自行车赛等重大活动，采集照片 500 张。琼中县档案馆开展海南黎族苗族传统节日“三月三”琼中主会场节庆活动档案采集工作。海口市档案馆做好重大活动纪实摄影工作，采集照片 1727 张，并对海口市城市面貌进行拍摄，收集城市变迁照片。

四、严格标准规范，档案信息化建设全面加速

海南省档案馆完成“政府网站信息归档管理系统”建设，并通过了由省工信厅组织的项目竣工验收。“重大建设项目电子档案管理系统”项目通过初步验收。积极推广“海南省档案信息资源共享利用平台”项目应用，在省档案馆、海口市档案馆等 8 个省、市、县档案馆开展档案远程利用服务试点工作，已有 90 多家单位安装使用。加强市县档案馆的信息化建设指导，定安县档案馆“电子文件管理中心”项目通过验收；儋州市电子文件档案管理中心系统已实现平稳运行并完成了初步验收。

三亚市档案馆对馆藏 30 个全宗单位的档案进行数字化加工，扫描档案共 31 万页，馆藏档案数字化率达到 80%。保亭县档案馆已建成覆盖全部馆藏档案、资料及现行公开文件的目录数据库 70 万条，对 32 个全宗、8000 卷档案开展数字化扫描，建成全文数据库 150 万页，并挂接到网络版档案管理信息系统。琼中县档案馆投入 200 万元继续开展档案数字化工作，已完成 345.4 万页档案的扫描工作。乐东县

档案馆将馆内档案建立目录数据库，实现全文数字化，提高了档案的查全率和查准率。

海南省档案馆对“琼兰阁”网站、海南省档案信息资源共享利用平台2个信息系统进行安全等级测评。加强信息系统安全防护工作，制定和完善网络信息安全管理制度。开展信息系统安全应急演练工作：“数据交换设备故障”“病毒攻击事件”和“网页篡改事件”安全应急演练。

五、全面加强宣传，社会各界档案意识不断增强

海南省档案馆向社会开放《走进海南》大型档案文献展览，接待社会观众1500余人。乐东县档案馆利用档案资料举办乐东建设成就展。琼中县档案馆举办“琼中见证——琼中档案史料主题展”。海航集团举办“我们共同的记忆”档案主题展览，展示海航发展历程及海航的重大发展成就。在“国际档案日”6月9日，海南省档案系统进行档案资料集中宣传。海南省档案馆举办“家谱族谱、海南志书”专题展览，展出馆藏具有代表性的22位姓氏的家谱族谱和有关海南明清以来的志书等历史档案。白沙县档案馆向全县各单位领导干部发送宣传短信。儋州市档案馆在政府网站设置公益宣传广告。东方市档案馆利用宣传车在市区和十个乡镇开展巡回宣传活动。屯昌县档案馆通过屯昌县电视台、微信平台“微屯昌”公众号上发布宣传信息。

（海南省档案局）

重庆市

一、开拓创新，持续提升档案服务能力

一是服务全市，全市经济发展成效显著。市档案局配合市民政局对《儿童档案管理办法》进行修改。彭水县自筹资金，整合数据库和服务器，开发信息系统，借助党政信息平台，将档案利用服务触角延伸至乡镇，切实解决群众利用档案的“最后一公里”问题。奉节县印发了《关于进一步规范关破国有企业职工查阅档案相关事宜的通知》。万州区集中接收了大垭口煤矿、万光电源集团公司等10余个关破改制企业档案，共计17.42万卷（件、册），方便破产企业职工查阅利用。稳步推进重点建设项目档案工作和三峡后续建设项目档案工作，全市对长寿卡贝乐化工、武隆银盘电站等共计61个重点建设项目的档案进行了检查和专项验收。万州区和奉节县出台了三峡后续建设项目档案管理办法。涉及移民工作的22个区县均召开了三峡后续管理项目档案工作专题会议，统一了标准，明确了要求。全市共有70余个三峡后续建设项目档案通过了验收。

二是服务农业，农村工作成绩突出。会同市扶贫办制定精准扶贫档案工作方案，形成《关于加强全市精准扶贫档案工作的实施意见》，确定武隆县作为全市精准扶贫档案工作试点区县。奉节县制发《精准扶贫档案管理办法（试行）的通知》和《精准扶贫档案整理要求的通知》。南川区出台《扶贫档案收集整理归档实施办法》。万州、巫山等区县分别制发了脱贫攻坚文件材料归档范围、保管期限表和脱贫攻坚文件材料卷内文件目录式样和脱贫攻坚分户档案卷内文件目录式样等文件，确保精准扶贫档案收集齐全、整理规范。深入贯彻《农村土地承包经营权确权登记颁证档案管理办法》，制定了深化登记颁证档案工作实施方案。涪陵、南岸、合川、丰都、奉节、梁平、南川、秀山、彭水等区县结合实际情况，分别出台了本地的农村集体资产量化确权改革档案管理办法和农村集体资产产权登记文件材料归档范围和档案保管期限表。

二、聚焦发力，大力增强依法治档能力

一是进一步完善档案法规体系。与市财政局联合转发《会计档案管理办法》并提出贯彻意见，在深入调研的基础上，结合本地实际，出台了《重庆市会计档案整理规则》，进一步规范了重庆市会计档案管理工作；与市政府法制办联合印发了《重庆市行政复议案件文书立卷归档办法》；制定了《重庆市归档文件整理实施细则》；完成了《重庆市国家综合档案馆业务建设规范》解读及《重庆市音像档案收集整理的一般要求》说明；参与了《中共重庆市委办公厅档案管理暂行办法》修改工作。

二是全面推行依法行政。完成了重庆银行、江北嘴中央商务区投资集团等39个单位企业文件材料归档范围和档案保管期限表的审批工作，受理了涉及应当保密或不向社会公开的档案行政许可事项34件。积极推进网上行政审批改革工作，市档案局已实现行政审批事项全部融入市网审平台办理（涉密事项除外），全年通过市网审平台办理行政许可事项7件。编制了全市档案系统区县（自治县）行政权力责任事项通用清单，印制了《行政权力运行手册》。各级档案行政管理部门相继完成了行政权力清理，实现行政权力责任清单规定事项公开化、常态化运行。

三是认真开展档案行政执法检查。对全市338家机关、企事业单位开展了档案行政执法检查。市档案局首次采取“双随机”方式对10个纳入检查对象名录库的市属国有企业进行了执法检查。彭水县对农业综合开发办公室会计档案丢失案件进行了处罚，并将案件情况在全县予以通报。全市共完成2

件行政复议案件和3件行政应诉案件。

三、齐头并进，扎实推进各项档案业务建设

一是不断加强档案资源建设。全市各级档案部门坚持以完善档案接收主渠道为抓手，进一步丰富和优化馆藏档案资源。市政府办公厅出台了《关于印发重庆市档案收集管理办法的通知》，从源头加强了各级档案馆档案收集工作。市档案局制定了《重庆市归档文件整理规则》，加快档案进馆标准化进程。璧山区制发了《璧山区档案馆档案进馆标准》。合川、大足、荣昌、开州、长寿、丰都、梁平、奉节、彭水等区县编制了档案接收工作计划。

二是不断加强档案信息化建设。深入贯彻全国档案信息化工作会议精神，围绕电子档案管理技术标准规范，加快全市数字档案馆建设步伐。江津区借助新馆建设的契机，提出智慧档案馆建设方案。酉阳县印发了《关于加强档案整理和档案数字化工作的通知》。按照“增量电子化”的要求，长寿、巫山等区县实现新增进馆档案电子化副本移交率100%。三峡移民档案数据中心和三峡移民档案备份中心建设初见成效，全市22个移民区县的移民档案电子数据，共计600余万条目录，3500余万余页全部接收进馆，并按统一数据标准规范进行整合清理。积极探索档案服务新形式、促进档案资源共享，在主城9区和长寿区率先完成了婚姻档案“异地查档、跨馆服务”的部署工作，利用国家电子政务外网，设置专用服务器，建立婚姻档案服务数据库，印制发放22000份宣传图册。进一步加强档案门户网站建设，网站信息更新量和点击率明显提升。

三是不断加强档案馆新馆建设。市档案馆新馆建设项目已进入主体工程施工阶段。合川、铜梁、奉节、秀山等区县新馆建设项目共计获得经费补助2381万元。永川、合川、江津、大足、潼南、奉节、云阳、秀山等区县档案馆新馆建设主体工程完工。铜梁区为档案馆新馆建设配套资金1036万元。石柱县为新馆预算设施设备费用400万元。江津区落实2700万新馆后续建设资金。沙坪坝、铜梁、垫江、石柱、巫山等区县新馆建设开工，其中垫江县新馆建设项目被列为县重点工程项目。南川区和万盛经开区新馆已建成并投入使用。

四是不断加强档案监督指导。召开了直辖以来第一次市级机关档案工作会议，市级机关133个单位、280余人参加。各级档案部门采取多种措施开展业务指导，运用现场指导、网络平台、电话通信等方式指导1300余家机关、企事业单位规范地开展档案工作。市档案局主动与市纪委办公厅协商，帮助指导市纪委办公厅制发《关于加强市纪委派驻机构档案管理工作的通知》；配合市车改办在充分调研的基础上，出台了《关于加强全市公务用车制度改革档案管理工作的通知》，规范车改档案工作。涪陵区印发了《关于进一步加强乡镇街道档案工作的通知》，璧山区印发了《关于进一步加强村（社区）档案规范管理工作的通知》，规范乡镇（街道）、村（社区）等基层档案工作。渝中区针对机构改革撤销、合并、职能划转单位档案管理情况，出台了《关于机构改革中档案处置工作方案》。石柱县印发了《关于做好村（社区）“两委”换届期间档案管理工作的通知》。

五是不断加强档案开放鉴定。形成《对全市各级国家综合档案馆档案开放鉴定工作情况的调查报告》，首次摸清全市各级国家综合档案馆档案开放鉴定工作的人员配置、基本现况和制约工作开展的因素等，为全面开展档案开放鉴定工作打下良好的基础。编制了市档案馆馆藏建国后首批文件级延期开放档案目录，形成了《重庆市档案馆馆藏建国后首批文件级延期开放档案鉴定工作情况报告》，全市开放档案、延期开放档案、涉密档案文件级目录数据库已初具规模。

六是不断加强档案开发利用。围绕“档案——我们共同的记忆”主题，在“国际档案日”集中开展档案宣传活动，全市共举办展览数十场，发送各类宣传资料画册3.1万份，取得良好社会反响。各级档案部门深挖特色馆藏资源，推出多项高质量编研成果。与市委党史研究室联合开展《重庆市改革开放时期重要文献选编》编纂工作，完成扫描档案90余卷，录入文字249万余字。与四川大学联合开展国家社科基金项目——《清末民国时期图书馆事业档案整理与研究》，已基本完成项目史料的收集工作。编辑出版中国抗战大后方历史文化丛书《中国战时首都档案文献·战时政治》《中国战时首都档案文献·战时经济》《中国战时首都档案文献·反轰炸》。璧山推出微信公众号。彭水创建红军纪念馆。

（重庆市档案局　刘浩）

四川省

一、坚持抓基层打基础强基本，档案业务建设稳步推进

一是中西部地区县级档案馆建设项目扎实推进。印发《关于进一步做好中西部地区县级综合档案馆建设项目工作的通知》，切实抓好已下达投资计划中西部地区县级综合档案馆建设项目业务指导。县级综合档案馆建设项目15个，中央预算内投资计划

6618万元，省预算内基本建设投资计划县级综合档案馆项目补助3390万元。

二是档案资源体系建设持续加强。深入贯彻国家档案局8号令、9号令，依法开展档案接收工作，着力加大对重大活动档案形成、收集和管理的监督力度，完善突发事件档案形成和管理应对机制。制定《四川省档案馆档案资料捐赠工作管理细则》，召开省级机关“双套制”档案接收进馆工作现场会，开展“我的档案记忆”大型图片档案资料网络征集活动，着力强化档案资源建设。

三是档案安全保障能力全面提升。认真落实全国档案安全工作会议精神，印发《关于加强汛期档案安全工作的通知》等，召开全省档案安全工作会议，开展全省档案安全风险隐患情况专项督查，建立健全人防、物防、技防“三位一体”的档案安全防范体系。全省档案系统实现“零事故”“零泄密”“零丢失”，确保了档案实体和信息安全。

四是国家重点档案保护与开发工作有序开展。印发《四川省国家重点档案保护与开发项目验收工作实施方案》等，举办全省国家重点档案保护与开发项目暨档案馆基础业务工作培训会，督促抓好国家重点档案目录基础体系建设项目和开发类项目的实施工作，涉及已下达国家重点档案目录基础体系建设项目的57个市（州）、县（市、区）综合档案馆共完成文件级著录200万余条。首次开展全省档案文献遗产申评工作，《人声》创刊号等14件（组）档案入选四川省档案文化遗产目录。

五是档案业务指导工作有力有效。制定食药、安监等行业专业档案管理办法，持续加强省级机关档案工作。制定企事业单位档案工作规范化管理标准，开展国家档案局委托的《企业档案工作“双随机”检查细则》制订工作，举办全省科技档案信息资源开发利用优秀案例评选活动，开展省国有重要骨干企业档案安全风险隐患治理情况专项督查、在蓉金融企业档案业务工作交叉检查。修订《四川省〈高等学校档案管理办法〉实施细则》，编制《全省高等学校档案事业发展报告》。

二、立足转职能提效能增活力，公共服务能力不断增强

一是主动服务党委、政府中心工作。积极服务脱贫攻坚工作，印发《关于进一步规范脱贫攻坚档案工作的意见》，深入贯彻落实《关于进一步加强精准扶贫档案工作的意见》《四川省扶贫开发项目档案管理细则》，做好脱贫攻坚档案工作和扶贫开发项目档案工作。积极服务供给侧结构性改革，继续做好土地确权颁证档案工作指导、检查和验收，开展农村集体产权制度改革档案工作调研，着力抓好农业农村档案工作。

二是积极服务全省经济建设。联合8部门出台《四川省产业园区档案管理办法（试行）》，连续7年联合省发展改革委开展重大建设项目档案工作专项督查，联合财政厅印发《关于贯彻实施〈会计档案管理办法〉的意见》，开展国有企业资产与产权变动中档案处置情况调查，积极引导和规范民营企业档案工作。全年各级档案行政管理部门对606个重点建设项目进行了档案登记，登记率达86.52%；指导、检查重点建设项目5767个，对895个重点建设项目进行档案专项验收；对4978家企事业单位档案工作进行业务指导，开展企事业单位档案工作规范化管理认定和复查711家；举办经济科技档案业务培训426期（次），培训人员22610人（次）。

三是扎实做好服务民生工作。加大民生档案收集整理与开放利用力度，加快民生档案资源整合，开展民生档案异地查档跨馆服务工作调研，深化民生档案异地查档跨馆服务，完善利用制度，简化利用手续，增添便民措施，严格执行关于取消利用档案收费有关规定，充分发挥档案社会服务功能。

四是不断加强档案宣传文化工作。省档案馆在《成都商报》开辟的“档案时空”栏目持续办刊4年，出刊88期97版，在《中国档案报》开辟“四川藏族档案文化”“映象巴蜀”专栏，逐渐形成四川特有的档案文化品牌。完成2014—2016年度四川省优秀档案编研成果评审工作，《抗战时期的四川——档案史料汇编》获四川省第十七次社会科学优秀成果三等奖，“四川省档案干部教育培训读本”由四川人民出版社正式出版发行，获得良好社会反响。

五是加强爱国主义教育基地建设。与省委宣传部联合印发《关于加强全省国家档案馆爱国主义教育基地建设的意见》，举办全省国家档案馆爱国主义教育基地建设培训班，进一步加强对全省档案馆爱国主义教育基地建设的指导，攀枝花市档案馆、德阳市档案馆、宜宾市档案馆被省委、省政府命名为四川省第七批爱国主义教育基地。省档案馆常设“百年四川”“四川名人”“四川馆藏档案精品”三项展览，充分发挥爱国主义教育基地作用。

三、紧抓规范化标准化信息化，档案管理水平稳步提升

一是深入推进档案法治建设。印发《四川省档案局党政主要负责人法治建设第一责任人职责清单》《四川省档案局“双随机”抽查实施方案》，加强依法治档相关制度建设。认真实施《四川省档案法治宣传教育第七个五年规划》，加大档案普法力度，采

取举办法治宣传专题讲座、联合四川法制报开展"档案法制知识竞赛"活动、召开专题座谈会等形式纪念《档案法》颁布30周年，编印《四川省档案"七五"普法读本》，提高全社会档案法治意识。

二是推进档案工作规范化管理。省政府办公厅印发《关于转发四川省档案局四川省档案工作规范化管理办法的通知》，扎实推进全省各级国家档案馆、机关、团体、企业、事业单位档案工作规范化管理。制定《四川省高等学校档案工作规范化管理标准》，在西华大学召开全省高校档案工作规范化管理推进会，进一步推进高校档案规范化管理。省档案馆继续组织开展西南大区档案整理、馆藏档案鉴定开放、涉密档案清理等工作。

三是加强档案工作标准化建设。坚持标准化监督审查，发布规范性文件、组织学习培训，引导档案系统紧抓标准化建设要求。不断推进档案馆舍标准化建设，抓好已下达投资计划的中西部县级综合档案馆项目的标准化实施，加强对设计方案、施工方案、施工过程的审核监督。加强对基层档案单位标准化管理的指导，推动档案管理标准化落地落实。

四是加快数字档案馆（室）建设。深入学习贯彻国家数字档案室评价工作现场会精神，认真贯彻实施《数字档案馆建设指南》《数字档案室建设指南》《数字档案馆系统测试办法》《数字档案室建设评价办法》，继续深化数字档案馆（室）试点单位业务指导，举办数字档案馆（室）建设业务培训，赴广东省开展数字档案室建设调研，有序推进全省数字档案馆（室）建设和档案信息化建设。

四、着力转作风强素质树形象，部门自身建设不断强化

认真落实全面从严治党部署，压紧压实党建工作责任，推进"两学一做"学习教育常态化制度化，开展"做悦读党员，建书香机关"主题读书活动，组织党员干部扎实开展驻村帮扶工作。持之以恒正风肃纪，严格执行中央八项规定精神和省委省政府十项规定及实施细则，深入推进档案系统政风行风建设，深化廉政风险防控工作。全力配合省委第八巡视组做好巡视工作，着力抓好巡视整改落实。实施四川档案人才"283工程"，大力推进档案人才队伍建设。

（四川省档案馆办公室）

贵州省

一、精准扶贫档案工作

省档案局加大了以"一户一档"为重点的精准扶贫档案工作力度，制发了《贵州省〈精准扶贫档案管理办法〉实施细则》《关于进一步做好精准扶贫档案试点总结完善有关事项的通知》等文件，建立了以"一户一档"为重点的精准扶贫档案工作制度，得到了贵州省委、省政府领导和国家档案局的批示肯定。省、市、县各级档案、扶贫部门和乡镇、村共同配合，组织2000多名档案干部开展精准扶贫档案工作。全省共建立精准扶贫档案试点示范乡镇116个，其中，省级示范乡镇17个、市（州）级示范乡镇24个、县（市、区）级示范乡镇75个。建立贫困农户"一户一档"147.59万卷，整理归档综合、精准识别、精准施策、精准脱贫档案共16.46万卷、101.99万件，照片档案10万张，有效提高了扶贫工作精准度。安顺市制发了《安顺市精准扶贫归档文件整理操作导则》《安顺市精准扶贫档案贫困户"一户一档"整理方法》等文件。黔西南州完成收集齐全签字确认并可归档的"一户一卷"档案共38万余卷，六盘水建立精准扶贫档案8700余件。

二、土地确权档案工作

贵州省档案局对9个市州及雷山县、兴仁县、道真自治县等25个县（市、区、特区）和雷山县大塘镇、纳雍县董地乡、威宁自治县石门乡、赫章县河镇乡、长顺县摆所镇、贵定县新巴镇等30个乡镇的土地确权档案工作进行了指导。由省档案局牵头组成督查组两次分别对黔东南州、黔南州、安顺市土地确权工作进行督查。参与了盘县土地确权工作预验收及安龙县、水城县、播州区、云岩区、兴义市土地确权工作验收，在督查、验收土地确权工作的同时检查了土地确权文件材料的形成、积累、收集、整理等工作。建立贵州省土地确权档案验收专家库。

三、档案信息化建设

贵州省档案馆开展了抗战档案、税改档案、民族民间档案全文数字化工作，全年数字化建国后档案350万幅、中国红十会总会救护总队档案39800余幅。贵阳市数字化档案380万幅。省档案局在贵阳举办全省档案信息化业务培训班。全省9个市（州）及县（市、区、特区）档案部门信息化工作负责人参加培训，培训学员100人。毕节市档案系统投入836.9万元购买服务器、电脑、扫描仪等设施设备，加大了信息化基础设施建设力度。

四、绿色档案、传统村落档案建设

积极探索推进绿色档案、传统村落档案建设，完成省级旅游资源大普查档案整理、归档、移交工作。省档案馆做好2017生态文明试验区贵阳国际研讨会的档案收集、整理工作。

在国家公布的第四批中国传统村落中，贵州传统村落达545个，占全国的13.15%。省档案局开展中国传统村落档案建档情况登记及建立省级传统村落档案室活动，确定安顺市西秀区七眼桥镇的本寨和云山两个村为“省级传统村落示范档案室”试点单位，印发《关于确定省级传统村落档案示范室的通知》。全省共有建档传统村落445个，文书档案3239卷16017件、照片档案8475张、光盘档案455张、印章95枚、证书192本、牌匾512块。毕节市指导织金县营上古寨等开展传统村落建档工作。黔东南州完成传统村落生态档案馆试点建设40个、传统村落档案室建设90个，全年共整理传统村落文书档案2300卷（册）、5000余件。

五、档案整理、接收、利用工作

贵州省档案馆认真落实国家放、管、服改革要求，启动推进全省民生档案跨馆查阅利用，便利群众办事。11月，以与浙江省合作为切入点，启动推进民生档案跨馆查询利用有关工作，12月18日，贵州省档案局（馆）和浙江省档案局（馆）主要领导在浙江省档案馆正式签订合作开展民生档案“异地查档、跨馆服务”工作协议，实现两省各级国家综合档案馆民生档案跨省利用服务全覆盖。接收省政府办公厅等25个立档单位的文书档案21747卷（件），电子档案光盘1568张，征集申云浦、赵运乾等知名人士收藏的珍贵图书资料18箱，完成民国档案整理2218卷，编制文件目录168180条，完成税改档案分类整理8701件，整理录入图书资料、照片3787件。

贵阳市制定《贵阳市城市轨道交通工程项目试运营前档案专项验收细则（试行）》，安顺市接收全省农运会、屯堡文化“美食节”、王若飞烈士诞辰110周年纪念日等重大活动档案进馆，安顺市积极创新档案服务“一网通”模式，实行全市7个综合档案馆馆际联动，让群众“动嘴”、让数据“跑腿”、在全省首家推出把查档服务送到群众“家门口”的“一网通”利民服务新模式。毕节市档案馆共接收6477卷84580件档案进馆，遵义市征集到《平播战争烟云录》《中国姚氏祠堂》画册等珍贵史料。

六、国家综合档案馆项目建设

省领导多次对省档案馆新馆建设作出批示，分管档案工作的领导多次召集有关单位，对省档案馆新馆建设工程项目协调安排，并到省档案馆新馆一期工程项目现场调研和督查指导工作，督促加大工作力度，加快建设进度。省级财政全年下达省档案馆新馆一期工程建设资金9486万元，12月28日，贵州省档案馆新馆和贵安新区档案馆项目开工动员部署会在贵安新区临时行政中心召开，标志着贵州省档案馆新馆和贵安新区档案馆正式开工建设。

省级财政补助集中连片特困县综合档案馆设施设备配备补助经费660万元，用于11个已建成并投入使用的县综合档案馆配备设施设备。国家发改委下达贵州省县级综合档案馆中央预算内投资计划5799万元，同比增长35.7%。全年各级新增23个档案馆项目全部开工建设，贵阳市、威宁自治县、息烽县综合档案馆主体工程完工，清镇、兴义、望谟、安龙等县级综合档案馆动工建设。

七、重点档案抢救保护与开发项目

省档案局制定了《贵州省重点档案抢救保护与开发项目管理办法》《省级重点档案文献遗产工程管理办法》，强化项目实施监督管理和重点档案抢救保护与开发工作人员培训。由贵州省档案馆等组织编纂、贵州省人民出版社出版的《贵州清水江文书》丛书，增补进入“十三五”国家重点图书出版规划。有效推进清水江文书的抢救、保护与开发，进一步提高贵州档案文化的社会影响力。各级档案部门全年重点档案抢救保护与开发项目按计划有序推进。其中，贵阳市完成3300卷20万余页重点档案整理修裱工作。

八、重点建设项目档案管理

省档案局组织华润电力（六枝）有限公司新建工程档案验收，参与贵阳市珍稀动物救护中心的竣工、从江独洞水库、松桃县道塘水库、凯里舟溪500KV输变电工程、茶园电厂火电、毕节热电厂火电、桐梓电厂火电、大龙电厂火电、塘寨发电厂火电、织金电厂机组新建项目、贵阳至清镇高速、贵阳至大龙高速、册亨板坝至兴义江底高速、绕城高速西南段、贵都高速、六镇高速公路建设、黎洛高速公路建设、交通轨道1号线观山湖区段轨道交通等18个项目档案验收。省档案局于8月14—24日在雅安市四川省档案学校举办了重点建设项目档案管理人员培训班，培训人员109人次。

九、档案行政执法检查

贵州省档案局加大对全省档案省、市、县三级机关“双随机一公开”工作力度，按月进行调度监管，制发《贵州省档案法治宣传教育规划（2017—2020）》。开展了档案行政执法检查工作，督促9个市（州）整改落实2016年执法检查反馈意见。全省各级档案部门以不同形式开展了纪念《档案法》颁布30周年活动。省档案局与贵阳创柒文化产业投资有限公司联合举办了“创7文化杯”纪念《档案法》颁布30周年征文和摄影作品评选活动。9月6日，省档案局召开了纪念《档案法》颁布30周年工作交流会。贵阳市制定了《贵阳市档案“七五”法治宣传教育规划（2016—2020年）》。

十、人才队伍建设

国家档案局于6月在北京为贵州档案系统举办全国第一期县级档案局长馆长培训班。省档案局于3月20—24日在中国人民大学举办贵州省档案领导干部培训班，50余人参加了培训；7月在四川省档案学校举办了贵州省档案业务人员持证上岗培训班，103名专兼职档案业务人员参加了此次为期24天的集中培训。开展中青年知识与能力测试工作，组织市、县档案工作人员分期到省档案局（馆）跟班学习，完成全国档案专家库专家的推荐工作并建立相应专家人才库。

（周端敏）

云南省

一、档案工作得到高度重视

云南省委、省政府领导更加重视和关心档案工作，对档案工作作出重要指示批示。阮成发省长在2017年11月6日省政府第126次常务会议上作出“要加强云南省国家档案馆管理，推动全省档案事业建设法治化、现代化，更好服务经济社会发展”的指示；云南省政府时任秘书长纳杰8月18日就到省档案局馆调研。

二、档案依法管理能力持续提高

《云南省国家档案馆管理办法》正式公布，开创了云南档案法治建设新的里程碑。围绕精准扶贫、建设项目及企业电子文件管理等工作，独立或联合相关部门出台8个档案业务规范文件，为行业档案的依法依规管理提供依据。联合省教育厅、中国人民银行昆明中心支行对12所高校和10家金融机构开展执法检查；持续推进档案工作规范化管理示范认定和复查工作，2017年共有1637个综合档案馆和机关企事业单位通过示范认定或复查，其中638个通过认定，999个通过复查。在《云南档案》杂志、“云南档案”网站刊登专稿、开设专栏，发布宣传档案工作和法律法规的稿件400多篇，开通“云南档案”微信公众号，发布信息77期156条，关注粉丝达4300人，相关经验在档案网站和新媒体应用经验交流会上交流。

三、档案工作服务大局水平大幅提升

加强重点建设项目服务，组织完成17个重点建设项目档案验收；全力为鲁甸6.5级地震灾后恢复重建项目档案管理服好务，制定出台恢复重建项目档案整理规范，举办恢复重建项目档案业务专题培训，切实提升鲁甸灾后恢复重建项目档案规范化管理水平。制定出台《云南省档案局关于进一步加强和改进乡镇档案工作的意见》，启动乡镇档案规范化管理工作，2017年37家乡镇档案馆（室）档案工作实现规范化管理。持续推进农村土地承包经营权确权登记颁证和林权制度改革档案工作，参与临沧、德宏农村土地确权颁证工作和国有林场改革的督查。围绕中心工作和社会关注，全省年内共开发各类档案文化产品近70种，其中省档案局编辑出版11种档案文化产品；争取到国家重点档案保护与开发项目资金近1500万元，组织实施国家重点档案目录基础体系建设和9个重点专题开发项目。2017年全省各级档案部门共接待档案查阅和政务信息公开查询14万余人次，提供档案资料37万卷件次，接待参观6万余人次。

四、档案资源建设取得突破

全省各级综合档案馆突出地方特色，坚持以民生档案为主题，强力推进档案资源建设，档案数量不断增加、种类不断丰富。全省年内共接收征集档案80余万卷，其中省档案馆接收9万余卷，开展全国人大代表、彝族档案征集和大学生梦想采集等工作。

五、档案基础设施建设跨越发展

争取到中西部地区县级国家综合档案馆建设项目资金5400万元，年内12个县级馆开工建设；16个县级馆建成，截至年底全省共有84个县级馆投入使用。云南省重要电子档案异地备份库建成投入使用，硬盘备份、磁盘阵列备份、缩微胶卷备份等多种介质、多种技术配套保障的格局基本形成，13个综合档案馆到备份库备份数据。

六、档案信息化建设加快推进

云南省档案馆建立馆藏档案照片库、视频库、音频库和明清档案目录数据库，完成数字化档案1100余万画幅，存量数字档案近9000万画幅，新接收电子档案63万余画幅，各立档单位电子、纸质档案同步移交接收常态化制度化日趋强化。

七、档案干部队伍素质不断提高

人才培训效果显著，全年组织培训700余班次，培训人员3.5万余人次；省档案局选派4名领导干部到中央党校和浦东干部学院学习，选派10名干部赴扶贫挂钩点挂职锻炼，向国家档案局推荐选送了10名档案专家；举行全省档案系统“兰台杯”运动会暨岗位练兵活动。对外交流不断拓展，组团分赴菲律宾、墨西哥参加第21届东南亚太平洋地区音像档案协会联合大会和国际档案理事会2017年年会，组织人员赴香港参加数字档案馆建设管理培训，赴贵阳参加国际档案理事会东亚地区分会。课题研究成果喜人，《云南档案安全管理》科研课题获省哲学社会科学优秀项目三等奖；组织完成2017年度18个省档案科技项目课题立项和2015—2016年度25个省档案科技项目评审评奖工作。

（云南省档案局　邓琳）

西藏自治区

一、档案宏观管理和业务指导进一步加强

一是全区各级档案部门继续贯彻国家档案局令第8、9、10号，不断加强档案资源建设。自治区档案局（馆）严格按照档案工作相关规定，认真做好档案收集接收工作。二是向国家档案局申报了西藏自治区2018年度国家重点档案保护与开发项目。积极做好馆藏档案抢救和保护工作。2017年共修复档案2513件，高清扫描蒙满文档案2456件，仿真复制档案20件。完成馆藏珍贵木质档案《十万颂》（8—12函）抢救性再版雕刻和文字校勘工作。完成桦树皮载体档案的鉴定工作和150件“羌基”历史档案文稿的翻译及基础整理工作。三是认真贯彻落实《中央办公厅、国务院办公厅关于加强和改进新形势下档案工作的意见》《中共西藏自治区委员会办公厅、西藏自治区人民政府办公厅关于加强和改进新形势下档案工作的实施意见》，紧密结合全区档案工作实际，先后印发和转发了《国家档案局关于印发〈建设项目档案监督指导工作指南〉的通知》《国家档案局关于印发〈国家重点档案专项资金管理办法〉的通知》《国家安监局 国家档案局关于印发〈安全监管监察部门许可证档案管理办法〉的通知》《西藏自治区档案局关于2016年度档案统计年报和部门服务业财务统计工作安排的通知》《西藏自治区档案局关于成立西藏自治区国家重点档案保护与开发项目领导小组及办公室的通知》等文件60余份，进一步规范了全区档案工作。四是以实地指导讲解、电话回复等方式，对各地市档案局、区（中）直各单位档案部门业务指导120余次。对16家单位申报的《机关文件材料归档范围和文书档案保管期限表》和18家国有企业申报的《企业文件材料归档范围和档案保管期限表》进行了审核。五是完成全区2127家单位档案事业统计年报填报审查汇总并上报国家档案局。六是加强农村土地承包经营权确权登记颁证档案管理工作。与自治区农牧厅联合下发了《西藏自治区关于加强农村土地承包经营权确权登记颁证档案管理工作的通知》；陪同国家档案局检查组一行深入阿里地区普兰县、札达县、噶尔县、日土县档案局和地区档案局开展了农村土地承包经营权确权登记颁证档案工作检查调研和指导。

二、档案编译研究工作

正式出版发行了《五世达赖喇嘛自传》（上、中、下册）《铁虎清册》《西藏地震档案史料选编》《策默林第一任摄政阿旺楚成传》（上、下册）《藏念海如噶传》等9卷图书。完成了《西藏抗英战争档案史料选编》（900件，约60万字）的初步选编、审查、筛选工作。完成了《藏汉对照西藏历史档案词典》后续编辑工作和《西藏天花病档案史料选编》的选题工作。完成《西藏档案》期刊总第24期的编辑、印制、出版、发行等工作，完成《西藏档案》总第25期的统稿和编校工作，《西藏档案》社会影响不断扩大。自治区档案局（馆）洛桑普赤博士撰写的论文获得国家级“中国藏学研究珠峰奖”。

自治区档案馆馆藏蒙满文档案专项整理研究工作取得重大成效。按照《西藏自治区档案馆馆藏蒙满文档案整理研究工作总体安排方案》要求，邀请区内外专家对《西藏自治区档案馆馆藏蒙满文档案精选》（汉译文，征求意见稿）进行了审读，并根据专家审读意见，遴选出一批有利于维护祖国统一和加强民族团结的重点蒙满文档案，筹划公开出版《西藏自治区档案馆馆藏蒙满文档案精品》影印本10卷及其汉译本1卷。根据中央西藏工作协调小组办公室《关于审读出版〈西藏自治区档案馆馆藏蒙满文档案精选〉系列丛书事的复函》和自治区党委书记吴英杰，区党委副书记、自治区主席齐扎拉，区党委常务副书记丁业现等主要领导重要批示指示精神，再次邀请区内外专家，成立专家审读领导小组，召开《西藏自治区档案馆馆藏蒙满文档案精选》专家审读会议，重点从政治上把关，形成了专家领导小组审读意见。经自治区政府采购中心公开招标印刷项目，与中标出版方四川民族出版社正式签订印刷协议。

三、档案法治建设

一是联合自治区人大教科文卫委员会组成档案执法调研组，赴拉萨、林芝、昌都部分市、县、乡档案馆（室），就贯彻实施《中华人民共和国档案法》《西藏自治区实施〈中华人民共和国档案法〉办法》、县级综合档案馆建设、重大项目档案建设、重点档案抢救与保护费使用情况进行了调研。同时，各地市档案局也配合地市人大开展了执法调研。此次执法调研是《西藏自治区实施〈中华人民共和国档案法〉办法》颁布7年来，首次对全区贯彻实施档案法律法规情况开展的执法调研。二是档案法规修订有序衔接。依据国家档案局《关于在官网发布修订后的〈中华人民共和国档案法〉和〈中华人民共和国档案法实施办法〉的通知》精神，对《西藏自治区实施〈中华人民共和国档案法〉办法》第三十八条第二款、第三十九条、第五十一条第一款第（二）、（三）项提出修改意见，保证了西藏档案法律法规与国家上位法的一致性。

四、档案利用服务不断扩大

全区各级档案馆把提供优质的档案利用服务作为工作重心，开发馆藏资源、丰富利用内容，简化利用流程、提高利用效率，创新服务举措、优化服务质量。2017 年，自治区档案馆接待了区党委办公厅、中国科学院等 152 家区内外单位和 307 人次，查阅档案 2057 卷，有效利用档案 5183 件，复印档案 25503 页。其中，为自治区党委主要领导提供 1950 年以来有关西藏贸易、社会管理等方面的档案 32 件（424 页）和 1990 年以来有关宗教工作方面的档案 6 件（192 页）；为中央环保督查组提供了 1990 年以来有关西藏环境保护方面的重要档案 6 件（89 页），这些档案在“围绕中心、服务大局”等方面发挥了重要作用。

五、档案安全工作持续加强

全区各级档案部门加强档案安全建设，一是加强档案库房管理，确保档案库房满足档案安全保管所需的温度、湿度以及防尘、防虫、防鼠等环境要求，定期开展消防安全检查，防止火灾等意外事故的发生。二是加强档案出入库和提供利用管理，严格落实出入库登记、档案利用审批等规章制度，确保档案绝对安全。三是加强档案信息管理，杜绝安全隐患问题。

六、档案馆库建设

一是加快推进新馆建设和中心项目建设。新馆主体工程建设全面完工，室内设备安装和内部装修有序推进。西藏自治区档案学术研究和交流中心项目获得拉萨市规划局项目建筑高度调整批复，获得自治区发展改革委员会项目可行性研究报告批复。二是对县级综合档案馆建设使用情况进行监督检查，重点对拉萨市堆龙德庆区、那曲地区那曲县、巴青县三个县级综合档案馆的建设进行实时监督。除拉萨市堆龙德庆区未开工建设外，其他两个县级综合档案馆正在建设当中。

八、重大建设项目档案工作

根据《国家档案局关于委托组织新建拉萨至日喀则铁路工程、改建铁路青藏线西宁至格尔木段增建第二线工程档案验收的函》的要求，与青海省档案局共同完成项目档案验收工作。对西藏省道 305 线那曲至嘎玛、夏玛至嘉黎段公路改建工程、国道 317 线类乌齐至丁青段公路整治改建工程、省道 206 线措勤至国杰公路改建工程项目档案进行了验收。根据《重大建设项目档案验收办法》规定，与区人力资源和社会保障厅组织验收小组，对西藏自治区人力资源市场建设项目档案进行实地验收，并严格按照《国家重大建设项目文件归档要求与档案整理规范》提出了整改意见。

九、档案宣传工作

2017 年，全区各级档案部门充分利用《中华人民共和国档案法》颁布 30 周年、第十个“国际档案日”等重要节点，谋划思路、创新载体，积极开展档案走进校园、走进部队、走进社区、走进企业等系列宣传活动，向全社会广泛宣传档案知识。发放宣传资料 10 万余份，接受群众咨询 4.9 万人次。自治区档案局（馆）征订了 3000 份档案法律法规知识的竞赛试题，发放给各级档案部门及各区（中）、地（市）、县直单位，以公众喜闻乐见的竞赛形式普及了档案法律法规知识。

（西藏自治区档案馆）

陕西省

一、管档治档能力显著增强

档案法治建设持续推进。适应形势变化，大力推进“放管服”改革工作，省档案局及时清理和废止了一批过时的档案法规和规范性文件，修订了《陕西省档案条例》，调整了档案部门权力清单；深入开展社会信用体系建设工作，西安市档案局制定《西安市档案局（馆）社会信用体系建设工作方案》；渭南市、宝鸡市以“两办”名义出台《重大建设项目档案管理办法》和《重大活动档案管理办法》。

档案行政执法进一步规范。各级档案行政管理部门普遍建立健全了档案行政执法检查机制，组织开展“双随机一公开”档案执法检查。省档案局对各地市及 30 多个省直机关、企事业单位档案机构进行了档案安全专项执法检查；咸阳联合市人大对全市《档案法》贯彻执行情况进行了全面检查；宝鸡联合市委督查办对各县区创建数字档案馆等工作进行了督查；渭南联合市发改委、市扶贫办分别对市级重点项目、精准扶贫档案工作进行了专项检查。

档案普法宣传力度加大。全省档案“七五”普法工作全面启动；全省纪念《档案法》颁布 30 周年演讲比赛成功举办。

二、档案服务水平大幅提升

服务中心工作重点突出。围绕学习贯彻党的十九大精神，全省各级档案部门充分发挥档案资源优势，通过举办展览、开设党建专栏、拍摄专题片等方式，为全省党员干部学习贯彻党的十九大精神营造浓厚氛围。汉中市政府将参观市档案馆爱国主义教育基地展室纳入公民代表进机关必访内容；韩城举办“喜迎十九大韩城五年新变化”图片展；渭南举办“宣传档案法·喜迎十九大”大型书画展；榆林举办“喜迎十九大、争创新业绩”书法、绘画、摄影展。围绕“一带一路”建设，省档案馆积极挖掘馆藏，收集整理20多卷相关档案，为筹办“一带一路”展览提供素材；主动携手大唐西市博物馆，共同举办“丝绸之路”档案学术报告会，弘扬丝路精神，传播档案文化。围绕领导决策，省档案馆编辑7期《资政参考》；延安市档案馆编印5期《资政要览》。

服务经济发展成效显著。积极主动为精准扶贫、国企改革、农业农村改革等工作提供档案支持。省档案局联合省扶贫办制定了《陕西省精准扶贫档案管理实施细则》；会同省工商厅等部门印发《陕西省推行工商登记全程电子化工作实施方案》；延安主动跟进“2+1”三城联创工作；杨凌积极服务第九次省部共建会议和示范区成立20周年总结会议；商洛完成了36个农业农村档案工作示范点建设任务。

服务文化强省再得佳绩。各级档案行政部门加强对文化领域档案工作的指导。认真组织开展非物质文化遗产建档工作，省档案局与中国档案学会联合举办全国方言语音建档研讨会，编辑出版《陕西方言语音建档暨非物质文化遗产保护研讨会论文集》。充分发挥爱国主义教育基地作用，省档案馆建成“长征长征——红军长征到陕北”落地主题展馆；西安举办“西安事变档案史料图片展”；着力打造档案文化精品，省档案馆拍摄的方言纪录片《陕北话》在陕西电视台播出；《紫阳贡茶》《陕西省志·档案志》编辑出版。汉中整理并影印出版清康熙《汉南郡志》，结集出版《文同与汉中》《历史档案与文化传承》两部学术著作。

三、档案基础工作不断加强

档案馆库建设持续推进。榆林、延安、咸阳、韩城高标准市级综合档案馆正式投入运营；渭南市档案馆新馆建设列入市级综合场馆重点建设项目；安康市档案馆新馆正式立项；汉中市档案馆改扩建项目正在进行。千阳、陇县、凤翔等9家县级综合档案馆新馆设计方案通过审查，截至2017年底，34个中央预算内投资县级综合档案馆建成使用。

档案资源建设凸显特色。各地深入开展“档案资源建设年”活动，一批珍贵档案资料征集接收进馆。省市县三级方言语音数据库顺利建成；第十一届中华人民共和国艺术节档案全部接收进省档案馆。西安提前接收69家市级机关单位2015年前形成的文书、实物档案20余万件（卷）；渭南启动“乡村记忆”建档示范工程，创建15个“乡村记忆”村级建档示范点；铜川在全市范围内开展“村庄记忆”工作；汉中、安康、渭南等市与湖北十堰、襄阳等市档案馆建立红色档案资源共享机制。

档案信息化成效更加显著。榆林建成以档案馆为核心、各下属立档单位为虚拟档案馆（室）用户的馆室一体化管理模式；宝鸡将数字档案馆（室）建设纳入全市智慧城市建设；商洛制定《商洛市数字档案馆建设方案》。

档案科研工作再上台阶。省档案局组织召开了全省档案科技工作促进会，强化陕西省档案科技项目成果的研究与推广应用；结合陕西实际，制定《陕西省档案科技项目管理及评奖办法》；设立了陕西省档案科技项目评议委员会。档案科研项目再获突破，“感光影像档案修复与保护关键技术研究”科研项目荣获2017年度国家档案局优秀科技成果特等奖。

档案宣传工作取得新突破。省档案局联手电视台打造“互联网+档案”直播，探索档案宣传新途径，首次通过央视新闻移动网开展档案展览网络直播。“6·9国际档案日”省档案局与延安市档案局联合举办大型宣传纪念活动；宝鸡市档案局与陈仓区档案局联合举办了“档案——我们共同的记忆”文艺晚会；咸阳以启动仪式、市县会场联动、文艺演出、电影宣传、媒体深度报道、刊发评论文章等系列活动多维度立体性展示咸阳档案文化；杨凌、商洛等市组织干部走上街头设点进行档案宣传。

四、档案干部队伍面貌焕然一新

机关党建工作不断推进。各级档案部门认真学习宣传贯彻党的十九大精神，扎实推进“两学一做”学习教育常态化制度化，坚持以习近平新时代中国特色社会主义思想武装头脑、指导实践、推动工作；严格落实主体责任，实现主体责任全覆盖、无死角；严格落实“三会一课”等制度，进一步发挥基层党组织战斗堡垒作用和党员先锋模范作用，推动形成了党建与档案工作互促并进的良好局面。

教育培训工作扎实开展。省档案局积极筹建全省档案专家库，并按照国家档案局要求，在全省遴选11名申报全国档案专家人选。

（赵军辉）

甘肃省

一、讲政治，努力实现思想大转变大解放

甘肃省档案局（馆）认真贯彻落实习近平总书

记一系列重要讲话精神，以思想的解放推动工作的转变，以理念的更新推动工作的发展。一是贯彻落实习近平总书记视察中办“5·8”讲话精神，坚持档案工作的政治属性，在全省档案部门开展了“五对照、五检查、五强化”活动和学政治、学法律、学业务、学先进“四学”活动，进一步增强了全省档案部门和档案工作者的政治意识、大局意识、核心意识、看齐意识。二是贯彻落实习近平总书记在浙江省档案局馆考察时的讲话精神，加强依法治档，强化行政推动，拓展服务领域，推动档案部门逐渐树立法治意识、开放意识和服务意识，全省档案工作正在由封闭向开放转变、由重保管向重服务转变、由行政管理向依法管理转变。三是贯彻落实习近平总书记新发展理念，注重在体制上求创新，健全档案事业依法治理体制，完善行业监管、分级指导机制，坚持档案工作考核全覆盖；注重在合作上求开放，联合中国档案学会举办海峡两岸档案工作研讨会，与西北民族大学联合打造档案资源挖掘平台；注重在利用上求共享，构建以档案信息管理系统为支撑的现代管理体系，推进方便人民群众利用的档案资源共享平台建设。

二、抓管理，分类推动各领域档案事业发展

针对机关、高校、企业、农村、城市等不同行业档案的工作特点，甘肃省档案局强化行政推动，坚持分类指导，推动各类档案工作协同发展、规范管理。抓机关档案工作，坚持年度考核与重点督察相结合，推进“双套”进馆工作，出台加强机关档案工作意见，强化机关档案工作管理，各机关年度考核合格率达100%，有近40个单位达到优秀水平。抓高校档案工作，出台《关于加强新形势下高校档案工作的意见》，通过督促检查、联合通报推动高校档案工作水平全面提升，有6个高校的档案工作规范化管理达到省特级。抓企业档案工作，坚持规划先行、督查推动、典型引导，推动企业档案工作体制机制进一步完善。强化企业资产与产权变动中的档案处置监管，加强企业档案资源建设。企业档案工作正在由分散无序的管理状态向规范有序、现代高效的管理方式转变。抓农村档案工作，制定精准扶贫档案管理办法，加强对精准脱贫档案的管理。指导美丽乡村建档30万件、土地确权登记档案360万件，完成集体林权制度改革建档工作。坚持抓点带面，树立119个乡镇、1036个行政村为农村档案工作示范点，以西和县档案工作规范化管理整县推进，示范带动全省县域档案工作步入规范化。此外，还制定出台会计师事务所、律师业务、公证、物业管理、中介组织等方面的档案管理制度办法，加强了对新经济组织、新社会阶层档案的管理。

三、抓基础，全力推进档案治理“四大体系”建设

坚持强基础、抓落实、促提升，着力推动档案事业发展“四大体系”建设。一是档案事业治理体系不断完善。甘肃省委、省政府办公厅出台《关于加强和改进新形势下全省档案工作的实施意见》，各级档案部门深入贯彻落实中央和省上两办意见精神，制定实施细则，强化各项举措，有力推动了档案工作的发展。召开了农业农村档案工作会，与省农办联合印发了《关于加强和改进新形势下农业农村档案工作的意见》，强化部门对档案管理的监管责任。围绕健全法规体系，将《甘肃省国家档案馆管理办法》《甘肃省重点建设项目档案管理办法》列入省法制办立法计划，制定了《全省档案标准规范建设方案》，梳理需制定规范标准37部，已起草完成19部。围绕业务建设和考核，制定了《甘肃省综合档案馆星级评定办法》《甘肃省各级档案馆安全评估标准》《省直机关事业单位2017年度档案工作考核评分标准》等，使各行业、各领域档案制度建设更加完善，联合省人大科教文卫委、省委督查室、省政府法制办开展档案执法检查，推动档案工作机制不健全、硬件要求不达标、档案经费不落实等瓶颈问题得到较好解决，档案工作发展环境有了较大改善。二是档案资源体系建设持续推进。全省各级各类档案馆馆藏档案达1011万卷（件），其中林权改革、公证、土地承包、婚姻登记等民生专业档案数量大幅增加，部分档案馆民生档案已达馆藏总数的20%。启动国家重点档案文件级目录建设项目，著录文件级目录30万条，全部审核通过，对市州上报的24万多条民国档案目录进行审核抽检，极大地提高了甘肃省档案数据库建设质量。三是档案安全管护体系不断夯实。紧紧抓住“十三五”国家支持中西部县级档案馆建设机遇，去年争取到10个县级建馆项目，中央和省上共下达项目资金4742万，县级建馆项目达到53个，占比达61%，极大地改善了甘肃省县级档案馆管护条件差的现状。积极申报国家重点档案保护与开发项目，争取国家重点档案保护与开发项目资金698万元，下达省级国家重点档案专项资金400万，全省重点档案得到有力保护和开发。四是档案开发利用体系不断拓展。坚持以开放促开发，创新开发内容和形式，推进档案开发利用体系不断创新。围绕“一带一路”，积极参与敦煌国际文博会档案的收集和研究，联合国家档案局在第二届敦煌文博会上举办《中国档案珍品展》，受到社会公众一致好评。《甘肃记忆》《历史将永远铭记》完成基础

布展工作，《城市解放纪实——兰州卷》《黑河卷》《疏勒河》《抗日战争档案汇编·甘肃省馆卷》《甘肃省志·档案志》《档案馆指南》付梓在即，高质量高水准完成了全年《档案》杂志的出版工作。协助中国档案学会在敦煌市召开了“2017年海峡两岸档案暨缩微学术交流会”，增强了对外宣传和交流。

四、抓服务，全面提升档案工作的社会影响力

甘肃省档案局（馆）立足服务中心、服务改革发展、服务民生，推动全省档案服务工作深入发展。十八大以来，围绕全省经济体制、生态文明体制、民主法制、文化体制、社会体制、党的建设制度、纪律检查体制改革提供全过程建档服务；围绕脱贫攻坚行动、华夏文明传承创新区建设、循环经济示范区建设等重大战略，及时提出建档要求，制定归档范围，指导各地各部门做好建档工作，为全省改革发展进程留下了宝贵历史记录；围绕企业发展和项目建设，指导省属国有企业开展文件材料归档范围和档案保管期限表编制工作；深入建设项目现场开展建设项目档案指导与专项验收，为项目的顺利竣工和正常运行提供保障。服务民生注重实效。指导全省116个水利机构建立水利普查档案15万卷，配合林业部门建立林改档案7814万卷（件），指导145个社保机构建立业务档案212万卷，加大社会保险、承包地确权、婚姻登记、伤残抚恤等领域档案资源建设和开发利用力度，优先安排民生档案的整理编目和鉴定开放，为保障和改善民生提供了档案支持。

五、抓队伍，着力提升档案现代治理的能力和水平

甘肃省档案局（馆）以“五个平台”建设为抓手，全力提升档案干部统筹、谋划、协调、组织、推动、落实的能力。坚持能上能下的任用机制。在干部选拔任用和调整中，结合岗位性质与需求，努力做到人员与岗位匹配最大化，形成人尽其才、才尽其用，能上能下、能进能出的用人机制，充分调动每个人的积极性和创造性。2017年选拔任用处级干部18人，干部工作表现得到大家普遍认可。大力开展教育培训。聚焦能力提升，面向全省举办各类档案业务培训班12期，培训1756人，与上一年相比增长63%；深入市州、县区和企事业单位举办“档案工作规范化管理”七期，培训5200人次，全面提升干部业务水平和综合能力。打造人才发展平台。坚持通过基层挂职、驻村帮扶、岗位锻炼、跨省交流等方式，多层次、多渠道、多角度为干部成长提供发展平台。全年调整干部16人，向国家档案局推荐10名全国档案专家候选人，选派5名干部赴县、村挂职，4名业务骨干赴江苏、浙江交流学习。多措并举加强档案干部队伍建设，盘活了干部岗位成才、成长机制，大大激发了档案干部干事创业的热情。

（甘肃省档案局）

青海省

一、档案馆库建设稳步推进

省档案馆新馆建设项目列入2017年青海省重点建设项目，于4月28日举行开工奠基仪式，工程建筑面积27980平方米，总投资19650万元。省档案局协调省发改委修订《青海“十三五”国家综合档案馆项目建设规划》，将面积不达标的20个县级综合档案馆，列入国家“十三五”中西部综合档案馆项目建设规划。4月，省发改委下达大通、平安、互助、民和四个县级综合档案馆建设项目资金2967万元，总建筑面积9891平方米。玉树、果洛州档案馆顺利完成搬迁工作。省公安厅投入300万元，在新库房安装818平方米的全封闭智能密集架及附属配套设备，有效满足了机关档案入库存放的需求。积极配合国家发改委稽查办公室，对省“十二五”期间中西部县级综合档案馆建设项目整改情况进行复查，巩固已有成果。

二、档案服务不断深化

一是围绕中心工作开展档案编研。青海省档案馆印发《青海省扶贫开发档案资料汇编1》，确立《青海省扶贫开发档案资料汇编2》汇编项目，撰写《侵华日军无差别轰炸青海档案史实研究》学术交流材料。

二是瞄准经济建设主战场开展档案指导和验收。省档案局组建青海省重大建设项目档案验收专家库，进一步规范建设项目档案专项验收工作。对青海盐湖工业股份有限公司化工分公司100万钾肥产品综合利用工程项目等24个重大建设项目档案工作进行业务指导，对青海黄河黄丰水电站等20个工程项目档案验收并下达验收意见和批复。12月6至8日，受国家档案局委托，由青海省档案局组织，会同西藏自治区档案局、中国铁路总公司组成验收组，对新建拉萨至日喀则、改建青藏线西宁至格尔木增建二线铁路工程项目档案进行验收。

三是承担中央第七环保督察组来青期间的档案资料服务工作。省档案局和黄南、玉树、海北州档案局分别抽调干部组成工作小组直接服务中央第七环保督察组驻青环保督察档案资料的调阅、收集、整理、指导和上报工作，受到省委和国家档案局的肯定。

四是创新服务模式，优化工作流程。全面梳理行政审批事项，明晰权力清单，制定行政审批服务指南、流程图及责任分解表。将到期档案移交、全宗号申请、重大建设项目档案验收等服务事项，列入省政府行政服务和公共资源交易中心档案窗口，实现一站式服务。

五是挖掘档案资源，扩大社会服务。为庆祝建军节 90 周年“双拥”摄影展、《民族团结进步创建工作》专题展等重大活动提供档案资料服务；为青海电视台提供喜饶嘉措大师关于西藏问题向记者发表讲话的档案资料。

三、档案业务持续加强

一是强化档案资源建设。2 月 14 日，青海省档案局馆联合省老干部局印发《关于在全省老干部中开展相关档案史料征集活动的通知》通过无偿捐赠、代为保管和数字化保存的方式，面向老干部开展档案史料征集活动，征集珍贵档案史料 246 件，充实了不同时期青海经济社会发展档案史料。省档案馆还收集到青海省第十三次党代会、中央环境保护第七督察组在青督察工作、“王昭同志诞辰 100 周年”纪念活动和青海省摄影家协会的一大批档案资料。8 月 20 日，香港巢国权先生将自己主编的《中华巢氏大族谱》一套三卷捐赠给省档案馆。省档案馆还征集到《中华喻氏通谱》。黄南州档案馆征集到一批唐卡、堆秀等热贡艺术照片档案。同仁县档案馆征集到明代历史档案《静持经》。

二是开展档案调研活动。5 月 18 至 26 日，青海省政协文史委员会、省档案局等单位组成调研组，深入西宁市、海东市、黄南州、海南州及所属部分县（区），对青海历史文化名人有关情况进行调研，为开展名人档案征集活动奠定基础。

三是推进信息化建设。省档案局与相关部门合作，对省、市（州）、县三级综合档案馆信息化建设情况进行调研，形成《青海省档案信息化建设项目调研报告》。争取省财政支持，将档案数字化经费列入预算，2018 至 2020 年每年安排省档案馆馆藏档案数字化经费 250 万元。9 月 11 日，青海省财政厅下达省档案馆档案数字化升级改造项目经费 280 万元。省档案馆争取国家档案局经费 34 万元，采集馆藏民国档案文件级目录 8.5 万条，加工完成档案数字化 242 万个画幅。在济南举办“青海省档案信息化建设培训班”，培训学员 39 人。推广虚拟档案系统普及和应用，发挥省法院数字档案室建设示范引领和辐射带动作用，选定并指导省政府办公厅开展数字档案室示范点创建工作，为稳步推进全省数字化档案室打下良好基础。《海西州档案局馆数字化建设方案》通过省档案局专家评审，经州发改委立项批准，进入招投标程序，项目资金 450 万元。海东市以市政府名义出台《海东市档案信息化建设实施方案》，在全市范围开始实施。

四是筑牢档案安全防线。省档案局组织所属人员参观青海省国家安全教育基地，提高安全保密意识。修订完善应急预案，与西宁市城中区消防大队联合组织消防演练，提高应急处置能力。省档案馆仿真复制馆藏珍贵档案 81 件，修复民国破损档案 159 件，鉴定开放档案 56286 条，协助湖北省档案馆异地异质备份档案数据光盘 313 张。

四、档案法治建设协调推进

省档案局制定《青海省精准扶贫档案实施细则》，西宁市出台《“双随机一公开”监督工作实施细则（实行）》、修订《西宁市社区文书档案归档范围和档案保管期限》，海北州制定《海北州“山水林田湖”生态保护修复档案管理办法》。联合省人大教科文卫和省政府法制办对西宁市、海西州等 4 个市州及所属机关、企事业单位开展档案行政执法检查，下达执法意见书 4 份，整改问题 30 个。采取自查和抽查的方式，对 102 家省直机关事业单位开展档案行政执法检查，下达《档案行政执法检查反馈意见书》48 份，发出表扬信 50 份。

五、档案干部队伍建设持续提升

以习近平新时代中国特色社会主义思想为引领，认真学习领会丁薛祥同志重要讲话精神，努力打造一支信念过硬、政治过硬、责任过硬、能力过硬、作风过硬的档案人才队伍，以适应青海档案事业发展需要。鼓励青年干部在工作中挑大梁、担责任，在实际工作中增长才干。实行青年干部对口联系业务指导制度，由青年干部对口联系指导 103 家省直机关单位和 8 个市州档案部门，推动基层档案工作水平的同时，有效锻炼青年干部的实际工作能力。积极争取国家档案局和省人社部门支持，在中国人民大学、浙江大学等地举办“全省民国档案业务培训班”等培训班，共培训 217 人。争取国家档案局支持，安排 10 名干部分别到中央档案馆等档案部门跟班学习。省档案馆举办归档文件整理实岗操作培训班 22 期，培训学员 470 人。

（孔忠勇）

宁夏回族自治区

一、扎实推进各项重点工作落实

统筹推进县级综合档案馆建设。坚持和完善项目督办制度，对大武口区、海原县、灵武市、盐池县新馆建设项目实时监管，力争早日投入使用。积极协调自治区发改委支持县级档案馆建设，争取专项资金600万元，支持贺兰县和西吉县建馆项目，青铜峡市档案馆项目列入“自治区60大庆”献礼工程。

积极推进国家重点档案保护与开发工作，建立全区重点档案保护与开发项目库。落实《国家重点档案专项资金管理办法》，做好项目验收工作，及时上报项目成果。《红军长征在宁夏——档案史料汇编》《陕甘宁边区的盐池史料汇编》《原州革命历史人物史料汇编》项目通过验收，2017年国家重点档案目录基础体系建设等7个项目有序实施。

推进数字档案馆和馆藏档案数据库为重点的档案信息化建设。“宁夏回族自治区数字档案馆系统建设项目”被确定为自治区24个信息化拟建设项目之一。积极配合自治区政府办公厅做好“宁夏政务协同办公门户（一期工程）”项目建设。加大“区直机关电子公文管理应用系统”推广使用力度，使用单位增至67家，同比增加48%。建立了电影海报、胶片等多门类、多载体档案数据库。石嘴山市档案局（馆）完成馆藏全部民生档案数字化工作。吴忠市档案局（馆）搭建全市数字档案馆工作平台，提前超额完成自治区档案局下达的2020年数字化任务。惠农区档案局农村土地确权档案全部实现了信息化管理。红寺堡开发区馆藏档案数字化率达94%。

二、全力提升档案服务效能

全力服务中心大局。自治区档案局（馆）主动介入做好自治区第十二次党代会、第三届中阿博览会会议文件、声像档案、实物档案的收集工作。为迎接自治区成立60周年，与自治区民委联合编纂《宁夏民族团结档案资料选编》。争取中央档案馆支持，与自治区党校合建自治区“党性教育主题教室”。银川市档案局（馆）组织拍摄电视专题系列纪录片《西部岁月之牵挂》《西部岁月之奠基人》，在中国教育电视台和银川电视台公共频道播出。固原市档案局启动编纂《固原撤地设市以来重大事件档案实录》。吴忠市档案局完善爱国主义教育基地功能，充分发挥教育和宣传作用。永宁、贺兰、盐池、原州、泾源、彭阳等县（区）档案局（馆）结合馆藏档案编辑出版了一批具有地方特色的编研成果。

全力服务经济建设。参加国家电网“灵州—绍兴±800KV特高压直流输电工程”和陕西榆横矿区杭来湾、金鸡滩煤矿项目档案专项验收，对宁夏河东国际机场三期扩建工程、盐环定扬黄续建宁夏专用工程等17个项目档案组织了验收，对神华宁煤煤制油项目、中南部（固原地区）城乡饮水安全水源工程、同心至沿川子高速公路项目、宁夏广电“宽带乡村”和中小城市基础网络完善工程等项目进行指导和检查。开展全区“信息化建设项目档案工作推进周”活动，会同自治区信建办、发改委、经信委对以“八朵云”为代表的46个“智慧宁夏”信息化项目进行检查指导，对其中20个项目进行档案专项验收。

全力服务社会民生。制定了以精准扶贫档案为重点，农村土地确权档案、地名普查档案、住房保障档案相结合的“1+3”民生档案工作规划。深入红寺堡区、盐池县、泾源县部分乡镇、村和农户家中调研，指导精准扶贫档案工作。继续推进土地确权档案规范进馆，对青铜峡市等5市（县）土地确权档案工作进行指导。会同自治区地名办对银川市、固原市及所辖6县（区）第二次全国地名普查档案工作进行检查调研。会同自治区住房与城乡建设厅对银川市、平罗县、青铜峡市、同心县住房保障档案进行调研指导，召开“全区住房保障暨档案规范化管理观摩推进会”。配合自治区林业厅完成“全区市民休闲森林公园建设”档案的验收工作。中卫市、原州区、海原县档案局加强土地确权档案、精准扶贫、生态移民工程项目档案检查指导。银川市档案局创新开展城市社区档案管理试点工作。自治区档案局（馆）启动“不见面、马上办”模式，群众足不出户就能申请办理审批事项，认真做好查阅利用服务。中卫市档案局优化档案服务，简化利用程序，开通了电话查档、信函查档、网上预约查档服务。

三、切实加强档案基础业务建设

进一步丰富馆藏档案资源。自治区档案局（馆）开展了特色档案、名人档案、实物档案、零散档案征集工作，接收自治区卫计委、科技厅、原宁夏农垦局等单位各门类档案资料。石嘴山市档案局（馆）接收各类重大活动档案资料进馆。吴忠市档案局（馆）征集反映全市经济和社会发展成就的档案资料。大武口区档案局（馆）及时接收劳务移民档案进馆。

加强机关企事业单位档案工作规范化。自治区档案局对28个区直单位、9家区属国有企业档案工作进行了检查和调研。对自治区残联等8个单位档案规范化管理进行验收，对长城能源化工、中铝能源下属3家子公司进行调研，对中石化宁夏分公司、宁夏银星发电公司等单位《文件材料归档范围和保管期限表》进行审核。

加强市县档案工作。自治区党委办公厅将市县贯彻落实中办、国办和自治区两办《意见》以及落实自治区党委、政府《国家档案行政执法检查组反馈意见整改方案》情况列入党委重点督查任务，重点督查了5个地级市和西夏、贺兰、大武口、惠农、盐池、青铜峡、西吉、泾源、中宁、海原10个县（市、区）的档案工作，对发现的问题和整改情况进行了通报。

四、努力营造依法治档环境

积极配合国家档案行政执法检查“回头看”，对2016年以来各市、县（区）落实国家档案行政执法检查组反馈意见整改情况进行了严肃认真的自查、梳理、评估，实事求是地提出了工作建议以及下一步整改措施。石嘴山市、吴忠市、灵武市、西夏区档案局（馆）配合国家档案行政执法检查“回头看”分别开展了档案行政执法检查。

加大档案法治宣传力度，自治区档案局及时梳理2011年以来规范性文件制定情况，对2011年以来制发的16件规范性文件进行梳理、清理。开展档案中介服务机构备案工作，在宁夏档案信息网公示了核准备案的第一批中介服务机构。围绕第10个“国际档案日”活动主题，银川、石嘴山、吴忠、固原、中卫、兴庆、金凤、西夏、青铜峡、平罗、大武口、中宁、原州等市、县（区）档案局（馆），通过各种形式开展档案宣传活动。固原市档案局举办纪念《档案法》颁布30周年电视法律知识竞赛活动。

五、稳步夯实档案安全体系

贯彻落实全国档案安全工作会议精神，自治区档案局印发《关于开展档案安全自查的通知》，在全区范围内开展档案安全自查活动。自治区档案局（馆）梳理出4大类31项整改事项，制定整改方案，开展档案实体安全和信息安全自查自纠。强化档案安全工作机制，自治区档案局成立领导小组，完善了领导机制、安全规章、应急机制。银川市档案局加强档案信息安全，与全国32家市、县档案馆开展档案异地备份工作。石嘴山市档案局（馆）争取资金20余万元，改善档案保管环境。固原市档案局争取100多万元安装新馆档案库房送排风及空气调节系统。

六、扎实推进档案人才队伍建设

自治区档案局（馆）举办了“市、县（区）档案部门”“区直机关”“企业”“建设项目”“高校”“继续教育”6期培训班。联合宁夏戒毒管理局，举办了“全区司法行政戒毒系统档案管理业务培训班”。启动档案人才“135工程”，自治区档案局出台《宁夏档案人才“135工程”实施方案》，完成了全区档案人才申报资格审核，首批42人入选全区档案人才库。精心组织全国档案专家选拔工作，向国家档案局推荐3名档案专家候选人。搭建“中青年干部业务学习讲堂”平台，组织开展业务交流。银川市档案局开展“干部大讲堂”活动，固原市档案局开办“兰台讲堂”，多渠道培养和提升干部综合能力。

（宁夏回族自治区档案局）

新疆维吾尔自治区

一、档案服务中心工作、服务经济社会发展的能力显著提高

一是档案服务中心工作成绩突出。自治区档案局馆与中央档案馆、自治区党委办公厅共同举办了“两学一做”学习教育主题展；与乌鲁木齐市烈士陵园共同举办“天山丰碑——烈士事迹展”。出版了《世界反法西斯战争中的新疆——肩挑两担：抗日募捐 捐款援苏档案史料》，与新疆电视台合作拍摄专题片《让历史告诉未来·新疆抗战档案揭秘》；编辑出版了《新疆通史》子项目《国民党新疆省党部档案史料》《民国时期新疆金融档案史料》《新疆珍贵档案文献名录》和《清代新疆屯垦档案选辑》等。各地档案部门也积极发掘馆藏档案信息资源，主动围绕中心工作、重大活动，通过举办档案展览、编辑出版史料等多种形式积极提供档案服务，取得了良好的社会效果。伊犁州完成拍摄的两集档案史料专题片《追梦之路——中国共产党在伊犁》。

二是档案服务经济建设成效显著。出台了《关于加强全区建设项目档案工作的若干意见》，对各级档案行政管理部门和项目建设单位的档案工作提出了具体要求和指导性意见。与自治区移民局、发改委联合印发了《自治区大中型水利水电工程移民档案归档范围和保管期限表》，加强水利、水电工程移民档案工作，规范移民档案管理。为促进档案工作更好地为企业规范化经营和决策服务，印发了《关于进一步加强全区国有企业档案工作的指导意见》，为自治区区级国有企业举办了《企业文件材料归档范围和保管期限规定》培训。与自治区援疆办联合印发了《关于加强全区援疆工作档案管理的指导意见》，在伊犁霍城县组织召开了援疆档案工作现场经验交流会。组织开展了对乌鲁木齐、伊犁、喀什、吐鲁番4个地州市开发区档案工作的督查。和田地区、巴州、哈密市等积极开展援疆档案工作，真实记录援疆省市无私援疆的伟大壮举。

三是档案服务民生有新突破。不断加大档案服务民生的力度，先后与有关部门联合印发了《关于进一步做好自治区流动人员人事档案管理服务工作的通知》《自治区社区服刑人员档案管理办法》《自

治区劳动能力鉴定档案管理办法》等涉及民生的专业档案管理办法，规范民生档案管理。各级档案部门相继制定关于民生档案和少数民族非物质文化遗产保护等档案管理规范和标准。开展了对重点民生工程档案的行政执法检查，组织参与南疆天然气利民工程、新疆农网建设与改造工程和乌鲁木齐供热项目等重点民生项目档案的专项重点指导。昌吉州档案局在全疆率先制定了《昌吉州国有土地上房屋征收与补偿档案管理办法》，为实现房屋征收与补偿档案工作规范提供依据。

四是农业农村和社区档案工作有新进展。以推进创建全国社会主义新农村建设示范县活动为契机，库车县、乌鲁木齐县、玛纳斯县、克拉玛依区、乌苏市顺利通过全国社会主义新农村建设档案工作示范县验收。加强乡镇档案管理，会同自治区财政厅联合出台了《自治区乡镇财政档案管理办法》，印发了《关于推进乡镇站所管理体制改革中的档案工作的意见》。为推进自治区农村土地承包经营权确权工作的开展，会同自治区农业厅共同制定了《自治区农村土地承包经营权确权登记颁证档案管理实施办法》和《关于推进农村土地承包经营权确权登记颁证档案工作的通知》，并在昌吉州呼图壁县组织召开现场经验交流会和举办现场培训。联合自治区民政厅出台了《关于进一步做好自治区社区档案工作的指导意见》，全区社区建档工作基本完成。与自治区扶贫办联合制定了《自治区精准扶贫档案管理办法》。阿克苏地区、阿勒泰地区、巴州等确定县市、乡、村示范点，积极推进精准扶贫档案工作。

二、依法治档取得显著成效

认真贯彻落实《档案法》等法律法规，积极推进档案行政审批制度改革，清理行政审批事项，对权责清单进行了梳理。分行业制定了档案行政执法检查标准，对全区农业、林业、畜牧、交通、教育、质量技术监督、住房建设等系统进行了档案行政执法检查。组织各地州市开展对社区档案行政执法检查。全区各级档案行政管理部门单独或会同人大、政府法制办，开展档案执法检查，督促各单位依法依规做好档案工作。持续抓好自治区直属单位和各级档案馆的指导、监督和检查。印发《关于进一步做好自治区区直机关直属单位档案工作的通知》，不断提高各单位档案规范化管理的整体水平。各地档案部门认真做好档案基础业务工作，不断推动档案馆（室）工作上水平。

三、档案安全建设得到进一步增强

切实抓好档案安全工作。制定《档案信息安全专项保密检查办法》，组织全区 14 个地州市档案馆、103 家区级单位开展了档案信息安全专项保密自查。落实全国档案安全工作会议精神，在全区范围内组织开展了档案安全风险隐患治理专项督查工作。各地在强化档案馆库日常安全管理的同时，注重加强新建档案馆项目的安全指导。自治区档案馆完成了第一批重要档案目录数据 347 万条、全文数据 1813 万页的备份和异地存放工作。全区 46 个地、县综合档案馆在区内外实现了重要档案异地异质备份。

不断推进全区档案馆库建设。会同自治区发改委召开了全区县级综合档案馆建设推进会，进一步推动了县级档案馆建设进程。截至 2017 年底，国家下达县级综合档案馆建设项目 75 个，其中投入使用 52 个，下达中央财政补助资金 31343 万元，自治区财政补助资金 4121 万元，新增面积近 20 万平方米。各地州市综合档案馆条件得到极大改善，塔城地区、哈密市档案馆新馆已投入使用，乌鲁木齐市、昌吉州、巴州、伊犁州等档案馆新馆建设工作进展顺利。

四、档案资源建设稳步提升

在克拉玛依市独山子区组织召开了全疆档案资源建设会议，交流档案资源建设工作经验。抓好机关企业文件材料归档范围、档案保管期限表的修订工作，完成了自治区部分区级机关以及 13 家自治区国有企业文件材料归档范围和档案保管期限表的审定工作。依法规范各单位归档行为，采取“归档月”“年度检查”“评先评优”等方式，检查督促各单位完成当年文件材料的归档工作。修订了《自治区档案馆收集档案、资料范围暂行规定》，对 14 个地、州、市综合档案馆收集档案范围进行了审批。克拉玛依市、克州、乌鲁木齐市等档案馆围绕重大活动、重大事件征集到一批具有本地特色的档案接收进馆，丰富了馆藏内容。

五、档案信息化建设积极推进

初步完成了“自治区档案系统协同办公应用平台”、新版“新疆档案信息网”、信源档案管理“三网一库”建设工作。印发《自治区数字档案馆实施方案》、《关于进一步加强档案数字化工作意见》等规范性文件，指导全区档案信息化分步开展。制定《自治区数字档案馆示范单位测评办法》和《自治区档案数字化管理认证办法》，积极开展数字档案馆建设和机关档案工作数字化管理认证工作，全区已有 6 个综合档案馆通过自治区数字档案馆示范单位测评，22 个机关企事业单位通过了自治区档案工作数字化管理认证。65%的自治区区级机关开展了档案数字化工作，全区 69 个地、县综合档案馆开展了档案数字化工作。建立全区档案行业网络与信息安全通报机制，切实提高档案行业重要信息系统和重点网站防入侵、防窃密、防篡改的综合防护能力。克拉玛依市数字档案馆、数字档案室应用平台全面建成，成为全疆首个“自治区数字档案馆建设示范单位”。乌鲁木齐市、巴州等档案信息化工作有序推进。

六、档案干部和人才队伍建设不断加强

制定了《关于加强档案干部教育培训工作与人才队伍建设的意见》《自治区档案干部教育培训规划》，把建立档案人才储备库和师资储备库作为加强档案干部与人才队伍建设的重要措施。在北京举办全区地、县档案局（馆）长培训班；与国家档案局共同举办“抢救保护新疆档案口述史培训班”；与中国第二历史档案馆联合举办档案鉴定、保护与抢救培训班。

（新疆维吾尔自治区档案局 刘莉）

（四）档案法治和标准化工作

2017 年档案法治和标准化工作综述

2017 年，国家档案局深入贯彻党的十八大及十八届三中、四中、五中、六中全会精神，全面推进依法治档，规范依法行政程序，积极开展档案标准化活动，档案法治工作和标准化工作稳步推进。

一、档案法治工作

一是持续推进《档案法》修订工作。积极配合国务院法制办，逐条梳理吸收近百家单位对《档案法》修订草案送审稿提出的 600 余条反馈意见，完善送审稿，并向法制办提供相关材料；陪同国务院法制办和全国人大教科文卫委调研组赴浙江进行《档案法》立法调研，召开《档案法》修改研讨会；赴中组部协商《档案法》中干部档案管理相关问题；办理十二届人大五次会议代表关于修改《档案法》的议案；随全国人大教科文卫委赴浙江解释议案答复相关事宜。二是做好档案立法审查、立法建议工作。修改完善《档案工作国家秘密范围的规定》，送相关部门审查、讨论；对《村级档案管理办法》进行审签；对《中华人民共和国公共图书馆法（草案）》《政府信息公开条例（征求意见稿）》等 11 项法律、行政法规草案提供意见建议。三是加强档案执法检查和普法宣传工作，部署开展档案行政执法检查“回头看”。完成宁夏、河北、海南、山西、福建各省（区）的“回头看”检查工作；召开全国档案执法检查工作总结暨经验交流会，各省（市、区）及新疆建设兵团档案局法制部门负责人约 35 人参会；落实“谁执法谁普法”精神，组织、参与档案法律法规宣传活动，编制《档案法制知识竞赛》题卷。四是完善档案行政审批制度，依法开展行政审批。向财政部、证监会等对审计监管事宜中涉及档案的工作提供意见建议。会同证监会协商、规范审计档案出境审批程序，协调相关省级档案局具体办理出境审批事宜。五是推进政府职能转变，清理档案规章、规范性文件。进一步做好“放管服”改革涉及的规章、规范性文件清理工作按照国务院办公厅的要求，征求相关司部室意见，对档案部门规章、规范性文件进行了全面清理，并向国务院法制办报送规范性文件制定及合法性审查情况统计。六是办理档案行政许可、行政争议及各类答复的有关具体事项，向国务院法制办报送《关于进一步保护和规范当事人依法行使行政复议权有关问题的意见建议函》。

二、标准化工作

发出 2017 年度档案行业标准制修订立项申报通知；组织《纸质档案缩微数字一体化技术规范》等 8 项档案行业标准文本在全国征求意见；组织召开《文书类电子档案检测一般要求》等 7 项档案行业标准专家评审会；完成《纸质档案数字化规范》等 12 项行业标准（报批稿）的程序性审查和标准格式校正并发布备案；举办全国档案工作标准化技术委员会第 25 次年会，对收到的 24 个标准立项申请进行审议，对 8 项标准送审稿进行审查；建立标准项目委员联系制度，明确新立项的 15 个标准项目的联系委员；印发档标会第 25 次年会会议纪要；赴南非参加国际标准化组织信息与文献技术委员会（ISO/TC 46）第 44 次工作会议。深度参与国际标准制修订工作，追踪国际标准化组织工作动态。

（国家档案局政策法规研究司法规督查处）

国家档案局完成对 5 个省（自治区）档案行政执法检查“回头看”

为深入贯彻全面依法治国方略和中央办公厅、国务院办公厅《关于加强和改进新形势下档案工作的意见》，推进依法治档，2014—2016 年国家档案局与全国人大法工委、教科文卫委和国务院法制办联合对全国各省、自治区、直辖市实施档案法的情况开展了行政执法检查，出具了《档案行政执法检查反馈意见书》，并要求各省、自治区、直辖市提出整改方案。为进一步落实各省、自治区、直辖市的整改情况，2017 年 9 月—12 月，国家档案局随机抽取宁夏、河北、海南、福建、山西等五省、自治区进行了档案行政执法检查“回头看”，重点检查四个方面：一是本地区档案事业发展经费安排及执行情况；二是本地区档案部门行政执法主体资格落实和机构设置情况；三是本地区档案馆库及基础设施建设情况；四是本地区档案部门依法行政及履行法定职责情况。

正式检查前，国家档案局下发了执法检查“回头看”通知和检查要点，要求对方按照检查内容自查自纠，形成自查报告。在检查过程中，检查组采取听取汇报、实地查看以及座谈调研等形式进行检查，并针对发现的问题向地方分管档案工作的领导进行了反馈。查出的主要问题包括部分地区档案馆库建设滞后，档案安全缺乏保障；档案部门依法行政、依法履职能力有待提高；档案工作经费投入不足，制约档案业务的正常开展等方面。针对上述问题，检查组提出了整改意见：第一，切实加强对档案工作的领导；第二，着力解决各级档案行政管理部门机构设置问题；第三，加大档案工作经费投入，扎实推进档案基础设施建设；第四，加强档案干部队伍建设，为档案事业持续发展提供保证。

（国家档案局政策法规研究司法规督查处）

进一步规范、完善档案行政审批工作，协助相关部门做好新形势下跨境监管、跨境服务工作

2017 年，国家档案局认真贯彻落实《行政许可标准化指引（2016 版）》，制定《国家档案局行政许可标准化工作规范》，规范行政许可事项、流程及服务，明确监督检查制度，进一步优化网上审批流程，完善各项行政许可文书。按照国务院审改办关于行政许可标准化工作测评检查要求，认真开展自评，报送自评报告，接受现场测评，向国务院审改办报送关于行政许可标准化测评情况反馈的整改情况。会同证监会协商、规范审计档案出境审批程序，参与证监会组织审计档案复制件出境合规性审查工作，审核出境申请书，协调相关省级档案局具体办理出境审批事宜。向财政部、证监会等对审计监管事宜中涉及档案的工作提供意见建议。对档案管理领域跨境服务及涉及外资的规定向商务部提供意见建议。

（国家档案局政策法规研究司法规督查处）

全国档案工作标准化技术委员会第 25 次年会在北京召开

6 月 2—3 日，全国档案工作标准化技术委员会第 24 次年会在北京召开。国家档案局副局长、全国档案工作标准化技术委员会主任委员王绍忠在会上传达了全国标准化工作会议及相关文件精神，明确了当前和今后一个时期档案标准化工作的主要任务。

会议对上次年会以来档案标准化工作开展的总体情况进行了总结。一是继续开展档案行业标准清理工作，召开了第 2 次清理工作会议，对 17 项行业标准进行了清理。二是组织对《录音录像类电子档案元数据方案》等 11 个标准项目文本在全国范围内征求意见，组织召开《明清纸质档案病害分类与图示符号》等 12 个标准项目的专家评审会。三是积极参加国际标准化活动，包括派员参加国际标准化组织/信息与文献工作技术委员会（ISO/TC46）在新西兰首都惠灵顿召开的第 43 次工作会议，积极参加第 8、10、11 分会工作组会议，带回 TC46 的最新工作动向；参与《国际档案馆统计》、ISO/TR 19814《信息与文献 馆藏管理》、ISO/TR 19815《档案馆、图书馆馆藏环境管理》的制定工作，参加在线会议 10 次，承担相关章节的起草工作；在 ISO 投票系统中对 SC10 新项目《文化遗产突发事件应急准备与相应》进行投票。

会议审查通过了档案行业标准清理第二次工作会议对 17 项标准的清理意见，其中 6 项继续有效，10 项修订，1 项待定。

会议审议并讨论了《档案标准化工作指南（送审稿）》，要求秘书处根据委员意见修改为《全国档案工作标准化技术委员会工作指南》，再行送审。

会议对 2016 年各地各部门申请立项的 10 个档案工作行业标准项目进行了认真审议，原则同意以下 3 项列入 2016 年档案工作行业标准制订计划：1.《纸质档案修复操作指南》，建议修改为《纸质档案抢救与修复规范 第 4 部分：操作指南》，承担单位为国家档案局技术部、中国人民大学；2.《档案管理咨询服务规范》，建议修改为《档案服务外包工作规范 第 3 部分 档案咨询》，承担单位为国家档案局经科司、浙江省档案局、浙江省档案事务所、杭州中大档案管理咨询有限公司；3.《岩芯档案管理规范》，承担单位为中广核工程有限公司。

会议通过对《档案社会保管服务管理规范》《明清纸质档案病害分类与图示》《纸质档案抢救与修复

规范 第1部分：破损等级的划分》《纸质档案抢救与修复规范 第2部分：档案保存状况的调查方法》《纸质档案抢救与修复规范 第3部分：修复质量要求》《纸质档案真空充氮密封包装技术要求》《城市轨道交通工程文件归档要求与档案分类规范》《档案虫霉防治一般规则》《录音录像类电子档案元数据方案》送审稿的审查，同时要求编制单位根据档标会提出的修改意见认真修改后按标准发布程序报请国家档案局正式发布。会议原则通过对《档案服务外包工作规范 第1部分：总则》《密集架智能系统技术规范》《建设项目档案管理规范》送审稿的审查，同时要求编制单位根据档标会提出的修改意见认真修改后进行函审。鉴于《口述史料采集与管理规范（送审稿）》《绿色档案馆建筑评价标准（送审稿）》内容需作较大调整，会议要求编制单位根据档标会提出的修改意见认真修改后再行评审。

会议根据国家标准化工作改革精神，结合档案工作实际，提出今后要加强以下几方面的工作：一是抓国务院标准化工作改革措施的落实。做好标准清理后续工作，解决标准交叉、不适用、内容陈旧老化、技术水平较低等问题。二是抓档案领域重点标准的研制。严格落实标准制订计划，凡列入《档案行业重点标准支撑体系建设》的标准项目要按时、保质地完成各阶段相应工作。三是抓好档案标准国际化水平的提升。加大国际标准跟踪、参与和转化力度，要求参加ISO工作组的每一位专家熟知本工作组的工作进度，熟悉草案文本，针对不符合我国工作实际或不符合我国国家利益的内容，在会议或日常工作中向工作组阐明观点。

（国家档案局政策法规研究司法规督查处）

（五）档案馆工作

全国档案馆工作发展综述

全国各级综合档案馆坚持以习近平新时代中国特色社会主义思想为指导，认真学习贯彻习近平总书记系列重要讲话精神和对档案工作的重要指示批示要求，认真贯彻党中央、国务院和各级党委、政府决策部署，全面落实中办、国办《关于加强和改进新形势下档案工作的意见》，不断增强档案服务能力，加快推进档案治理现代化，在服务党和国家中心工作中发挥了独特作用，取得了显著成绩。

一是档案服务水平大幅提升。全国各级综合档案馆围绕重大节庆纪念活动，以及党内集中教育活动等，积极提供档案服务，广泛开展党史国史和革命传统宣传教育，通过举办展览、出版图书、拍摄电视文献专题片和网络视频等方式深入开展党史国史和革命传统宣传教育。围绕国际国内有关重大问题和经济社会发展热点问题，加强档案编研，报送档案参考资料，为党中央、国务院和各级党委、政府决策提供服务。

二是档案基础业务建设更加坚实。档案馆库建设全面提速，数百家省市县级综合档案馆已建或正在筹建新馆，中西部地区县级综合档案馆建设稳步推进，档案工作硬件环境明显改善。档案资源数量持续增长，各级综合档案馆持续做好档案移交接收工作，加大专业档案接收进馆力度，丰富了馆藏资源，优化了馆藏结构。国家重点档案保护与开发工作扎实推进，整个项目在国家重点档案专项资金管理方式出现重大调整的情况下实现了平稳过渡。

三是档案业务规范化全面加强。制定副省级以上综合档案馆业务建设评价标准和评价办法，并于2017年10月印发《国家档案局关于开展副省级以上综合档案馆业务建设评价工作的通知》，决定2018年对全国47家副省级以上综合档案馆集中开展业务建设评价，旨在进一步加强档案馆业务建设，提升档案馆业务水平，推动全国档案馆事业科学、可持续发展。

四是档案创新发展明显提速。各级综合档案馆大力推进档案信息化建设，初步建成以局域网、政务网、互联网为平台、以相关制度规范和安全防护措施为保障的档案信息化体系。

（刘登庆）

国家重点档案保护与开发项目实现平稳过渡

2017年，根据财政统一要求，国家重点档案专项资金管理方式由过去专项转移支付转列国家档案局部门预算。根据财政和审计部门关于进一步加强国家重点档案专项资金管理的要求，资金管理方式的调整使得预算执行的压力明显上升，资金合规使用的风险陡然加大，这就需要从加强项目全过程管理的角度，采取综合措施，在不影响各地区工作积极性的情况下有效降低项目的潜在风险。为此，国家档案局按照项目管理“统一领导、分工协作、突出重点、科学立项、追踪问效”的原则，对项目实施过程中涉及的各部门各单位的责任定位进行了分析，从事前有目标、事中有监管、事后有评价三个方面对原有的工作流程进行了梳理，积极采取有针对性的措施，确保国家重点档案保护与开发项目实现平稳过渡。

一是要求项目申报单位切实加强自律。在项目申报书中增加自律承诺书，要求各项目申报单位对申报书中各项内容的真实性承担责任并作出郑重承诺，包括项目利用档案符合资金支持范围、填写的档案数据真实准确、绩效目标真实可靠等，同时将承诺书嵌入项目申报系统，提醒项目申报单位承诺书必须由项目任务申报单位盖章并经单位负责人签字。

二是要求省级业务主管部门切实承担责任。在申报通知中进一步压实省级档案行政管理部门责任，要求省级档案行政管理部门切实履行与国家档案局所签委托书中的受托责任，指导各项目申报单位精心谋划档案保护开发内容、认真编制资金支出计划、如实设立任务绩效目标，特别是要对各项目档案数据的真实性、资金支出的合规性、绩效目标的可行性进行重点审核，进一步确保项目质量。

三是狠抓“一头一尾”、从严从实管理。根据工作实际，紧紧抓住项目任务的申报审批环节和项目任务的绩效评价环节，对上述两个环节的工作按照从严从实的要求进行了改进和加强。在申报审批环节，针对现有工作流程进行三项调整，包括在项目申报方面，进一步细分成果类型、细化预算要求，即要求项目任务申报单位严格按单一成果类型组织项目，严格按经济科目分类编制预算；在专家评审方面，改专家单人评审为专家小组评审，改分行政区域评审为分成果类型评审，在分成果类型评审的大原则下，实现评审项目的随机分配，进一步增强评审的科学性、规范性，真正让评审专家做到多中选好、好中选优；在预算下达方面，由“一上一下”改为“两上两下”，增加预算资金和绩效目标调整这一步骤，即要求项目任务申报单位根据专家评审结果对资金支出和绩效目标进行重新调整，使资金支出与绩效目标对应统一，资金支出更加科学合理。在绩效评价环节，在保持原有检查验收工作流程不变的情况下，再组织第三方对项目任务实施情况进行绩效评价和财务检查，对在评价和检查中发现问题的地区或单位，直接向当地党委政府通报，并相应核减该地区或单位下一年度国家重点档案专项资金。

国家重点档案保护与开发项目实施以来，通过制定或出台资金管理办法、项目管理细则、内部操作规程、资金管理指南等文件，构建起了一套较为严密的管理制度体系，做到了依靠制度管理，这也为国家重点档案保护与开发项目的平稳过渡、国家重点档案保护与开发工作的平稳发展提供了坚实保障和有利条件。

（刘登庆）

中西部地区县级综合档案馆建设稳步推进

从2010年开始，国家发展改革委和国家档案局开始实施中西部地区县级综合档案馆建设规划。截至2017年，中央财政共安排58亿元用于1300多个中西部地区县级综合档案馆的建设，使中西部地区县级综合档案馆档案库房严重不足的形势得到了明显缓解，档案安全保障条件得到了明显改善，档案馆服务经济社会发展的能力得到了较大提升。在中央领导同志的亲切关怀和国家发展改革委的大力支持下，2017年，中央财政继续安排资金7亿元用于166个中西部地区县级综合档案馆的建设，各地也加大了资金配套和政策扶持力度，推动项目落地落实。国家档案局会同国家发展改革委加大监督检查工作力度，着力解决个别项目投资进度执行慢、资金管理不规范、制度执行不到位等问题。

下一步，中西部地区县级综合档案馆建设项目的实施方式将面临重大调整，项目资金将切块分给各地，由各地发改部门和档案部门共同确定立项单位。这就要求相关省区市的档案部门、发改部门加强沟通与协作，做好项目单位确立工作，优先立项条件具备、准备充分的项目，确保项目批复后能够尽快开工，避免出现资金沉淀现象。国家档案局将和国家发展改革委继续加大监督检查力度，督促已批复项目单位尽快开工，凡是被收回资金的项目，此后一律不再给予支持。

（刘登庆）

《副省级以上综合档案馆业务建设评价标准》正式发布

由国家档案局档案馆（室）业务指导司承担编制任务的《副省级以上综合档案馆业务建设评价标准》（以下简称《评价标准》）于2017年10月印发。

近年来，得益于中央和地方各级政府对档案事业的高度重视，全国档案馆事业取得长足发展，特别是在中央和地方财政资金的大力支持下，档案馆建设步入新一轮高潮期。“十二五”期间，全国47家副省级以上综合档案馆中，有11家新馆落成或投入使用，5家已开工或准备开工，还有9家新馆建设正在积极推进中，建成新馆或拟建新馆的占比达50%以上。档案馆库条件的极大改善为档案馆业务建设提供了保证。但在实际工作中，重馆库建设、轻业务建设的现象仍然存在，档案馆的业务能力和服务水平与经济社会发展要求还有不小差距。为此，开展副省级以上综合档案馆业务建设评价工作，督促、引导各档案馆进一步加强档案业务建设，提升档案馆的管理和服务水平就显得十分必要。《评价标准》的编制既是开展档案馆业务建设评价工作的现实需要，也是推进档案馆业务规范化的必然选择，对于档案馆提升业务能力具有重要作用。

《评价标准》编制工作历时近一年半，历经准备、起草、征求意见、审查、批准等5个阶段。2016年3月，国家档案局档案馆（室）业务指导司就开展了标准编制前的相关研究工作，在系统分析档案馆业务中存在的突出问题、综合考虑档案馆业务建设需要的基础上，确定了标准编制方向和原则。从2016年12月至2017年6月半年时间内，组织召开多次会议，讨论标准内容，征求各方意见，解决意见分歧，最终以国家档案局规范性文件形式正式对外发布。

《评价标准》贯彻落实了创新、协调、绿色、开放、共享新发展理念，从建立档案馆业务建设评价体系的实际需要出发，以问题为导向、以指标为牵引，紧紧围绕加强档案馆业务建设主题主线，涵盖档案馆业务工作的各个方面，兼顾档案馆事业发展的前瞻因素，既适应当前工作的需要，也有利于档案馆事业持续科学发展。编制工作遵循了科学性、合理性、引导性以及可操作性原则，指标体系结构的拟定、具体指标项的构建全面反映档案馆业务建设的客观实际并以法律法规、技术标准为依据，同时在评价指标的设定上，既充分考虑了地区的差异性，又突出对今后一个时期档案馆业务建设的引导作用，具有很强的操作性和参考性。

（刘登庆）

副省级以上综合档案馆业务建设评价工作动员会在京召开

12 月 28 日，副省级以上综合档案馆业务建设评价工作动员会在北京召开。会议的主要任务是认真贯彻落实全国档案局长馆长会议精神，部署 2018 年即将开展的副省级以上综合档案馆业务建设评价工作。国家档案局局长李明华出席会议并讲话，国家档案局副局长王绍忠主持会议。

李明华指出，为全面贯彻依法治国基本方略，加快推进依法依规治档工作部署，落实《全国档案事业发展“十三五”规划纲要》，进一步加强副省级以上综合档案馆业务建设，国家档案局决定在“十三五”期间开展副省级以上综合档案馆业务建设评价工作。

李明华强调，当前我国经济社会发展正从高速度转向高质量发展阶段，在新的历史方位下，档案馆工作也要按照中央要求，牢固树立和贯彻落实新发展理念，提高发展的质量和效益。开展副省级以上综合档案馆业务建设评价正是落实党中央国务院有关要求的重要举措、是提升档案馆业务规范化水平的重要抓手、是全面反映各档案馆工作绩效的重要途径、是促进全国档案事业均衡发展的重要环节，具有十分重要的现实意义。

李明华要求，各地要从全局的高度认识此次业务评价的重要性，充分领会《副省级以上综合档案馆业务建设评价标准》的方向性和引导性作用，对照标准中的具体要求，认真做好评价准备工作。要把准备业务评价与加强基础业务工作结合起来，推动档案馆业务工作向指标要求看齐、向规范看齐，激发做好基础业务工作的内生动力，建立推动业务工作发展的长效机制，达到“以评促建”的目的；要把准备业务评价与补齐短板、弥补弱项结合起来，坚持以指标为牵引、以问题为导向，针对差距和不足，形成系统务实的工作思路，拿出切实有效的改进措施，进一步加强自身的业务建设，达到“以评促改”的目的；要把准备业务评价与改进部门工作作风结合起来，以严谨务实、坦然坦诚的态度面对评价，不搞投机取巧、不搞形象工程、不搞弄虚作假，确保评价工作不走形式、不走过场，取得实效。

各省、自治区、直辖市、计划单列市、新疆生产建设兵团、副省级市档案馆主要负责同志参加会议。

（刘登庆）

2017 年中央档案馆档案资料保管工作综述

2017 年，档案资料保管部深入学习贯彻习近平新时代中国特色社会主义思想和党的十九大精神，坚持围绕中心、服务大局，各项工作稳中有进，取得了良好成效。

围绕中心，自觉服务党和国家工作大局。服务中心工作持续发力，编辑《档案参考》，为党中央决策部署提供档案利用服务；立足自身优势，深入挖掘馆藏资源，精选 300 余件档案、资料，筹备完成“不忘初心、牢记使命”档案文献展；协助中央电视台新闻频道拍摄《国家公祭日：南京大屠杀 80 周年特别节目》——《拉贝日记》入藏中央档案馆的专题新闻报道，并配合影印出版《拉贝日记》。规范档案利用审批程序和手续，扎实做好档案资料利用服务工作，全年办理批件 841 个，共提供档案资料 4056 件、胶卷 94 盒、平片 101 张、资料图书 645 册、照片 422 张，制作、刻录光盘 378 张。进一步强化档案信息开发力度，与上海市档案局合办“中国共产党人的家风”展；为国家粮食局、深圳市档案局等单位举办《粮票——我们共和国的记忆展览》《中苏联合抗击法西斯胜利 70 周年档案展》、“丝绸之路——历史档案文献展”等展览提供档案资料；为解放军电视宣传中心拍摄《虎啸大西北》提供档案支持；组织人员，利用部分馆藏档案编辑《周恩来书法选》；分别与当代中国研究所、上海市档案馆、西城区档案馆等单位合作，为编辑《中华人民共和国国史编年》《伟大的梦想，光辉的历程》《信仰的力量》《毛泽东签名集锦》《毛泽东手书诗词》等书稿提供档案服务。做好音频视频档案整理、保管工作，采集、整理纪录片820盘，录音带200盘，制作音像资料目录4000余条、蓝光光盘111张。

履职尽责，全力做好档案安全保管工作。加强安全保密教育，通过签订《保密协议》、组织安全保密专题培训、参加国家保密局组织的涉密人员考试、开展消防演练、观看安全教育警示片等措施，进一步强化全员安全保密意识，提高安全防护能力；坚持问题导向、底线思维，狠抓档案实体和档案保管环境安全，严格执行双人进出库制度，认真检查登记情况，切实强化日常库房巡查，配合相关部门做好防霉、防虫筛查；严格按照档案信息及相关设备管理规定，协助保卫处、信息中心做好电脑等设备的安全检测，确保档案信息安全。

保质保量，稳步推进档案数字化工作。开启建国前档案数字化工作，制定《馆藏建国前中央档案数字化管理办法》，稳步完成目录打印、整理、清点、归库、接收数字化档案图像数据等工作。稳步做好非涉密档案和档案目录外包数字化工作，围绕数字化前处理及数字化后清点回退各环节，制定了相应的管理措施，并安排专人提供现场指导服务，解答疑难问题，有效地确保了此项工作如期保质保量完成。完成近20万页馆藏革命历史资料的数字化扫描工作。

丰富馆藏，继续做好档案接收、征集工作。全年共接收全国政协、发改委、中央编译局、国家统计局、黄埔同学会等10家单位的案卷级档案1.92万余卷、文件级档案1.72万余件，接收现行资料3万余期，购置图书500余册，接收发改委录音带447盘、第23届中国电视纪录片年度收藏作品奖的《永远的长征》等11部纪录片。征集到《拉贝日记》(家庭卷上、下册）和部分拉贝收藏的相关物品。此外，还对发改委、科技部等47家单位组织开展55次拟移交档案整理业务检查指导。

（王立）

2017年中央档案馆档案接收、征集工作情况

档案接收、征集工作是馆藏资源建设的重要内容，是基础业务工作的基础。2017年，中央档案馆档案资料保管部继续坚持系统谋划、统筹安排、密切配合的工作思路和方法，较好地完成了档案接收、征集任务。

全年共接收了全国政协、发改委、中央编译局、国家统计局、黄埔同学会、中国和平统一促进会等10家单位的案卷级档案1.92万余卷、文件级档案1.72万余件，接收现行资料3万余期，购置图书500余册，接收发改委录音带447盘、第23届中国电视纪录片年度收藏作品奖的《永远的长征》等11部纪录片。此外，还多方努力，征集到《拉贝日记》（家庭卷上、下册）及部分拉贝收藏的相关物品。

全年对发改委、科技部等47家单位组织开展55次拟移交档案整理业务检查指导，有效地提升了进馆档案的整体质量，为档案移交工作的顺利进行奠定了良好基础。

（王立）

举办“不忘初心、牢记使命”档案文献展

2017年10月，为贯彻落实党的十九大精神，中央档案馆档案资料保管部立足自身优势，深入挖掘馆藏资源，筹备完成“不忘初心、牢记使命”档案文献展。

展览以习近平新时代中国特色社会主义思想为指引，精选馆藏300余件珍贵档案资料，分理论探索、理想信念、不懈奋斗、牢记宗旨、自身建设五个篇章，以一件件档案及档案背后的感人故事，再现了中国共产党为中国人民谋幸福、为中华民族谋复兴的初心和使命。

“不忘初心、牢记使命”档案文献展的成功筹办得到了中央和厅领导同志的关注与充分肯定，丁薛祥同志在馆局调研时认为，展览为广大党员干部搭建了一个特殊的党性教育、党史教育课堂，充分体现了档案馆局服务党和国家大局的政治自觉。

（王立）

2017年中央档案馆馆藏档案提供利用工作情况

2017年，中央档案馆共办理查档批件205个，接待利用者897人次，审核档案资料6363卷（件、册），提供利用馆藏档案资料4318卷（件、册）。

一、紧急查档件及时办理

中央档案馆本着急件急办、特事特办的原则，多次组织人力加班加点，高效率、高质量全力保证紧急查档件的及时办理。全年共办理急查件36个。十九大的召开是2017年全党乃至全国的头等大事。中央档案馆把为筹备十九大提供利用档案，作为工作的重中之重，以实际行动为大会的胜利召开贡献力量。先后三次紧急为筹备十九大查找有关档案材料，共提供档案彩印件30件53页、复印件303件1075页、拍摄图像290张。

二、重大、重要查档件重点办理

（一）为开展纪念中国人民解放军建军 90 周年、全面抗战爆发 80 周年系列活动提供档案资料

2017 年是中国人民解放军建军 90 周年、全面抗战爆发 80 周年，有关单位陆续来函要求为举办展览、拍摄专题片等提供有关档案。中央档案馆积极配合、全力保证这些查档件的重点及时办理。如：为中国人民抗日战争纪念馆举办“举国抗战 伟大壮举——纪念全民族抗战爆发八十周年”主题展览提供利用档案 9 件；为北京市委宣传部推出大型纪录片《你从井冈山走来》提供档案彩色复印件 20 件 50 页；为解放军档案馆建设《授衔授勋专题数据库》提供了所需档案；为天津市档案局举办《钢铁长城强军梦——天津市庆祝中国人民解放军建军 90 周年》主题展览提供档案复印件 14 件 27 页。

（二）为制定相关法律法规提供档案资料

全国人大法工委因国歌法立法需要，要求查阅“国徽使用、国旗悬挂、国歌奏唱”等相关档案。中央档案馆提供所需档案，为其立法工作提供了重要依据。全国人大法工委因英雄烈士保护立法需要，要求查阅有关人民英雄纪念碑的档案资料。中央档案馆及时提供档案复印件 4 件 11 页。

（三）为开展爱国主义教育基地、党史主题纪念馆建设提供档案资料

为了加强红色教育，更好地向社会普及党史知识，宣传我党的光辉历程，各地、各部门都加大力量开展对爱国主义教育基地、党史主题纪念馆的建设，纷纷要求利用相关档案。中央档案馆认真、及时办理，较好地满足了利用者的需求。如：为中央编译局办公厅建设“不忘初心——马克思主义在中国早期传播”展览馆提供利用档案 7 件；为山东省档案局举办“全面从严治党——永远在路上”展览提供档案扫描件 31 件 77 页；为湖北省洪湖市档案局举办湘鄂西苏区革命历史主题展览提供档案复印件 60 件 119 页；为内蒙古自治区鄂托克前旗档案馆红色培训教育基地建设提供档案仿真件 14 件 27 页，复印件 23 件 35 页，摘抄件 7 件 10 页。

三、社会各界查档件积极办理

为更好体现档案利用工作三服务职能，充分发挥馆藏档案的价值与作用，中央档案馆还积极为社会各界的学术研究、课题研究、民生待遇、落实政策等查档需求提供档案，得到广大利用者的好评。

为国家自然科学基金委员会、中国社会科学院近代史研究所、湖南文理学院、四川省攀枝花市档案局、中国人民大学等单位的学术研究、课题研究项目提供所需档案资料。

为国资委办公厅、国家林业局、中国轻工业联合会、中国纺织工业联合会、中国冶金矿业总公司等单位解决任职、待遇、工龄认定退休等民生问题提供了大量档案资料。

（利用部　国晓宁）

2017 年中央国家机关政府公开信息查阅中心工作情况

在为广大群众提供中央国家机关政府公开信息查阅工作中，查阅中心着重强调服务为先，本着让查阅者高兴而来，满意而归的宗旨，在工作中增加人性化服务措施，工作人员认真耐心与查阅群众进行沟通、交流，努力做到在最短的时间内提供最大量的有效信息、提供最优质的服务，得到广大查阅者的肯定。2017 年共接待查阅者 1243 人次，提供打印（复印）文件 4129 件 40262 页，收到查阅者感谢留言 110 条、锦旗 2 面。查阅人员来自全国各地，较集中的有黑龙江、辽宁、吉林、河北、河南等省，查阅内容主要集中在土地利用、房屋拆迁、社会保障及司法公正等方面的政策法规。

（利用部　国晓宁）

中国第一历史档案馆 2017 年工作综述

一、突出抓好党建工作

把迎接和学习宣传贯彻十九大作为重中之重，开展“我参与、我祝福——寄语十九大”“喜庆十九大、筑梦新征程”等主题活动；十九大结束后，迅速掀起学习宣传贯彻党的十九大精神、学习习近平新时代中国特色社会主义思想的热潮。

把落实全面从严治党作为重要任务，认真学习栗战书同志在中办党风廉政建设工作会上的讲话，围绕“北接办案件”深入开展警示教育，认真排查“灯下黑”问题。扎实开展廉政风险防控工作，认真落实中央八项规定精神，提出细化措施和要求，在节假日等时间节点做好提示、监督和检查。

把强化组织建设作为有力抓手。完成馆机关党委换届工作，明确了机关党委委员分工，制定了党委委员联系党支部制度。贯彻落实厅里和馆局“一岗双责”要求，馆里和各处室均由主要负责同志担任党委或党支部书记，并及时完成党支部换届选举工作。

二、努力服务中心服务大局

将服务中心服务大局作为最重要的信息开发任务，启动了馆藏“清代琉球国王表奏文书（国书）”

申报2017年度世界记忆名录工作。配合国家“一带一路”战略，全力推进《明清时期丝绸之路档案图典》出版项目；配合馆局中俄“丝绸之路”系列历史档案展，为展览精心挑选制作展品；为中央有关单位紧急查档，及时提供档案服务。

三、全面做好安全工作

切实保障档案实体安全，对库房安全巡查186次。及时发现并抢救清理堆放在主楼外的残破档案。开展库房零散档案的摸排清理。

时刻防范数据安全风险，档案信息化管理平台运行安全平稳，对机房环境及设备巡检471次，处理机房掉闸等应急事件27次，对工区及运维计算机进行安全检查580余台次，有效防控勒索病毒攻击等网络突发事件。

着力保护档案版权，及时发函制止某出版社计划违规出版“端方档案”并申报国家专项经费资助项目。不断增强版权保护意识，申报软件著作权2项、作品著作权4项，修订完善了数据保密协议。

继续做好馆内安全保卫，进行馆内大型联合检查9次，安全复查28次，排除隐患83起。开展对以往检查问题的复查督办，整改隐患18项。

大力推进皇史宬古建筑安全保护，对皇史宬内的金匮、锁具和瓦件等可移动文物进行详细清点登记。持续向有关部门反映皇史宬东墙被侵占和损毁问题，推动问题解决，并及时对东南院墙进行修缮。皇史宬修缮项目成功申请了国家文物局全国重点文物保护资金，列入2018年度全国文物保护单位保护项目计划。

四、持续推进档案基础业务建设

坚持稳中求进的工作总基调，稳步推进各项基础业务工作。完成残档清理9735包又693箱、档案残片案卷级整理9229卷852481件、文件级整理23395件册，完成满文档案整理18433件（册）。完成档案扫描5783卷696468件4588251画幅，完成档案胶片转数字化20万画幅。完成汉文档案著录34万条，满文档案著录1.9万条。明清档案资料目录中心接收各地明清档案文件级目录12万余条。开展满文朱批奏折全文检索数据库建设，完成识别转换满文朱批奏折扫描图像508421画幅。完成档案提调133批次64万件，归还档案118批次78万件，修复残损档案6820件236988面，消毒档案18万件，除霉档案172件。接收档案各业务环节条目数据176.5万条，接收各类档案数字化图像215.7TB，备份档案数字化图像244.03TB。

五、做好档案资源开发利用工作

不断提高数字化档案开放程度，在馆内档案信息化管理平台开放档案57万件，在互联网站投放档案目录35万条。馆内信息化平台向社会开放档案超过300万件，互联网官方网站向社会开放档案目录110万条。来馆利用档案4608人次，创十年来新高。

着力增加互联网新媒体关注度，互联网站信息更新35次，访问量60余万次。微信推送原创文章56篇，阅读近20万次，新增订阅用户4000余人，累计订阅用户超过8000人。

多渠道扩大馆藏档案知名度，接待来馆参观64批次，989人。授权联合国教科文组织使用《赤道南北两总星图》电子图像，在世界范围内展示馆藏档案精品。与珠海市档案局、旅顺博物馆合办展览，应邀赴澳门、成都、珠海、大连、武汉等地作报告和讲座，进一步扩大明清档案的海内外影响。

稳步推进档案出版工作，出版《清宫颐和园档案·陈设收藏卷》《中琉历史关系档案道光朝（6—8）》等2种21册。

六、全力推进新馆建设和各项搬迁筹备工作

认真配合中直管理局的代建工作，督促有关方面集中力量推进工程建设。协同谋划新馆使用工作，赴京内外10余家单位开展调研，围绕新馆展陈、楼宇智能管控、办公设备及装具等方面进行考察，梳理汇总形成综合调研报告，反馈给设计单位参考。努力推进新馆展陈筹备，组织专人撰写基本陈列、馆史展览、主题展览等不同类型的框架大纲8份。专门组建新馆基本陈列大纲撰写小组并撰写大纲方案，摸排档案情况。

（李展）

中国第一历史档案馆数字化档案开放情况

中国第一历史档案馆紧紧抓住档案资源开发利用的关键，积极协调推进数字化档案的开放。在馆内档案信息化管理平台开放内务府汉文呈稿、军机处满文上谕档、清代民政部等档案57万件，为开展相关研究提供了史料依据。在互联网站投放军机处汉文录副奏折等档案目录35万条，为社会公众查阅明清档案提供了便利。

截至2017年底，中国第一历史档案馆已在馆内信息化平台向社会开放档案超过300万件，互联网官方网站向社会开放档案目录110万条。档案开放社会效果逐步显现，来馆利用档案人次创十年来新高。

（李展）

中国第一历史档案馆微信公众号“皇史宬”工作情况

微信公众号“皇史宬”共推送文章59篇，累积关注人数8281人，较2016年增长一倍。文章阅读总数194804次，转发22599次，朋友圈转发84803次，历史消息页面访问358次。其中，阅读量最多的文章有：《清宫过小年》（6497次）、《我在档案馆修明档》（4916次）、《御笔书“福”过春节》（4385次）、《慈禧画像赴美参展始末》（4639次，获人民日报主管公众号“国家人文历史”转载）。

（李展）

中国第二历史档案馆工作综述

2017年，是中国第二历史档案馆（以下简称“二史馆”）圆满完成2013—2017五年档案数字化工程的收官之年，是新馆建设筹备工作取得重要进展的关键之年，也是抗战档案编研取得丰硕成果的收获之年。

一、统一思想，深入学习贯彻党的十九大精神

学习宣传好党的十九大精神，贯彻落实好党的十九大部署，是当前和今后一个时期首要的政治任务。二史馆以高度的政治责任感和使命感，精心组织，统筹安排，做到馆内馆外同时学，自上而下都要学，突出重点，紧扣关键，持续掀起学习贯彻党的十九大精神的热潮。

通过组织集中收看十九大开幕会；国家档案局领导和馆班子成员宣讲党课；开展如参观侵华日军南京大屠杀遇难同胞纪念馆展览、举办“不忘初心、牢记使命”主题演讲比赛和党的十九大知识竞赛等形式多样的学习宣传活动，做到全员认真学、坚持学，重点抓好中心组、处级以上干部和支部分级学习，促使学习入脑入心见行动。

二、凝心聚力，保障年度重点任务圆满完成

（一）服务中心工作，档案编辑研究工作亮点频出

在国家档案局统一部署下，二史馆联合中央档案馆、侵华日军南京大屠杀纪念馆等6家单位，耗时两年，圆满完成《世界记忆名录——南京大屠杀档案》（21册）、《拉贝日记》（6册2000余页）两套影印丛书的出版和新书首发宣传工作。12月11日，在南京举行新书首发式，《世界记忆名录——南京大屠杀档案》数据库同步上线，反击了日本右翼否认南京大屠杀的行径。李明华局馆长出席首发式并作重要讲话，中央电视台、江苏电视台等多家媒体进行了大量报道，收到了良好效果。

完成多套馆藏抗战档案资料编辑出版工作。《日本战时播音纪要》（全77册）历时4年编辑完成，收录档案35000余页；《长城抗战档案》（全30册）历时一年编辑完成，收录档案15000余页；《“一·二八”淞沪抗战档案》（全23册）历时一年编辑完成，收录档案10000余页，以上三套书已由金城出版社出版，为国家档案局《抗日战争档案汇编》项目首批见刊成果。另启动《战后战犯审判档案》及《馆藏日本战前在华调查档案资料》项目，编选档案55000余页。

除完成档案编研任务外，根据国家档案局安排，二史馆还承担《抗日战争档案汇编》丛书中涉及国民政府抗战档案与日军侵华罪行档案的审稿工作。利用3个月时间，完成辽宁省档案馆编《满铁剪报选辑》审稿任务。继续开展馆藏西藏和藏事档案续编工作，编选档案9000余画幅，编撰文件级目录3000条。完成《民国档案》4期、增刊1期共130万字的编辑出版工作。《国民参政会档案文献整理与研究（1938—1948）》被列为2017年度国家社科基金重大立项项目，这是二史馆首次获得国家社科基金重大项目立项。

（二）提高社会影响，档案利用宣传工作成绩显著

二史馆积极开展档案利用服务，切实做到为中心工作提供专项服务，为社会民生做好特色服务，为数据库建设做好项目服务。在档案利用过程中，针对国外查档者骤增的情况，采取线下调阅电子档案的方式，层层把关；优化档案信息化管理平台，确保档案信息安全。全年共接待查档单位2094个，阅卷人员7300余人次，提供电子档案6.27万余卷，复印档案3.69万余页。馆内查档登记37人次，查阅电子档案1500卷。开展个人查证274例，为29名抗日阵亡将士遗属提供了证明。与国家图书馆、武汉大学、中山市档案局等单位开展《抗日英烈名录数据库建设》等合作项目28个。

二史馆还主动宣传，积极推动对外合作与交流。微信公众号“民国大校场”上线8个月共推送民国历史文章44篇，用户订阅数突破5500人，阅读量近20万次，在全国档案微信公号月榜排行中名列前茅；成功举办二史馆首个“6·9”公众开放日活动，当日接待来馆参观社会公众600余人次，江苏卫视、凤凰网江苏等多家媒体同步直播，取得了良好的社会效益。配合国家档案局做好《锦瑟万里 虹贯东西——“丝绸之路”历史档案文献展》选材工作；赴香港举办《字里行间——档案中的孙中山》展览，参访香港政府档案处历史档案馆并洽商合作，促进内地与香港档案文化交流；接收美籍华人关彬森捐

赠其父关吉玉留德学生证。配合国家档案局做好《拉贝日记》（家庭卷）专家鉴定工作。为侵华日军南京大屠杀遇难同胞纪念馆布展赶制一批档案仿真件；全年为各地档案馆、纪念馆等19家单位制作档案复制件1935件，地图21件，共计2000余页。主办“全国民国档案文件级目录著录与采集业务工作研讨会”，与国家档案局干部教育中心合办“档案修裱技术理论与实践培训班”，举办青海地区档案干部培训班、抗战档案整理鉴定研讨会暨中国档案学会整理鉴定委员会2017年贵阳年会，赴山东曲阜孔府档案馆指导档案著录工作。

（三）通力合作，推进档案文件级目录数据采集工作

在中央档案馆国家档案局统一部署下，积极推进全国省市档案馆民国档案文件级目录接收工作，全年已接收27个省市档案馆民国档案文件级目录数据1678.64万条。为进一步提高目录采集数据质量，联合外包公司研发文件级目录采集软件，并发放各地方馆使用。积极参与《国家重点档案文件级目录数据验收办法》（修改意见稿）修订工作，并起草其中有关民国档案文件级目录数据验收办法内容。

（四）多方协调，推进新馆筹建前期各项工作

2016年8月，经国务院批准，国家发改委正式审批立项，核定二史馆新馆建筑面积和投资总额。2017年，经多方协调，积极争取，江苏省及南京市主要领导作出批示，将二史馆新馆建设项目列入江苏省重点建设项目、南京市重点建设工程。3月，时任江苏省委书记李强作出批示，表示“要全力支持”。4月，江苏省常务副省长黄莉新批示，“请南京市政府给予大力支持，确保第二历史档案馆新馆建设项目顺利推进”。9月，中直管理局专门为二史馆申请在南京开通基建账户，项目经费管理和使用实现属地化管理。

为使新馆建设筹备工作科学有序进行，二史馆制定《中国第二历史档案馆新馆项目工作规则》并实施，对工作职责、岗位职责、决策程序、项目采购及资金管理等做出规定，做好廉政风险防范。现已取得南京市规划局正式核发的《选址意见书》，划定了用地红线范围。已独立完成项目设计任务书编制工作；与中国国际咨询工程公司共同完成项目可行性研究报告编制事宜。招标委托江苏地质勘察院完成新馆建设地块初勘工作，确认项目地块属河漫滩地貌，符合项目建设需求。在南京市南部新城管委会配合下，依次完成社会稳定风险、供电方案、节能和环境影响评估等工作。

（中国第二历史档案馆）

全国民国档案资料目录中心完成对全国27家省市档案馆民国档案文件级目录数据的采集质检工作

在中央档案馆国家档案局的统一部署下，中国第二历史档案馆积极推进全国省市档案馆民国档案文件级目录接收工作，全年接收27家档案馆民国档案文件级目录数据1678.64万条。为进一步提高目录采集数据质量，联合外包公司研发文件级目录采集软件，并发放档案馆使用。积极参与《国家重点档案文件级目录数据验收办法》（修改意见稿）修订工作，起草民国档案文件级目录数据验收办法。

为保证全国民国档案文件级目录数据质检质量，中国第二历史档案馆组织副高职称及以上专家，依照《民国档案文件级目录著录操作办法》和《国家重点档案文件级目录数据验收办法（试行）》加班加点，集中力量开展工作，分两期对甘肃、青岛等8家档案馆提交的共781.65万条目录进行了抽检，抽检目录15.84万条。

（中国第二历史档案馆）

中国第二历史档案馆《国民参政会档案文献整理与研究（1938—1948）》被列入2017年度国家社会科学基金重大项目

11月17日，全国哲学社会科学规划办公室公布了2017年度国家社会科学基金重大项目立项名单，《国民参政会档案文献整理与研究（1938—1948）》课题名列其中。

《国民参政会档案文献整理与研究（1938—1948）》项目立足于对民国时期国民参政会档案的数字化整理与整体性开发研究，主要研究对象以中国第二历史档案馆所藏国民参政会档案文献为主，并广泛搜集全国各级档案馆和台湾相关档案机构所藏国民参政会档案，计划在五年内完成4项子课题，包括建立《中国第二历史档案馆馆藏国民参政会档案文献数据库》，编辑影印出版《国民参政会档案文献选编（1938年7月—1948年3月）》，撰写《国民参政会参政员志》等。课题组成员以中国第二历史档案馆研究人员为主，同时邀请南京大学、吉林大学、湖南科技大学等著名高校部分专家学者参加。

这是中国第二历史档案馆首次获得国家社科基金重大项目，对于全面提升档案馆的科研水平、学

术形象和文化影响力，充分发挥民国档案的社会价值和学术价值将起到积极的作用。

（中国第二历史档案馆）

中国第二历史档案馆“民国大校场”公众号开通

2017 年 5 月 5 日，中国第二历史档案馆官方微信公众号——“民国大校场”正式上线。“民国大校场”作为中国第二历史档案馆官方微信公众号，立足馆藏档案资源，围绕民国历史、馆藏集锦和人物事迹等三个方面校阅民国往事，反击历史虚无主义，弘扬了社会正气。中国第二历史档案馆依托该平台发布“查档须知”“开放档案目录”等信息，推出开放参观等线下活动，主动以现代化的服务方式满足公众需求，扩大了社会影响，赢得了各界人士的普遍认可。此外，公众号平台多措并举，鼓励年轻人写作投稿，在提供青年同志学术能力、培育档案馆后备力量方面作出了成绩。

“民国大校场”上线以来，坚持“以档说史”“服务民生”的原则，坚持用真实的档案讲述社会的变迁，充分发挥历史档案的社会价值，推文质量优异，受众遍及海峡两岸，在“档案微平台研究”发布的 2017 年度全国档案微信公众号排行榜单中，“民国大校场”名列第四。

（中国第二历史档案馆）

中国第二历史档案馆成功举办首个“6·9”公众开放日活动

2017 年 6 月 9 日是第 10 个国际档案日，中国第二历史档案馆举办了首个“公众开放日”活动。本届国际档案日的主题为“档案——我们共同的记忆”，中国第二历史档案此次活动展出的档案文件、图书、照片、奖章、商标、邮票、钱币等，以最直观的形式向观众展示民国的历史。

为了给公众更好的参观体验，5 月 31 日，中国第二历史档案馆在官方微信公众号“民国大校场”上发起报名活动，通过提前报名预约获得参观资格的 78 名网友，一早便在馆门口排队领取参观券，并在工作人员的指引下，参观了馆藏档案史料陈列展、馆藏珍品展及部分馆区。馆长马振犊在活动开幕式上表示，民国档案离大家的实际生活并不遥远，在围绕党和国家中心工作，服务大局、服务社会等方面发挥了重要作用。活动还吸引了 600 余名慕名而来的参观者。江苏卫视、凤凰网江苏、现代快报、ZAKER 南京等媒体进行同步直播。

（中国第二历史档案馆）

青海省档案干部业务培训班在南京举办

2017 年 4 月 11—15 日，中国第二历史档案馆在江苏省南京市举办“青海省档案干部业务培训班”，来自青海省各级档案部门的负责人和业务骨干共 32 人参加了培训。中国第二历史档案馆副馆长曹必宏在开班式上致辞，青海省档案局局长王志忠发表讲话。

为确保培训取得预期效果，中国第二历史档案馆精心设计课程，安排馆内专家和业务骨干，围绕民国档案文件级目录著录、档案保护技术工作、数字化及数据存储、民国档案鉴定及开放中的信息管控等内容开展专题讲座。授课老师深入浅出、图文并茂的讲解让学员受益匪浅。此外，学员们还参观了中国第二历史档案馆档案修裱现场及档案数字化工作场所，对档案修裱及数字化流程有一个直观的认识。

（中国第二历史档案馆）

抗战档案整理鉴定研讨会暨中国档案学会整理鉴定学术委员会 2017 年年会在贵阳召开

2017 年 8 月 9—12 日，由中国第二历史档案馆与中国档案学会联合主办、中国档案学会整理鉴定学术委员会承办的“抗战档案整理鉴定研讨会暨中国档案学会整理鉴定学术委员会 2017 年年会”在林城贵阳成功召开。

中国第二历史档案馆馆长、中国档案学会整理与鉴定学术委员会主任马振犊在开幕式上致辞，他指出，为更好地服务于国家档案局抗战档案大汇编工作，此次会议不仅要研究抗战档案的整理，还要研究抗战档案的选材鉴定，“以会代训”十分重要。中国档案学会副秘书长黄浩明在致辞中肯定了整理鉴定委员会一年来的工作，并预祝大会圆满成功。贵州省档案局副局长梁贵钢代表贵州省档案局发表了热情洋溢的欢迎辞，他表示此次会议举办正当时，各档案馆局都正在开展抗战档案的收集与整理工作，这次会议是大家交流经验和解决问题的一个好机会。国家档案局常建宏副司长在讲座中指出，为认真贯彻落实习近平总书记关于“抗战档案研究要深入，要面向全球征集资料”的重要指示，国家档案局把抗战档案大汇编作为一项重大政治任务来落实，力争从 2016 年开始，用 10 年左右时间，全面、系统整理抗战档案，以各馆为单位编辑出版。他提出各省市要正确认识抗战档案大汇编的意义，树立大局意识、责任意识，统筹规划，切实做好这项工作。

来自全国各地档案馆局从事档案整理和史料编辑的专业人员近70人参会，创委员会历届年会人数之最高。会议既有理论方面的探讨，更有实际经验的交流指导，讲座内容“接地气，干货多”，对推进全国抗战档案大汇编的工作必然产生积极作用，得到了与会代表的一致好评。

（中国第二历史档案馆）

全国民国档案文件级目录著录与采集业务工作研讨会在哈尔滨召开

为进一步加强民国档案文件级目录著录与采集工作的规范化和标准化建设，由中国第二历史档案馆主办、黑龙江省档案局馆协办的“全国民国档案文件级目录著录与采集业务工作研讨会”于2017年9月5—8日在黑龙江省哈尔滨市召开。国家档案局中央档案馆副局馆长、全国历史档案资料目录中心领导小组组长王绍忠出席会议并讲话。中国第二历史档案馆副馆长、全国历史档案资料目录中心领导小组副组长曹必宏，黑龙江省档案局局馆长齐秀娟出席开幕式并致辞。来自全国各省、自治区、直辖市、计划单列市、副省级市档案局馆具体负责本地区民国档案文件级目录著录与采集工作的业务骨干共计60位代表出席了会议。

王绍忠在讲话中强调了民国档案文件级目录著录与采集工作的重要性，并就“十三五”期间如何做好民国档案文件级目录工作提出三点要求：一是要以问题为导向认真查找全国民国档案文件级目录著录与采集工作面临的问题；二是要就存在的问题提出解决的建议和办法；三是就如何推进下一步工作提出要求。他指出，全国历史档案资料目录中心领导小组要发挥引领作用，做好科学规划；中国第二历史档案馆全国民国档案资料目录中心要加强对各省、市、自治区档案局馆报送目录的验收，确保目录数据的质量；要加强目录数据平台建设，实现对目录数据的科学安全管理和有效开发利用；各级档案馆要严格按照《民国档案文件级目录著录操作办法》规范化著录，按要求及时将目录数据报送中国第二历史档案馆全国民国档案资料目录中心，确保“十三五”规划任务的顺利完成。

研讨会上，国家档案局中央档案馆档案馆（室）业务指导司副司长、全国历史档案资料目录中心领导小组办公室主任刘芸通报了2016年度全国民国档案文件级目录著录与采集工作情况，指出了存在的问题，提出了2018年的工作任务和要求。中国第二历史档案馆全国民国档案资料目录中心副主任许茵做了题为《从规范化角度推进民国档案文件级目录著录与采集项目》的主题报告。与会代表就本地区工作组织情况、完成任务情况、工作中遇到的问题和困难及解决办法进行了广泛的交流和探讨。

（中国第二历史档案馆）

档案修裱技术理论与实践培训班在南京举办

2017年11月30日至12月8日，由国家档案局档案干部教育中心、中国第二历史档案馆联合举办的“档案修裱技术理论与实践培训班”在江苏省南京市开班，来自中央档案馆、中国第一历史档案馆、中国第二历史档案馆及全国29个省（自治区、直辖市）档案局的34名档案修复工作人员参加了培训。中国第二历史档案馆馆长马振犊在开班仪式上致欢迎辞，国家档案局档案干部教育中心副主任赵劲松作开班动员。

为使本次培训班学习内容丰富、充实、生动，培训中理论与实践相结合，中国第二历史档案馆精心安排课程，先后邀请了曹必宏、张美芳、刘小敏、邱晓刚等9位业内专家授课，围绕民国档案与馆藏档案修复保护、古籍修复保护与装帧形式、易损档案脱酸加固与原貌恢复、纸质档案修复原则与技术方法、档案修复用纸的选择、文物保护理念、原则与修复技术实践等内容开展专题讲座。授课老师详细生动，图文并茂的讲解，交流互动的形式让学员们受益匪浅。

同时，学员们还赴南京博物院文保所、南京图书馆、南京艺术学院、江苏省档案局、太平天国博物馆、南京莫愁中等专业学校等单位的修复场所进行现场教学和实际操作。

此外，培训班还在中国第二历史档案馆数字化修复场所安排了实操课程，所有学员通过实际操作的形式了解和学习了手工修裱、机器修裱和丝网加固等技术，促进了理论与实践相结合，提升了业务水平。

（中国第二历史档案馆）

《世界记忆名录——南京大屠杀档案》《拉贝日记》影印图书出版和新书首发

2017年12月11日上午，《世界记忆名录——南京大屠杀档案》影印本（南京出版社2017年12

月版）、《拉贝日记》影印本（江苏人民出版社2017年12月版）新书首发式在江苏省会议中心举行。这两部丛书是由中国国家档案局组织各方力量，耗时两年编辑而成。其中，《世界记忆名录——南京大屠杀档案》丛书数据库同时在网上发布。

国家档案局局长李明华，江苏省委常委、南京市委书记张敬华及江苏省相关部门领导、学界专家参加了首发式。

李明华局长在首发式上发表讲话，他指出，《南京大屠杀档案》成功入选世界记忆遗产名录时，曾按照联合国教科文组织的有关规定向国际社会郑重承诺公开相关档案，此次出版《世界记忆名录——南京大屠杀档案》汇编便是入选名录后的践诺之举。

据悉，《世界记忆名录——南京大屠杀档案》汇编分别收录了中央档案馆、中国第二历史档案馆、辽宁省档案馆、吉林省档案馆、上海市档案馆、南京市档案馆、侵华日军南京大屠杀遇难同胞纪念馆等7家档案馆、纪念馆所藏的南京大屠杀相关档案，全书分为7辑，共20册，另有总目1册。册内每件档案均有中文解说，并同时配有英、日译文。涉及内容包括日本战犯供词，《程瑞芳日记》，中国红十字总会、世界红卍字会、金陵大学等机构的相关档案及国民政府战争罪犯处理委员会档案，联合国及国民政府新闻资料，国民政府国防部审判战犯军事法庭庭长兼审判长石美瑜保存的南京大屠杀元凶谷寿夫死刑判决书底稿与凶犯向井敏明、野田毅、田中军吉死刑判决书底稿等。内容既有日本方面加害者的记录，也有美英等国第三方人士的记录，更有中国方面受害者的血泪控诉，历史线索清晰、记录完整。档案形式既有纸质文本，也有照片、电影胶片及其他实物等多种载体，内容多可互证。

《拉贝日记》的同步出版更是有力地印证了相关档案的内容的真实性。2016年4月，德国友好人士托马斯·拉贝将其祖父——南京大屠杀期间担任安全区国际委员会主席、德国西门子公司经理约翰·拉贝的日记（南京卷）手稿赠予中国中央档案馆。为了更好地“让历史说话，用史实发言”，此次以全文影印方式出版《拉贝日记》，共6册，2000余页，未作任何删节。具体内容包括拉贝日记，南京安全区向日本大使馆递交的60余件公函和400余件暴行报告，拉贝收集的世界各国对日本侵占南京后大屠杀暴行的新闻报道，拉贝回国后形成的南京沦陷报告和日军暴行照片等。该书中译本将于2018年面世。

据悉，两书均为彩色影印，与原件毫无二致，不仅有助于学者利用、读者阅读，更具有收藏价值。

（中国第二历史档案馆）

中国第二历史档案馆与国家图书馆签订合作共建战略框架协议

4月25日，中国第二历史档案馆与国家图书馆在南京签订“抗日英烈名录项目”合作协议。中国第二历史档案馆馆长马振犊与国家图书馆常务副馆长陈力出席仪式并签订协议。

根据《中国人民抗日战争研究中长期规划及分工落实方案》任务要求，“抗日英烈名录项目”将充分利用中国第二历史档案馆馆藏档案资料中的抗日牺牲人员信息。此前，中国第二历史档案馆根据馆藏档案已建立起一套“抗日阵亡将士名录数据库”，开发了快速检索系统，收录近20万条抗日阵亡将士档案，并对外提供查证服务。

此次签订“抗日英烈名录项目”合作协议，正是要充分优化利用中国第二历史档案馆馆藏档案，体现民国档案价值。

（中国第二历史档案馆）

河南省精准扶贫档案工作现场会在光山县召开

为贯彻落实习近平总书记扶贫开发战略思想和中央、省委精准扶贫精准脱贫战略部署，总结全省精准扶贫档案工作情况，交流经验做法，安排部署下一步精准扶贫档案工作，2017年7月28日，河南省档案局在信阳市光山县召开全省精准扶贫档案工作现场会。会前，省委常委、秘书长穆为民专门听取了全省精准扶贫档案工作情况汇报，并对开好此次会议提出明确要求。国家档案局局长、中央档案馆馆长李明华出席会议并作重要讲话，省委副秘书长、省档案局局长张荣斌作工作报告。各省辖市、省直管县（市）档案局主要负责同志、业务指导科科长，国家档案局、省档案局和信阳市、光山县的有关负责同志参加了会议。

张荣斌总结了近几年河南省各级档案部门认真贯彻落实习近平总书记扶贫开发战略思想和中央、省委精准扶贫精准脱贫战略部署，发挥档案部门的职能，积极推进精准扶贫档案工作，取得的明显成效。他强调提升站位，以高度的政治责任感和历史使命感来认识和推进精准扶贫档案工作。他要求扎实工作，努力做好当前和今后一个时期河南省精准扶贫档案工作：一是抓好组织领导，建立健全精准扶贫档案工作机制；二是夯实基础，进一步加强精准扶贫档案资源建设；三是把握标准，进一步加强精准扶贫档案规范管理；四是采取多种形式，进一步加强工作的指导和监督检查；五是坚持示范引领，充分发挥典型示范作用，以点带面推动精准扶贫档案工作；六是加强精准扶贫档案开发研究，为领导决策服务；七是强化措施，确保精准扶贫档案完整和安全。

李明华在讲话中指出，在河南省委、省政府的高度重视和统一领导下，在全省各级档案部门的积极推动和共同努力下，河南的精准扶贫档案工作进展是比较扎实的，成效是比较明显的，实践中探索形成的不少做法是值得充分肯定的。他就档案部门深入贯彻中央关于脱贫攻坚的决策部署，进一步做好精准扶贫档案工作提出明确要求：一要提高认识，鼓足干劲；二要找准定位，积极作为；三要重心下移，聚焦基层；四要立足实际，讲求实效；五要改进作风，优化服务。

光山县、信阳市、驻马店市、周口市、许昌市、濮阳市、新蔡县档案局分别作了大会发言。与会人员现场观摩了文殊乡金合欢林茶专业合作社，文殊乡东岳村、方洼村，文殊乡政府，光山县脱贫攻坚指挥部等的精准扶贫档案管理情况。

提供档案和现行文件利用所产生的社会效益和经济效益典型事例

北　京　市

▲自北京2022年冬奥会申办成功后，北京冬奥组委工作人员为筹备冬奥会，多次来到北京市档案馆利用大厅或通过政务内网，查阅2008年北京奥运会的相关档案。为保障冬奥会、冬残奥会筹办工作，确保档案信息的安全，市档案馆在完成“绿色通道”密码人员培训和政务内网搭建工作的基础上，通过政务内网向北京2022年冬奥组委秘书行政部成功传输了第一批奥运档案数字化副本，共12卷205页，大大节约了查档人员往返路程的时间，提高了查档工作效率，为北京2022年冬奥组委筹备工作提供了档案信息资源支持。

（邵建光提供）

辽　宁　省

▲8月9日，时任辽宁省人民政府省长陈求发同志到辽宁省档案馆视察工作。根据视察中提出的有关指示精神，辽宁省档案局（馆）集中力量，查阅了大量馆藏档案、资料，编辑了《辽宁经济社会发展综述（1953—2015）》和《辽宁记忆》，记述了辽宁从抗战胜利后到东北大区撤销成立辽宁省及辽宁省“一五”至“十二五”时期的发展历程。陈求发对省档案局（馆）此项工作表示充分肯定。

▲10月10日，吉林省长春市的于女士到辽宁省档案馆，查阅其父亲的档案。据于女士介绍，其父亲系东北讲武堂第七期步兵科学员，九一八事变后，积极参加抗日义勇军，任义勇军十二路军司令，后加入中国共产党。1946年，其父在与国民党的激烈斗争中牺牲，当时，她只有1岁，对父亲没有任何印象，家里也没有父亲的照片，她听说辽宁省档案馆保存有东北讲武堂教职工及学员名录，便抱着试试看的心理来辽宁省档案馆。利用处同志帮助她查找到其父在东北讲武堂毕业时的档案，并配有照片。当她看到父亲的照片时，激动得热泪盈眶，含着眼泪说：“感谢省档案馆同志，我激动的心情难以言表，七十年来的夙愿终于成真了。档案工作对记载历史意义重大，望贵馆继续努力，抢救历史、记载历史，为中华民族历史传承做贡献！”

▲9月27日，辽宁广播电视台退休职工石鑫打来电话咨询查阅1982年有关援藏干部津贴的档案。原来石鑫与爱人杨琴均为西藏军区转业干部，他本人已于1994年享受进藏干部的月补贴，但其爱人因有关文件丢失，一直未享受这一福利。辽宁省档案馆工作人员查阅了大量档案，终于在1994年省人事厅的档案中查找到了有关提高援藏干部津贴的文件。84岁高龄的石鑫老人拿到档案复印件的时，激动地说：“贵馆的同志工作认真，为人民服务宗旨牢记心头，将我记忆中1982年的文件，一直追溯到1994年，真心感谢贵馆这种认真负责的态度。”

▲11月8日，居住在营口的宋先生通过电话咨询查档。他1982年毕业于辽宁财经学院工业会计专业，因档案丢失，无法办理退休。但辽宁省档案馆1982年辽宁财经学院工业会计专业毕业生分配表名单中，没有宋先生的名字，在相近专业也没有找到。工作人员没有放弃，继续在相近专业、相近年份查找，功夫不负有心人，在《1981届辽宁省高等学校毕业生分配审批名册（辽宁财经学院）》找到了他的名字。原来，当年由于刚恢复高考，辽宁财经学院在1982年同时有两届毕业生，除了正常7月份的毕业生，还有宋先生这一批学生，于1982年1月初毕业，被算在了1981届毕业生中。手拿毕业生分配表，宋先生激动地说，去好多地方都找不到，都打算放弃了，真没想到，查到了。终于可以办理退休了！

▲5月19日，辽宁省档案馆接到沈阳大学退休教师李玉珊的查档电话。据李老介绍，沈阳大学正为他办理离休手续，但缺一份1952年前后，他在辽西师范专科学校学习的证明材料，他为此多方查找，两个多月仍无结果。他抱着最后一线希望，打电话到辽宁省档案馆试试。经过辽宁省档案馆工作人员细心查找，终于找到印有李老名字的《辽西师范专科学校招生计划函》。老人收到复印件后，十分激动，寄来表扬信。信中写道：贵馆能济人之困、解人之难，这种高尚品德使我感激不尽！

（辽宁省档案局提供）

黑龙江省

▲为筹建松江省委、政府纪念馆，延寿县档案局两位同志查找松江省时期档案资料。查阅工作历时一年，调阅档案和资料1000多卷，复印扫描档案400多页，为成立纪念馆提供了真实有价值的资料。

▲因哈尔滨市档案局编研处承担《哈尔滨解放》一书的编纂任务，为使该书内容更加丰富完整，编研处3人到省档案馆查阅相关档案。省馆利用处工作人员尽心服务，帮助其查阅了中共松江省委、松江省政府1945—1949年对解放哈尔滨、建设哈尔滨的相关指示、决议、报告和人事任免等文件，共调卷64卷，复印300余页，为《哈尔滨解放》一书编纂提供了丰富的史料依据。

（黑龙江省档案局　董劲柏提供）

江苏省

▲5月18日，江苏省档案馆接待了来自丹阳市马相伯文化研究会的查档者。马相伯先生是中国近代思想、文化、教育领域的重要人物，1948年，丹阳邑人为了纪念马相伯先生、培育农业人才，创立了“丹阳私立相伯初级农业职业学校”，简称相伯农校。经过查档工作人员的仔细检索，发现了民国三十七年（1948）创建相伯农校的部分档案，以及建校开办后相伯农校被国民党军侵占的有关情况资料。此次在江苏省档案馆查到的资料对相伯农校创建开办资料有了新的补充。

▲5月22日，省委办公厅两位同志来到省档案馆查档大厅，他们是为将于6月份举办的“档案——我们共同的记忆”专题展览前来查找资料。此次查档任务重、时间紧，根据展览提纲，工作人员加班加点先后10多次调卷，在革命历史、苏南行署、苏北行署、江苏省委等全宗里进行广泛检索，提供印章档案、文书档案、书画档案等各类形式档案共计250件，刻录光盘8张。展览顺利举办，并得到省委常委、省委秘书长樊金龙的充分肯定。

（江苏省档案局提供）

▲12月底，梅鹤年先生的女儿前来常州市档案馆查阅一份特殊的档案。已故梅鹤年先生是一位离休老干部，他生前建立的梅家家庭档案时间跨度达77年，记录了从1932至2009年间家人家事和时代变迁，共计1000余份。在2009年时，由梅夫人及其子女捐赠予常州市档案馆。梅家家人、亲戚和多年未聚的老邻居打算举行一次大聚会，为此，梅先生的女儿特意来查阅梅先生整理的老照片，并从中选取了几张作了复制。她说，有些老邻居近40年没见过了，这次难得聚一聚，爸爸的影集里面都是他们年轻时候和我们家人的合影，我拿着这些老照片去给现在的他们看看，不知道大家会有多少感慨呢。

（常州市档案局提供）

▲12月1日，苏州大学的李老师来到苏州市档案馆查询苏州稻香村的相关资料。苏州“稻香村”是苏州老字号，相传始创于清朝乾隆年间。北京也有一家“稻香村”，也是制作糕点。两家的“稻香村”商标纠纷案引起全国注目。李老师对这一课题很感兴趣，想就此开展研究。馆藏档案中找到民国时期“稻香村”商标注册案、吴县茶食糖果业职业工会会员名册、同业代表名单、建国后的公私合营申请书、糕点规格配料价格表等相关材料，为其开展学术研究提供了珍贵史料。

（苏州市档案局提供）

▲2月28日至3月2日，南通市地名办工作人员连续三天来到南通市档案馆，集中查阅利用第一次全国地名普查的档案资料。市档案馆积极提供了南通市第一次全国地名普查成果、南通地名历年更名及命名文件、各类志书等档案资料近百卷，为南通市地名调查目录的确定及地名含义、历史沿革提供了重要依据，也为传承与南通市地名相关的历史文化故事提供了大量资料。

（南通市档案局提供）

▲12月15日，连云港市东辛农场教师时明生一行三人手持一面印有“精诚服务　职守崇高”的锦旗来到市档案馆档案查阅中心。原来，徐圩新区东辛农场准备筹建“场史馆”，时先生一行来档案馆重点查阅各地在某几年间下放到徐圩农场、台北盐场、东辛农场等地的知青名单，但查找起来难度比较大，涉及到的知青数千名，分布在各个盐场、各个团、营、连、单位。保管利用处的同志们克服重重困难，一页一页、一个点一个点统计名单数字，把下放到

徐圩新区范围内的知青人数较为完整地统计清楚。

（连云港市档案局提供）

浙　江　省

▲9月，浙江省档案馆老馆的工作人员接到姚女士的电话，她要查询其2002年被评为浙江省技术能手的文件，该文件关系到她相关政策的落实，对姚女士来说非常急需。而此时，浙江省档案馆的搬迁工作正紧张地进行着，所有的纸质档案均已搬至新馆，但档案管理系统还在老馆。为帮助姚女士尽快解决问题，新馆老馆协同作战，老馆工作人员根据姚女士提供的信息，迅速在档案管理系统中检索该文件的档号，新馆工作人员则联系库房管理人员调取档案，并复印后交给了姚女士。姚女士拿到该份档案，非常感慨，在《档案利用效果登记表》上她这样写道："非常重要的档案，保存得那么好，对现在的我人才认定起到非常重要的作用。非常感谢！"

（浙江省档案局提供）

安　徽　省

▲1992年淮河干流城西湖退堤工程作为水利部淮河委员会批准的国家重点治淮工程，涉及退建人口17937人，1994年退建移民住宅安置结束。由于此项工程属国家治淮重点工程，土地未报先用，未办理用地报批手续，移民住宅用地性质无法确认，万余名移民二十多年来没有土地所有权证，多次上访强烈要求政府予以解决。霍邱县委县政府高度重视移民呼声，但是一直找不到政策依据，无法办理。春节前，受县领导委派，县档案局和国土资源局来到省档案馆请求帮助查找有关依据。工作人员查找当年省政府和省土地管理局的文件，最终找到1998年4月"安徽省人民政府征拨土地批复"，确认了400亩退堤工程移民住宅安置地的性质。拿着复印好的依据材料，霍邱县国土资源局的领导表示，代表广大移民感谢省档案馆，有了依据立即向县领导汇报，着手补办土地证，移民们这下可以安心过年了。

（安徽省档案馆　黄斌提供）

▲春节刚过，省档案馆接待大厅里来了一位衣衫褴褛的老人，他自述来自凤阳，专程来到这里查阅祖父的档案。他的祖父叫戴九峰，是常德会战期间常德县县长。近年来，常德市委市政府正在筹备建立常德保卫战纪念馆，这位老人为了能够在纪念馆中建立他祖父的纪念碑，让祖父的事迹流传下去，自从退休以后，跑遍有关档案馆收集祖父档案。档案馆工作人员认真查找，在民国档案皖南行署全宗中找到时任凤阳县县长戴九峰的两份档案，并将其复印后交给了老人。老人看到档案非常激动，连声道谢："这次我没有白跑，很感谢你们，让我拿到了这些珍贵的资料，还原了历史面目，我也可以告慰九泉之下的父亲，他可以安息了。"

（安徽省档案馆　吴冰提供）

▲2月下旬，中共安徽省委党校一行5人为筹备省委党校党性教育馆布展来省档案馆查找资料。为满足省委党校党性教育展览需求，征集利用处同志详细介绍了相关的珍贵馆藏资源，并在中共安徽省委和革命历史档案等全宗中调出16卷档案进行了仔细查找，最终确定了中共安徽省委第一任省委书记王步文烈士遗书、作文、使用过的皮包、藤篮照片、中共安徽省委成立和农村改革系列文件、1952年省人民政府委员会第一次全体委员合影照片、1956年中共安徽省委第一次代表大会照片等系列珍贵档案和部分安徽早期珍贵杂志期刊资料。确定所需档案后，征集利用处工作人员加班加点调阅原始档案进行拍照、扫描，共为省委党校提供了29件珍藏档案扫描复制件。省委党校查档同志表示：这些珍藏档案将进入党校党性教育馆进行集中展示，必将对党性教育宣传活动，对党校轮训学员党性教育发挥巨大作用。

（安徽省档案馆　方凌志提供）

▲新疆维吾尔自治区参事室（文史馆）为宣传安徽文化、讴歌安徽籍仁人志士拓疆守边精神，牵头编写《安徽人在新疆》一书，为此，专门派人来到安徽省档案馆查阅档案资料。省档案馆工作人员热情接待，细心查询相关档案线索，通过查询省委办公厅、省政府办公厅、省人事厅、省教育厅等十几个全宗，查阅到安徽省抽调5000人支援新疆建设、新疆自治区为安徽省桐城县捐款，安徽高校毕业生自愿申请赴新疆工作等档案记录。这些档案充分见证了安徽和新疆多年来相互交流，友谊不断深化的过程。

（安徽省档案馆　方凌志提供）

▲安徽师范大学附属外国语学校建校120年校庆来临之际，因学校的历史档案严重缺失，专门派遣人员到省档案馆查阅学校相关的历史档案，为学校校史编撰和筹建校史馆收集资料。安徽师范大学附属外国语学校创建于1897年，由于历史变迁，经历多次停办、复办和易名等变化，给档案查找带来巨大困难。省档案馆工作人员经过细致、耐心的查找，终于在民国档案芜湖县全宗汇集中查询到芜湖私立广益中学（该校曾用名称）的部分珍贵档案。其中具有重要价值的档案有芜湖私立广益中学校刊、

芜湖私立广益中学民三七级高中毕业纪念刊和广益中学同学录等。查档人员接到这些资料，激动地说："感谢省档案馆提供这批珍贵的档案，再现了当时学校办学规模和教学现状，为我校编撰校史提供了重要的原始记录，也为校史馆的建设提供了大量珍贵素材。"

（安徽省档案馆　方凌志提供）

▲10月12日，新四军政治部主任袁国平之子、原中国人民解放军海军指挥学院博士生导师、文职少将袁振威到安徽省档案馆查阅有关新四军档案资料，为《袁国平传》补充相关材料、核实有关史实，同时，希望能通过档案解决《新四军军歌》词作者争议的问题。根据袁振威夫妇提供的信息，征集利用处工作人员将资料锁定在《抗敌报》。经过紧张、有序地查阅，袁振威夫妇找到了多篇过去未曾发现的袁国平的文章和1939年10月11日《抗敌报》刊登的《新四军军歌》。在《新四军军歌》标题之下，"集体作词，何士德作曲"赫然在目。袁振威激动地说："《新四军军歌》词作者是集体还是个人这个倍受争议的问题，在这里终于找到了答案，很多人都离世了，只有历史档案能证明了。父亲的很多文章，今天找到了原始出处，对编辑父亲的传记将有很大帮助。省档案馆工作人员服务热情周到、优质高效，太感谢你们了。"

（安徽省档案馆　周晓君提供）

福　建　省

▲20世纪90年代，因企业改制，福州市机械冶金行业的9家破产企业因不具备保管条件，相关档案暂存在福建省档案馆。企业下岗职工为了办理手续，以领取国家相关补贴，相继来到省档案馆查阅有关档案材料。这些档案内容庞杂，涉及职工的人事、工资、岗位和从业表现等方方面面，且分类不规范、目录不完整，查找起来难度极大。省档案馆保管利用处的工作人员不厌其烦、不辞辛苦，竭尽全力为他们查找并提供了大量的档案凭证，这些档案为下岗职工解决了不少实际问题，让他们的生活有了保障。

（福建省档案馆提供）

▲退休的杨先生想把户籍迁回老家平潭大练乡月举村。但是办理户籍迁移需要两份重要的材料，一是注有其父母名字的房屋产权证，二是杨先生与他父亲的亲子关系证明。为了查找所需材料，杨先生来到了平潭综合实验区档案馆，工作人员在翻阅了大量的房产土地证档案后，终于找到了50年代初土地改革时财金局登记在册的杨先生父亲的房产证，之后，工作人员又从1964年的人口普查档案中找到了能够证明杨先生与父母亲属关系的人口资料。拿到这些档案资料，杨先生非常激动，对档案馆工作人员表示十分感谢。年底，杨先生顺利落户老家月举村。

（平潭综合实验区档案馆提供）

▲8月，来自英国伦敦的黄女士给泉州市档案馆打来国际长途电话，想要查找一张1949年1月30日的《泉州日报》，报纸中刊登有她父亲当年一篇关于纪念"一二·九"运动的文章。工作人员翻阅馆藏的《泉州日报》，发现1949年1月的报纸只到27日，又查看了前后相临几天的报纸，也没有找到相关内容。经再次与黄女士确认，原来其父的文章是在纪念"一二·九"运动第二天登报的，工作人员重新翻阅查找，最终在1949年12月10日的《泉州日报》第一版找到其父以"振亚"为笔名写的题为"纪念一二·九学生运动　晋各校举行联欢晚会　省立晋中成立青年团支部"的文章，并将该份报纸扫描后通过网络发给黄女士。黄女士非常高兴，对档案馆工作人员一再表示感谢。

（泉州市档案馆提供）

▲9月，金砖国家领导人在厦门会晤，会议期间，厦门华润燃气有限公司为确保所有管线能够安全供气，针对已有管线的运行状况进行了全面安全排查。在档案人员的配合下，管网技术人员利用室藏档案，整理了管线监检记录报告，查阅了关键节点的资料，依据资料全面检查了管线安全状况。同时为确保会晤期间重点场馆、酒店安全稳定供气，厦门华润燃气有限公司以档案人员提供的各相应用户的燃气管线工程档案作为参考，委派业务骨干进驻重要酒店对燃气管道及设施进行巡检维护和应急处置，全力备战，用心护航，打赢"金砖燃气保卫战"，圆满完成厦门会晤保障工作。

（厦门华润燃气有限公司提供）

▲因辉庆广场住宅小区内原消防设备已老化锈蚀，必须全部更新，约需费用26万元，业主们决定申请使用公共维修基金。申请公共维修基金需要递交小区消防资料，由于开发公司已注销，物业也没有保存相关的消防资料，业主们为此四处寻访。11月29日，他们来到泉州市城市建设档案馆，工作人员在询问过他的来意后，迅速调出辉庆广场A、B、C、D、E栋的水卫、电气竣工图及小区总平面图，为其提供了消防给排水平面图、消防系统图、消防弱电图等图纸档案复制件共计96张。有了完整的消防图纸，业主们就可能申请使用公共维修基金来改

造小区消防系统了，节省了20余万元的开支。

（泉州市城市建设档案馆提供）

▲6月29日，“鸿湖戴氏家风馆”在中国传统古村落天宝镇洪坑村正式开馆。在当地，戴氏一族“寸心无贪行忠效，务行德政为万民”的家风极具影响力，数百年来，戴氏一族秉承良好家风家训，孝悌勤廉，耕以丰衣食，读以振家风，清官良吏辈出。家风馆建设初期，因选址问题，与村民产生了土地权属纠纷。天宝镇政府工作人员专门到芗城区档案馆查找建国初期洪坑村地契档案。档案馆工作人员通过查档，检索到地契档案474卷，其中涉及洪坑村的共6卷553份，经过对比，确认了家风馆址所有权人，并出具了档案复制件证明，解决了家风馆拟选址权属不清难题。鸿湖戴氏家风馆的顺利落成，为芗城区党员干部清正廉洁教育创造了平台，为广大居民群众“传承好家训，弘扬好家风”提供了学习的园地。

（漳州市芗城区档案馆提供）

▲邓友华先生是一位自由撰稿人，经常在报刊等发表文章，自2015年起，他多次到三明市档案馆查阅档案，作为他的创作素材，其中包括陈景润学籍、三明县立初级中学教师登记表、学校校名校址变迁等档案。三明市委宣传部主管、三明新周报社主办的《时代三明》第66期的文化版块，用四个版面刊登邓友华先生的“陈景润在三明”系列文章；三明市文联编辑出版的《三明故事》中也收录了邓先生的《陈景润学籍档案引发的调查报告》一文。邓先生说：“利用档案可以讲好三明故事，展示真实、立体的三明历史上的知名人物，提高三明的文化软实力。档案馆里有宝藏！”

（三明市档案馆提供）

江　西　省

▲乐安县正在进行棚户区改造资料收集和登记工作，因很多群众没有办理新的房产证，为了证明自己的产权，他们便到档案馆来查阅当年的房产资料。七十多岁的张大爷在城内有一套老房子，是祖辈留下来的，土改前的产权证明已遗失，而他又没有办理新的房屋产权手续，无法为棚户区改造提供房屋产权证明。万般焦急下，老人来到县档案馆，希望可以查到相关房产材料，县档案馆工作人员根据他提供的情况，找到了他父辈土改时期的土地证存根，并复印一份交给他，快速有效地解决了他的房屋产权证明问题。

（乐安县档案局　詹子君提供）

▲江西万载锦江酒业有限公司是江西知名企业，自1958年成立后，经历多次更名改制，3月份，该公司在申报江西“老字号”企业时，因缺少改制以前锦江酒厂的出版刊物等必备资料，公司派罗先生到县档案馆查阅该企业的有关材料。发现在《万载年鉴》《万载土特产介绍》《万载县国有集体企业指南》《万载县志》等刊物上都有相关记载，清晰地记录着该企业的历史沿革、主要产品介绍、企业产值、上缴税金等。档案馆工作人员将这些资料和档案逐一复印，交给了罗先生，他高兴地说：“这下我们申报江西‘老字号’企业材料齐全了，感谢档案馆对我们工作的大力支持！”

（万载县档案局　王越提供）

▲鹰潭高新技术产业开发区为国家级高新技术产业开发区，政府征收开发区周边农村集体土地，进行拓区建设。征地补偿费用支付给被征地农村集体经济组织，农村集体经济组织在分割补偿费用时，经常因集体组织成员身份认定不清而产生矛盾，特别是早年离开村小组的集体组织成员是否享有权益产生争议。为维护自身权益，鹰潭市民王林祥来到鹰潭市档案馆查阅其父亲离开村民小组参加工作时间的档案材料，以证明其家人是在土改之后离开村民小组，享有集体土地征收补偿费用分配权益。鹰潭市档案馆工作人员热情为其服务，仔细检索条目，耐心查阅案卷，做好复印出证工作，既化解了村民矛盾，维护了集体经济组织成员权益，又为开发区征收土地拓区建设工作减少阻碍，为鹰潭市“主攻工业”，加快重大项目落地等中心工作提供服务。

（鹰潭市档案局　熊健宁提供）

▲5月16日，崇仁县文物博物管理所赵迎宪、杨斌二人来省档案馆查阅利用中心，查寻1959年时江西省人民政府公布的第二批省级文物保护单位的文件资料。省档案馆工作人员详细询问相关情况后，通过计算机目录检索，查找到了相关资料，复制了一份交给他们，他们感激地说道：“省档案局查阅利用中心的工作人员办事认真，服务周到，这份档案将为实现太和寺古建筑文物开发和利用提供可靠的依据。”

（江西省档案局利用处　袁建英提供）

▲6月15日，高安市交通运输局派出两位桥梁建设工程技术人员，持介绍信来到高安市档案馆，查找高安筠州大桥的设计图、施工图、变更图、竣工图等图纸，用于桥梁的维修加固工程参考。档案馆工作人员从目录柜中拿出筠州大桥工程科技档案目录，让他们从目录中选择所要查找的工程图纸档案。两位技术员一边翻阅工程档案目录，一边讨论

哪些图纸可作为工程加固技术参考，经过一番仔细敲定，认为其中两卷档案中的200张图纸有重要技术参考价值，档案馆工作人员将这些技术图纸做了复制并交给了他们。

（高安市档案局 敖贵生提供）

▲8月，江西科技师范大学历史文化学院副教授张志军前来宜春市档案馆查阅三线建设时期宜春地区三线企业的建设史料。经了解，张教授受江西省国防工办邀请参与江西三线建设史研究，此次根据省国防工办安排，前来市档案馆查询相关资料。档案馆工作人员从馆藏档案中调取了近60卷宜春地区三线企业的档案资料，为其提供利用。

（宜春市档案馆 邹乐提供）

▲11月16日，宜春市袁州区档案馆接待了慈化镇的一位农民张某，他拿着一块写着“光荣烈士”的牌匾，说其祖父于1930年参加革命，后在革命中被杀害，政府为他家颁发了这块牌匾，但并没有办理烈士证。于是，他想来查询档案资料，以确认祖父是否为烈士。工作人员了解到事情的经过后，仔细翻阅了民政局全宗中有关烈士调查统计资料和省民政厅编印的《江西省烈士英名录》，找到了老人的信息。资料中记载了其祖父15岁参军，于1933年在慈化城门口被杀害的信息，且早被上级部门明确定为烈士。工作人员将相关资料复印并加盖公章交给张某，告诉他可以到民政部门去办理烈士证了。张某拿到这些证明材料时，激动地说：“感谢你们，档案资料真是无比的重要……”

（袁州区档案局 赵莉提供）

山 东 省

▲3月7日，为编写改革开放以来全国《爱国卫生成就》，山东省疾控中心的赵志刚受单位委派来到省档案馆查询相关资料。在历时半个多月的时间里，在档案馆工作人员的大力支持和协助下，赵志刚共计调档100余卷，对写志有用的档案进行了摘抄和复印，收集整理了100多页的重要资料，顺利完成了此次档案材料的查询工作。赵志刚感慨地说：“这里的馆藏资料非常的翔实清晰，对编史修志提供了最基础的原始材料，具有极高的利用价值。”

（山东省档案馆提供）

▲为进一步提升山东产学研合作创新品牌效应，加快推动全国创新资源向山东集聚，由中国产学研促进会、山东省人民政府主办，省经信委等单位承办的第十一届中国产学研合作创新大会暨第二十六届山东省产学研展洽会拟于11月在山东省召开。为做好大会筹备工作，山东省产学研合作促进会需要查询山东省第一届至第二十五届产学研展洽会全套文件资料以及省政府、省政府办公厅、省经济委员会、省经济贸易委员会、省经济和信息化委员会自1990年以来印发的关于产学研领导机构成立及换届的文件或批件。9月13日，省产学研合作促进会两位同志来到省档案馆查阅上述资料。档案馆工作人员积极热情提供服务，为他们调阅档案，提供复印，为开好产学研大会，准备好大会所需资料发挥了重要作用。

（山东省档案馆提供）

▲为认真落实济南市委办公厅、市政府办公厅《关于切实做好全市退役士兵安置和权益保障工作的通知》精神，做好退役士兵安置和权益保障工作，济南市档案馆主动与市民政局联系，对民政局10万余卷（件）的馆藏档案进行摸底排查，整合了500余卷（件）、近10万条退役士兵安置档案信息，为民政部门提供了第一手资料，也为今后退役士兵安置和权益保障工作奠定了良好基础。另外，档案馆工作人员对档案查阅利用工作进行合理安排，在做好现场查询基础上，充分利用网络平台及电话查询等方式提供档案利用服务。截至目前，共为全市2000余名退役士兵提供相关档案材料3000余页，充分发挥了档案在服务大局、服务中心、服务稳定方面的突出作用，受到市民政部门及广大退役士兵的好评。

（济南市档案馆提供）

▲为了扩建馆室，丰富馆展内容，济南战役纪念馆的孙老师先后两次来到济南市档案馆，查阅济南战役的照片资料。文档查阅中心的工作人员热情接待并仔细查找档案，给她提供了很多资料及照片，包括济南特别市军管会的《约法章程》、布告、证章、臂章、济南市各界代表会成立大会开幕典礼纪念合影数张、政府委员会的合影、欢庆济南解放、济南机车厂工人抢修“新中国号”机车和1948年济南城市接管的资料等，还有多册《济南开埠百年图片展》图书和一些文字性的资料，上述资料是济南纪念馆不可多得的实物证据，对研究这一重大的历史事件提供了极有价值的资料，给济南战役纪念馆增添了许多新内容，也增加了许多新亮点，为以史育人、教育下一代提供了翔实可靠的依据。

（济南市档案馆提供）

▲“崂山矿泉水”是驰名中外的知名品牌，属于青岛饮料集团所有。据青岛饮料集团张女士介绍，早在德国占领青岛时期就已经创建了矿泉水生产厂，但饮料集团对其建厂的时间尚存疑问。青岛市档案馆文档中心根据其提供的线索，为其查找了大量的

馆藏档案。历时一个多月的查询考证，青岛饮料集团所属崂山矿泉水厂的建厂时间从1905年上溯至1900年，这意味着中国的第一个崂山矿泉水厂起源于青岛。通过档案有力提升了老字号企业的品牌价值，也为老字号企业再创辉煌添加了助力。

（青岛市档案馆　韩玉荣提供）

▲为加强党员干部理想信念教育，烟台市深入挖掘红色文化资源，倾力打造胶东（烟台）党性教育基地。烟台市档案馆把为教育基地深化提升工作提供全方位服务作为近期的工作重点。开通了档案利用绿色通道，成立专门领导小组，适时与烟台市领导汇报工作情况。自深化提升工作以来，共接待查档人员30余人次，提供档案资料5000余卷（件）次，复制档案3000余页。通过查阅馆藏档案资料，先后提供了诸如烟台南下干部、全省第一家境外注册企业——鲁岛农场、烟台经济技术开发区建设等非常具有代表性事件的相关档案资料，再现了烟台在革命时期、建设时期和改革开放时期的发展历程，为教育基地深化提升工作提供了宝贵翔实的第一手资料。

（烟台市档案馆　汤厚梅提供）

湖　北　省

▲因中共湖北省委农村工作部委托省社科院整合湖北省内“三农”学界知名专家共同开展改革开放40年湖北“三农”重大问题研究，为做好相关研究工作，有11个课题组共25名成员代表到省档案馆查阅改革开放以来与“三农”相关的档案资料。因查阅人员多，查档量大，档案馆工作人员耐心地讲解有关查档规定，指导他们在电脑上查阅档案。一个多月的时间里，共查阅档案资料千余卷（册），实体调还档案资料764卷（册），打印3000余张。面对巨大的调卷量，工作人员没有丝毫怨言，科学合理地安排调还卷，确保利用者能够及时查阅档案资料。对此，省社科院负责课题研究的同志专门前来道谢，认为查档大厅的工作人员态度好，服务专业、周到，查到的档案资料全面、翔实，参考性强，对研究三农问题帮助很大。

▲7月13日，湖北省体育局的两名工作人员来到湖北省档案馆查档大厅，想要查询省体育馆名下的一家老网球馆的基建材料。这家网球馆是20世纪八九十年代省体育馆和一家公司合作建成的。现在双方在这家网球馆的经营管理权上产生了纠纷，打起了官司。为了收集相关证据，他们专程来到湖北省档案馆查找网球馆建立之初的档案材料。档案馆工作人员通过查档，在湖北省体育局1988年至1993年的全引目录里找到了相关档案资料。这些档案资料显示，这家网球馆的产权是属于湖北省体育局的。体育局的工作人员看到之后表示非常感谢，他们说这些档案为尽早收回网球馆的经营管理权，维护国有资产权益，解决历史遗留问题提供了有力的依据。

▲12月7日，省审计厅的两名工作人员来到湖北省档案馆查档大厅，想要查询原省审计厅一名离世老干部的人事档案。老人临终留下了一套房产，现在子女们办理房产公证的时候遇到了麻烦，公证机构需要老干部的家庭成员证明。几经周折，他们来到湖北省档案馆寻求帮助，档案馆工作人员在省委组织部移交的省管已故干部档案里找到了这名老干部的档案，并最终在干部履历表里找到了这名干部详细的家庭成员信息。老人的子女拿到档案复制件时，感激地说：“我们几经周折，终于在档案馆找到了证明材料，这下房产过户终于可以办下来了。”

（湖北省档案局提供）

广　东　省

▲根据广东省关于开展原民办教师和原代课教师自查工作的通知精神，珠海市开展对原民办教师和原代课教师群体有关情况进行全面自查，准确摸清原民办代课教师群体的数量、分布、年龄、工作年限和参加养老保险等基本情况。2月至3月期间，香洲区教育局的工作人员相继来到市档案馆，查询原珠海市船舶工业总公司幼儿园等13家幼儿园办学属性的相关档案材料。在市档案馆工作人员的耐心查找下，相继查到了这些幼儿园成立的批复以及相关老师的调动介绍信等，从而为香洲区教育局申报广东省原民办教师和原代课教师自查认定提供了有力的帮助和支持。

（珠海市档案馆提供）

▲“彬园”修缮布展工作列入政府重点督办事项，布展工作人员向汕头市档案馆发出工作联系函并于2月到市档案馆查阅相关档案资料。一是搜集彬园老照片及建筑细节，以最大限度地恢复彬园原貌，做到修旧如旧。二是查找彬园所有者陈少文的生平，为北楼的彬园陈列馆提供足够的展览材料。此外，由于修复后的彬园南楼将设立汕头警史馆，又需搜集市公安局的历史沿革、光辉历程和公安印记等材料。市档案馆工作人员全力配合彬园修缮布展的工作进度，调阅各时期档案共计151卷、资料27册，提供复制件800余张，内容除了陈少文的实业发展档案、从事慈善事业档案、筹办中山公园记

录等，还包括汕头市警察局处理各项事务的记录，为老建筑的保育复活和宣传汕头文化提供了很好的佐证。彬园修缮布展工作负责人盛赞汕头市档案馆服务全方位，“有力地践行档案为现实服务的理念、对汕头文化强市目标的实现起了很大的促进”。

（汕头市档案馆提供）

▲2月，汕头市档案馆为服务汕头市委招商引资工作，积极配合相关部门查阅馆藏中有关轮船招商局汕头分局档案资料。市档案馆调取大量案卷，最终提供了14卷档案，内容包括招商局汕头分局（后改为汕头分公司）的办公地址、仓库码头、地产地价、资产清册、货轮客轮情况、航线图、人事任免以及解放后的接管方案和接管人员名册等；此外，还查找了民国时期的图书期刊等7册可用的资料，并根据上述档案资料及时编写了两期资政参考送市主要领导和重要单位参阅，为市委市政府顺利招商引资提供了有力的参考。

（汕头市档案馆提供）

▲谭先生于1975年到韶关市示范农场插队，在办理退休手续的时候因查不到当初的记录，无法认定那段时间的工龄。为此，谭先生找原单位的老领导、老同事想办法，翻遍了资料室找旧文件，费尽周折却没有结果。后来，他得知市档案馆近年来开展了知青档案和破产企业档案的征集工作，便抱着一线希望来到市档案馆寻求帮助，工作人员帮他查目录、调档案、找文件、核内容，从当年知青下乡的名册中翻到了那张发黄的档案，谭先生的名字、插队地方等原始信息清楚地记录在上面，小小的档案解决了他的大麻烦。凭借这些档案资料，谭先生成功办理了退休手续。

（韶关市档案馆提供）

▲为举办“近现代潮汕女性教育史展”，7月6日，汕头大学文学院妇女研究中心成员张女士来到潮州市档案馆，想要查阅有关近代潮汕女子教育的相关图片或文字资料。市档案馆工作人员认真查找馆藏资料，找到了20世纪二三十年代教育界的一些老照片，在这些老相片中有反映潮汕女性教育历史的人物照片、反映男女同校女生部的校园建筑、表现师生及同窗情谊的照片等。这些照片档案真实地记录了潮州民国时期女性教育的发展，呈现了近代潮州女性的风采，见证了近代潮州女性教育史，为展览的顺利举办提供了史料支撑。

（潮州市档案局提供）

▲8月9日，市民张某、岑某到云浮市档案馆，要求查阅关于城区管道燃气项目建设配套政策优惠相关文件，原因是他们所在小区要安装管道燃气，而他们觉得燃气公司的收费标准不合理，遂想了解有关政策。市档案馆工作人员热情地接待他们，认真查阅馆藏档案，找到一份云浮市政府于2008年7月印发的关于城区管道燃气项目建设配套政策优惠方案的通知文件，做复印后交给他们，为维护他们的合法权益提供了档案凭证。

（云浮市档案馆提供）

广西壮族自治区

▲3月10日，广西标准技术研究院的曾先生和黄先生来到自治区档案馆，希望能在档案馆找到与珍珠养殖、南珠质量有关的档案材料，为振兴南珠产业提供政策依据。两位查档者告诉工作人员，北海南珠品质高雅，在历代被誉为“国宝”，目前虽然产量占全国五成，但销售额却不足全国的五分之一，南珠产业效益与产量不成正比，为此自治区政府积极推动南珠产业的发展升级。工作人员在档案管理系统中检索后，找到了有关部门批准建立南珠研究开发中心、建立珍珠研究所、成立广西南珠产业协会、广西珍珠生产发展“八五规划”和“2000年设想”等多件90年代的档案。两位查档者拿到厚厚的复制件后对工作人员连声感谢，这些档案有力证明了自治区政府一贯以来对南珠产业发展的重视，对北部湾地区特色民族传统产业的重视，这些档案材料将会在报告中引用，为相关部门规划南珠产业发展决策提供参考。

（广西壮族自治区　林红棉提供）

四　川　省

▲2月15日，四川省档案馆利用大厅来了一对夫妻，是前来查询妻子蒋某父亲的档案。据介绍，蒋某与父亲素未谋面，仅从母亲口中得知关于父亲的一些情况，家中也只有辗转周折得来的一张画像，蒋父1920年加入国民党，曾任国民革命军连、营、团长；后任四川省昭化县县长、省府参议员等职。省档案馆工作人员查阅到有关档案，其中真实反映了蒋父从军、从政的情况，其经历得到了印证。更为难得的是资料中有蒋父不同时期的3张照片。蒋某看到照片非常激动，说道：“这下我心中的结解开了，在档案中切身感受到了父亲是怎样的人。”

（四川省档案馆利用处）

▲6月，为进一步加强对保定军校历史的研究和宣传，保定军校纪念馆拟影印出版《保定军校同学录》一书，派工作人员到四川省档案馆查找相关资

料。省档案馆热情接待，积极帮助查找，通过检索，在馆藏资料中发现了保定军官学校同学录，这将使印影版《保定军校同学录》内容更加丰富，形式更加完整，应保定军校纪念馆工作人员要求，省档案馆为他们复制了所需资料。为感谢对影印《保定军校同学录》工作的支持和帮助，保定军校纪念馆专门制作了一面锦旗送给省档案馆表示感激。

（四川省档案馆利用处）

云 南 省

▲11 月 15 日，昆明铁路局西南运输处的吴德成来到云南省档案馆利用大厅，为“南侨机工学会”撰写《滇缅公路在世界军运史上的作用和地位》查阅资料。云南省档案馆为吴先生调阅了包括“南侨机工回国”在内的十份有关的文献材料，吴先生对相关材料进行了阅读，并认真地记录了有关内容。

（刘春茂提供）

▲昆明市天宝斋墨业有限公司和昆明市向阳食品有限公司在申报老字号的过程中，因为缺乏能证明其历史的相关材料，导致申报工作进展不顺，在专家组建议下，他们来到昆明市档案馆，希望能在馆藏档案中找到与其历史有关的档案材料。工作人员详细询问了其历史沿革及相关信息，根据线索调阅了民国昆明市政府、昆明市工商业同业公会、昆明市工商行政管理局近 50 卷档案，最终从该批档案中找到了“文教用品工业公会笔墨组会员名册”“昆明市私营企业财产报告表”“昆明市人民政府工商业申请书”等档案材料，为证明企业历史及商号名称变更提供了有力证据。

（昆明市档案局提供）

陕 西 省

▲1963 年，年仅 24 岁的中国工程兵王琪在中印边界地区的树林中迷路，后被印度军方以“间谍罪”关在监狱里达 7 年之久。出狱后，被困印度，近年来，在接到王琪求助后，中国外交部和中国驻印度使馆一直高度重视此事。2 月 11 日，在中印双方共同努力下，在尊重当事人本人意愿的前提下，滞留印度 54 年的王琪，带着儿子、儿媳及孙女搭乘航班回到了老家陕西。2 月 20 日，中国人民解放军 68310 部队赵毅到陕西省档案馆查阅档案，在查阅了馆藏陕西省委机关 1958 年以来新增人员登记表和 1961 年精简人员登记表后，核实了王琪在 1958—1960 年的工作经历，证明其于 1961 年服兵役；为解决王琦相关身份认定提供了有力依据。

▲苟英俊老人到陕西省档案馆寻找父亲苟锦章的档案材料，通过馆藏查询抗日战争牺牲人员名单，找到记录：“苟锦章，礼泉人，33 岁亡，第一战区游击第六纵队独立大队大队长，在山西翼城二郎庙枪林弹雨中与敌竭战数日不幸头部中弹毙命……”正是有了这份档案资料，为老人帮父亲申报烈士提供了有力证据。民政部和陕西省民政厅通过陕西省档案馆保存的这份档案材料，认定并给苟英俊老人颁发了其父亲苟锦章的“烈士证明书”，了却了老人多年的奔波和心愿。此事件被中央电视台《夕阳红》栏目、《中国青年报》、《华商报》、腾讯网、搜狐网、网易网等各类知名媒体报道，产生了具有一定社会影响力的新闻效应。

（陕西省档案局提供）

甘 肃 省

▲甘肃省山丹县艾黎纪念馆为了扩充展馆陈列，派人前往甘肃省档案馆查找档案史料，档案馆工作人员共查阅了 67 份、139 页档案，包括规范性文件、电话记录、电报、请柬、报告会入场券、路易・艾黎作品内容提要、剪报等，时间上涉及到了路易・艾黎生前的来访安排与去世后的纪念活动等。这些档案资料是路易・艾黎本人和后人们在各项社会活动中形成的原始记录和珍贵文献，再现了当时历史的真实面貌，既帮助纪念馆理顺了路易・艾黎一生的工作轨迹，还充实了陈列布展的实物资料，丰富了展览内容，更提升了纪念馆的社会教育效果。

▲甘肃省华池县是国家重点扶持的贫困县，为了全面反映华池县的脱贫攻坚工作成效，华池县委党史办启动了《扶贫攻坚大事记》的编撰工作。5 月 26 日，华池县委党史办主任齐同志来到甘肃省档案馆查找关于华池县脱贫攻坚相关的文件资料，检索到 1983 年至 1985 年甘肃省委、省政府关于庆阳地区及华池县有关脱贫的档案资料 13 卷，其中包括《1985 年庆阳地区座谈会议纪要》《田纪云同志视察庆阳地区谈话要点》《对华池县停止植被破坏工作检查验收的报告》等珍贵资料，对华池县编撰《扶贫攻坚大事记》起到了有力的资料支撑作用，丰富了大事记内容。

▲3 月 22 日，兰州天生园食品工业有限公司的两位同志来到甘肃省档案馆查阅与其公司相关的档案资料，该公司已有 80 多年历史，是甘肃省内唯一一家以生产、加工、销售各类传统点心、月饼等中式糕点为主的本土老字号食品工业企业，曾经于

1993年和2006年分别被国家贸易部和商务部授予“中华老字号”企业称号。档案馆工作人员查找到天生园商标、私营天生园调查报告等相关资料，并做了复制交给他们。这些档案资料为庆祝天生园创建80周年庆典活动以及编纂出版《天生园八十足印》一书提供了可靠依据。

▲7月28日，平凉市红十字会干事南志忠、李效奎一行人来到平凉市档案局，为编写平凉市红十字会简史查阅档案。找到红十字会的前身资料和一些重要的历史资料。并且，在查档过程中，档案馆工作人员记起自己在之前民国老照片的整理工作中发现过一些西方传教士在平凉活动的照片，于是特意将照片拿给红十字会老干事甄别，照片背景中的西方公教诊疗所，正是平凉红十字会的前身，这些照片是最好的历史证明。南干事一行人查阅了6卷档案并复印了6页档案，圆满完成了查档任务，红十字会简史的编写工作获得了极大地帮助。

▲1月，甘肃省电信公司需办理“三供一业”水厂申请住宅分户计量，甘肃省万通公司派工作人员来查阅有关原甘肃省邮电通信管理局指挥辅助楼竣工图纸等资料。按照集团公司及省政府有关文件要求，需要查阅竣工及施工图上的相关参数。档案工作人员进行了登记后，查阅到工程项目相关资料，万通公司查档人员查阅到了所需要的技术参数，记录并复印重要的图纸部分内容，圆满完成了查档任务，对省电信公司办理“三供一业”水厂申请住宅分户计量起到了重要的作用，也通过档案摸清了全省“三供一业”分离移交资产情况。

（甘肃省档案局提供）

青　海　省

▲牛才周是青海省海东市平安区古城一名普通的藏族退休教师，1986年，被国家教委和中国教育工委评为全国教育系统劳动模范，并授予“人民教师奖”；1993年青海省委宣传部、省政府办公厅等单位授予他“全省学雷锋活动先进个人”称号。前些年，牛老师患上了肠梗阻、糖尿病，治疗花费极高，而他的退休工资很低，一家4口人生活非常困难。他的家人背着牛老师向有关部门反映，希望解决他的民办教师工龄、省级劳模晋资、廉租房等问题，并到青海省档案馆查阅相关证明材料，档案馆工作人员被牛老师的感人事迹深深打动，尽全力为其查找相关档案，最终找到了平安区“关于落实省级劳模牛才周同志相关待遇的复函”，有了这份证明，牛老师的待遇很快得到了落实。牛老师的女儿牛卓玛手捧洁白的哈达专程从平安赶到省档案馆，向工作人员表示感谢。

（孔忠勇　李英提供）

宁夏回族自治区

▲六盘山自然保护区范围内2.6万余公顷为国家级自然保护区，4.1万余公顷为自治区级自然保护区。由于历史原因，自治区级自然保护区多年来未能确界立标，给国家实施综合协调、分级管理和多样性生物保护带来不便。4月，中央七部委联合督查组明确提出了尽快落实六盘山自治区级自然保护区确界立标工作。为解决确界立标问题，宁夏六盘山国家级自然保护区管理局工作人员扈广伟专程从固原来到自治区档案局（馆），查询“六盘山自然保护区”相关档案。经档案局（馆）工作人员认真查找，很快就通过档案利用服务平台查到了相关档案，为自然保护区确界立标工作提供了依据。

▲81岁高龄的王来朝老人，曾是银川市政协提案委员会主任，他长期工作在工业企业生产第一线，拥有丰富的技术经验。王老很关心本地区工业企业的发展，他曾调研过多家企业，积累了大量第一手资料，退休以后，他决心整理成书，为此，王老专程来到宁夏档案馆和银川市档案馆查阅相关档案。档案馆工作人员接待了王老，并为其查找到了很多有价值的档案资料，包括：建国以来自治区机关对有关企业的来往文电、批文，这些资料的时间跨度自1956年到2000年，涉及130多家企业的建厂、技术改造、经营情况、组织机构的设立与调整以及最后的改制、停业、破产等。根据这些档案，王老撰写了《上海支援银川工业企业的回忆》《忆银川汽车工业的经历阵痛》《伪修械所的变迁》《银川起重机器厂今昔回忆》等多篇文章，发表在《银川文史资料》上，提供给政协工作人员、政协委员阅读。

（宁夏档案馆）

▲现今，很多六七十年代的插队知青都到了退休养老的年龄，但由于历史原因，很多人回城后所在的企业已经解散，个人档案材料中却没有插队后参加工作时间的记载，有些甚至连个人档案都没有，没有这些档案，意味着他们参加工作时间无法证明，工龄无法计算。马文义、赵秉正、柳城等老知青们带着希冀和期盼，到银川市档案局查阅档案。银川市档案局工作人员通过电脑查询数字化后的知青办档案，找到了工作证明，就这一张档案证明，让知青们能够顺利地办理退休养老，安度晚年生活。

（银川市档案馆）

▲原陶乐县的马翠琴与丈夫商量生育二胎，但按照程序，生育二胎需要向人口与计划生育部门提供夫妻双方结婚证，而马翠琴夫妇的结婚证遗失，补办结婚证需要婚姻档案证明，夫妻俩来到石嘴山市档案馆查找相关档案。讲明利用原因后，档案馆工作人员从陶乐县民政局2003年的婚姻档案中调出了其婚姻档案，并为他们免费出具了结婚登记申请书复印件，为其办理生育二胎手续提供了依据。

▲12月14日，居住在内蒙古巴彦淖尔市临河区的复转军人马某抱着试一试的心态，在家人的陪同下来到石嘴山市档案馆查找原惠农县相关档案材料。经了解，国家针对建国以来参加抗战的复转军人相继出台了一系列的优惠政策，马某曾是石嘴山市平罗县高庄乡居民，1950年应征入伍，因历史原因，复员之后搬迁至内蒙古务农至今。根据其提供的线索，工作人员经过分析甄别，终于在惠农县民政科永久26卷内查到有其姓名的登记册，并为其复印了原始证明材料。拿着这份证明材料，马某激动地说："想不到咱们档案馆能把档案保管得这么好，有了这个证明材料我就能享受到国家每月200多元的补助了，真是帮我解决了生活中的大问题。"

（石嘴山市档案馆）

▲5月中下旬，中卫市第五小学教师黄桂英、沙坡头文昌郭营小学教师鲁淑荣等9名中小学教师来到中卫市档案馆，查阅他们受表彰奖励的文件。每年老师职称评定时，受各级党委政府和教育主管部门表彰奖励，可以按获奖次数予以一定加分，有些教师由于保管不善，把奖励证书丢失，在打分时没有证据，将会影响职称评定。档案管理人员根据他们提供的获奖线索，认真查阅区、市、县党委政府和教育局有关表彰奖励的文件，并为他们提供了复制件，他们高兴地说："以前对档案工作不了解，现在才知道它的重要性，关键时刻能帮助解决大问题，档案工作真是太重要了。"

▲6月27日，原中卫市宣和镇的王寿善、王慧广来到中卫市档案馆，想要查找与其前辈有关的档案资料。据悉，他们的祖辈，有的曾在民国时期任小学校长，有的跟随共产党参加过革命。按照他们提供的线索，管理人员在馆藏国民党中卫县教育科档案中查到了其爷爷在民国时期任宣和旧营小学校长的文件，在《中卫党史大事记》中查到了其他前辈跟随共产党参加革命的有关史料，并为他们提供了摘抄和复印，他们感慨地说：想不到档案馆真能找到他们以为找不到的东西，档案工作实在是太重要了。

（中卫市档案馆）

中国航空发动机集团有限公司

▲2016年底，中国航发西安航空发动机有限公司（以下简称中国航发西航）启动了落实陕西省《关于对企业部分退休专家发放生活补贴有关问题的通知》和《关于给全省国有企业部分厂长、经理退休人员发放生活补助金有关问题的通知》两文件精神的工作。中国航发西航查找、翻阅了1958年至2016年的大量批文、证书、成果登记表、报刊等原始文件和资料，梳理出相关档案证明材料，凭借证明材料，为中国航发西航144名老领导和退休科技人员争取每月生活补贴880元基础上，同时争取到270万元一次性补发款项，切实维护了老领导和退休科技人员的利益。为此，中国航发西航退休老领导及职工代表特地送来了"认真负责、温暖人心"的锦旗表示感谢。

（中国航空发动机集团有限公司提供）

（六）机关档案工作

数字档案室建设试点工作继续推进

一、数字档案室建设启动

随着机关信息化建设的快速推进，数字档案资源数量急剧增长，机关档案信息化需求日益突出。为满足数字档案资源有效管理和在线开发利用的需求，在电子文件形成机构与数字档案馆之间建立联接纽带，保障电子政务各系统电子文件有效收集和管理并为数字档案馆移交规范、可靠的数字档案资源。一些机关作出积极探索，颁布了电子文件管理规章，将电子文件纳入归档范围，并建立了应用系统进行收集归档，总结了不少宝贵经验。2014 年，国家档案局发布《数字档案室建设指南》（下称《指南》），规范了数字档案室定义，内容涵盖了机关档案信息化需要的网络基础设施、软硬件基础、安全保证等需求，提出应用系统的功能设置项目和要求，规范了各类电子文件、电子档案命名规则、格式要求等。《指南》基本囊括了机关档案信息化工作的主要内容，是机关档案信息化工作的系统性、综合性解决方案。数字档案室要求整合机关各类档案信息资源，打造本单位传承有序、门类完整、内容全面的信息资源中心。运用先进技术手段，对档案信息资源进行有效管理、深层开发并提供利用，为机关运转、管理和决策提供可靠的档案信息服务，进而成为机关信息资源管理中心、开发中心和利用中心。

二、数字档案室建设成效显著

《指南》发布后，各地区各部门积极开展数字档案室建设。2015 年，国家档案局开展了数字档案室建设试点工作，选取 81 家具有典型性和代表性的机关作为试点单位。2016 年 10 月，国家档案局制定了《数字档案室建设评价办法》（下称《评价办法》），提出了具体的评价指标，为数字档案室建设评价提供支撑和依据。国家档案局坚持质量为先、循序推进的原则，有序有力有效地推动数字档案室建设。中山市档案局数字档案室系统设计水平较高，管理规范，实现平台化建设，能较快在其他单位搭建推行，为各地区各部门数字档案室建设提供了范本，成为继海关总署之后第二家“全国示范数字档案室”。2015 年，南京市建邺区档案局被国家档案局确定为全国首批数字档案室建设试点单位。他们申报的集中式数字档案室，由区档案局和区信息部门牵头建设，区各直属机关单位统一部署、统一规划、统一建设，有利于全区档案工作的统一管理、数据共享并节约经费，2017 年 11 月通过了“全国示范数字档案室”测试。南京市审计局 2015 年被列为国家级数字档案室首批试点单位，是全国地方审计机关唯一试点单位。2017 年 12 月，南京市审计局建成“全国示范数字档案室”，成为全市唯一一家 5A 级独立式数字档案室，实现了以电子文件全程一体化管理为基础的覆盖市区两级审计机关的数字档案管理，形成了档案资源完整、系统功能实用、用户交互良好、管理安全可靠的档案管理体系。

三、数字档案室建设的发展

在各级档案行政管理部门推动下，越来越多的试点单位完成数字档案室建设并提交评价申请，在试点单位的带动下，越来越多的单位启动数字档案室建设，数字档案室建设进入了新时期。《全国档案事业发展“十三五”规划纲要》提出，明确各类办公系统、业务系统产生的电子文件归档范围和电子档案的构成要求；加强对业务系统电子文件进行归档管理。《国家电子文件管理“十三五”规划》将数字档案室建设列为一项重要工作任务。

在这种形势下，各相关部门都“撸起袖子加油干”，国家档案局加快推进数字档案室试点工作，增加业务培训和交流，继续完善相关法规标准，并积极将数字档案室建设列入国家信息化整体规划；一些省档案局发布了本地区数字档案室建设规划和评价办法，积极鼓励有条件的单位开展数字档案室建设，培养不同层次的发展梯队，先进带动后进，实现滚动发展、全面发展；一些中央国家机关档案部门积极发挥作用，推动本单位档案信息化工作，在本单位信息系统建设时及时跟进、前期介入，对电子文件的形成、办理、归档及电子档案保管、利用、销毁等提出要求，确保电子档案资源的齐全、完整、真实和有效；一些机关根据自身实际情况进行分阶段建设，首先保证机关产生的电子文件按要求进行归档，并对电子档案进行有效管理，在此基础上，按照《指南》和《评价办法》的要求进行逐步完善。

（信玉红）

国家档案局与国家卫生计生委联合印发《关于印发卫生计生行政许可档案管理规定（试行）的通知》

为进一步规范卫生计生行政许可档案管理，充分发挥档案工作在卫生计生行政许可工作中的积极作用，根据《中华人民共和国行政许可法》《中华人民共和国档案法》等法律法规，2017 年 10 月国家档案局会同国家卫生计生委联合印发了《卫生计生行政许可档案管理规定（试行）》（以下简称规定）。

该规定明确了卫生计生行政许可档案（简称许可档案）是卫生计生部门在依法实施行政许可行为过程中形成的具有保存价值的文字、图表、声像和电子文件等不同形式和载体的历史记录。明确各级卫生计生行政部门负责许可档案工作的组织实施，许可办理机构对许可档案实施集中统一管理，各级档案行政管理部门对许可档案进行监督指导和检查。该规定明确了许可档案管理的基本要求，要求许可办理机构要配备专兼职档案管理人员，提供必要的档案管理场所和工作条件，保证许可档案工作的正常开展。要求许可办理机构要建立健全许可档案管理规章制度，防止档案的丢失及损毁，确保许可档案收集齐全、保管安全和有效利用。在归档范围和保管期限方面，规定明确了卫生计生行政许可的新办、延续、复核、变更、补发和注销等工作中形成的有关材料要纳入归档范围。规定要按照“谁形成、谁整理”原则采用定期整理方式的应当在行政许可事项办结 6 个月内完成档案整理工作。在保管期限方面，档案根据性质划分为永久、30 年和 5 年三种。在许可档案利用方面，明确要建立健全许可档案利用制度，依法提供档案信息查询服务，依据档案提供相关证明材料。在档案鉴定方面，要求成立鉴定小组，对保管期满的许可档案价值进行鉴定，有保存价值的可继续保管并延长保管期限至永久，无保存价值的可按规定进行销毁。在贯彻实施方面，要求各省、自治区、直辖市及新疆生产建设兵团卫生计生行政部门可结合实际制定实施细则。

（张华滨）

国家档案局对全国精准扶贫档案工作开展情况进行全面调查汇总

国家档案局、国务院扶贫开发领导小组办公室于 2016 年 9 月联合印发了《国家档案局、国务院扶贫开发领导小组办公室关于做好精准扶贫档案工作的意见》和《精准扶贫档案管理办法》（以下简称《意见》和《办法》），对全国精准扶贫档案工作进行了部署。为了全面掌握各地贯彻落实文件情况，进一步总结先进地区成功经验和成熟做法，2017 年 10 月国家档案局办公室印发了《关于报送精准扶贫档案贯彻落实情况的通知》，要求各地档案部门将精准扶贫档案工作开展情况认真进行梳理汇总并及时向国家档案局报送。各省、市、区档案部门对精准扶贫档案工作进行了梳理，并按照规定报送了有关工作开展情况。

开展精准扶贫档案工作以来，各地普遍将精准扶贫档案工作纳入精准扶贫整体工作研究部署，建立了党委政府统一领导、扶贫部门组织协调、档案部门监督指导、相关单位各负其责的精准扶贫档案工作机制，精准扶贫档案工作与精准扶贫工作同步协调开展。各地区纷纷结合实际创造性开展工作，各地档案部门积极加入本地区扶贫攻坚培育了一批先进典型，举办了精准扶贫档案工作培训。各地普遍按照《意见》和《办法》要求，结合实际研究制定了本地区精准扶贫档案工作细则，建立健全了工作制度和工作流程，明确了归档范围、整理方法、保管条件、利用程序、移交时限、鉴定程序等。各地认真执行精准扶贫档案安全管理要求，根据精准扶贫档案管理实际设置档案库房，配备基本的设施设备，确保了精准扶贫档案的安全。各地紧紧围绕精准扶贫工作需要，研究探索档案信息开发利用新举措，及时准确提供档案查阅服务，精准扶贫档案作用得到有效发挥。通过对各地精准扶贫档案工作开展情况进行汇总，国家档案局掌握了各地工作进度，及时发现和解决了各地工作中的问题和困难，及时总结和推广了各地区好经验好做法，使精准扶贫档案工作进一步向深入发展。

（张华滨）

中国民用航空局创建“民航档案工作”微信公众号

为搭建民航档案工作人员交流平台，丰富档案宣传、业务指导与交流的手段和方式，进一步扩大民航档案工作影响力，中国民用航空局档案馆（以下简称“档案馆”）创新工作思路，充分利用现代传媒手段，创建了“民航档案工作”微信公众号。

该公众号于 2016 年 9 月 1 日正式上线运行，主要以文字、图片、图表、音视频等形式，不定期推送或转发档案工作相关信息。设置 3 个栏目：1. 兰台资讯，包括“行业动态”和“历史印迹”2 个专栏，主要发布民航档案工作重大活动、重要事件；民航系统各单位档案工作动态；民航历史故事和档案编研成果等。2. 档案业务，包括“规章标准”“业务学习”和“利用事例”3 个专栏。主要发布国家档案工作方针政策、法规标准及民航档案工作规章制度；档案业务知识；相关政策解读；民航系统各单位典型档案利用事例等。3. 联系我们，包括“文章目录”“往期回顾”“加入我们”3 个专栏。主要提供该公众号文章目录、往期内容、投稿邮箱等信息，方便订阅用户投稿、交流意见和建议。

截至 12 月 31 日，该公众号累计关注人数为

1572人，关注范围以民航系统各单位工作人员为主。共推送文章93篇，其中64篇（近70%）为原创，内容主要来自档案馆馆藏资料。特别是有关民航历史故事的文章得到了广泛关注和转载。如《“两航”起义》《民航局局徽的由来》等文章的阅读量超过5000人次；《民航局办公地址的变迁》《新中国民航第一代空乘》《新中国民航第一支飞行大队》《“八一”开航》《中国民航与国际民航组织那些事儿》等文章的阅读量也达千人左右。与此同时，该公众号及时发布档案工作规章制度、标准规范，介绍民航各有关单位档案工作经验成果，优选推送档案业务论文等，对广泛传播民航历史和档案业务知识，丰富档案工作交流形式起到了积极的推动作用。

（孟祥喜）

水利部持续推进水利系统档案工作规范化管理

水利部深入贯彻落实中共中央办公厅、国务院办公厅《关于加强和改进新形势下档案工作的意见》，持续推进部直属各单位水利档案工作规范化管理评估，以评估促建设、促整改、促管理，积极促进水利档案工作健康有序发展，不断提高水利档案工作规范化管理能力和水平，更好地服务水利事业和水利中心工作。

按照《水利档案工作规范化管理综合评估办法》（以下简称《评估办法》），水利档案工作规范化管理等级分为特级、一级、二级、三级，共4个等级。其中特级是水利档案工作规范化管理的最高等级，申请二级及其以上等级的单位，其档案数量应达到一定规模；三级是各单位依法开展档案工作应达到的基本要求。水利部负责组织对部直属单位及申报档案工作规范化管理特级单位和一级单位的评估及审批；水利部直属单位负责所属单位申请档案工作规范化管理二级单位、三级单位的评估及审批；凡通过评估及审批的，由水利部统一颁发水利档案工作规范化管理等级单位标牌与证书。等级单位实行动态管理，各等级单位的证书有效期为4年。有关单位可在取得相应等级证书2年后，申请上一级的评估；也可在证书失效前，向原组织评估单位提出复查申请，由原组织评估单位复查合格的，可延长原等级证书有效期2年。

根据《水利档案工作规范化管理综合评估标准》（以下简称《评估标准》），综合评估项目涉及保障体系、业务工作、开发利用与信息化等三大部分13项内容60个指标，其中“保障体系”部分中分为管理体制、领导职责、人员保障、制度保障、经费与设施设备保障等6项内容21个指标，“业务工作”部分中分为档案收集、档案整理、档案保管保护、档案统计、档案鉴定、档案业务指导等6项内容26个指标，“开发利用与信息化”部分中分为档案开发利用、档案信息化等2项内容13个指标。《评估标准》满分为100分，各等级通过分数均为85分，评估分数未达到85分的，不得通过申报等级的评估。

水利部直属各单位根据《评估办法》以及《评估标准》的要求，结合本单位档案工作实际情况进行自检后，积极申报水利档案工作规范化管理相应等级的评估。评估组织单位接到被评估单位的申请后，对相关申报材料进行审查，对符合评估条件的，会同地方档案行政管理部门、流域机构档案馆等有关单位组成评估组进行现场评估，听取被评估单位自查情况汇报，并实地重点检查档案的收集、整理、归档质量和档案信息化管理等情况，依据《评估标准》讨论赋分并综合评议，形成评估意见，报送水利部备案。

2017年，经过各单位共同努力，水利部批准（核准）通过水利档案工作规范化管理等级单位19个，其中一级单位1个、二级单位8个、三级单位10个。截至2017年底，水利部共批准（核准）部直属系统通过水利档案工作规范化管理等级单位146个，其中特级单位7个，一级单位5个，二级单位65个，三级单位69个。通过水利档案工作规范化管理综合评估，进一步推动部直属系统各单位健全档案工作制度，推动发现问题整改，完善长效管理机制，提高水利档案工作整体水平。

（水利部办公厅 汪福学）

国家自然科学基金委员会专项档案移交中央档案馆

7月10日，国家自然科学基金委员会（以下简称“基金委”）第二批国家自然科学基金项目档案（以下简称“项目档案”）集中移交进馆工作圆满完成。此次移交工作历时14个月，基金委先后分11个批次向中央档案馆移交了1999年至2009年间形成的永久保管期限的项目档案（主要包括面上项目、青年科学基金项目、地区科学基金项目和主任基金等专项基金项目）共计99331卷、19376盒、1345箱，累计校验1982年至2009年间形成的项目档案电子数据14余万卷、80余万件、800余万页（含2004年基金委向中央档案馆集中移交的1982年至1998年间部分项目档案47055卷），同时移交案卷目录、卷内文件目录各2套，全宗介绍和组织机构沿革3套，电子版档案数据（TIF/JPG格式）2套（硬盘2块、光盘507张）。

基金委高度重视项目档案移交进馆工作，党组书记、主任杨卫亲自批示启动第二批项目档案集中移交进馆工作，副主任何鸣鸿和副秘书长、办公室主任韩宇多次检查档案整理和数字化加工工作。在档案集中移交进馆工作过程中，中央档案馆进行了认真指导、热情服务。何鸣鸿带队专程拜访中央档案馆副馆长王绍忠，并向中央档案馆赠送了锦旗和感谢信。王绍忠表示，愿与基金委继续共同做好档案移交工作，并承诺为项目档案利用提供有力保障。

基金委负责管理国家自然科学基金，国家自然科学基金是五类中央财政科技计划（专项、基金等）之一，是国家基础研究资助的主渠道之一，职责是加强基础研究和科学前沿探索，支持人才和团队建设，增强我国源头创新能力。资助包括探索、人才、工具、融合四大系列不少于14个类型的管理项目。项目档案包括受资助项目的申请书、评审意见、计划书、年度进展报告、准予结题通知和结题报告等内容，是全面反映科学基金管理工作的重要载体，是国家科技档案的重要组成部分。

（袁旭）

中国科学院多措并举推进战略性先导科技专项档案管理规范化

中国科学院战略性先导科技专项（以下简称“专项”）是经国务院批准，中国科学院发挥建制化优势，组织院属单位优势力量，共同实施的跨学科、跨领域、跨机构的重大科技任务，致力于突破关系中国国际竞争力、经济社会长远持续发展、国家安全及新科技革命的前沿问题和战略高技术问题。与传统科研活动组织形式的科研项目相比，专项具有周期长、参与机构多、地域分散、学科和领域跨度广等特点，是中国科学院新时期档案工作面临的新任务和新挑战。

中国科学院档案馆按照专项档案工作管理与业务“两手抓”的思路，采取积极措施，进一步规范和加强先导专项档案管理。

一是建立健全专项档案管理制度和业务规范。制定《中国科学院战略性先导科技专项档案管理实施细则》，明确专项档案工作基本原则、管理职责、文件归档与管理、档案验收及监督检查等内容和要求，并作为《中国科学院战略性先导科技专项管理办法》（科发规字〔2017〕106号）的七个细则之一，印发中国科学院执行。同时，制定《中国科学院战略性先导科技专项文件归档要求和整理规范（试行）》（科办〔2017〕5号）。

二是推进专项档案工作纳入专项管理体系。将专项档案工作纳入《中国科学院战略性先导科技专项管理办法》《中国科学院A类战略性先导科技专项管理实施细则》《中国科学院B类战略性先导科技专项管理实施细则》和《中国科学院战略性先导科技专项中期检查和结题验收工作实施细则》，纳入中国科学院先导专项年度验收工作启动会、A类专项年度工作会和各专项年度工作会等重要管理环节，纳入专项验收内容，将专项档案验收作为专项总体验收的必要条件之一。

三是强化专项档案工作督导和业务培训。建立专项档案验收工作督导机制，为各专项配备由中国科学院档案馆人员、专项依托单位档案人员和专项办公室人员组成的督导组，及时跟踪、指导各专项档案验收工作。举办专项档案培训班，对9个列入年度验收计划和26个在研专项的专项依托单位档案工作主管部门负责人和相关任务承担单位档案人员、专项管理人员进行了培训。

四是严格规范专项档案验收。按照“简化验收程序、严格验收标准”思路，制发年度专项档案验收工作方案，明确验收内容和要求；严格审核项目验收申请材料，着重检查专项“重大产出”“协同创新”等文件材料收集归档情况，及时督促整改，保证归档质量；制定《先导专项档案验收情况反馈表》，从专项档案工作的组织管理、规章制度制定与执行、档案质量、档案信息化、档案归属与流向等方面考核专项档案工作。本年度共完成3个A类、5个B类专项档案分项验收工作，档案质量有明显提高，档案管理规范化水平显著提升，有效支撑专项“痕迹化管理”。

专项档案工作获得了国家档案局高度认可。国家档案局专家多次莅临指导、参与专项档案分项验收工作，并指出：“中科院对先导专项档案工作做的有益探索和实践，在规范‘三跨’科技项目档案管理工作中起到了引领示范作用。”

（中国科学院）

中国科学院召开机关档案工作会议

11月27日，中国科学院档案馆组织召开了中国科学院机关档案工作会议。国家档案局馆室司司长许卿卿，中国科学院党组成员、秘书长邓麦村到会并讲话，办公厅主任乔均录主持会议。中国科学院机关各部门档案工作主管领导、综合处档案工作责任人、兼职档案人员共102人参加了会议。

会议分析了新时期机关档案工作面临的新形势、新要求和国家在“十三五”期间推进机关档案工作的新举措，结合国家和中国科学院改革创新发展对机关档案工作的新要求，总结分析了制约院机关档案工作发展的问题，从加强档案工作责任落实、建立考核追究机制、完善部门档案制度建设、推进机关档案信息化建设等方面提出了“十三五”时期中国科学院机关档案工作目标和任务。国家档案局馆室司机关业务指导处处长丁德胜应邀作了《新形势下机关档案工作新思路》专题报告。本次会议强化了中国科学院院机关各部门档案工作责任意识，明确了新形势下机关档案工作内涵，开启了新时期中国科学院机关档案工作创新发展的新篇章。

（中国科学院）

原环境保护部修订实施《环境保护档案管理办法》

为进一步完善新形势下全国环保系统档案工作管理体质和机制，提高信息化条件下环境保护档案管理科学化、规范化水平，根据中共中央办公厅、国务院办公厅《关于加强和改进新形势下档案工作的意见的通知》（中办发〔2014〕15号）要求，在国家档案局的指导支持下，2014年6月，原环境保护部启动《环境保护档案管理办法》（原国家环境保护局 国家档案局令第13号）修订工作。

修订工作在充分征求全国环保系统档案管理人员、档案行业专家学者以及国家档案局意见的基础上，于2016年7月形成了《环境保护档案管理办法（送审稿）》；10月，经原环境保护部政法司合法性审查后，《环境保护档案管理办法（修订草案）》提交原环境保护部常务会审议通过；12月，原环境保护部、国家档案局联合印发《环境保护档案管理办法》（原环境保护部 国家档案局令第43号，以下简称《办法》），于2017年3月1日起施行。《办法》从工作职责、归档范围、档案管理利用、奖惩等方面对环境保护档案工作进行规范，针对环境保护档案管理工作出现的新情况、新问题提出新思路、新要求。

2017年8月，原环境保护部办公厅举办全国环保系统档案管理培训班，组织各省（区、市）环境保护厅（局）、新疆生产建设兵团环境保护局及原环境保护部各派出机构和直属单位档案管理人员进行宣传贯彻，进一步推进全国环境保护档案资源体系建设，为加强环境保护、推进生态文明、建设美丽中国提供保障。

（王晓璐）

（七）经济科技档案工作

2017年全国经济科技档案工作发展综述

2017年经科司努力推进企业档案工作、项目档案工作、农业农村档案工作，为国家经济建设和社会发展服务。

一、企业档案工作

配合供给侧结构性改革政策实施，加强企业资产与产权变动档案处置工作。经协调与争取，国家档案局加入中央企业处置“僵尸企业”工作部际联席会议办公室，并成为“僵尸企业”处置协调小组成员。对全国各省市区和中央企业档案处置情况进行了一次调查；起草了《关于在国有企业深化改革中加强档案工作的意见》；召开了全国破产、关闭企业档案处置工作座谈会。

适应经济建设发展需要，推进企业档案信息化。围绕《电子商务“十三五”发展规划》和《促进电子商务发展三年行动实施方案（2016—2018年）》及《国家电子文件管理“十三五”规划》确定的工作任务，推进企业电子文件归档和电子档案管理试点工作，召开了试点进度中期检查会，验收了4家企业。大力推进企业数字档案馆（室）的建设，制定并下发了《企业数字档案馆（室）建设指南》，举办了企业数字档案馆（室）建设培训班。启动第一批企业数字档案馆（室）建设试点单位的遴选工作，下发了试点方案申报文件。

根据国资委职能调整情况，国家档案局及时发文做好中央企业档案业务指导工作的衔接，调整了中央企业档案工作协作组，组织召开了协作组组长会议，实现了业务指导工作的平稳过渡。

加强制度建设。起草《企业档案工作“双随机一公开”检查细则》；组织制定《食品档案管理办法》《企业境外档案管理办法》。

大力推动企业档案信息资源开发利用，举办全国企业档案信息资源开发利用案例评选活动，经初审、专家预评审，评选领导小组评定、公示等程序，评出一等奖5名、二等奖10名、三等奖15名、特别奖1名，优秀奖65名。

继续推进10号令的实施，全年完成了15家中央企业总部管理类文件材料归档范围和档案保管期表的审核，对各企业进展情况进行了通报，一批中央企业开始对下属单位文件材料归档范围和档案保管期表的审核。

加强科研档案工作，积极主动与科技部相关部门联系，开展科研档案工作情况调研；开展《科学技术研究档案管理暂行规定》修订工作，召开了两次修订工作讨论会，形成了征求意见稿；走访了3家重要科研项目承担和管理单位，并对科研档案管理工作进行了交流和座谈。

二、项目档案工作

进一步完善项目档案制度规范。修改完成《建设项目档案管理规范》。为促进铁路建设项目档案达到标准化、规范化水平，开展《铁路建设项目档案工作制度建设研究》课题研究，促进铁路建设项目档案工作业务标准体系建设。根据在建水电工程建设项目档案工作的实际情况，总结提炼水电建设项目文件形成质量控制实践，开展《水电工程建设项目文件形成质量控制实践与研究》课题研究。

继续开展项目档案工作巡回检查。组织各省、各行业、各主管部门有关专家，对内蒙古自治区、吉林省区域内建设项目档案工作进行检查。

加大项目档案监督指导力度。2017年国家档案局组织并通过了5个项目档案专项验收；委托相关省市档案行政管理部门会同有关行业主管部门组织26个项目档案验收；参加国家大科学工程、电子政务工程档案指导、验收；参加南水北调工程移民档案工作调研，与国家南水北调办讨论、研究移民档案工作相关业务问题。

创新项目档案监管方式，建立约谈工作机制。为进一步加强项目档案监督管理，结合工作出现的实际情况，突出问题导向，丰富监管手段，国家档案局建立建设项目档案约谈工作机制。2017年针对中国大唐集团重庆银盘水电站、中国华电集团陕西华电榆横矿区小纪汗煤矿项目、中国有色矿业集团所属西北稀有金属材料研究院项目存在的问题，约谈了中国大唐集团、中国华电集团、中国有色矿业集团档案及有关部门，约谈取得良好效果。

加强国防科技工业固定资产投资项目档案管理。与国防科工局联合召开固定资产投资项目档案工作协作组会议；联合开展对固定资产投资项目档案工作专项检查；联合开展三期固定资产投资项目档案培训。

三、农业农村档案工作

做好村级档案工作，对维护现有农村经营体制、保障农民合法权益，推动农业产业现代化、强化农村基层社会管理具有重要意义。2017 年 11 月 23 日，国家档案局与民政部、农业部联合发布《村级档案管理办法》（国家档案局第 12 号令，以下简称《办法》），2018 年 1 月 1 日起正式施行。《办法》将进一步促进农业农村档案工作规范化发展。

实施“美丽乡村建设档案工作”项目，在调研、试点建设的基础上，编制完成《美丽乡村建设档案工作指南》并通过验收。

继续开展农村土地承包经营权确权登记颁证档案的指导检查工作。2017 年，西藏自治区开始全面开展农村土地承包经营权确权登记颁证工作，我局组织开展了拉萨和阿里地区的普兰县、扎达县、日土县档案工作现场检查，并与当地农业部门和档案部门工作人员进行座谈。

（姜延溪）

企业电子文件归档和电子档案管理工作纳入国家电子商务发展中长期规划

近年来国家档案局大力推进企业电子文件归档和电子档案管理工作，全面实施新修订的《会计档案管理办法》，推行电子会计资料电子化归档，为电子商务的发展提供了有力支撑。正是基于电子文件归档和电子档案管理在电子商务发展中的重要作用，经过国家档案局的努力，档案工作纳入商务部、中央网信办、国家发改委三部门联合印发的《电子商务“十三五”发展规划》（以下简称《规划》）和《促进电子商务发展三年行动实施方案（2016—2018 年）》（以下简称《实施方案》）。

《规划》提出，十三五期间，“要加快企业电子档案管理制度及平台建设。完善电子发票、电子会计档案等管理制度和规范标准；推进电子档案管理，形成电子发票信息库，建设国家及地方电子发票信息管理与服务平台，发挥电子会计档案对电子商务的促进和保障作用”。《规划》同时提出，“支持各企业创新电子档案收集和利用方式，盘活电子商务交易平台海量交易数据信息，提供合法合规的数据信息产品，提高电子商务经营效率与水平”。

《实施方案》提出，“要建立电子合同、电子合同档案管理相关标准规范及制度，建设电子合同公共服务平台，为各类电子商务市场主体提供规范化电子合同相关服务；完善电子发票、电子会计档案等管理制度”。

（车昊珈）

国家档案局开展档案信息资源开发利用优秀案例评选

为促进企业档案信息资源开发利用工作，国家档案局 2017 年组织开展了全国企业档案信息资源开发利用优秀案例评选活动。评选活动成立了评选领导小组，下设评选小组办公室。评选小组办公室制定了评选标准及方案，并负责评选活动具体事项。

各省、自治区、直辖市档案局和各中央企业档案协作组、非公企业档案协作组结合“国际档案日”活动，共上报推荐案例 133 个。经初审、专家预评审，评选领导小组评定、公示等程序，评出一等奖 5 名、二等奖 10 名、三等奖 15 名、特别奖 1 名、优秀奖 65 名。国家档案局发文表彰。

获奖名单和一等奖、二等奖 10、三等奖、特别奖案例还在《中国档案·企业档案工作专刊》上刊登。

（张晶晶）

国家档案局成为僵尸企业处置协调小组成员

随着国家供给侧结构性改革战略举措的实施，“处僵治困”近几年成为供给侧结构性改革的重点工作。国家档案局主动开展为加强中央企业处置“僵尸企业”工作中的档案处置工作，2017 年申请加入中央企业处置“僵尸企业”工作部际联席会议并成为僵尸企业处置协调小组成员。

僵尸企业处置协调小组定期召开工作座谈会，听取有关中央企业的汇报，形成会议纪要；定期出台“处僵治困”工作简报，通报“僵尸企业”处置进度。国家档案局通过协调小组中获取的信息对中央企业采用调研、会议等形式明确“处僵治困”档案工作思路，对有关中央企业做好“僵尸企业”关闭后档案的处置工作提出要求，以维护档案资源完整、安全。

（张晶晶）

国家档案局制定《企业境外档案管理办法》

随着我国“走出去”战略和“一带一路”倡议的实施，中国境内企业在境外投资设立企业的情况不断增加，境外资产规模不断扩大，境外业务领域不断延伸，境外档案工作的重要性日益突出，境外单位对加强档案工作的需求也越发迫切。基于企业境外档案工作起步晚、基础弱，面临着管理模式多样、安全保管有隐患、人员少且流动性大、受当地法律法规限制多等实际，国家档案局为了加强企业境外档案管理，启动了《企业境外档案管理办法》（以下简称《办法》）的编制工作。经过调研、起草初稿、修改讨论等环节，下发了《国家档案局办公室关于征求〈境外投资企业和境外项目档案管理办法（征求意见稿）〉》。征求意见稿分为总则、管理职责与人员、境外文件材料的形成与归档、境外档案管理、奖励与责任追究、附则等内容，明确提出了境外档案管理的原则、责任主体、归属流向、应急管理等要求。

（袁瑞）

国家档案局和科技部联合修订《科学技术研究档案管理暂行规定》

为加强科学技术研究档案管理，充分发挥科学技术研究档案在政治、经济、文化、社会、民生等领域的作用，由国家档案局牵头组织，会同科技部启动了《科学技术研究档案管理暂行规定》（以下简称《暂行规定》）修订工作，并于3月下发《国家档案局办公室关于征求〈科学技术研究档案管理暂行规定〉修订意见的通知》，公开征求修订意见。此次是《暂行规定》颁布实施30多年来第一次修订。1987年，国家科委、国家档案局发布《暂行规定》，对科研档案的定义、管理、检查、开发利用等进行了规定。但是近年来，随着我国科技实力和创新能力不断提升，科技体制改革不断深化，对科研档案管理也提出了新的更高的要求，《暂行规定》中的部分内容已不适应当前要求，需要根据新的实践修改完善。新修订的《暂行规定》将结合新形势下科研工作的特点对科研档案工作中的管理职责、科研文件材料的形成和归档、科研档案的管理和利用等重点内容提出新的要求，是当前深化科技体制改革，创新驱动战略实施，推动创新型国家建设的时代背景下国家档案局推动科研档案管理的一项重大举措。

（袁瑞）

国家档案局召开破产关闭国有企业档案处置工作专题座谈会

2017年5月4日至5日，国家档案局在江苏常州市召开破产、关闭国有企业档案处置工作专题座谈会。各省、自治区、直辖市，计划单列市，新疆生产建设兵团档案局部分分管局长及负责企业档案业务的同志，各中央企业档案工作协作组组长单位档案部门的负责人60多人参会座谈。各省级档案行政管理部门在会上交流了本辖区内资产与产权变动企业档案工作开展的情况，对《关于在深化国有企业改革中加强企业档案工作的意见（初稿）》（以下简称《意见》）进行讨论。

会议强调，随着国家供给侧结构性改革的推进，资产和产权变动是未来一个时期国有企业的常态，做好这个过程中的档案工作既是围绕中心、服务大局的具体体现，也是档案行政管理部门和各企业档案部门义不容辞的责任。会议要求各级档案行政管理部门、各国有企业总部要按照国家档案局《企业文件材料归档范围和档案保管期限规定》的要求，加强档案资源体系建设，倡导建设档案中心和试点单位，引导国有企业加强档案资源集中管理；要提高认识，主动出击，尽快与国有资产监督管理部门联系，全面掌握本地区、本企业资产与产权变动情况，力争加入协调处置机构，确保档案处置到位；根据《关于进一步加强档案安全工作的意见》的要求，继续强化国有企业档案安全建设。

会议期间，与会代表考察了常州市工商档案博览中心。

（张晶晶）

国家档案局起草《关于在深化国有企业改革中加强档案工作的意见》

为更好地贯彻落实《中共中央关于全面深化改革若干重大问题的决定》，按照中央全面深化改革领导小组的部署，针对国有企业的改革，国家推出了一系列改革举措，引导国有企业去产能、压缩层级、降低管理成本、推进混合所有制改革，以进一步激发国有企业活力。但在国有企业改革中，档案工作依然面临一些突出问题，像档案管理部门层级下沉、人员大幅减少、管理力度削弱、产权变动中档案处置不当等，特别是部分中央企业在实施压缩层级、降低管理成本的改革措施中首先将档案部门压缩，大幅度减少档案部门人员，这些问题的出现严重影响了企业档案工作的健康有序发展，对企业自身和国家社会都将产生不利影响。为应对以上问题，进一步加强国有企业改革中的档案工作，国家档案局起草制定《关于在深化国有企业改革中加强档案工作的意见》（以下简称《加强意见》），对国有企业改革中加强档案工作提出重点任务，明确工作要求。

《加强意见》深入贯彻“四个全面”战略布局、五大发展理念和深化国有企业改革的战略决策部署，坚持稳中求进的工作总基调，不面面俱到，突出重点，以问题为导向，基于解决当前国有企业档案工作存在的主要问题；同时结合《关于加强和改进新形势下档案工作的意见》《全国档案事业发展“十三五”规划纲要》《李明华局长在全国档案安全工作会议上的讲话》和2017年国家档案局有关重点工作的落实，对提高国有企业档案工作的认识，完善国有企业档案工作体制机制，加强国有企业资产与产权变动中的档案管理，加强档案安全等方面提出要求，是新形势下国家档案局为党和国家中心工作服务，全面加强国有企业档案工作的重要举措，对于贯彻全面深化改革决策部署，切实加强国有企业档案工作具有重要意义。

（袁瑞）

企业电子文件归档和电子档案管理试点取得重大进展

自2016年7月国家档案局与国家发展改革委联合开展电子文件归档和电子档案管理试点工作以来，国家档案局大力推进企业电子文件归档和电子档案管理试点工作，及时跟踪试点进度，通过现场指导、远程咨询相等方式，解决试点中遇到的问题，指导试点企业完成试点任务。

2017年8月，国家档案局召开企业电子文件归档和电子档案管理试点中期检查会。会上，各试点单位介绍了试点工作进展情况，国家档案局经科司对企业在试点工作中遇到的问题进行了解答。首家通过验收的试点企业中国石油天然气集团有限公司在会上做了试点成果介绍和经验分享。

截至2017年底，中国石油天然气集团有限公司、中国商飞上海飞机设计研究院、天津轨道交通集团有限公司、交通银行股份有限公司等4家试点企业已完成试点工作并通过验收。通过此次试点工作，试点企业解决了会计核算系统、产品数据管理系统（PDM）、工程建设项目计算机辅助技术系统（CAD）等企业业务系统形成电子文件归档的难题。

（车昊珈）

《档案服务外包工作规范》发布

近年来，随着经济高速发展，国内档案管理外包服务需求快速增长，来自金融机构、大型企事业单位的大量业务资料、凭证、单据等呈几何级数增加，与原本有限的档案管理设施资源形成了鲜明对比，档案管理外包服务企业由此开始涌现出来。与此同时，各类档案服务外包机构发展迅速但良莠不齐，亟须建立一套既符合中国市场实际需求，又顺应国际发展趋势的内容完备、权责明确、严谨务实的行业管理规范和标准体系。2017年8月，国家档案局发布档案行业标准《档案服务外包工作规范》（DA/T 68—2017）（以下简称《规范》）。《规范》从总体上对档案服务外包工作进行一般要求。主要包括5个方面的内容：第一，说明档案服务的业务类型。第二，明确档案服务外包工作中各相关主体之间的关系。第三，从规划与审批、承包方筛选与确定、合同签订、合同执行及监督、评估与改进等过程为发包方工作提供指引。第四，提出承包方档案服务管理体系框架，并从战略管理、资源管理、业务管理和安全管理等方面对承包方基本服务能力建设提出要求。第五，对第三方机构的工作提出基本要求。《规范》在借鉴国际档案外包服务行业标准和规范的基础上，结合中国档案管理的有关制度和特点，前瞻性地推出一系列档案管理外包服务的工作规范和指导原则，从而能有效地促进国内档案管理外包服务运作的科学化和规范化，提高档案管理的商业性资源利用和社会分工专业化，形成规模化经济效应，推动中国档案管理外包服务的健康、有序发展，同时为档案行政管理部门制定相关政策提供支持和应用规范。

《规范》的下发旨在规范和引导档案服务外包行为，为各相关主体建立标准化的沟通语言，指引发包方科学开展档案服务外包工作、选择合格的承包方，指导承包方有效开展档案服务管理体系建设、提升服务能力，为第三方机构正确判断服务质量提供参考依据，从而推动档案服务外包工作的良性、有序发展。

（袁瑞）

国家档案局起草《企业档案工作“双随机一公开”检查细则》

2015年8月，国务院办公厅发布《国务院办公厅关于推广随机抽查规范事中事后监管的通知》（国办发〔2015〕58号），要求在政府管理方式和规范市场执法中，全面推行“双随机一公开”的监管模式，加快“双随机一公开”配套制度机制建设，并指出随机抽查不仅要在市场监管领域推广，也要在各部门的检查工作中广泛运用。“双随机一公开”即在监管过程中随机抽取检查对象，随机选派执法检查人员，抽查情况及查处结果及时向社会公开，是深化“放管服”改革，创新政府管理方式，规范执法行为的有效方式，是完善事中事后监管的重要举措，对于提升监管的公平性、规范性和有效性，减轻企业负担和减少权力寻租，具有重要意义。近年来，海关、工商、税务、质检等部门和天津、广东等多地已探索开展随机抽查监管，为在企业档案工作领域开展“双随机一公开”检查积累了较丰富的可供借鉴的经验。

在此背景下，2017年4月国家档案局着手组织制定《企业档案工作“双随机一公开”检查细则》（以下简称《细则》），《细则》对企业“双随机一公开”检查中的检查原则、检查程序、检查结果公开等进行了明确并提出了详细完整的评估标准，力求通过“双随机一公开”检查的方式加强对企业档案工作的监督指导，引导企业档案工作朝着更规范、更完善的方向发展。

（袁瑞）

《企业数字档案馆建设指南》正式发布

《全国档案事业“十三五”规划纲要》将推进数字档案馆建设列为“十三五”时期的重点任务之一。但一直以来，不少企业反映，在数字档案馆（室）建设中，缺少针对性强的参考性文件，在进行数字档案馆（室）建设方案设计、需求分析、体系实施等过程中，存在数据格式不统一、系统功能挂一漏万、建设过程不规范等问题。为此，国家档案局组织人员编写了《企业数字档案馆室建设指南》。

2017年9月1日，国家档案局正式发布《企业数字档案馆（室）建设指南》（以下简称《指南》）。该《指南》旨在为企业数字档案馆（室）建设提供针对性强的参考性文件，解决在建设过程中存在的数据格式不统一、系统功能挂一漏万、建设过程不规范等问题。

与现行有关数字档案馆、数字档案室建设指南相比，《指南》体现了企业特色，主要表现在以下方面：

一是将数字档案馆和数字档案室建设要求合二为一。由于企业档案管理体制机制大量存在馆室合一的情况，《指南》将数字档案馆和数字档案室建设要求合二为一，更加符合当前企业档案工作实际。

二是在档案管理系统功能上突出了企业需求，增加了如文件材料分发控制等可选的功能需求，以满足部分企业档案部门承担文件材料管理职能的实际需求。

三是在档案资源建设上突出了企业特点，按企业档案分类列出了档案数字化的范围，可操作性更强。

四是突出了电子文件归档管理，按企业信息系统类型详细列出了电子文件的归档范围。

（车昊珈）

中央企业档案业务指导关系调整

按照深化简政放权、放管结合、优化服务改革的要求，为落实《国务院办公厅关于转发国务院国资委以管资本为主推进职能转变方案的通知》（国办发〔2017〕38号）和《中共中央国务院关于深化国有企业改革的指导意见》提出的“将配合承担的公共管理职能归位于相关政府部门和单位”有关要求，加强对中央企业的档案业务指导，国家档案局对中央企业档案业务指导工作进行调整。一是于2017年5月下发《国家档案局办公室关于调整中央企业档案工作协作组的通知》（档办函〔2017〕143号），对中央企业档案工作协作组进行调整，各协作组按照新的分组开展协作组活动。调整后的分组名单附后。二是按照新的分组于6月召开了企业档案工作协作组组长会，中央企业和非公企业档案工作协作组组长共12家单位参加了会议。会议确定了中央企业档案工作协作组组长单位及部分副组长单位，名单如下：第一组，组长单位为航天科工集团公司，副组长单位为中国船舶重工集团公司；第二组，组长单位为中国石油化工集团公司，副组长单位为中国华能集团公司；第三组，组长单位为机械科学研究总院；第四组，组长单位为中国铁路总公司；第五组，组长单位为中国化学工程集团公司；第六组，组长单位为中国普天信息产业集团公司；第七组，组长单位为中粮集团有限公司。会议确定各协作组每次活动后均应形成会议纪要和简报，报国家档案局经科司存档。

附：中央企业档案工作协作组分组名单

第一组军工（14家）

中国工程物理研究院、中国核工业集团公司、中国核工业建设集团公司、中国航天科技集团公司、中国航天科工集团公司、中国航空工业集团公司、中国船舶工业集团公司、中国船舶重工集团公司、中国兵器工业集团公司、中国兵器装备集团公司、中国电子科技集团公司、中国航空发动机集团有限公司、中国电子信息产业集团有限公司、中国商用飞机有限责任公司。

第二组能源、化工（15家）

中国石油天然气集团公司、中国石油化工集团公司、中国海洋石油总公司、国家电网公司、中国南方电网有限责任公司、中国华能集团公司、中国大唐集团公司、中国华电集团公司、中国国电集团公司、国家电力投资集团公司、中国长江三峡集团公司、神华集团有限责任公司、中国中煤能源集团有限公司、中国化工集团公司、中国广核集团有限公司。

第三组机械制造及冶金（18家）

中国第一汽车集团公司、东风汽车公司、中国第一重型机械集团公司、中国机械工业集团有限公司、哈尔滨电气集团公司、中国东方电气集团有限公司、鞍钢集团公司、中国宝武钢铁集团有限公司、中国铝业公司、中国五矿集团公司、机械科学研究总院、中国钢研科技集团有限公司、中国有色矿业集团有限公司、北京有色金属研究总院、北京矿冶研究总院、中国中车集团公司、中国铁路通信信号集团公司、中国西电集团公司。

第四组交通通讯（15家）

中国铁路总公司、中国邮政集团公司、中国电信集团公司、中国联合网络通信集团有限公司、中国移动通信集团公司、中国远洋海运集团有限公司、中国航空集团公司、中国东方航空集团公司、中国南方航空集团公司、中国旅游集团公司［香港中旅（集团）有限公司］、中国国际技术智力合作公司、中国民航信息集团公司、中国航空油料集团公司、中国航空器材集团公司、中国铁路物资（集团）总公司。

第五组工程建设（15家）

中国建筑工程总公司、国家开发投资公司、中国国际工程咨询公司、中国煤炭科工集团有限公司、中国化学工程集团公司、中国建材集团有限公司、中国建筑科学研究院、中国铁路工程总公司、中国铁道建筑总公司、中国交通建设集团有限公司、中国建筑设计研究院、中国冶金地质总局、中国煤炭地质总局、中国电力建设集团有限公司、中国能源建设集团有限公司。

第六组贸易及制造业（15家）

中国中化集团公司、中国通用技术（集团）控股有限责任公司、招商局集团有限公司、华润（集团）有限公司、中国中钢集团公司、中国轻工集团公司、中国工艺（集团）公司、中国盐业总公司、中国普天信息产业集团公司、电信科学技术研究院、中国中丝集团公司、中国保利集团公司、中国华录集团有限公司、上海贝尔股份有限公司、武汉邮电科学研究院。

第七组其他（15家）

中国出版集团公司、中粮集团有限公司、中国储备粮管理总公司、中国节能环保集团公司、中国诚通控股集团有限公司、中国恒天集团有限公司、中国农业发展集团有限公司、中国林业集团公司、中国医药集团总公司、新兴际华集团有限公司、中国黄金集团公司、华侨城集团公司、珠海振戎公司/南光（集团）有限公司（正在合并）、中国国新控股有限责任公司、中国印钞造币总公司。

（袁瑞）

国家档案局起草《食品档案管理办法》

长期以来，食品安全一直是党和国家及人民群众关心的问题，食品质量是否安全可靠不仅关系着国民身体健康和生命安全，还关系着国家的经济运行和政府的民生保障工程，影响社会的和谐稳定。但近年来食品安全问题时有发生，反映出了食品企业在生产经营方面存在的问题。食品档案作为在食品的研发、原材料采购、生产、销售等环节中形成并具有保存利用价值的各种形式的文件材料，是食品生产过程的真实记录，能够为建立食品安全追溯体系提供有效支撑，从而减少食品安全事件的发生。但不少食品企业忽视了对食品档案的管理，许多食品企业未将食品档案纳入其归档范围，食品档案收集不全、管理混乱、丢失等现象时有发生，导致食品档案的参考凭证价值难以发挥，无法为食品安全提供保障。

为进一步加强和规范食品档案管理，国家档案局于2017年3月着手组织制定《食品档案管理办法》（以下简称《办法》）。《办法》结合食品档案的特点，提出了一系列有针对性的管理要求，对食品文件材料的收集整理与归档、档案的管理和利用以及食品文件材料归档范围和档案保管期限表等问题进行了重点研究，对加强食品档案安全工作，促进食品安全追溯体系的建立具有重要意义。

（袁瑞）

国家档案局开展企业数字档案馆（室）建设试点工作

为全面落实《全国档案事业发展“十三五”规

划纲要》，加强企业电子文件归档和电子档案管理工作，推进企业数字档案馆（室）建设，实现企业档案工作的提质增效和数字化转型升级，国家档案局决定开展企业数字档案馆（室）建设试点。

2017 年 12 月 1 日，国家档案局印发《国家档案局办公室关于开展企业数字档案馆（室）建设试点的通知》，启动企业数字档案馆（室）建设试点申报工作。该通知对试点的内容、试点工作组织、试点单位的基本条件、试点方案申报、申报工作时间节点等进行了详细说明。

试点是以《企业数字档案馆（室）建设指南》为基本依据，以提高档案工作效率，提升档案管理水平为目标，通过试点来形成一批资源数字化、管理信息化、服务知识化，具有先进管理水平的示范型企业数字档案馆（室），引领全国的企业数字档案馆（室）建设。

（车昊珈）

创新项目档案监管方式 建立约谈工作机制

为进一步加强项目档案管理监督管理，结合工作出现的实际情况，突出问题导向，丰富监管手段，国家档案局建立建设项目档案约谈工作机制，取得良好效果。

过去，在开展项目档案检查和审核项目申请验收材料中，经常发现一些问题，如领导不重视项目档案工作，档案的完整性、准确性、系统性较差，项目档案验收申请及自检报告简单，前后一些内容矛盾等等。经初步了解，主要原因是项目领导对项目档案工作重视不够，档案管理措施不到位，同时集团总部对于项目档案工作指导不到位、审核不严。为避免此类问题继续发生并全面了解集团总部及项目实际情况，经科司分别对中国大唐集团有限公司、中国华电集团有限公司、中国有色矿业集团有限公司等 3 个集团总部相关单位进行了约谈，指出了项目档案工作中存在的问题，同时暂缓开展有关项目档案专项验收，要求针对约谈中提出的问题整改完成后再适时组织档案验收。

约谈后相关单位积极整改，成效显著。被约谈的单位针对自检报告中存在的问题逐一核实，并重新起草专项验收自检报告上报我局；能够结合自身存在问题，根据约谈情况督促项目单位对存在问题整改，对相关材料进行补充完善；针对项目存在问题进行全面剖析和整改，并将整改情况报送我局。同时注重加强对项目建设单位的监督指导，邀请行业专家对项目进行档案技术咨询，对档案齐全、完整、准确、系统方面进行了认真梳理，并对整改提出明确要求，使项目档案管理水平有了一定提高。

约谈效果明显，一是触动领导，引起重视。3 家单位对约谈情况及时向集团公司相关领导进行了汇报，集团领导要求各级责任主体单位要深刻反省，深入整改，对存在问题举一反三，自查档案工作中的漏洞，杜绝类似事件再次发生；二是主动作为，深入排查。相关单位对约谈中提出的问题和建议及时部署整改方案，对检查中提出的问题和建议基本做到一一对应，对档案的齐全、完整、准确及系统性等方面进行认真梳理，效果较好；三是采取措施，提升管理。相关单位认真按照约谈内容对项目档案管理全过程进行梳理。转变观念，多措并举，建章立制、前端控制等档案管理工作，取得较好的成效，真正做到通过加强项目档案管理提升全系统档案管理水平的目的。

（李朝霞）

加强军工固定资产投资项目档案工作

2017 年 3 月，国家档案局、国防科工局在北京组织召开军工固定资产投资项目档案工作协作组会。国家档案局经科司、国防科工局发展计划司、国防科工局信息中心、各军工集团公司等单位的代表参加了会议。会上，协作组成员单位汇报了本单位 2017 年军工固定资产投资项目档案工作开展情况及项目档案验收情况，交流了项目档案工作经验。

国家档案局经科司、国防科工局发展计划司有关领导出席会议并讲话。会议肯定了国防科工局与国家档案局联合开展项目档案专项检查的成效，并对检查中存在的问题进行了分析；对各单位 2017 年取得的工作成绩和团结协作取得的活动成果，特别是对加强档案人员队伍建设，提高档案人员素质方面给予鼓励。会议希望继续发挥协作组交流合作平台作用，加强项目档案人员队伍建设，不断提高竣工项目档案管理水平。

（李朝霞）

国家档案局对内蒙古自治区、吉林省区域建设项目档案工作巡回检查

为加强对建设项目档案工作的监督、指导，推动建设项目档案工作发展，2017 年国家档案局组织检查组对内蒙古自治区、吉林省区域内不同行业、不同类型建设项目档案工作进行了检查。检查组由国家档案局、部分省级档案行政管理部门、相关的

项目主管部门档案负责人组成。

检查组采取听汇报和现场检查两种形式。共听取了 11 个单位的档案工作汇报，其中内蒙古自治区 5 个单位分别是内蒙古自治区档案局、水利厅、交通厅、煤炭工业局和内蒙古电力（集团）有限责任公司；吉林省 6 个单位分别是吉林省档案局、吉林省交通厅、吉林省高速公路集团有限公司、大唐吉林发电有限公司、吉林省民航机场集团公司、哈达山水利枢纽工程管理局。现场检查了 11 个项目的档案工作，其中内蒙古自治区 6 个项目分别内蒙古移动公司云计算中心项目、呼和浩特市地铁 1 号线一期工程、国电龙源风电项目、呼和浩特市香岛生态农庄（园区）产业化基地光伏发电项目、包头市北梁棚户区搬迁改造项目、黄河内蒙古段二期防洪工程(包头段)。吉林省长春地铁一号线一期工程、长春轨道客车公司完善动车组制造平台建设项目、中国第一汽车集团公司动力总成试验工厂建设项目（一期)、丰满水电站全面治理（重建）工程。检查组按照档案专项验收的程序对每一个现场检查项目进行检查，并分别对 2 个省项目档案检查情况发出检查意见。

检查达到了预期的效果：

1. 对内蒙古自治区、吉林省区域建设项目档案工作开展情况有了一定了解。检查组认为内蒙古自治区、吉林省档案局重视建设项目档案工作。内蒙古自治区档案局与自治区发展改革委联合印发《关于进一步加强全区重大建设项目档案管理工作的通知》《内蒙古自治区重大建设项目档案验收实施细则》等文件；与自治区煤炭工业局联合印发《关于加强煤矿建设项目档案工作的意见》，在大唐国际锡林浩特矿业有限公司共同举办全区煤炭建设项目档案工作现场会，交流开展项目档案工作的经验和做法；积极开展建设项目档案业务的监督和指导，各级档案部门深入项目一线主动服务；督促和指导项目主管部门制定和完善相关制度；开展项目档案执法检查和对已验收部分项目档案工作的复查；积极开展建设项目档案培训工作，培训中针对项目档案工作中存在的突出问题，提出明确要求，使建设项目档案人员的业务素质和技能有了较大提高。吉林省与省发展改革委、省经委联合转发了《重大建设项目档案验收办法》，制定了《吉林省重大建设项目档案验收工作程序》；明确政府性投资项目建成后，应由档案部门组织档案专项验收；服务“一带一路”、振兴东北老工业基地、长吉图开发开放战略，及时介入交通建设重点工程、环境保护及生态保护工程、水利设施建设等重大基础设施项目档案工作监督指导；与项目投资部门加强配合，联合对建设项目档案工作开展专项督查和稽查。

2. 巡回检查对建设项目档案工作起到了一定的推动作用。通过听汇报和现场检查形式，引导项目建设单位再次梳理档案工作。特别是现场检查项目，检查组专家的质询和点评反馈了检查组的检查意见和建议，对项目档案工作具有一定的指导与借鉴作用。

3. 巡回检查为各级档案工作者搭建了相互学习、相互交流共同探讨问题，统一认识的平台。来自不同地区、不同项目主管部门档案检查组的成员在短时间内对项目检查、点评、反馈，是对检查组成员档案业务技能的检验。这种检查、点评、反馈，对在建项目和面临验收项目是一次现场业务指导，更是对项目参建单位的领导和档案人员一次建设项目档案工作知识和观念的培训。

（李朝霞）

一批重大建设项目通过国家档案局组织和委托组织的档案验收

2017 年国家档案局组织 5 个项目档案验收，分别是长江三峡水利枢纽升船机工程通过档案验收、川东北元坝气田 17 亿立方米/年试采建设项目、雅砻江桐子林水电站项目、新建杭州至长沙铁路客运专线湖南段、新建长沙至昆明段铁路客运专线湖南段项目。这些项目符合《重大建设项目档案验收办法》的验收要求，已通过档案专项验收。

国家档案局委托 26 个项目档案验收，由相关省市档案行政管理部门会同有关行业主管部门组织，分别是：新疆大南湖矿区西区大南湖一号矿井及选煤厂项目、陕西神府矿区郭家湾煤矿项目、四川大渡河枕头坝一级水电站项目、新建合肥至蚌埠铁路客运专线项目、武九线提速扩能工程（南昌铁路局管段)、彬长矿区高家堡矿井及选煤厂项目、兰新铁路乌鲁木齐西至阿拉山口段电气化改造工程、兰新线红柳河至乌鲁木齐西电气化改造工程、新建铁路哈密货车南环线工程、改建铁路南疆线吐鲁番至库尔勒段增建第二线、新建霍尔果斯铁路口岸站工程、四川大渡河安谷水电站项目档案预验收、陕西榆横矿区小纪汗煤矿项目、陕西神府矿区青龙寺煤矿项目、山东液化天然气（LNG）项目一期工程接收站工程项目、陕西榆神矿区杭来湾煤矿及选煤厂项目、陕西榆神矿区金鸡滩煤矿项目、新建拉萨至日喀则铁路工程、改建铁路青藏线西宁至格尔木段增建第二线工程、四川大渡河安谷水电站项目档案预验、新建临河至策克铁路、新建策克口岸站及临策铁路天鹅湖西站至策克口岸站联络线工程、京包线大同至包头段电气化改造工程、呼和浩特新客站建设工程、新街（不含）至陶利庙（含）铁路、新疆神华哈密大南湖电厂新建工程。这些项目档案已通过档案专项验收，验收工作结束后验收文件已报国家档案局备案。

（李朝霞）

国家重大建设项目竣工档案验收工作介绍

长江三峡水利枢纽升船机工程通过档案验收

三峡升船机工程是长江三峡水利枢纽工程的组成部分，布置在三峡枢纽工程左岸，位于双线五级船闸右侧、左岸非溢流坝7号和8号坝段之间，由上游引航道、上闸首、船厢室段、下闸首和下游引航道等部分组成。工程采用“齿轮齿条爬升式”形式，过船规模为3000吨级，最大提升高度113米。

2007年8月国务院三峡工程建设委员会批复工程总体设计报告，2008年4月正式开工，2012年8月完成主体混凝土浇筑，2014年2月完成船厢主体结构安装，2015年12月完成船厢全行程调试，2016年5月完成通航前验收，2016年9月开始试通航。

为规范和指导长江三峡水利枢纽升船机工程档案验收工作，国家档案局组织编制了《长江三峡水利枢纽升船机工程档案验收大纲》（简称《验收大纲》）。《验收大纲》是三峡升船机档案验收工作的指导性文件，确定的三峡升船机工程档案验收范围为三峡升船级续建工程建设和管理形成的档案及档案管理工作。三峡升船机续建工程主要包括：船厢室段、下闸首及下游引航道二期开挖及支护；船厢室段塔柱混凝土工程、金属结构及机电设备；上闸首坝顶活动公路桥，高程185米以上排架柱，上闸首工作闸门及启闭机；下闸首混凝土工程、金属结构及机电设备；下游交通桥，下游引航道导航、靠船建筑物等。

根据中国长江三峡集团公司申请，国家档案局于2017年10月14—17日组织验收组，对长江三峡水利枢纽升船机工程档案进行了验收。验收组听取了中国长江三峡集团公司关于工程建设和档案工作汇报，长江三峡技术经济发展有限公司关于工程监理档案工作汇报，葛洲坝集团三峡建设工程有限公司关于工程施工档案工作汇报，查看了项目现场，查验了有关佐证材料，抽查了项目档案。验收组认为：

档案管理体制健全，组织实施有序。档案工作实行“统一管理、监督指导、牵头实施、分工负责”的管理模式，由三峡集团公司统一领导，办公厅统筹规划，三峡工程档案馆（以下简称档案馆）归口管理；枢纽管理局、机电工程局等部门组织实施。在三峡枢纽工程档案管理制度体系基础上，新制定《合同项目档案验收办法》，并有针对性地制定了《三峡升船机工程文件材料归档范围》，强化了项目档案验收把关，进一步规范项目档案管理。

采取有效措施，加强过程管控。档案工作纳入合同管理，档案部门参与合同项目尾款支付；将档案整编完成情况列入项目管理协调例会；档案验收纳入项目完工验收；档案移交实行施工单位自查、监理单位审查、项目部审核、档案馆验收的四级审核制度；将档案验收工作纳入集团公司督办任务，不断强化项目档案管理。

竣工图编制符合规范要求。竣工图由施工单位编制，按专业形成了竣工图编制说明，监理单位审核确认。竣工图图面整洁，签章手续完备，变更修改到位，变更依据标识清晰。

档案设施设备齐全。配备了满足档案工作需要的办公设备和符合国家要求的温湿度控制系统、气体灭火系统、视频监控系统等档案保护设施，档案保管条件符合“八防”要求。

档案信息化水平不断提高。建立了档案管理信息系统，满足档案资源多地在线同时利用的需求。入库项目档案已完成数字化工作，具备档案数据挂接条件。采用工程音像档案数字化平台整理音像档案，音像电子档案收集整理规范。

档案检查整改到位。根据2017年8月国家档案局对长江三峡水利枢纽升船机工程档案检查意见，建设单位及时制定整改方案，并督促各责任单位整改落实，收集补充了未归档文件，对不规范文件进行完善，对部分案卷重新整理。

截至目前，三峡升船机工程归档案卷2898卷（其中竣工图9948张），数码照片1082张，视频档案3356分钟。

验收组同意三峡升船机工程通过档案验收。

（李朝霞）

川东北元坝气田17亿立方米/年试采项目通过档案验收

根据中国石油化工集团公司办公厅《关于川东北元坝气田17亿立方米/年试采建设项目档案专业验收的请示》，国家档案局于2017年5月10—12日组织有关专家组成验收组，对川东北元坝气田17亿立方米/年试采项目档案进行了验收。验收组观看了项目建设专题片，听取了建设单位关于项目建设和工程档案管理情况汇报、监理单位代表濮阳中油工程管理有限公司关于监理档案和工程档案质量审核情况汇报，查验了有关佐证材料，抽查了项目档案并针对有关问题进行了质询。

川东北元坝气田17亿立方米/年试采项目位于四川省广元市、南充市和巴中市境内，矿权面积3200多平方千米，已探明天然气储量2194亿立方米。项目建成后达到年处理酸性气20亿立方米，年产净化气17亿立方米，年产硫磺15万吨生产能力。主要建设内容包括钻采工程、地面集输工程、天然气净化厂工程和公用工程等。项目于2011年7月由中国石化股份有限公司批准可行性研究报告，2011年8月开工建设，2011年9月经国家能源局备案确认。2014年10月完工，2014年12月正式投产。项目批复概算72亿元。

项目采用项目管理部领导下的工程承包+监理模式，建设单位为中国石化股份有限公司，中国石化西南油气分公司成立元坝气田开发建设项目部具体承担元坝气田开发建设的组织管理工作。项目主要设计单位有中国石化工程建设公司、中国石化石油工程设计有限公司等；总包单位有中国石化工程建设公司、中国石化石油工程设计有限公司等；主要监理单位有北京华夏石化工程监理有限公司、南京长江工程监理有限公司、濮阳中油工程管理有限公司等；主要施工单位有中国石化第四建设有限公司、中国石化胜利建设工程有限公司、中国石化胜利油建工程有限公司等；质量监督单位为石油化工工程质量监督总站胜利石油分站，生产运行单位为中国石化西南油气分公司川东北采气厂和中国石化广元天然气净化有限公司。

该项目建设单位高度重视档案工作，自项目筹建开始成立了档案机构，配备了专职档案管理人员，建立了项目副总经理分管、经营管理部归口管理、专兼职档案人员具体实施的档案工作管理体系，引入激励机制，将档案工作纳入绩效考核，建立了由业主、设计、监理、施工等单位组成的档案管理网络，明确了各参建单位文件材料收集归档职责，强化了沟通协调和部门联动。按照国家、行业管理规定和标准，结合项目实际制定并完善了《工程建设档案管理细则》《工程建设档案验收细则》《交工技术文件编制指南》等8项档案管理制度。将档案工作纳入领导议事日程和工程建设管理程序，定期召开档案工作协调会，在签订合同时设立专门条款，明确档案管理要求，在建设过程中注重开展档案业务培训和交流，检查指导各参建单位的文件材料归档工作，引入档案专业外包队伍强化档案收集整编，在项目文件收集、归档时采取多层级审核机制，将文件归档情况纳入工程结算。主体工程竣工图由设计单位编制，监理单位审核确认，逐张加盖竣工图章。竣工图图面整洁，变更修改到位，签章手续完备。设置了档案专用库房165平方米，实现了库房、阅览室、办公室“三分开”。加大经费投入，配备了与项目档案管理相适应的设施设备，档案保管符合“八防”要求。采用了统一的档案管理系统，建立了全文数据库，开展了电子档案接收、档案数字化扫描和原文挂接，档案数字化率达95%，共形成电子数据805GB，实现了档案在线查询利用。项目档案在工程审计、效能监察、竣工决算、企业宣传等方面发挥了作用。开展了档案编研工作，利用档案编制了工程纪录片、工程画册、纪念丛书等。

截至2017年5月，该项目共形成纸质档案11908卷，其中基本建设类档案10730卷（含竣工图52383张），会计档案1178卷。另有照片档案5251张，光盘153张。

验收组提出，该项目个别文件归档不全，如专项验收过程文件、“三剂”装填方案、72小时运行记录、环境监测报告等。净化厂工程竣工图总目录、总分目录尚未整理归档。

验收组认为，川东北元坝气田17亿立方米/年试采项目档案分类合理，收集较齐全，整理规范，项目档案反映了项目建设过程，能够满足生产运营和维护的需要，符合重大建设项目档案验收要求。同意川东北元坝气田17亿立方米/年试采项目档案通过验收。

（刘畅然）

雅砻江桐子林水电站项目通过档案验收

根据四川省档案局《关于雅砻江桐子林水电站项目档案专项验收的请示》，依据《重大建设项目档案验收办法》，国家档案局组织有关专家成立验收组，于2017年12月2—4日对雅砻江桐子林水电站项目档案进行了验收。验收组听取了雅砻江流域水电开发有限公司桐子林建设管理局关于工程建设及档案工作情况汇报，监理单位浙江华东工程咨询有限公司和四川二滩建设咨询有限公司关于工程监理档案和工程档案审核情况的汇报。验收组查验了有关佐证材料，抽查了项目档案，并针对有关问题进行了质询。

雅砻江桐子林水电站位于四川省攀枝花市盐边县境内的雅砻江干流上，是雅砻江干流下游最末一级梯级电站。工程主要由左岸重力式挡水坝段、河床式电站厂房坝段、河床4孔泄洪闸坝段、右岸导流明渠内3孔泄洪闸坝段、右岸重力式挡水坝段等建筑物组成。大坝坝顶高程1020米，最大坝高69.5米，总装机容量600MW（4×150MW）。项目于2010年9月经国家发展改革委核准，同年10月正式开工，2011年11月大江截流，2015年10月下闸蓄水，2016年3月全部机组投产发电。项目动态总投资62.57亿元。

项目建设单位为雅砻江流域水电开发有限公司（以下简称"雅砻江公司"），现场管理单位为桐子林建设管理局，设计单位为中国电建集团成都勘测设计研究院有限公司，主要施工单位有中国水利水电第七工程局有限公司、安蓉建设总公司、中国能建集团广西水电工程局等，主要监理单位有浙江华东工程咨询有限公司、四川二滩建设咨询有限公司等。

该项目档案工作实行统一领导、分级管理，自项目筹建开始建立了由建设单位和各参建单位组成的项目档案管理网络；明确了档案管理部门，配备了专职档案人员，多次开展各类档案业务培训，逐步提升档案人员素质；明确了各职能部门和参建单位文件材料收集归档的职责和义务；严格执行了国家、行业和雅砻江公司有关档案管理法规、制度和标准，并结合工程实际制定了《桐子林水电站工程档案整理实施办法》等13项制度规范。在签订合同时设立专门条款，明确规定档案管理要求，并进行履约考核；在日常现场巡查和单元验收时同步检查文件材料收集积累情况；推行"联合归档"机制，对普发性管理文件和多方联合形成的文件实行了联合归档；严格归档审核，采用了"承包人自检、监理审核、业主复核、档案人员确认"的三方会审四检制，并将监理档案审核情况纳入考核；档案人员参与月度质量检查、年度综合档案考评和合同尾款支付会签，加强了对文件归档的控制；在截流、蓄水、首台机组发电阶段和正式验收前，邀请地方档案行政管理部门组织阶段档案验收并及时整改完善。该项目竣工图由施工单位负责编制，监理单位审核，共形成竣工图13586张。竣工图图面清晰，修改规范，签章手续完备。该项目设有档案库房121平方米，实现了库房、阅览室、办公室"三分开"，配备了与工程相适应的档案设施设备，档案保管条件满足"八防"要求。项日采用了雅砻江公司统一的档案信息管理平台，建立了档案目录和重要档案全文数据库，开展了档案异地备份。已录入案卷级条目11067条、文件级条目132570条，电子档案全文挂接94192件，实现了档案案卷级、文件级目录检索和重要档案全文检索及远程利用。该项目积极开展档案编研，形成了《桐子林水电站工程开工宣传册》《桐子林水电站首批机组投产发电宣传册》《兰台青青述峥嵘》专题片和合规性文件汇编、制度汇编等多种编研成果。档案在维护企业合法权益、工程审计、工程形象宣传等方面发挥了应有作用。

截至2017年12月，该项目共形成纸质档案11067卷，光盘462张，照片11626张，岩芯162箱。

验收组提出，该项目个别文件材料未归档，如水轮机静平衡试验报告、少数监造见证记录等。未按专业编制竣工图编制说明。个别案卷组卷不合理，少数监理档案归类不准确。建议针对验收组所提问题进行补充完善。

验收组认为，雅砻江桐子林水电站项目档案收集较齐全，分类合理，整理规范，档案的完整、准确、系统情况能够反映项目建设过程，符合国家重大建设项目档案管理的要求。验收组同意雅砻江桐子林水电站项目档案通过验收。

（刘畅然）

新建杭州至长沙铁路客运专线湖南段、新建长沙至昆明段铁路客运专线湖南段项目通过档案验收

根据中国铁路总公司《关于申请验收新建合蚌客专和杭长、长昆客专湖南段项目档案的函》，依据《重大建设项目档案验收办法》，国家档案局组织有关专家成立验收组，于2017年2月27日至3月2日对新建杭州至长沙铁路客运专线湖南段和新建长沙至昆明铁路客运专线湖南段项目档案进行了验收。验收组听取了沪昆铁路客运专线湖南有限责任公司（以下简称"沪昆客专湖南公司"）关于工程建设及档案工作情况汇报，监理单位华铁工程咨询有限责任公司/德铁国际监理站和西安铁一院工程咨询监理有限责任公司与德国欧博迈亚设计咨询有限公司联合体关于工程监理档案和工程档案审核情况的汇报。观看了项目档案管理专题片，查验了有关佐证材料，抽查了项目档案，并针对有关问题进行了质询。

新建杭州至长沙铁路客运专线湖南段和新建长沙至昆明铁路客运专线湖南段是我国《中长期铁路规划网》中"四纵四横"客运专线网沪昆铁路客运专线的组成部分。新建杭州至长沙铁路客运专线湖南段线路自湘赣省界至长沙，正线全长92.455公里，速度目标值350公里/小时。项目投资154.54亿元。新建长沙至昆明铁路客运专线湖南段线路自长沙南站南端引出，向西至湘黔省界，正线全长413.939公里，速度目标值250公里/小时。项目投资514.78亿元。新建杭州至长沙铁路客运专线湖南段项目于2009年12月由国家发展改革委批准可行性研究报告，2010年6月正式开工建设，2014年8月通过初步验收，同年9月开通运营。新建长沙至昆明铁路客运专线湖南段项目于2010年4月由国家发展改革委批准可行性研究报告，2010年12月正式开工建设，2014年12月通过初步验收并开通运营。

工程建设单位为沪昆铁路客运专线湖南有限责任公司。新建杭州至长沙铁路客运专线湖南段设计单位为中铁第四勘察设计院集团有限公司、中南建筑设计院股份有限公司，主要施工单位有中铁建二十局集团有限责任公司、中铁三局集团有限责任公司等，监理单位为华铁工程咨询有限责任公司/德铁国际监理站。新建长沙至昆明铁路客运专线湖南段总体设计单位为铁道第三勘察设计院集团有限公司，主要施工单位有中铁大桥局股份有限公司、中铁二十五局集团第三工程有限公司等，主要监理单位有西安铁一院工程咨询监理有限责任公司与德国欧博迈亚设计咨询有限公司联合体，长沙中大建设监理有限公司与贝利（北京）咨询有限公司联合体等。

沪昆客专湖南公司成立了公司总经理任组长的档案管理领导小组，明确了档案管理部门，配备了档案工作人员，负责档案管理工作。在执行行业有关档案管理规章制度和标准规范的同时，制定了《沪昆铁路客运专线湖南段竣工文件编制移交管理办法》《沪昆客专湖南公司建设项目档案管理办法》等制度。通过召开档案专题会议，强化人员培训，开展档案检查并进行通报等方式不断加强档案过程管控。邀请中国铁路总公司档案史志中心、广铁集团档案馆进行档案培训、指导和检查，并对检查意见进行整改，形成闭环。竣工图由施工单位负责编制，监理单位负责审核，新建杭州至长沙铁路客运专线湖南段共形成竣工图12525张，新建长沙至昆明铁路客运专线湖南段共形成竣工图32926张。竣工图图面整洁，基本能反映项目建设实际情况。租用了档案专用库房，实现了办公室、阅览室、档案库房“三分开”，档案保管条件满足“八防”要求。采用了档案管理系统，建立了档案全文数据库，实现了档案文件级检索，并对部分重要档案进行了缩微复制。

截至2017年3月，新建杭州至长沙铁路客运专线湖南段项目共形成纸质档案11157卷，包括基本建设档案10621卷，会计档案536卷（含新建长沙至昆明客运专线湖南段），另有声像档案17卷，另有文书档案10308件（含新建长沙至昆明客运专线湖南段）。新建长沙至昆明客运专线湖南段项目共形成纸质档案44276卷，包括基本建设档案43740卷，会计档案536卷（含新建杭州至长沙客运专线湖南段），另有声像档案30卷。另有文书档案10308件（含新建杭州至长沙客运专线湖南段）。

验收组提出，该项目科研项目过程文件、部分监理通知单二次回复文件、少量施工管理性文件附件等尚未收集归档，土地证、项目决算文件待办理完成后应及时归档。少量归档文件材料形成不规范，如存在复印件代替原件归档现象，个别施工文件签署不完备。部分案卷整理不规范，如组卷不合理，案卷与文件题名不能准确揭示内容等。建议对存在问题逐条梳理，举一反三，落实相关责任，切实做好整改工作。

验收组认为，新建杭州至长沙铁路客运专线湖南段和新建长沙至昆明客运专线湖南段项目档案分类合理，收集基本齐全，整理基本规范，档案的完整、准确、系统情况总体能够反映项目建设的过程，符合国家重大建设项目档案管理的要求。验收组同意新建杭州至长沙铁路客运专线湖南段和新建长沙至昆明客运专线湖南段项目档案通过验收。

项目整改完毕，整改材料已备案。

（刘畅然）

国家档案局开展《铁路建设项目档案工作制度建设研究》

按照国务院《中长期铁路网规划》，我国将形成“八纵八横”主通道为骨架、区域连接线衔接、城际铁路补充的高速铁路网。伴随着铁路建设项目的开工投产，铁路建设项目档案工作面临着繁重的任务。为促进铁路建设项目档案达到标准化、规范化水平，2017年初，国家档案局委托中国铁路总公司，开展《铁路建设项目档案工作制度建设研究》课题研究。

中国铁路总公司牵头成立了由铁路建设管理和档案管理专家组成的课题组，通过对铁路工程和其他行业建设项目档案管理工作的调查研究、征求意见，依据国家建设项目档案管理相关标准，结合我国铁路建设项目实际情况，编制完成《中国铁路总公司铁路建设项目档案管理办法（送审稿）》《铁路建设项目档案验收暂行办法（送审稿）》，形成《铁路建设项目档案工作制度建设研究》的主体内容。《中国铁路总公司建设项目档案管理办法》按照国家法规、标准，结合铁路建设特点，从铁路建设项目档案管理的组织职责、项目文件的收集整理、归档移交、项目档案的管理以及电子档案的管理等方面提出要求，符合实际。《铁路建设项目档案验收暂行办法》从验收的依据和条件、验收组织、验收程序及要求等方面规范铁路建设项目档案验收工作。

同年11月，国家档案局召开座谈会，对项目阶段性成果进行了研讨，并提出修改意见。课题组按照专家意见，进行修改完善。12月，国家档案局组织专家对《铁路建设项目档案工作制度建设研究》项目研究成果进行了结题评审。

专家评审组一致认为，《铁路建设项目档案工作制度建设研究》课题研究，有助于提高铁路建设项目档案管理水平，相关研究成果完善了铁路建设项目档案的制度体系，规范了铁路建设项目档案工作。课题研究成果目标明确，思路清晰，研究过程深入细致，行业特点鲜明，覆盖铁路建设项目全过程，内容较为丰富，可操作性强，对有效开展铁路建设项目档案管理具有重要的指导意义，对规范铁路建设项目档案验收工作具有重要的促进作用。

专家组同意《铁路建设项目档案工作制度研究》项目形成的成果通过结题验收。

（王红敏）

国家档案局开展《水电项目文件形成质量控制实践与研究》课题研究

为提高水电工程项目档案质量，加强对水电项目文件形成的管控，2017年4月，国家档案局委托雅砻江流域水电开发有限公司（简称“雅砻江公司”）开展《水电工程建设项目文件形成质量控制实践与研究》课题研究。

雅砻江公司及时成立了课题组，在广泛调研的基础上，结合雅砻江流域水电开发的工程实践经验以及国内外水电站工程建设项目文件管理现状，从水电工程建设项目文件形成质量存在的主要问题、控制难点、控制路径、控制措施、实施效果、建议与展望等方面进行了深入研究，编制完成了《水电工程建设项目文件形成质量控制实践与研究报告》。

2017年12月，国家档案局组织专家对《水电工程建设项目文件形成质量控制实践与研究》课题成果进行了结题评审。

专家评审组一致认为，该课题通过研究，分析了影响水电工程建设项目文件形成质量的关键因素，梳理了全过程控制和与现代互联网技术深度融合控制项目文件质量的有效措施和方法，提出了提高项目文件形成质量的建议及措施。

项目研究目标明确、路线合理、方法科学，研究成果内容丰富，前瞻性、针对性、实践性强，起到了创新和引领作用，达到了预期目的，对水电行业及其他行业建设项目档案管理具有借鉴、推广价值。建议将研究成果进行补充、完善后及时推广应用。

验收组同意《水电工程建设项目文件形成质量控制实践与研究》通过结题验收。

（李朝霞）

国家档案局、民政部、农业部联合发布《村级档案管理办法》

2017年11月23日，国家档案局、民政部、农业部联合制定的《村级档案管理办法》（国家档案局 民政部 农业部令第12号，以下简称《办法》）正式发布，于2018年1月1日起正式施行。

村级档案是各类村级组织在农村开展各项工作的原始记录，充分反映了农村经济社会文化发展的各个方面。做好村级档案工作，对于维护现有农村经营体制、保障农民合法权益，推动农业产业现代化、强化农村基层社会管理具有重要意义。《办法》的颁布，是贯彻落实中共中央办公厅、国务院办公厅《关于加强和改进新形势下档案工作的意见》以及《全国档案事业发展“十三五”规划纲要》任务和要求的重要成果，对加大村级档案工作指导力度，提升农业农村档案工作水平，弥补档案事业发展“短板”，服务实施乡村振兴战略需要具有重要指导意义。

国家档案局会同民政部、农业部自2012年启动《办法》起草工作，经过充分调研、座谈、研讨和广泛征求意见，最终形成《办法》。全文共计19条，主要内容包括三个方面：

（一）总括性规定（第1条至第6条），对制定《办法》的目的和依据、村级档案定义、村级档案工作的内容、工作原则和要求、管理体制、机构设置及人员要求等内容进行了明确；

（二）操作性规定（第7条至第15条），针对村级档案的归档要求、档案分类和整理要求、安全保管要求、档案交接责任、档案鉴定与销毁、档案信息化和档案的利用开发等内容进行规定，便于基层档案工作人员实施操作；

（三）其他规定（第16条至第19条），对奖励、制定细则、解释权、施行日期等加以规定，另附《村级文件材料归档范围和档案保管期限表》供各地参考使用。

《办法》总体上着眼于促进相关部门互相配合，规范村级组织的档案管理，扎实推进农业农村档案资源体系建设。主要具有以下几个特点：

1. 普遍适用性。由于经济社会发展水平不平衡，我国东部、中部、西部地区的农村存在发展差距较大的现实问题。《办法》提出的一系列要求，充分考虑了不同地区村级档案工作存在的客观差异，又给各地结合实际执行预留了发展空间，具有普遍性的指导引领作用和可行性，符合村级档案工作未来的发展远景。

2. 针对性。为抓住村级档案工作的重点，《办法》主要将村级组织在党组织建设、村民自治、生产经营活动中形成的档案作为管理重点，将村党组织、村民委员会、村集体经济组织三类主要村级组织作为村级档案工作的主体重点，明确规定涉及村级档案的管理内容，这样也有利于各业务主管部门进行明确、科学的监督、指导。

3. 实用性。小农村，大社会。随着国家对农业农村发展的投入越来越大，基层村级组织承担的工作内容越来越多，形成的村级档案从内容到形式也越来越多样。《办法》根据实际情况综合考虑，将村级档案明确划分为文书类、基建项目类、设施设备类、会计类、照片类等几个大类，并分别参照《机关文件材料归档范围和文书档案保管期限规定》《会计档案管理办法》确定文书类、会计类档案的保管期限为“永久、30 年、10 年”，参照《国家重大建设项目文件材料归档要求与档案整理规范》等确定基建项目类、设施设备类档案的保管期限为“永久、长期”，以方便农村基层档案员的实际操作。

村级档案管理办法

第一条 为了加强农村档案工作，规范村级档案管理，服务新形势下的农村工作，根据《中华人民共和国档案法》《中华人民共和国村民委员会组织法》《中华人民共和国农业法》和国家有关规定，制定本办法。

第二条 本办法所称村级档案是指村党组织、村民委员会、村集体经济组织等（以下简称村级组织）在党组织建设、村民自治、生产经营等活动中形成的具有保存价值的文字、图表、音像等不同形式和载体的历史记录。

第三条 村级档案工作主要包括村级组织对村级档案进行的收集、整理、保管、鉴定、利用等工作。

第四条 村级档案工作实行统一领导、集中管理、安全方便的原则。

村级组织应将档案工作作为村级工作的重要事项，健全相应的工作制度，明确领导、健全机制、保障经费，确保档案的真实、完整、规范和安全。

第五条 村级档案工作在业务上接受乡镇人民政府、档案行政管理部门、民政部门、农业部门和相关部门的监督和指导。

第六条 村级组织应当指定专人负责档案的收集、管理和提供利用。有条件的村应当设立专用档案柜和档案库房集中管理档案。

档案管理人员应当具有良好的政治素质，遵纪守法，忠于职守，具备相应的档案管理知识，并经过一定的档案业务培训。

第七条 村级组织形成的具有保存价值的文件材料，均应当按照要求规范整理后归档，任何组织和个人不得据为己有或者拒绝归档。

县级档案行政管理部门可以依据《村级文件材料归档范围和档案保管期限表》（见附件）的规定，制定符合本地实际的村级文件材料归档范围和档案保管期限表。

第八条 村级档案一般包括文书、基建项目、设施设备、会计、音像、实物等类别。各类文件材料整理方法和归档时间如下：

（一）文书类应当按照《文书档案案卷格式》（GB/T 9705—2008）或者《归档文件整理规则》（DA/T 22—2015）的要求进行整理，于次年上半年归档。

（二）基建项目类应当按照《科学技术档案案卷构成的一般要求》（GB/T 11822—2008），并参照《国家重大建设项目文件材料归档要求与档案整理规范》（DA/T 28—2002）的有关规定及时整理归档。

（三）设施设备类应当在开箱验收后即时归档，使用维修记录等按照《科学技术档案案卷构成的一般要求》进行收集管理。

（四）会计类应当按照《会计档案管理办法》（财政部国家档案局令第 79 号）的要求进行收集整理，在会计年度终了后于次年 3 月底之前归档。

（五）照片应当按照《照片档案管理规范》（GB/T 11821—2002）、《数码照片归档与管理规范》（DA/T 50—2014）整理，由拍摄者在拍摄后 1 个月内将照片原图连同文字说明一并归档。

（六）电子文件应当按照《电子文件归档与电子档案管理规范》（GB/T 18894—2016）收集归档并管理。

（七）实物和其他门类按照档案工作有关规定及时归档。

第九条 档案制成材料和装订材料应当符合档案保护的要求。

第十条 档案库房应当采取防火、防盗、防水（潮）、防光、防尘、防磁、防高温、防有害生物等措施。

档案管理人员应当定期检查档案的保管状况，确保档案安全。对音像档案和电子档案，要定期检查信息记录的安全性，确保档案可读可用。

第十一条 不具备档案安全保管条件的，应当将档案交由乡镇档案机构代为保管，村级组织可以保存档案目录等检索工具以方便利用。

第十二条 村级组织换届选举后10日内，应当履行档案交接手续。必要时可以在选举前将档案暂存乡镇政府。村以及村民小组在设立、撤销、范围调整时，应当将档案妥善移交。

档案工作人员离任时应当进行档案移交，履行交接手续，防止档案散失。

第十三条 销毁已达到保管期限的档案时，应当成立档案鉴定工作小组及时进行鉴定。

鉴定工作小组由村级档案管理人员和形成档案的村级组织的人员（或者村民代表）组成，鉴定后应当形成档案鉴定报告。对失去保存价值的档案，应当清点核对并编制档案销毁清册，经过必要的审批手续后按照规定销毁。

禁止擅自销毁档案。村级档案销毁清册应当永久保存。

第十四条 村级档案工作应当积极推进档案信息化建设，配备必要的设施设备和档案管理软件，建立档案电子目录和全文数据库，逐步实现档案的信息网络共享。

第十五条 村级档案工作应当建立档案查阅利用制度，为本村各类组织及其成员、村民提供服务。查阅档案要遵守利用规定、履行查阅手续，不得有涂改、损毁、调换、抽取档案等行为。

档案管理人员应当围绕村中心工作或村级组织及其成员、村民利用需求，加强档案信息资源的开发利用，积极开展档案编研工作，如编写村史、村志、大事记等。

第十六条 对在村级档案工作中作出突出贡献的村干部、档案工作人员和其他组织、个人，由各级人民政府、档案行政管理部门及相关单位给予表彰和奖励。

第十七条 各省（自治区、直辖市）、新疆生产建设兵团档案行政管理部门商同级民政部门和农业部门，可以结合本办法和本地实际，制定实施办法及细则。

第十八条 本办法由国家档案局、民政部、农业部负责解释。

第十九条 本办法自2018年1月1日起施行。

附件

村级文件材料归档范围和档案保管期限表

一、文书类

1.党群组织工作文件材料

1.1 本村党组织（党委、党总支、党支部）委员会会议记录、党员大会会议记录、村“两委”联席（班子）会议记录 永久

1.2 本村党组织年度工作计划、总结等材料 永久

1.3 本村党组织关于机构设置、撤并、名称更改、启用和废止印章的请示，上级批复、通知、决定等材料 永久

1.4 本村党务干部任免、分工、考察、奖惩等材料 永久

1.5 本村党组织换届选举候选人的请示、批复和换届选举工作的通知、议程、报告、领导人讲话、大会发言、选举办法、选举结果、决议、上级批复等材料 永久

1.6 本村党员教育培训、组织活动、党性分析、民主评议等方面的计划、总结、会议（活动）记录、请示及上级的批复 永久

1.7 本村发展新党员，党员转正、延期、退党，处置不合格党员等方面的材料 永久

1.8 本村执行上级党组织工作的决定、纪要、报告等材料

（1）重要的 永久

（2）一般的 30年

1.9 本村党组织、党员名册和年报表 永久

1.10 本村党组织关系介绍信、通知书存根 永久

1.11 本村党员交纳党费的清单、票据等 永久

1.12 本村先进集体、先进个人登记表，审批表，名册及各种事迹材料

（1）受到县级（含）以上表彰、奖励的 永久

（2）受到县级以下表彰、奖励的 30年

1.13 本村党员违法违纪的有关材料，处理意见和上级决定、批复等材料

（1）受到警告（不含）以上处分的 永久

（2）受到警告处分的 30年

1.14 本村纪检、党风廉政工作的计划、总结、报告等材料 30年

1.15 本村开展政治思想、形势教育、精神文明建设工作的计划、总结等有关材料 10年

1.16 本村共青团组织发展、换届选举材料，团员名册、组织关系介绍信及存根、团费缴纳、年度统计表等材料 永久

1.17 本村团代会通知、议程、代表名单、开幕词、报告、决定、选举结果、闭幕词等材料 永久

1.18 本村团组织、团员获得表彰奖励及违法违纪受

到处分的请示、报告、批复等材料 永久

1.19 本村工会年度工作计划、总结，工会代表大会的通知、名单、议程、开幕词、报告、决议、闭幕词、选举结果等材料 永久

1.20 本村工会干部任免的请示、批复，会议记录，工会干部、会员名册及统计年报表等材料 永久

1.21 本村妇代会换届选举等材料 永久

1.22 本村计划生育工作年度计划、总结、统计表等材料 永久

1.23 本村独生子女证申请表，育龄妇女生育多胎的申请表、审批表及超生调查报告、汇报、处罚决定等材料 永久

1.24 本村村民婚姻状况证明存根等材料 永久

1.25 本村五好家庭、敬老爱幼模范、文明户、好婆婆、好媳妇等评选活动的材料 30 年

1.26 上级发布的本村民兵工作需要执行的文件材料 10 年

1.27 本村普通民兵、基干民兵登记表和花名册 永久

1.28 本村兵役登记材料，现役军人、退伍军人情况登记表 永久

2.村务管理文件材料

2.1 本村村委会会议记录、纪要、决议等材料 永久

2.2 本村村委会年度工作计划、总结等材料 永久

2.3 本村村史、组织沿革、大事记等材料 永久

2.4 本村村委会换届选举工作的通知、选票、选举结果、干部任免等材料 永久

2.5 本村各类工作的请示、报告、汇报及上级的批复等材料

(1)重要的 永久

(2)一般的 30 年

2.6 本村干部、村民名册，村办股份公司股民名册、各类技术人员名册等 永久

2.7 本村干部的招聘、录用、定级、调配、人员任免、离退、调动介绍信存根、工资表，农业村级协管员的聘书、合同或协议等材料 永久

2.8 本村和村内机构设置、更名、撤并及行政区划与隶属关系的变化，启用、废止印章等材料 永久

2.9 本村关于年终分配方案、工资福利、劳动保护的各种文件材料和参加社会养老保险人员名册 永久

2.10 本村干部、职工工资单及年终收益分配审批表、归户结算表等材料 永久

2.11 本村关于房屋拆迁、土地征用、村民房产、地产等材料，相关人员名册等 永久

2.12 本村的村规民约等各种规章制度材料 永久

2.13 本村各种年度统计报表(包括农副工业生产年报，收益分配报表，土地、人口、户数等基本情况统计表等材料) 永久

2.14 本村各种保险材料、综合治理、安全生产承包责任和各种案件、民事纠纷的调解协议、处理决定等材料 永久

2.15 本村信访信件处理结果等材料

(1)有领导重要批示及处理结果的 永久

(2)有处理结果的 30 年

(3)没有处理结果的 10 年

2.16 本村拥军优属、优抚救助等材料 30 年

2.17 本村开展教育、卫生、合作医疗等工作的材料 永久

2.18 本村规划、经济建设及重大决策等材料 永久

2.19 本村公共设施管理、维修维护的材料 永久

2.20 本村生产管理、企业管理的年度工作计划及总结和重大决策等材料 永久

2.21 本村财务管理的年度计划、总结，有关财务审计情况材料 永久

2.22 本村工业、农业等相关税收征收清册和纳税变动情况等材料 永久

2.23 本村各种经济、人口普查统计表 永久

2.24 本村重大事故事件登记材料，调查处理意见、情况报告及善后工作中形成的材料 永久

2.25 本村创建文明小区、爱国卫生工作形成的材料 30 年

2.26 本村农业村级协管事项公开、协查工作记录等材料 30 年

3.村级集体经济组织经营管理文件材料

3.1 本村经营管理中长期规划和专项发展计划等材料 永久

3.2 本村企业发展重大经营决策方案、规划 永久

3.3 本村企业董事会会议记录、纪要、决议等材料 永久

3.4 本村企业负责人对企业承包、租赁、任期目标责任等材料 永久

3.5 本村企业改制、转制等各种法律证书等材料 永久

3.6 本村企业历史沿革、大事记等材料 永久

3.7 本村集体经济组织、所属各企业年度工作计划、总结等材料 永久

3.8 本村企业的设置、撤并、名称更改、启用和废止印章的请示、批复、通知等材料 永久

3.9 本村及所属各企业的产权文件、土地使用证，各种集体财产合同、协议、委任书、公证书等法律文本、证书材料 永久

3.10 本村集体经济组织章程，换届选举工作的通知、选举结果等材料 永久

3.11 本村集体经济组织成员(股东)名册、股权登记簿 永久

3.12 本村新办公司、企业项目的申请和批复及可行性报告、章程、合同、验资、营业执照等材料 永久

3.13 本村有关工商企业管理执照的申报、登记、批复以及违章违法被处理,经营不善歇业、破产等材料 永久

3.14 本村企业年度各种统计报表及经济分析等材料 永久

3.15 本村有关物资供销工作的合同、协议等材料 30年

3.16 本村有关经营活动的争议、索赔、判决等材料 永久

3.17 本村企业合资、独资、联营招商的合同、协议等材料 永久

3.18 本村企业年度经营、销售统计等报表

(1)重要的 永久

(2)一般的 10年

3.19 本村企业工资计划、工资总额、奖惩、年终分配方案等表册 永久

3.20 本村企业物资管理、安全生产检查、整改措施执行情况等材料 永久

3.21 本村企业环境保护等材料 永久

3.22 本村企业有关产品标准、国际质量认证等材料 永久

3.23 本村企业有关资产评估,资金、价格管理的审查、验证材料 永久

3.24 本村企业有关经营、审计活动中形成的各项证明和结论材料 永久

3.25 本村有关产品市场调查、宣传、广告和用户服务等材料 30年

3.26 本村有关产品销售等活动中形成的材料 30年

3.27 本村各类农业普查材料 永久

3.28 本村农作物规划布局,粮、棉、油多种经营实种面积、产量以及采、购、留、分配等材料 永久

3.29 本村科学种植、科学饲养的经验总结及原始记录 永久

3.30 本村“星火”“丰收”“火炬”计划项目的申报、验收材料 永久

3.31 本村农业植保、农机管理、水利建设等材料 永久

3.32 本村副业生产及上交任务的指标(畜、禽、蛋、鱼、菌菇等)以及各项任务完成情况、年报、统计表等材料 永久

3.33 本村村办副业项目材料 30年

3.34 本村关于土地批租、出让、租赁有关材料 永久

3.35 本村农村集体产权制度改革实施方案、工作计划、总结、汇报材料 永久

3.36 本村成立的农村集体产权制度改革工作领导小组、理事会、监事会等机构及组成人员名单 永久

3.37 本村农村集体产权制度改革工作领导小组、理事会、监事会工作职责及工作制度 30年

3.38 本村研究农村集体产权制度改革工作所形成的会议记录、纪要、决议 永久

3.39 通过协商、招标、挂牌、拍卖等方式流转农村土地承包经营权的文件材料 永久

3.40 农村集体产权制度改革的动员会、宣传、培训,上级领导检查等形成的文件材料 10年

3.41 农村耕地保护、土地承包经营权、集体建设用地使用权台账 永久

3.42 集体土地调查材料及统计表 永久

3.43 农村集体土地所有权、农村建设用地使用权、村民宅基地使用权等相关确权、登记、颁证的文件材料 永久

3.44 农村土地承包经营权登记申请书、变更登记申请书、登记簿、核准文件 永久

3.45 农村土地承包经营权流转备案申请书、登记表和备案证明等材料 永久

3.46 农村土地承包经营权确权登记方案、登记册、花名册及审核材料 永久

3.47 农村土地使用权确权登记注册情况公告、注册表 永久

3.48 农村土地承包合同、土地承包经营权流转合同、耕地保护合同 永久

二、基建项目类

1.项目建议书、申请、报告及批复等材料 永久

2.可行性研究报告、论证意见、项目评估、调查报告等材料 永久

3.项目设计任务书、计划任务书或立项报告、批复等材料 永久

4.基建项目的会议记录等材料 永久

5.地质勘探合同、报告、记录、说明等材料 永久

6.征用土地移民申请、报告、批复、通知、许可证、使用证、用地范围等材料 永久

7.工程建设执照、防火、环保、防疫等审核通知单 长期

8.工程建设招投标文件、会议纪要等材料 长期

9.工程初步设计图纸、概算、设计合同等材料 长期

10.施工设计、说明、总平面图、建设施工图、给排水图等专业图纸 长期

11.施工合同、协议,施工预决算,图纸会审纪要、技术核定单、工程更改、材料代用、原材料质保书和全套

竣工图等材料 永久

12.施工监理文件材料 长期

13.水电安装合同、协议,施工预决算,技术交底,图纸会审,材料出厂证明和竣工图等材料 永久

14.项目竣工验收申请、批复,消防、环保、防疫、档案等验收记录,基建财务结、决算,项目审计,项目竣工验收证书等材料 永久

三、设施设备类

1.设备仪器购置可行性研究报告、申请、批复和购置仪器资金申请、批复等材料 长期

2.设施设备招投标文件、设备采购合同、购买协议等材料 长期

3.设备仪器开箱验收记录、使用说明书、操作手册、合格证、装箱清单等材料 长期

4.设备仪器安装调试记录、验收报告、操作保养规定等材料 长期

5.设备仪器运行、检修、保养、事故处理等记录材料 长期

6.设施设备技术改造、升级改装、革新改进等文件材料 长期

7.设备仪器报废申请、批复、证明等材料 长期

四、会计类

1.各类会计原始凭证、记账凭证、汇总凭证 30年

2.会计账簿类

2.1 银行日记账、现金日记账 30年

2.2 总账、明细账、辅助账簿 30年

3.会计报表类

3.1 年度财务报表 永久

3.2 年度财务决算表 永久

3.3 月、季度财务报表 10年

4.其他类

4.1 会计档案移交清册 永久

4.2 会计档案保管清册 永久

4.3 会计档案销毁清册 永久

五、照片类

1.上级领导来村视察、检查工作的照片 永久

2.国际友人、专家、学者等知名人士前来活动的照片 永久

3.本村委会各种会议、重要活动形成的照片 永久

4.本村委会各种产品、奖状、证书、奖杯、锦旗等的拍摄照片 永久

5.反映村容、厂貌、市政项目建设等的照片 永久

6.新闻媒体刊登的反映本村情况的照片 永久

(肖妍)

"美丽乡村建设档案工作"项目实施并通过验收

"美丽乡村建设档案工作"由国家档案局立项,自2017年4月正式启动实施。该项目旨在通过调研各省(自治区、直辖市)美丽乡村建设档案工作情况,选取若干个乡镇、村开展试点建设,总结基层农村档案工作经验,编制《美丽乡村建设档案工作指南》,为农村基层档案工作提供规范科学的指引。经过前期沟通协调,江苏、浙江、福建、湖北、广西、贵州6个省级档案局被确定为项目组成员单位,负责根据本地工作实际,选取若干个村开展试点建设;浙江省档案局还承担了在总结各项目成员单位试点经验基础上,编制《美丽乡村建设档案工作指南》的任务。

根据"美丽乡村建设档案工作"项目工作总体进度和安排,国家档案局经科司于2017年11月23—25日在浙江省杭州市组织召开了"美丽乡村建设档案工作"项目验收会,浙江省档案局局长刘芸致辞,国家档案局副局长付华参加会议并讲话。来自民政部档案馆、农业部办公厅、北京市档案局、辽宁省档案局、青岛市档案局的5名专家组成项目验收组,听取了项目组6个成员单位的工作报告和项目主要成果《美丽乡村建设档案工作指南》编制单位的情况说明,实地考察了浙江省在安吉县余村、长兴县泗安镇上泗安村、德清县乾元镇、武康镇对河口村开展试点建设的情况。

项目验收组认为,项目组编制的《美丽乡村建设档案工作指南(送审稿)》(以下简称《指南》)作为该项目的主要成果,内容全面、重点突出、结构完整,为有关部门谋划、指导美丽乡村建设活动中的档案工作提供了思路和指引,为基层档案部门开展美丽乡村档案工作提供了规范和标准,项目成果具有实用性、适用性、可操作性,具备广泛的推广应用价值。项目组提供的项目报告和工作报告等规范齐全,符合验收要求。

最后,项目验收组认为项目已完成《项目申报计划》的主要任务,达到预定目标,同意通过验收,并建议结合更广范围内、不同地域的美丽乡村建设档案工作实践情况,进一步细化、完善《指南》内容,将研究成果转化为规范性文件向全国推广实施。

(肖妍)

甘肃省档案局召开全省农村档案工作会议

2017年7月17日,甘肃省农村档案工作会议在

西和县召开，国家档案局副局长、中央档案馆副馆长付华到会指导并讲话，甘肃省委副秘书长、省档案局局长赵国强参加会议并讲话，甘肃省档案局副局长白静主持会议，陇南市委常委、市委副秘书长、统战部部长岳金林致辞。

大会历时1天，上午安排酒泉市、秦安县、迭部县、西和县档案局负责同志进行交流发言，并召开全体会议，下午实地观摩了西和县档案馆、中国人民银行西和县支行、何坝镇民旺马铃薯专业合作社、石堡镇包集村、长道镇大寨乞巧传习所、西峪镇、姜席镇姜窑村档案规范化建设工作，观看了以“土地档案中的故事”为线索的基层党建电影《八亩良田》。

甘肃省委农办、省扶贫办、省农牧厅、省民政厅、兰州新区有关负责同志及全省14个市州、86个县区档案局负责同志参加会议。

省委副秘书长、省档案局局长赵国强，总结了近年来甘肃省农业农村档案工作的发展成绩。会议指出，近年来全省农村档案工作管理体制逐步完善，资源体系建设扎实推进，截至目前，全省乡镇规范建档率达到87.69%，行政村规范建档率达到59.4%，各地区规范整理涉农档案共309.32万卷。全省范围开展“千村百乡”档案工作示范工程创建活动，树立档案工作示范村1051个、档案工作示范乡镇119个。全省已有157个县直机关、21个乡镇达到档案工作规范化管理“省特级”标准，13个行政村达到档案工作规范化管理“省一级”以上标准。市县级国家综合档案馆已著录馆藏涉农档案文件目录100余万条。会议强调，一要提高政治站位，增强做好农村档案工作的主动性。农村档案工作是整个档案工作的基础，也是农业现代化发展的一个重要标志，更是全面建成小康社会的必然要求。农村档案要在脱贫攻坚中充分发挥档案记录、凭证作用，助推精准扶贫、精准脱贫。二要紧贴小康建设，实现农村档案工作全方位拓展。全面建成小康社会不仅是一种经济的发展变化，而是农村经济社会翻天覆地的改革过程，涉及农村政治、经济、文化、生态的各个方面，农村档案工作要适应这个大形势，必须全方位、无缝隙的开展。三要坚持分级推进，增强农村档案工作治理能力。抓好县级档案部门和乡镇特别是行政村档案工作，是农村档案工作最基础的基础，各行政村要按照立档原则，积极推行村档乡管，开展档案资料的收集、整理、保管和利用。四要坚持抓点带面，提升农村档案工作规范化水平。抓好综合示范点、特色示范点、行业示范点，要克服只抓“盆景”而不见“风景”的倾向，做到树立一个，带动一片，经得起实践检验。五要立足农民需要，提升农村档案工作社会服务功能。要牢牢把握农业和农村改革方向，充分发挥农村档案服务功能，延伸服务触角，创新服务方式，探索服务新领域，助推农村社会经济健康发展，营造和谐稳定、安居乐业的农村社会环境，实现农村稳定和村社文明双丰收。六要完善工作机制，健全农村档案工作科学管理体系。要完善组织领导、依法监管、业务指导机制。形成上下贯通、左右联通的档案业务指导体系，精准有效推动档案工作制度化、规范化、特色化。

国家档案局副局长付华充分肯定了近年来甘肃省农村档案工作取得的成绩，并强调，要抓住机遇，积极作为，推动农业农村档案工作向前发展；要争取支持，密切合作，使档案工作与“三农”工作同步发展；要加强和完善县、乡、村档案工作三级管理体系，关注“三农”档案工作新领域，完善农业农村档案信息共享平台建设。

（八）档案专业教育工作

2017 年国家档案局档案专业教育工作概况

2017 年，国家档案局深入学习习近平总书记系列重要讲话精神特别是关于干部教育培训的一系列指示精神，贯彻落实中办、国办《关于加强和改进新形势下档案工作的意见》《干部教育培训工作条例》《专业技术人员继续教育规定》等文件要求，不断丰富教育培训内容，提高档案干部专业能力，全国档案专业教育工作取得明显成效。主要归纳为以下三个方面：

一、开展分类别、分层次的档案教育培训，着力提升档案干部队伍专业化素养

发挥相关院校作用，培养档案中高层人才。国家档案局在中央党校和中国浦东干部学院各组织了一期档案领导干部培训班。来自全国省级、地市级档案局馆，军队、中央国家机关、中央企业档案部门的 133 名负责同志先后参加了培训。培训既抓党性教育也抓业务学习，切实增强了档案干部的“四个意识”，着力提高档案干部的履职能力，全面提升了档案干部队伍的综合素养和专业能力。档案中高层人才培养战略充分体现了党和国家对档案事业、档案干部队伍建设的关心、重视和支持，对提高档案干部队伍素质、加强档案事业建设、服务经济社会发展，具有重要而深远的意义。

加大中西部培训力度，组织地方干部档案培训。国家档案局在京举办了四川省档案领导干部文化建设培训班，四川省分管或从事档案文化建设工作的 71 名同志参加了培训。通过培训，学员们开阔了视野，提高了业务水平，增强了探索和创新能力，进一步理解把握了档案文化建设的新要求，牢固树立了档案文化建设的新理念。这一培训也为拓展档案教育培训领域、深化档案教育培训改革积累了经验，对提高各级领导干部和全社会的档案意识、促进档案事业的持续健康发展产生了积极影响。

开展县级档案局馆长轮训，提高基层档案领导干部素质。2017 年在京举办 2 期、在四川成都举办 1 期全国县级档案局馆长培训班，300 余名县级档案局馆长参加了培训。县级档案工作直接面向基层组织和广大群众，在服务地方经济社会发展、保障民生、传承历史文化等方面发挥着重要作用。为培养造就高素质的县级档案局馆长队伍，推动县级档案工作健康发展，国家档案局决定在 2017 年至 2020 年开展全国县级档案局馆长轮训，为推进档案事业发展提供人才保证和智力支持。

二、推进多媒体教材建设，为逐步形成档案教育培训教材体系奠定基础

国家档案局加强档案教育培训教材的编写制作，采用多媒体教学演示光盘和纸质载体教材相结合的形式，组织编写制作了档案人员在职培训多媒体教材系列，并免费发放至县以上档案局和部分中央国家机关、中央企业，详细讲解工作规范要求，指导档案从业人员准确掌握工作基本技能，进一步提高培训工作的质量。

档案教育培训教材的编写不仅要联合档案部门、高等院校、科研院所、学术团体等分工协作、共同编写，还要辅之以明确的目标、健全的体系和具体的措施，从而保证教材编写的质量。近年来，国家档案局加强档案教育培训教材的编写制作，引入竞争机制，在全国范围内进行招标，集合更多的优质资源，包括优秀的编写人员、优质的教材制作设备等，编写出一系列档案多媒体教材。

2017 年 8 月份和 12 月份分别在北京和江西南昌召开档案多媒体教材审稿会，组织专家学者对《〈企业文件材料归档范围和档案保管期限规定〉实施指南》《电子文件归档与电子档案管理》《文书学》等 6 本多媒体教材审稿并提出意见。正式出版了《档案保护技术》，开始组织《档案库房技术管理》《档案利用与服务》《纸质档案数字化的流程与方法》3 本多媒体教材的出版工作。

三、创新党性教育方式，进一步推进党性教育主题教室建设

2017 年，中央领导同志对党性教育主题教室试点工作给予肯定并对下一步工作作出指示。国家档案局按照中央领导同志的批示精神，进一步做好党性教育主题教室有关工作。一是办好现有试点，继续加强与相关院校的合作，不断丰富、完善已投入使用的主题教室的展示内容，使主题教室真正成为有特色、有深度、使学员提高党性修养的精品课堂。二是协助有需求的省级党校，充分结合各自省份的特点，立足于现有的展陈场所和教学设施设备等，厉行节约，不搞大规模建设，不造成大量资金投入，建设政治立场坚定、主题突出、特色鲜明的党性教育主题教室。

（国家档案局教育处）

国家档案局在中央党校举办第九期档案领导干部培训班

中央党校全国档案领导干部培训班于 2017 年 11 月 23 日开班，11 月 30 日结束。来自全国各省级、

地市级档案局和军队档案部门的 74 名负责同志参加了培训。

此次培训恰逢党的十九大召开不久，培训内容紧贴十九大精神的学习和宣贯。开班第一课，国家档案局局长李明华作了《学习贯彻十九大精神，推进档案事业进一步发展》的专题讲座。他指出，档案事业如何跟上新时代、踏上新征程、开创新局面，是全国各级档案部门学习贯彻党的十九大精神必须认真研究思考的重要问题。在新的历史条件下，要把思想和认识统一到党的十九大精神上来，把智慧和力量凝聚到党的十九大部署的各项工作任务上来，努力为推动档案事业发展谋定新思路，谋划新举措，谋求新业绩。全国政协委员、国家档案局原局长杨冬权为学员们讲授了《新时代档案工作新思维》一课。他紧紧围绕档案各项工作，深入浅出地讲解了新时代做好档案工作需要具备的新思维，帮助学员开阔眼界、拓宽思路，不断更新思想观念，提升工作能力。培训班课程围绕十九大精神解读展开，内容包含党性修养、政治经济文化建设等方方面面，中央党校的知名专家学者亲临授课，授课内容高屋建瓴，理论解读权威准确。此外，还安排了《当前国际政治发展态势》专题讲座。

培训期间，学员们认真听讲，深入思考，积极交流，获益匪浅。通过学习，大家一致认为档案工作必须坚持以党的十九大精神为指引，牢牢把握事业发展的正确方向；传承和弘扬档案事业、档案人的优良传统和作风，坚持为党管档、为国守史、为民服务；积极适应新时代新要求，坚持创新驱动，用新思维研究新情况，用新办法解决新问题，不断推进档案事业创新发展。

（国家档案局教育处）

国家档案局在中国浦东干部学院举办第九期档案领导干部培训班

中国浦东干部学院档案领导干部培训班于 2017 年 9 月 1 日开班，9 月 21 日结束。来自全国各省级、地市级档案局馆，部分中央国家机关、中央企业档案部门和军队档案部门的 59 位负责同志参加了培训。

此次培训坚持以习近平总书记系列重要讲话精神为统领，开学典礼时集中收看刘云山同志“领导干部要注重提高政治能力”专题授课，中国浦东干部学院王金定副院长给大家作“学习理解习近平系列重要讲话的逻辑框架和科学内涵”的专题报告，李明华局长为学员讲授了“以五大发展理念引领档案事业科学发展”的专题讲座，期间还安排了《共产党宣言》经典著作导读，组织红色经典读书会，交流研读《习近平的七年知青岁月》的感悟体会。此次培训既安排了理论辅导、经典著作导读、党性教育，又安排了行为训练、业务交流，内容涉及习近平系列重要讲话、党章党规、档案事业科学发展、经济转型、供给侧改革、社会治理、法治建设、生态文明建设等方方面面，让学员们受到一次全方位的思想洗礼和教育锻炼。培训形式上，采取专题讲座与讨论交流相结合、课堂教学与现场教学相结合、集中上课与个人自学相结合，形式多样，方法灵活，便于学员理解、吸收和消化。培训班还组织学员们参观中共一大会址，到江苏吴江区现场教学和上海崇明岛实地考察。

培训期间，学员们深入思考，积极研讨、坦诚交流，互相学习、共同提高，通过听讲座、看视频、学原著、写体会，坚定了用习近平总书记系列重要讲话学习武装头脑、指导实践、解决问题、推动发展的政治自觉、思想自觉、行动自觉。大家表示，要充分认清档案工作面临的形势任务，找准历史方位，理清发展思路，跟上大时代，聚焦主旋律，围绕中心工作，发挥好为党管档、为国守史、为民服务的职能作用，积极主动作为，把档案工作和建设向更高层次、更高水平推进。

（国家档案局教育处）

举办四川省档案领导干部文化建设培训班

2017 年 7 月 3—8 日，四川省档案领导干部文化建设培训班在北京举办。四川省各市（州）档案局负责人，部分县（市、区）档案局分管档案文化建设工作的领导，省档案局有关处（室）、直属单位负责人 71 人参加了培训。

国家档案局局长李明华作了题为“贯彻落实中央精神 加强档案文化建设”的专题讲座，希望档案工作者要坚定文化自信，增强文化自觉，认真学习贯彻中央精神，把档案资源优势转化为发展优势，以实际的责任担当，做好档案文化建设这篇大文章。专家学者们围绕媒体应对与舆情处理、信息开发利用等专题进行了内容丰富的授课。在集中授课学习的基础上，参训学员集体到中央档案馆和海淀区档案馆进行了现场教学。

这次培训班，是提升四川档案干部队伍文化素质和能力的一次很好的实践，提高了档案干部业务水平，开阔了视野，增强了探索和创新能力，树立了档案工作者文化新形象，为四川打造档案文化建设骨干队伍增添了力量。

（国家档案局教育处）

在北京和南昌召开两次多媒体教材审稿会

2017年8月28日，国家档案局在北京组织召开了档案多媒体教材审稿会，会议由国家档案局政策法规研究司杜梅副司长主持，《纸质档案数字化的流程与方法》《档案库房技术管理》《档案利用与服务》《〈企业文件材料归档范围和档案保管期限规定〉实施指南》等4本教材的审稿专家共13人参加了会议。与会专家对每本教材提出了具体的审稿意见。

2017年12月10日至12日，国家档案局在江西南昌组织召开了档案多媒体教材审稿会，会议由江西省档案局协办。《〈电子文件归档与电子档案管理规范〉解读》《文书学》2本教材的编写人员及审稿专家共19人参加了会议。此次会议主要针对上述2本教材文字稿进行审议，教材的项目负责人分别向与会专家介绍了教材编写的基本情况及工作思路，与会专家在提出具体审稿意见的同时，还就今后进一步开展档案多媒体教材编制工作提出了意见和建议：1. 关于教材编写。各教材编写组应结合国家档案局《档案人员在职培训多媒体教材编写制作要求》进一步明确教材定位，充分体现科学严谨、指导规范、立足实际、面向一线的原则。2. 关于多媒体教学课件的制作。编写制作多媒体教学课件时要避免将课件做成书稿的数字化版本，而是充分运用多媒体技术准确直观、生动形象地展示出该教材中档案工作内容，应具有较好交互功能。

（国家档案局教育处）

继续做好党性教育主题教室建设相关工作

为深入贯彻习近平总书记关于各级党校要把党性教育作为教学重要内容的指示精神，遵照中央领导同志关于开展党性教育主题教室试点的重要批示，国家档案局在中组部干部教育局支持下，至2016年年底，与国家行政学院、中国延安干部学院、浙江省委党校、甘肃省委党校和焦裕禄干部学院5家单位密切合作，完成了党性教育主题教室的试点工作。

2017年，中央领导同志再次作出批示，对党性教育主题教室试点工作给予肯定并对下一步工作作出指示。国家档案局按照中央领导同志的批示精神，进一步做好党性教育主题教室有关工作。一是办好现有试点，继续加强与相关院校的合作，不断丰富、完善已投入使用的主题教室的展示内容，充分发挥档案的价值和作用，使主题教室真正成为有特色、有深度、使学员提高党性修养的精品课堂。二是协助有需求的省级党校，充分结合各自省份的特点，立足于现有的展陈场所和教学设施设备等，厉行节约，不搞大规模建设、大资金投入，建设政治立场坚定、主题突出、特色鲜明的党性教育主题教室。

（国家档案局教育处）

（九）档案科技工作

2017年度全国档案科技工作综述

2017年，全国档案科技工作深入贯彻落实《关于加强和改进新形势下档案工作的意见》《全国档案事业发展"十三五"规划纲要》和全国档案局长馆长会议精神，以促进"十三五"期间档案工作主要目标的实现为中心，根据档案工作实际和档案事业发展的需要，紧紧围绕对我国档案事业发展具有普遍性、长远性影响的重大问题开展创新性、先进性、实用性科技研究，扩大科技成果推广应用，为档案事业持续、快速、健康发展提供有力科技支撑。

各级档案部门按照《2017年度国家档案局科技项目选题指南》的要求，积极组织力量对相关课题进行研究，围绕档案事业管理、档案资源建设与开放共享、档案安全保护和电子文件归档与电子档案管理四个方面进行选题。各地向国家档案局申报项目总数达285项，经国家档案局科技项目立项评议委员会评议并报馆局领导批准，91个科技项目列入《2017年度国家档案局科技项目计划》，立项比例为31.9%，全国档案科研立项评审标准更加严格，立项比例持续下降。

"十三五"以来，我国综合国力不断增强，档案科技工作日益繁荣，取得了丰硕的成果。2017年优秀科技成果不断推陈出新，各地向国家档案局推荐优秀的科技成果58项，涉及软科学理论研究、现代化技术研究及档案保护技术研究方面内容，经国家档案局优秀科技成果评审委员会严格评审，35项科技成果获"国家档案局优秀科技成果奖"。"感光影像档案修复与保护关键技术研究"项目为胶片等感光影像档案的修复与保护提出了有效的解决方案，获得"国家档案局优秀科技成果特等奖"，该项目是特等奖空缺五年之后评出的第一个特等将项目；"纸质档案去酸工艺及设备研制"项目研发了有机溶剂介质的批量脱酸方法，为档案批量脱酸提供了解决方案，获得"国家档案局优秀科技成果一等奖"；此外海量数字档案安全存储、网上审批的行政审批电子文件等方面的研究也取得了一定进展，档案信息化水平得到一定程度的提高。

为促进优秀档案科技成果的推广与应用，促进档案科学研究与档案工作实践紧密结合，9月20—22日，国家档案局技术部在北京召开了2017年度全国档案科技工作暨科技成果推广会议，各地档案部门档案科技管理和科技成果推广工作的负责同志均受邀参加了会议。国家档案局技术部主任黄丽华同志出席会议并以《国家档案局科技项目管理办法》为依托对科技管理人员进行了培训授课，会议对"感光影像档案修复与保护关键技术研究""纸质档案去酸工艺及设备研制""海量数字档案安全存储监控平台研究""大数据挖掘背景下档案信息资源挖掘策略与方法研究"等9项优秀档案科技成果和1项档案行业标准（"纸质档案抢救与修复规范"）进行推广展示。此外，在《中国档案》开辟档案科技成果交流专栏，专题介绍12项重要档案科技成果。

2017年国家档案局技术部继续关注历年计划项目的进度和完成情况，坚持做好国家科技项目管理工作。对国家档案局科技计划项目进行日常管理，结题23项，会议、通讯验收48项，延期9项，变更名称、责任人的9项，中止2项；本年度第一次对科技验收项目说"不"，未能通过验收的项目一项。

此外，国家档案局着力建立健全科技管理制度，加强项目管理科学化和规范化。正式颁布《国家档案局科技项目管理办法》，强化档案科技工作管理，严格科技立项、验收、评审工作流程，实行动态管理，由前期立项向全过程管理转变，增强监管力度。

（何晓晶）

2017年度国家档案局科技项目立项评议工作综述

2017年，档案科技工作以深入贯彻落实《关于加强和改进新形势下档案工作的意见》和全国档案局长馆长会议精神、促进"十三五"期间档案工作主要目标的实现为中心，根据档案工作实际和档案事业发展需要，紧紧围绕对我国档案事业发展具有普遍性、长远性影响的重大问题，开展创新性、先进性、实用性的档案科技研究。2016年底，技术部召开了由部分省市档案局科技处长参加的“立项指南研讨会”。经过与会代表的认真讨论和我部的汇总、提炼，确立了今年立项选题指南，指南从档案事业管理、档案资源建设与开放利用、档案安全保护和电子文件归档与电子档案管理等方面对档案科研提出了研究方向。

1月18日，国家档案局办公室印发了《关于组织推荐2017年国家档案局科技项目的通知》，要求各单位按照《立项指南》规定的研究范围和方向进行选题，引导各地档案部门和相关力量参与档案科研工作。所立项目仍采取无资助形式，由承担单位自行解决研究经费。本年度科技项目申报在数量上仍保持较高水平，截至3月底，技术部共收到申报项目285项。这些项目来自30个省、自治区、直辖市档案局，22个中央国家机关、中央企业事业单位，馆局内设机构及其所属事业单位没有推荐项目。此次申报的285个项目中，来自各省、自治区、直辖市档案局申报项目220项，来自中央国家机关、中央企业事业单位的有65项。2017项目申报情况主要特点：一是申报项目数量持续走高，连续五年项目申报数量都超过200项，而今年的285项创历史新高；二是申报项目内容覆盖面非常广泛，实现了档案工作各个环节的全覆盖；三是中央国家机关、中央企业事业单位参与推荐项目的热情持续高涨，中央企事业单位申报项目数量为65项，比去年的53项增加了12项，同时今年参与推荐的单位与去年相比也有所增加。其中教育部推荐了8个项目，中广核集团和航空工业档案馆均推荐了7项。各省、自治区、直辖市档案局项目申报情况是，江苏省档案局推荐项目最多，为28个，黑龙江省档案局推荐了23个项目，天津、辽宁、广东省都推荐了16个项目。

经馆局领导批准，成立了由20位委员组成的2017年度国家档案局科技项目立项评议委员会。国家档案局副局长付华任主任委员，技术部主任黄丽华任副主任委员，委员有（以姓氏笔画为序）：丁志隆、王良城、王宪东、许桂清、张长林、张美芳、杨来青、陈万田、周耀林、罗亚夫、徐春阳、耿树伟、陶水龙、黄凤平、黄玉民、韩李敏、蔡学美、黎富文。其中除云南省档案局黄凤平请假外，19位委员会成员到会并参加了评议工作。

4月17—19日立项评议会议在北京市召开，国家档案局副局长、评议委员会主任委员付华出席会议并讲话，国家档案局技术部主任、评议委员会副主任委员黄丽华主持会议，会议对各地各部门申报的285项科研项目进行了评议。

付华在讲话中指出，近年来档案科技工作有很快的发展、取得了丰硕成果，主要体现在三个方面：一是申报课题的数量不断增加，二是参加科研的单位数量不断增加，三是科研主题覆盖面越来越广。他强调，大家是国家档案局组建的评审委员会委员，代表国家档案局对项目进行评审，大家一定要站在促进国家档案事业发展的高度，以严肃的态度、严格的标准和纪律把具有先进性、创新型、实用性和可推广性的项目评选出来。在评议中要坚决杜绝请托现象，坚持回避制度和保密制度。如果对项目评议持有异议，要通过正式渠道向国家档案局技术部反映。

在小组讨论的基础上，评议委员会召开全体评委会议，对全部285个申报项目进行了集中评议，对申报项目是否立项的理由逐一进行了说明和讨论。经过严格评议、认真讨论，最后通过评委无记名投票的方式，评审出拟立项项目。会议建议将由陕西师范大学历史文化遗产保护教育部工程研究中心和陕西省档案保护科学研究所共同承担的“基于液氮对粘结胶卷绿色环保的无损揭取关键技术研究”等91个项目列入2017年度国家档案局科技项目计划。2017年5月，国家档案局正式下达《2017年度国家档案局科技项目计划》。

2017年度国家档案局科技项目拟立项汇总表

序号	编号	项目名称	承担单位	负责人	推荐单位
1	2017-B-01	基于液氮对粘结胶卷绿色环保的无损揭取关键技术研究	陕西师范大学历史文化遗产保护教育部工程研究中心、陕西省档案保护科学研究所	李玉虎	陕西省档案局
2	2017-B-02	档案封存与寿命延长的关键技术研究	天津市档案馆	方　昀	天津市档案局
3	2017-B-03	珍贵历史硫酸纸底图档案保护修复的研究	中国船舶重工集团公司	李红梅	中国船舶重工集团公司

续表

序号	编号	项目名称	承担单位	负责人	推荐单位
4	2017-B-04	省市级档案抢救修复基地建设与运行机制研究	天津市档案馆	于　洁	天津市档案局
5	2017-B-05	基于 LabVIEW 的档案馆安防系统及库房监测系统设计	华北理工大学	袁素娟	河北省档案局
6	2017-B-06	档案馆综合安防系统研究	四川省档案局档案科学技术研究所、四川巴蜀档案信息技术有限公司	曾明权	四川省档案局
7	2017-B-07	绿色档案馆建设问题与发展研究	齐齐哈尔市社会科学院	唐守祥	黑龙江省档案局
8	2017-B-08	综合档案馆纸质档案的酸化现状及脱酸研究	北京市档案局、四川锐立文物保护科技有限公司	李　嵋	北京市档案局
9	2017-B-09	无水纳米技术在大规模档案批量脱酸中的应用研究	湖北省档案局、武汉大学	李宗春	湖北省档案局
10	2017-B-10	纸质档案液相脱酸自动化装置设计与实现	武汉大学、湖北泰德安信信息技术有限公司、孝感市档案局	张　涛	湖北省档案局
11	2017-B-11	超大幅面书画作品仿真复制关键应用技术研究	江苏省档案局	陈万田	江苏省档案局
12	2017-B-12	数字档案及重要档案异地备份管理模式研究	云南省档案局(馆)	黄凤平	云南省档案局(馆)
13	2017-B-13	数码照片档案系统规范化研究和应用	广东省档案馆、惠州市档案馆、广东图友软件科技有限公司	罗文清	广东省档案局
14	2017-B-14	高校声像档案利用研究	广西科技大学	刘迎春	广西壮族自治区档案局
15	2017-B-15	濒危土家语档案抢救保护研究	吉首大学档案馆	王灿荣	湖南省档案局
16	2017-R-01	档案开放鉴定原则、程序及划控方法研究	云南省档案局(馆)	龙　岗	云南省档案局(馆)
17	2017-R-02	档案馆安全风险评估动力机制研究	广西民族大学	谭燕萍	广西壮族自治区档案局
18	2017-R-03	档案开放鉴定工作的流程管理与细节研究	湖北省武汉市档案馆	马秀兰	湖北省档案局
19	2017-R-04	档案馆安全风险评估研究	西安建筑科技大学	谢尊贤	陕西省档案局
20	2017-R-05	商业银行档案鉴定销毁研究	中国建设银行股份有限公司广东省分行	邓　波	广东省档案局

续表

序号	编号	项目名称	承担单位	负责人	推荐单位
21	2017-R-06	政府信息公开引发的档案行政诉讼研究	江苏省南通市档案局	苏远明	江苏省档案局
22	2017-R-07	基于慕课的档案从业人员上岗培训方式创新研究	河南省郑州市档案局	石　华	河南省档案局
23	2017-R-08	基于新兴媒体的档案信息资源服务优化创新研究	桂林电子科技大学	葛俊杰	广西壮族自治区档案局
24	2017-R-09	新型传媒视阈下档案服务实施策略与技术路径研究	黑龙江大学、哈尔滨工程大学、黑龙江工程大学	杨　丹	黑龙江省档案局
25	2017-R-10	移动互联时代档案文化传播研究	中国能源建设集团广东电力工程局有限公司	杨荣静	中国能源建设股份有限公司
26	2017-R-11	新媒体时代档案网络教育微课程研究与实践	湖北省武汉市档案局	刘　芳	湖北省档案局
27	2017-R-12	科研院所档案分类创新研究	中国原子能科学研究院	张广玲	核工业档案馆
28	2017-R-13	技术状态管理在“华龙一号”核电项目建设文档管理工作中的应用研究	中广核工程有限公司	张燕斌	中国广核集团有限公司
29	2017-R-14	新形势下我国档案治理体系建设与评估研究	浙江省杭州市档案局、浙江大学公共管理学院	郎健华 傅荣校	浙江省档案局
30	2017-R-15	基于成都市城市轨道交通工程三种建管模式下项目档案管控的研究与运用	四川省成都市档案局、成都轨道交通集团有限公司	邓秀梅	四川省档案局
31	2017-R-16	城市规划档案管理公共服务能力提升研究	天津市城市建设档案馆	陈忠尧	天津市档案局
32	2017-R-17	高校综合档案馆公共服务评价体系设计与实证研究	河北工业大学	吴　彬	天津市档案局
33	2017-R-18	区县档案行政诉讼存在问题与对策研究	北京市朝阳区档案局	黄海舰	北京市档案局
34	2017-R-19	以知识管理提升综合档案馆公共服务能力	北京市海淀区档案局	杨军昌	北京市档案局
35	2017-R-20	基于数字档案馆环境下的全新现场资料管理方式变革探索	中航工业哈飞	刘国全	航空工业档案馆
36	2017-R-21	高校档案治理体系和治理能力现代化建设研究	邵阳学院	欧阳琳	湖南省档案局
37	2017-R-22	军工企业基于数据管理的档案工作模式转型研究	中航工业成都飞机设计研究所	冷洪霞	航空工业档案馆

续表

序号	编号	项目名称	承担单位	负责人	推荐单位
38	2017-R-23	乡镇“标准档案室”建设研究	北京市大兴区档案局	张学玲	北京市档案局
39	2017-R-24	民生档案信息资源的开发与利用——居民出生死亡信息管理利用现状及对策研究	上海市徐汇区档案局、上海市徐汇区疾病预防控制中心	阎宗桂	上海市档案局
40	2017-R-25	基于受众需求的档案资源开发模式研究	天津市档案馆	方　昀	天津市档案局
41	2017-R-26	民国江苏省政府运行机制研究	江苏省档案局、江苏人民出版社	赵　深	江苏省档案局
42	2017-R-27	常州村史档案文化示范基地研究与探索	江苏省常州市档案局、常州市档案学会	张步东	江苏省档案局
43	2017-R-28	PPP项目档案管理标准化研究	中交第一航务工程局有限公司	胡志富	天津市档案局
44	2017-R-29	公安执法记录档案规范管理研究	江苏省公安厅公安档案管理中心、汉龙思琪数码科技有限公司	吴东升	江苏省档案局
45	2017-X-01	量子保密通信技术在数字档案馆及馆际互联互通平台上的应用	安徽宝葫芦信息科技集团股份有限公司、国科量子通信网络公司、合肥市档案局	王国才	安徽省档案局
46	2017-X-02	海量档案数字资源冷数据存储策略研究	中广核工程有限公司	许建兵	中国广核集团有限公司
47	2017-X-03	大数据背景下电子档案管理模式研究	辽宁省档案局	刘乃蓬	辽宁省档案局
48	2017-X-04	交通银行电子邮件归档管理研究	交通银行股份有限公司	沈明智	交通银行股份有限公司
49	2017-X-05	公务即时信息单套制归档制度与方法研究	昆明医科大学、云南省档案局(馆)	王　媛	云南省档案局(馆)
50	2017-X-06	军工企业电子文件全生命周期管理研究	中国船舶工业系统工程研究院	梁芙蓉	中国船舶工业集团公司
51	2017-X-07	卫星三维模型归档关键技术研发与应用	航天档案馆、航天东方红卫星有限公司	庞海涛	航天科技集团公司
52	2017-X-08	行政审批类电子文件归档范围及归档接口研究	浙江省档案局、上海中信信息发展股份有限公司	郑金月	浙江省档案局
53	2017-X-09	电子文件自动归档接口研究	航天档案馆、上海神舟航天软件技术有限公司	庞海涛	航天科技集团公司
54	2017-X-10	移动终端电子文件的收集、归档和长期保存研究	江苏省档案局	陈万田	江苏省档案局

续表

序号	编号	项目名称	承担单位	负责人	推荐单位
55	2017-X-11	“互联网+”勘察设计企业工程电子文件全过程管理研究与实践	中南电力设计院有限公司	段鹏翔	中国能源建设股份有限公司
56	2017-X-12	遥感影像电子档案长期安全维护研究	国家基础地理信息中心	李　明	国家基础地理信息中心
57	2017-X-13	基于云平台的全省公共资源交易业务电子档案管理模式的实证研究	河北省公共资源交易监督办公室 河北省档案局 上海中信信息发展股份有限公司	李　博	河北省档案局
58	2017-X-14	企业重要业务平台电子文件归档与电子档案集成研究	浙江省能源集团有限公司、浙江省档案局	范小宁 郑金月	浙江省档案局
59	2017-X-15	食品药品审批业务电子文件归档与电子档案管理模式的实证研究	吉林省食品药品监督管理局	曾向东	吉林省档案局
60	2017-X-16	基于云平台的政务服务电子档案库建设	贵州省档案局 贵州省政府服务中心	田　红 王儒强	贵州省档案局
61	2017-X-17	基于知识组织与深度分析的电子档案数据智能检索研究	山东省档案局、济南有协信息科技有限公司	李世华	山东省档案局
62	2017-X-18	非常规油气勘探开发档案知识库建设与管理	中联煤层气有限责任公司	秦　俭	中国海洋石油总公司
63	2017-X-19	行政审批类业务档案管理模式及实现途径研究	江苏省档案局、江苏激扬软件有限公司	刘镕畅	江苏省档案局
64	2017-X-20	OFD格式在证券行业技术档案管理中的应用研究	上海证券交易所、上海中信信息发展股份有限公司	陆素源	上海市档案局
65	2017-X-21	基于创新扩散理论的档案微传播研究	郑州大学信息管理学院	邢变变	河南省档案局
66	2017-X-22	数字档案资源共建共享研究	河南省档案局、中原工学院	张荣斌	河南省档案局
67	2017-X-23	基于移动设备的数字档案信息开放共享和泛在智能服务的研究	天津职业技术师范大学	李　莉	天津市档案局
68	2017-X-24	国家地质资料数据中心元数据互联互查平台建设研究	中国地质调查局发展研究中心	贾丽琼	国土资源部

续表

序号	编号	项目名称	承担单位	负责人	推荐单位
69	2017-X-25	基于安全移动云技术的核电档案管理平台开发与应用研究	中广核工程有限公司	刘　婧	中国广核集团有限公司
70	2017-X-26	云计算下气象档案服务平台设计研究	甘肃省气象信息与技术装备保障中心	孔令旺	甘肃省档案局
71	2017-X-27	基于"互联网+"流动人员人事档案公共服务管理信息平台的应用研究	广西壮族自治区档案局、深圳市畅飞扬信息系统有限公司	韦家友	广西壮族自治区档案局
72	2017-X-28	数据挖掘技术在企业档案智能利用中心建设中的应用研究	中国联合网络通信集团有限公司	杨茜雅	中国联合网络通信集团有限公司
73	2017-X-29	基于 Hadoop 平台的综合档案管理系统研究与实现	黑龙江省计算中心 哈尔滨市档案局	吴彦波	黑龙江省档案局
74	2017-X-30	基于 AR 增强现实技术的档案期刊新媒体技术应用研究	江苏省档案展览陈列馆、南京壹柒动软件科技有限公司、江苏文创档案服务有限公司	方毓宁	江苏省档案局
75	2017-X-31	区域智慧档案数据中心项目的研究	浙江省档案局、桐乡市档案局、上海泰宇信息技术股份有限公司	丁越飞	浙江省档案局
76	2017-X-32	基于大数据技术的居民电子健康档案共享、开放和应用的研究	宁波市卫生信息中心、宁波市卫生和计划生育委员会、宁波市档案局	孙向东	浙江省档案局
77	2017-X-33	基于"微信小程序"新形势下的互联网+档案服务平台研究	广东轻工职业技术学院	陈建潮	广东省档案局
78	2017-X-34	微模式在城建档案工作中的应用研究	武汉市城市建设档案馆、湖北大学	陈红梅	湖北省档案局
79	2017-X-35	广东诸广整装勘查区铀矿地质档案集成与开发研究	广东省核工业地质局二九一大队	梁国兴	广东省档案局
80	2017-X-36	档案信息资源服务与共享的制度性保障研究	福建省档案局	雷乃明	福建省档案局
81	2017-X-37	档案利用云服务模式研究	上海市浦东新区档案局	许建军	上海市档案局
82	2017-X-38	大数据背景下内蒙古地区高校档案工作信息化建设及蒙古文档案管理方法研究	内蒙古大学	朱玉明	内蒙古自治区档案局

续表

序号	编号	项目名称	承担单位	负责人	推荐单位
83	2017-X-39	大数据背景下建设数字档案体验馆创新档案展览的研究	宁波市档案局、宁海县档案局	孙伟良	浙江省档案局
84	2017-X-40	基于房管档案信息资源整合开发的商品住宅供应周期分析方法研究	武汉市房产档案馆、华中师范大学经济与工商管理学院	缪　涛	湖北省档案局
85	2017-X-41	大数据环境下档案工作模式研究	青岛大学	窦　梅	山东省档案局
86	2017-X-42	电子档案交接过程中的信任机制研究	广东省档案局、广东省人大常委会办公厅、广东省电子商务认证有限公司、广州市微柏软件股份有限公司	钟伦清	广东省档案局
87	2017-X-43	基于新国标《中国地震动参数区划图》GB18306—2015下的档案存储安全研究	甘肃省地震局 中国地震局兰州地震研究所	郭安宁	甘肃省档案局
88	2017-X-44	基于“国土资源云”的数字档案室建设及相关制度研究	国土资源部信息中心	顾炳中 吴玉龙	国土资源部
89	2017-X-45	支持语义检索的数字档案馆系统的研究与应用	咸宁市档案局、咸宁市经济和信息化委员会、湖北科技学院计算机科学与技术学院、咸宁市飞扬软件技术有限公司	陈冬民	湖北省档案局
90	2017-X-46	威海市智慧档案中心建设研究	威海市档案局、威海北洋光电信息技术股份公司、北京中软华创科技有限公司	耿　涛	山东省档案局
91	2017-X-47	异构网络环境下数字档案馆云服务研究	渤海大学	张龙昌	辽宁省档案局

（何晓晶）

2017 年度国家档案局优秀科技成果奖励评审工作情况

2017 年 4 月 28 日，国家档案局办公室下发了《关于推荐 2017 年度国家档案局优秀科技成果奖励项目的通知》，各地根据通知要求，积极组织本地区优秀科技成果的申报和推荐工作。共收到各单位推荐的科技成果 89 项，其中保护技术类 11 项，现代化技术类 50 项，软科学类 27 项，标准类 1 项。依据《国家档案局优秀科技成果奖励办法》（以下简称《奖励办法》），国家档案局技术部对推荐项目进行了形式审查，审查合格 71 项。

经国家档案局领导批准，2017 年度国家档案局优秀科技成果奖励评审委员会由 20 位专家组成。国家档案局副局长付华任主任委员，技术部主任黄丽华任副主任委员，丁志隆、王良城、王宪东、王雁宾、杜梅、杨来青、杨茜雅、张长林、张美芳、张晋周、陈万田、周耀林、陶水龙、徐春阳、黄玉明、解华波、蔡学美、黎富文。2017 年 7 月 26—28 日，国家档案局优秀科技成果奖励评审会议在北京召开，会议由副主任委员黄丽华主持，主任委员付华在评审会上作了重要讲话。他指出，一是要准确把握科研成果的创新性。要准确把握当前档案发展的趋势，当前科技革命和创新趋势变革，着重审议以前未曾研究、研究方法比较独到，或其研究结论是全新的，对我们解决或认识档案工作中的问题有创新性作用的研究成果，要把创新性强、科技含量高，对档案管理和利用促进明显，对档案事业发展具有指导和引领作用的优秀档案科技成果评选出来。二是要准确把握科研成果的可应用性。评判科研成果优劣应以科研成果是否具有应用的可操作性、是否已经在档案工作实践中得到了应用为标准，尤其是对于时效性短暂的科研成果慎重评选。三是要准确把握科研成果的可推广性。要仔细审查一个成果是否为其他地方档案工作的急需，是否有应用推广方面的人为限制。四是要认真把握评审工作的严肃性。评审委员应站在国家档案局的高度严格评审标准，对于申报高等级奖励的项目尤其要从严把握，做到整个评审公平、公正、公开。五是要注意地区差异。中国地域辽阔，东、西部地区经济发展差异较大，档案事业发展水平也有所差距。过去几年，国家档案局提出了档案科技工作向中西部地区倾斜的政策，在科技项目的确定和科研成果评审方面，在创新性、适用性、引领性方面大体相同的情况下，可以适当地向中西部地区倾斜。评审首先采取主审员制，每项成果由 3 位评委进行评审，并在全体会议上对成果的有关情况进行介绍，阐述是否给予评奖以及确定奖励等级的理由。其次，全体评委集中评议。最后，采取无记名投票的形式进行表决。经评审委员会投票表决，有 35 项成果评为 2017 年度国家档案局优秀科技成果拟授奖项目，其中特等奖 1 项，一等奖 1 项，二等奖 9 项，三等奖 24 项。经国家档案局领导批准，35 项拟授奖成果在《中国档案报》《中国档案》杂志及国家档案局网站上公示，争议期所有拟授奖成果均没有异议。2017 年 10 月 16 日，国家档案局下发《关于 2017 年度国家档案局优秀科技成果奖励的通知》，公布 2017 年度国家档案局优秀科技成果奖励项目（见附件）。

附件

2017 年度国家档案局优秀科技成果奖励项目

特等奖　1 项

感光影像档案修复与保护关键技术研究

获奖单位：陕西师范大学、陕西省档案馆

主要获奖人：李玉虎、周亚军、贾智慧、刘姣姣、胡道道、石美荣、单晓娟、赵艳红、马灯翠、祁赟鹏、张娟

推荐部门：陕西省档案馆

一等奖　1 项

纸质档案去酸工艺及设备研制

获奖单位：山东省档案局

主要获奖人：王宪东、孙洪鲁、储牧原、纪红、杨福运、武伟、李文姣

推荐部门：山东省档案局

二等奖　9 项

探索电子文件归档和电子档案管理新模式

获奖单位：上海市档案局

主要获奖人：朱纪华、刘志成、康勇、张新、朱建中 、金洁慧、王玮

推荐部门：上海市档案局

基于网上审批的行政审批电子文件整理归档和电子档案移交接收模式研究

获奖单位：浙江省档案局、浙江省住房和城乡建设厅政务办理中心

主要获奖人：刘芸、韩李敏、刘忠杭、王肖波、林伟宏、吴昕、赵真

推荐部门：浙江省档案局

大数据背景下档案信息资源挖掘策略与方法研究

获奖单位：青岛市档案局、上海中信信息发展股份有限公司

主要获奖人：杨来青、徐明君、杨安荣、魏颂杰、江蕾、骆建珍、刘玮

推荐部门：青岛市档案局

数字档案馆项目建设风险管理研究

获奖单位：国家档案局档案科学技术研究所、南京大学信息管理学院

主要获奖人：张淑霞、聂曼影、颜祥林、晏杰、王熹、沈双洁

推荐部门：国家档案局档案科学技术研究所

中央企业数字档案馆建设与发展——神华档案信息化实践

获奖单位：神华集团有限责任公司

主要获奖人：云天宝、张宁、季雪岗、侯海鹰、王志和、陶岩、高燕春

推荐部门：神华集团有限责任公司

海量数字档案安全存储监控平台研究

获奖单位：青岛市档案局、上海中信信息发展股份有限公司

主要获奖人：杨来青、徐明君、杨安荣、魏颂杰、江蕾、骆建珍、刘玮

推荐部门：青岛市档案局

民政专业档案进馆问题研究

获奖单位：民政部档案资料馆、国家档案局馆室司

主要获奖人：许卿卿、闫志壮、于青、陈俐、李欣、王晓源、邹杰

推荐部门：国家档案局馆室司

农业科技档案高效管理体系构建与应用

获奖单位：甘肃省农业科学院

主要获奖人：刘元寿、郭秀萍、张开乾、赵华、方蕊、王润琴、张延梅

推荐部门：甘肃省档案局

档案社会化整理项目管理模型构建

获奖单位：中国第一历史档案馆

主要获奖人：胡旺林、吴红、王光越、李中勇、倪晓一、李展、刘文华

推荐部门：中国第一历史档案馆

三等奖　24 项

国家档案馆公共服务评价体系设计与实证研究

获奖单位：浙江省档案局、浙江大学公共管理学院

主要获奖人：韩李敏、傅荣校、吴新宇、盛梅、赵洋月

推荐部门：浙江省档案局

社交媒体平台上档案利用创新模式研究

获奖单位：中国人民大学信息资源管理学院、北京市档案局

主要获奖人：王健、周文泓、宋红、王七琴、冯晓佳

推荐部门：北京市档案局

基于社交媒体的档案信息服务创新研究

获奖单位：武汉大学、湖北省档案局

主要获奖人：周耀林、刘晓春、姚岷、赵跃、路江曼

推荐部门：湖北省档案局

中国电力科学研究院名人档案研究与实践项目

获奖单位：中国电力科学研究院

主要获奖人：朱亚楠、陈丽萍、张伟、周峰、姬广鹏

推荐部门：国家电网公司

新时期基层社保所档案管理中的问题与对策探究

获奖单位：北京市昌平区档案局

主要获奖人：张保忠、张亮、范蕾、刘学梅、文霄

推荐部门：北京市档案局

新形势下审计档案信息资源开发利用研究——基于供给侧结构性改革视角

获奖单位：审计署办公厅

主要获奖人：文华宜、朱雅珊、马荣春、曹涛涛、李昕炘

推荐部门：审计署

广州市城市建设档案信息化建设创新发展研究

获奖单位：中国人民大学信息资源管理学院、广州市城市建设档案馆

主要获奖人：安小米、曹孟君、白文琳、蔡艳红、仇雁

推荐部门：中国人民大学信息资源管理学院

档案整理实际操作规范化研究

获奖单位：北京市朝阳区档案局

主要获奖人：王海军、戚柏兴、关捷、李军、陈冬梅

推荐部门：北京市档案局

档案库房微生物以及有害气体对档案载体和人体健康影响研究

获奖单位：湖南省档案局（馆）、湖南农业大学

主要获奖人：胡振荣、薛冬英、罗银、郭峰、马宁文

推荐部门：湖南省档案局

3D 打印技术在实物档案抢救和档案展览工作中的应用研究

获奖单位：国家档案局档案科学技术研究所、四川省档案局、四川省档案学校

主要获奖人：马淑桂、李玉民、徐宏、郝晨辉、黄静涛

推荐部门：国家档案局档案科学技术研究所

教育音像档案内容挖掘与应用研究

获奖单位：华东师范大学教育高等研究院、上海音像资料馆

主要获奖人：丁钢、汪珉、程静 、朱小怡、毛毅静

推荐部门：上海市档案局

智慧型数字档案馆建设模型研究

获奖单位：国网中兴有限公司、国家电网公司档案馆

主要获奖人：朱明君、周峰、战礼勇、廖菲菲、姬广鹏

推荐部门：国家电网公司

基于云平台的数字档案室业务系统

获奖单位：内蒙古自治区档案局（馆）、沈阳东软系统集成工程有限公司

主要获奖人：徐春阳、可伟、穆林、谷磊、温旭东

推荐部门：内蒙古自治区档案局

明清历史档案图像数字化加工质量管理体系

获奖单位：中国第一历史档案馆、汉王科技股份有限公司

主要获奖人：胡忠良 、徐杰 、杨永、张颖、潘慧敏

推荐部门：中国第一历史档案馆

大数据背景下的档案管理系统通用功能研究

获奖单位：国家电网公司、紫光软件系统有限公司

主要获奖人：张宁、马超、周峰、佟纯、杨迪

推荐部门：国家电网公司

证券企业业务档案规范化管理以及系统设计研究

获奖单位：国泰君安证券股份有限公司、上海珂绘数码影像科技有限公司、国家档案局经济科技档案业务指导司

主要获奖人：刘桂芳、王雁宾、姜延溪、穆青、杨成斌

推荐部门：国家档案局经科司

基于OAIS模型的电子档案利用系统的研究和应用

获奖单位：湖北省咸宁市档案局、湖北科技学院

主要获奖人：雷锡高、王电化、钱立新、傅宏、王爱武

推荐部门：湖北省档案局

基于政务云的区域性文档一体化综合管理平台

获奖单位：中山市档案局、广州明动软件股份有限公司

主要获奖人：陈岚、陈绪波、刘士东、翁建勃、杨锐

推荐部门：广东省档案局

地理库切片归档研究与实践——以苏州工业园区地理库切片归档为例

获奖单位：苏州工业园区档案管理中心

主要获奖人：刘海燕、张萍、姚皓雁、金波、张本东

推荐部门：江苏省档案局

基于分类主题的国土规划数字档案资源数据挖掘与可视化研究

获奖单位：武汉市国土资源和规划信息中心、武汉大学

主要获奖人：李宗华、黄新、彭明军、陈胜、张萍

推荐部门：湖北省档案局

基于智慧云的档案馆管理体系研究

获奖单位：江苏张家港市档案局、江苏激扬软件有限公司

主要获奖人：黄惠珍、施亦涛、孙静、刘镕畅、巫乃友

推荐部门：江苏省档案局

全国地质资料目录服务中心系统建设及应用

获奖单位：中国地质调查局发展研究中心（全国地质资料馆）

主要获奖人：连健、王黔驹、颜世强、吴小平、许百泉

推荐部门：国土资源部

内蒙古自治区地质资料数据库及管理服务信息系统

获奖单位：内蒙古自治区国土资源信息院、北京大学地球与空间科学学院

主要获奖人：杨文海、汪艳梅、裴兰英、陈小红、胡瑞斌

推荐部门：内蒙古自治区档案局

地方档案行政监管信息化的研究与应用

获奖单位：江苏省常熟市档案局

主要获奖人：顾志强、殷红、丁耀琪、朱晔、臧钰琴

推荐部门：江苏省档案局

（翟硕硕）

召开全国档案科技工作暨科技成果推广会议

为总结“十二五”时期档案科技工作情况，进一步提高档案科技管理水平，促进档案优秀科技成果的推广应用，2017年9月20—22日，国家档案局技术部在北京召开了全国档案科技工作暨科技成果推广会议。各省、自治区、直辖市档案局，各计划单列市档案局和新疆生产建设兵团档案局，副省级市档案局分管科技工作的领导和科技部门负责同志共80余人参加会议。

会议的主要任务：第一，全面总结2017年全国档案科技工作情况；第二，推介优秀档案科技成果。深入开展档案科技成果推广，促进科研与档案工作紧密结合，及时向档案界推介科技成果；第三，开展档案科技管理人员业务培训，提高科技工作的管理和规范化水平。会上，“感光影像档案修复与保护关键技术研究”“纸质档案去酸工艺及设备研制”“大数据挖掘背景下档案信息资源挖掘策略与方法研究”“社交媒体平台上档案利用创新模式研究”“探索电子文件归档和电子档案管理新模式”“基于网上审批的行政审批电子新闻公报 整理归档和移交接收模式研究”“海量数字档案安全存储监控平台研究”“档案社会化整理项目管理模型构建”“3D打印技术在实物档案 抢救和档案展览工作中的应用研究”“纸质档案抢救与修复规范”等9项档案科技成果和1项标准进行宣讲推广，受到与会代表的一致好评。

会上，对全国科技管理人员进行了业务培训，技术部黄丽华主任解读了《国家档案局科技项目管理办法》，进一步提升科技管理工作水平，加大工作科学化、规范化的力度。

（王琳）

制定《国家档案局科技项目管理办法》

为建立健全档案科技管理制度，提高档案科技项目管理科学化和规范化水平，2017年国家档案局正式颁布《国家档案局科技项目管理办法》。

《国家档案局科技项目管理办法》由总则、科技项目立项、科技项目实施、科技项目验收和附则五部分组成。总则规定了办法制定的依据、目标、适用范围等，并规定了各级档案部门要高度重视档案科研工作，保证科技项目研究顺利进行；立项部分详细规定了立项的选题方法、申报流程、研究人员条件以及项目审查评议的标准；实施部分则规定了国家档案局科技管理部门以及各推荐单位，有权并必须对项目的实施过程进行督促、检查、指导等管理工作；验收部分明确了项目验收所需材料和验收主要内容、规定了验收的3种方式以及相应的验收流程，同时还详细规定了验收专家条件及项目产权归属等。

《国家档案局科技项目管理办法》的颁发，对于严格档案科技立项、实施、验收工作流程、增强监管力度等起到积极作用，标志着档案科技管理工作由前期立项管理向全过程管理的转变。

（何晓晶）

启动副省级市以上档案网站安全监控和绩效评估工作

近几年，伴随着档案信息化建设的稳步推进，各级档案部门都将档案信息化工作置于重要位置，档案网站建设与管理也在这一过程中取得很大进步。2017年，国家档案局技术部为了解全国副省级市以上档案局网站建设现况，进一步促进档案网站规范建设与管理，与中国人民大学信息资源管理学院共同开展了全国副省级市以上档案局网站绩效评估工作。该项工作通过深入研究讨论，据档案网站建设现状及社会发展趋势，制定了清晰明确且具有针对性的《档案网站评估指标体系》。依据这个指标体系，本着以“公众体验至上”的原则，评估工作通过公众访问利用的方式，采用多人取平均的手段进行评估赋分，通过使用标准化、百分化、设置权重、生成最终得分等方法，减少分值的主观差异，保证数据处理的相对客观真实，为评估结果的真实可靠提供数据上的支持与论证。同时为更好的促进档案网站发挥作用，更好地保障档案网站的信息安全工作。国家档案局与有关单位合作对全国省级、副省级、计划单列市档案网站进行7×24小时实时监控，发现主页篡改、张贴反标等情况第一时间通知管理人员。对网站内容进行监控，发现无效或错误链接，错别字等通过邮件方式进行提醒，各有关单位及时整改。

（孙源）

发布《档案行业网络与信息安全信息通报工作规范》

为了增强档案行业网络与信息安全风险防范能力，进一步规范全国档案行业网络与信息安全信息通报工作，根据国家有关规定，结合档案行业信息安全工作实际，国家档案局制定了《档案行业网络与信息安全信息通报工作规范》。该规范要求档案行业信息通报工作按照“统一领导、分工负责、资源共享、协作配合”的原则，为网络安全保障工作提供支持。档案行业信息通报日常工作由国家档案局技术部负责。各省、自治区、直辖市档案局和计划单列市档案局、副省级市档案局负责本单位、本区域网络与信息安全信息通报工作，并明确该项工作主管领导、责任部门、责任人和联络员。

（王大众）

开展数字档案馆系统测试工作

数字档案馆建设是《档案事业发展“十三五”规划纲要》重要内容，也是档案信息化工作的重要抓手，推进数字档案馆系统测试是一项常态化工作。数字档案馆系统测试工作严格依据《数字档案馆建设指南》《数字档案馆系统测试办法》文件，严格把控测试标准，提出更高业务要求，对测试工作中出现的重大安全问题施行一票否决，保证测试工作整体质量。充分测试专家组专业技术能力，客观、公正、真实地反映出参加测试单位的信息化整体水平，指出存在的问题，提出切实可行的意见、建议，帮助其整改提高。通过测试，在行业和地区树立了一批先进和典型，为全国提供可复制可推广的经验，有力推动了全国数字档案馆建设和信息化工作水平。2017年，全国共有6家单位通过“全国示范数字档案馆”测试。分别为浙江省杭州市城建档案馆、河南省济源市档案馆、安徽省蚌埠市档案馆、浙江省嘉善县档案馆、山东省潍坊市档案馆、云南省楚雄州档案馆。

（冯剑波）

发布《电子档案管理系统基本功能规定》

各行各业办公自动化系统的广泛应用产生了大量的电子文件。这些电子文件归档形成的电子档案都会移交到档案部门进行管理和长期保存，并提供利用。而此项业务工作的开展，注定离不开电子档案管理系统。2001年6月，国家档案局印发了《档案管理软件功能要求暂行规定》，但伴随信息技术的发展与新业态的不断产生，该规定已经无法适用于今后电子档案管理系统的开发和应用，迫切需要新的规范出台。国家档案局技术部牵头，经反复论证和广泛征求意见，最终形成了正式公布的《电子档案管理系统基本功能规定》。

《电子档案管理系统基本功能规定》秉承开放、适用原则，要求系统具有开放和可扩展的体系架构，满足各级各类档案馆基础业务应用和未来发展的需求。框架结构设计以国家各级各类档案馆开展电子档案管理职能为基准，以电子档案管理业务的工作流程为主线，包含了总则、系统总体要求、档案接收、档案整理、档案保存、档案利用、档案鉴定与处置、档案统计、系统管理和附则共10章内容。其中的条款内容突出了基本业务特点，规定了电子档案管理系统应满足电子档案移交接收、长期保存、共享利用和安全可靠等业务需求的基本功能，能有效促进各级各类档案馆开发和应用电子档案管理系统的规范化建设。其中的每一项要求，都是电子档案管理系统应具备的必要功能。技术公司必须遵循各项要求来开发此类系统。《电子档案管理系统基本功能规定》的出台，有利于电子档案管理系统实现科学化、规范化建设，有利于实现电子档案更好地共享及利用，使档案业务人员可以利用电子档案管理系统实现对电子档案的科学、高效和安全管理。

（刘璐）

2017年度国家档案局优秀科技成果奖获奖成果介绍

特等奖　1项

感光影像档案修复与保护关键技术研究

完成单位：陕西师范大学、陕西省档案馆

主要完成人：李玉虎、周亚军、贾智慧、刘姣姣、胡道道、石美荣、单晓娟、赵艳红、马灯翠、祁赟鹏、张娟

该项目针对照片、底片、缩微胶片、电影胶片等感光影像档案出现的乳剂层疏松酥粉、霉变、银镜、粘结、划伤、卷曲、醋酸综合症等自毁性病害和长期未获解决的国际性难题，着眼于国家和全球的重大社会需求，经过27年的科研攻关和实践探索，在国际上首次研制出“感光影像档案修复与保护关键技术”，包括模糊不清、疏松酥粉照片；胶片醋酸综合征治理与预防、霉变照相底片修复保护、胶片划痕修复、卷曲、脆硬、折条、断裂长幅合影

照片增韧展平与修复等5项创新技术，共获得美国授权专利1项，中国专利授权14项。

项目创新点：（1）针对黑白照片与颜料染色照片模糊不清，从光散射角度提出了照片模糊不清机理，研制了由非挥发性液态稳定剂和高分子加固材料组成的稳定显现加固剂，能使模糊不清、无法辨认的照片清晰显现，耐久保存。（2）针对被称为"癌症"的胶片"醋酸综合征"的各种特征，研究出了"保持原貌与性状的耐受性清洗溶剂""缩微胶片微米级气泡显微回帖与字迹恢复""扭曲变形胶片形体恢复""基于液氮对粘结胶片环保揭取""醋酸胶片纳米级无机材料强力缓冲脱酸""醋酸胶片防灾耐久收藏盒与隔衬纸"等6项创新技术，使"醋酸综合症"得到总体根本治理。（3）针对底片霉变，研究了"乳剂层霉斑光学掩蔽"和"片基层霉斑温和氧化去除"两种保护性去除技术，能使被霉斑严重干扰腐蚀的底片再现原貌。（4）针对电影胶片划伤，研究了电影胶片划痕修复剂，能消除划痕的干扰，修复原貌。（5）针对长幅合影照片发生卷曲、脆硬、断裂、折条的病害，基于脆化降解明胶与水性环氧的交联反应及照片贮能模量分析，研究了增韧剂和展平设备及工艺参数，综合应用能使严重卷曲、脆化、折条、断裂的长幅合影照片完整修复。

一等奖　1项

纸质档案去酸工艺及设备研制

完成单位：山东省档案局

主要完成人：王宪东、孙洪鲁、储牧原、纪红、杨福运、武伟、李文姣

该项目研制出一种拥有自主知识产权的用于纸质档案去酸的档案保护技术设备，制定了配套的纸质档案去酸工作流程和操作方案，编制出纸质档案去酸设备技术、功能标准。该项目包括纸质档案批量化无损去酸机和去酸液。纸质档案批量化无损去酸机是一种用于纸质文献整卷批量化去酸专用设备，是一种非水溶性液相去酸技术，为各档案馆、图书馆、博物馆的纸质文献去酸修复，延长存贮寿命，提供完整的专业纸质文献去酸技术支持。该设备采用非水溶性液相去酸技术，去酸时不用拆（装订）卷，整本的纸质文献除酸后干着取出，对红蓝铅笔、蓝墨水、红墨水、圆珠笔、复写、油印、铅印、胶印等字迹均不会产生任何影响；去酸后的档案、书籍不会产生纸张粘连、变形；去剂无色、无味、无毒、无污染、绿色环保。是一种对环境最安全的去酸技术。所有液体均在工艺中循环使用，无液体废料产生；仅捕集被处理纸质文献上的污物用过滤器分离出来，无有害固体废料产生；采用密封系统回收率高达99%，无有害蒸气产生。去酸后的档案、书籍不需要进行干燥处理。还是一种完全自主知识产权的专业技术设备。

本课题的研究具有重要的意义和价值：1. 可对国内各档案馆、图书馆馆藏纸质档案、图书的纸张载体进行有效的去酸操作，为拯救和保存珍贵馆藏资源提供现实、有效的工具设备。2. 具有自主知识产权，打破境外公司在该设备领域的垄断地位。3. 使纸质档案、图书的去酸工作流程有章可循，促进档案、图书保护工作的专业化、规范化、标准化。4. 为同类设备的研制提供技术功能标准，促进产业发展。

二等奖　9项

探索电子文件归档和电子档案管理新模式

完成单位：上海市档案局

主要完成人：朱纪华、刘志成、康勇、张新、朱建中、金洁慧、王玮

该项目立足《自贸试验区条例》以及国内外现有电子文件归档和电子档案管理经验，利用上海自贸区法律保障和政策优势，通过"制度+管理+技术"协同创新的方式，有效保障电子档案的凭证价值，规范电子档案的长期保存，打破纸质和电子文件"双套归档"的传统做法，整体推进电子文件归档和电子档案"单套制"管理。项目通过三大创新，破解"单套制"管理难点。1. 模式创新，变革管理方式，实施电子文件全程管理。打破了纸质和电子文件"双套制"归档的传统做法，以电子文件全程管理为原则，将OA办公流程与电子文件归档、电子档案管理流程对接，解决了文档脱节、分散管理等问题。优化电子档案管理流程。改变电子文件收集、整理和归档的方式，变专职档案员负责档案收集整理为"全程管理、全员参与"，实现异地同步、及时归档，明确了电子文件归档管理的职责，提高了电子档案管理的效率，从源头上保证了电子档案的完整、准确和系统。发挥电子档案利用服务功能，依托电子政务网络，进一步发挥电子档案提供利用的服务功能，方便政府机构、企事业单位和个人的档案查询，提高了办事效率。2. 技术创新，研发管理系统，研发电子文件归档和电子档案管理原型系统、进一步确保电子档案的来源可信，管理可靠，长期可用。通过与OA系统对接，最大限度地确保电子档案的来源真实、结构完整、安全可靠。辅助采用经第三方权威机构认证的数字签名和电子签章等技术，确保电子档案"单套制"管理各环节的可控可溯。通过

元数据采集、日志管理、四性检测、操作审计和全文检索等技术的综合应用，使电子档案“收、管、存、用”各环节全面落实技术保障措施。通过通用数据采集等四大工具的设计开发，解决了电子文件收集难、电子档案管理难、长期保存难和利用难的问题。3. 制度创新，规范档案管理 电子档案“单套制”管理新模式，坚持以制度创新和规范管理为导向，建立健全与法规标准相配套的管理制度，极大地丰富和创新了电子档案“单套制”管理的方法和措施。

项目创新点：1. 该项目率先在自贸区开展电子文件归档和电子档案管理试点工作，依托自贸区法制保障和政策优势建立电子文件归档和电子档案管理“单套制”模式。2. 全国第一套在自贸区范围内投入使用的，符合电子文件归档和电子档案“单套制”管理要求的档案管理系统。3. 通过“系统+工具”确保电子档案凭证价值和长期保存，如：电子签名涵盖“电子文件办结归档、电子档案接收、审核、电子档案长期保存的主要管理环节”，研发通用数据采集、电子档案格式转换、电子档案离线备份、电子档案通用浏览器等四大工具。4. 中国（上海）自贸试验区三年来的创新实践，形成了100余项可复制推广的经验。其中电子文件归档和电子档案“单套制”管理模式的创立，是对传统的文件收集、整理和归档方式的颠覆性改革，有利于实现电子档案的全程化和专业化管理，顺应了自贸试验区推进贸易便利化、投资自由化的实际需要，是自贸区制度创新、先行先试的重要成果。试点做法被列入“上海自贸试验区三年总结百个制度创新案例”，在全国属于首创。5. 2017年3月10日，解放日报头版报道《自贸区推广电子档案“单套制”——为上海首创，保证档案管理可控可溯可靠》。

基于网上审批的行政审批电子文件整理归档和电子档案移交接收模式研究

完成单位：浙江省档案局、浙江省住房和城乡建设厅政务办理中心

主要完成人：刘芸、韩李敏、刘忠杭、王肖波、林伟宏、吴昕、赵真

该项目以全面覆盖省、市、县三级政府3300余个部门、6万余项审批事项的浙江政务服务网为依托展开研究，采用调查研究、文献查找、经验总结、比较分析等多种研究方法，重点以省住房和城乡建设厅为例，以审批档案的传统实体管理为原型，结合网上审批、无纸化办公的新特点，规范管理的过程和要求，提出分别符合自建系统、数据交换、统一模板等多种实际情况和管理需要的网上行政审批电子档案管理模式，并在政务服务网上实践并检验。具体研究内容主要包括：1. 针对当前各级政府建设的网上审批系统，深入研究省、市、县各级政府部门网上办理行政审批及其形成的网上审批事项电子档案的特点与规律；2. 根据国家档案与电子文件管理有关要求以及行政审批事项在网上审批系统中运行的实际情况和特点，研究确定网上行政审批电子文件的归档范围与保管期限，作为收集、保管、处置的依据，同时确定其数据组织形式和技术要求；3. 分析档案局（馆）在网上审批系统中的角色地位和功能定位，以确保行政审批电子档案准确性、完整性、可用性和安全性为目标，结合实际，提出在无纸化办公趋势下网上行政审批电子文件的整理归档和移交接收实现模式，并依托浙江政务服务网进行归档和移交接收的功能实现。该项目的研究能够为无纸化办公趋势下审批档案的管理提供借鉴因素，对于在档案载体转型时期加强网上审批电子文件管理具有积极的指导和示范作用，同时对于推进和完善网上审批工作、切实提高政府行政效能、促进政务信息资源的优化配置和有效利用具有重要的现实意义。

项目创新点：1. 课题不但提出了网上行政审批电子文件归档的总体思路——各审批单位根据实际分别制定行政审批材料归档范围和保管期限表、档案行政主管部门统一制定行政审批电子材料归档业务需求和技术标准实现在线归档，而且率先在国内省级行政审批平台上开展应用实践，取得了良好成效。2. 通过研究，明确行政审批档案整理以行政审批事项为单位，按“一事一卷”进行组卷；电子归档也以行政审批事项“一事一卷”作为概念模型，并且确定其数据组织形式和技术要求；提出归类整理、数据打包、盖时间戳、移交、建利用库的在线归档与管理流程。3. 实际解决如何从关系数据库类型的业务系统中将数据提取、组织、迁移、转换成电子档案，如何应用可信时间戳来保证无纸化归档的行政审批电子档案的原始性完整性等突出的现实问题。

大数据背景下档案信息资源挖掘策略与方法研究

完成单位：青岛市档案局、上海中信信息发展股份有限公司

主要完成人：杨来青、徐明君、杨安荣、魏颂杰、江蕾、骆建珍、刘玮

该项目主要内容包括：大数据背景下档案信息资源的收集和建库方法，围绕标准化推进档案信息

资源整合，提炼一套行之有效的资源体系分类标准。针对大容量档案信息资源库，设计数据挖掘算法，构建数据挖掘模型，从理论上论证数据挖掘在档案资源建设中的可行性；实现大容量档案信息资源库的数据挖掘功能，运用关联、分类、聚类等方法设计数据挖掘工具，实现档案资源的智能检索和智能聚合，建立档案智能检索和共享服务平台。课题对大数据环境下档案信息资源的来源、收集方式进行分析和研究，提出一套符合我国档案行业实际情况的信息资源库建设方法；充分运用大数据挖掘技术，总结了一套适合我国档案业实际工作需要的大数据应用方式，搭建了适合大数据环境的智能检索模型和智能检索与共享服务平台，实现档案资源的智能检索和智能聚合。2016 年 12 月 10 日，课题通过国家档案局鉴定，鉴定委员会认为：该课题制定了档案信息资源的分类建库方案，为档案数据挖掘奠定了基础；构建了十一种适合大数据环境下档案数据智能检索模型，为档案检索服务提供依据；搭建了档案智能检索和共享服务平台，实现海量档案信息资源库的智能聚合、智能检索和深度挖掘，对基于数据挖掘技术的档案信息管理系统建设具有借鉴和示范作用。

项目创新点：1. 提出档案信息资源库建设方法。课题研究就大数据环境下档案信息资源的来源进行分析，研究并归纳档案资源收集方式，结合档案信息资源分类规则的运用和分类标准的合理选择，以及国内档案分类的相关规定，总结归纳了一套符合我国档案行业实际情况的档案信息资源分类方法。为大数据环境下档案信息资源的收集和建库方法提供理论基础，为资源体系分类标准的制定奠定基础。2. 开展信息挖掘检索技术研究。在对档案信息资源收集、分类、建库等因素进行研究、讨论的基础上，课题组分析了档案信息挖掘技术的可行性，对常用的信息挖掘技术进行了阐述，包括决策树算法、贝叶斯分类器等，并针对我国档案行业的情况，总结了一套适合我国档案业实际工作需要的大数据应用方式，搭建了适合大数据环境的智能检索模型，为档案大数据应用的进一步深化提出了建设性的意见。3. 搭建智能检索与共享平台。为了将大数据挖掘算法和模型运用于档案实际工作，将智能检索理念通过智能检索与共享服务平台进行展现。课题组通过合理规划平台整体架构，灵活运用数据挖掘、文本挖掘、多维建模、全文检索等多种组件，采用“一站式”检索门户的建设思路，来完成平台的整体建设工作。

数字档案馆项目建设风险管理研究

完成单位：国家档案局档案科学技术研究所、南京大学信息管理学院

主要完成人：张淑霞、聂曼影、颜祥林、晏杰、王熹、沈双洁

该项目针对数字档案馆建设项目实践中风险管理的需要，以理论研究为基础，以实践探索为依托，将风险管理理论和方法引入数字档案馆项目建设中，构建了全面风险管理的体系框架，在整合项目建设中的诸多风险因素的基础上制定了《数字档案馆项目建设风险清单》，通过系统的风险识别和风险分析，探索出对数字档案馆项目建设具有显著影响的关键风险因素，并提出应对这些关键风险因素的策略，为实施数字档案馆项目风险管理提供了蓝本，对实际工作具有较强的指导意义和推广价值。部分成果于 2017 年 4 月 22 日在“ITrust 网络环境中文件与档案信任国际研讨会”上进行交流，引起广泛兴趣。主要研究内容：（1）数字档案馆项目风险管理基础理论研究。（2）数字档案馆项目风险分类体系的研究。提出了数字档案馆项目风险分类体系，一级类目为前期风险、基础设施风险、基础业务风险、资源建设风险和保障体系风险。（3）《数字档案馆项目风险因素识别清单》的确立。（4）数字档案馆项目风险评估结果的分析。采用专家评分法和矩阵分析法相结合的半定量方法对清单中的 130 项风险进行了评估、分析，确定了数字档案馆风险等级，并进行了排序。（5）探寻出了较为全面实用的数字档案馆项目风险应对的策略体系。分十部分对数字档案馆项目风险分别提出具体的应对策略。

项目创新点：（1）将风险管理理论和方法引入数字档案馆项目建设中，有助于填补相关理论研究的空白，丰富档案学研究理论和方法。（2）本课题按照风险管理规划、风险因素识别、风险评估、风险应对、风险监控的数字档案馆项目风险管理流程，识别出《数字档案馆项目建设风险清单》，然后基于半定量方法对数字档案馆项目风险进行了评估、分析，最后提出了数字档案馆项目风险应对措施，为实施数字档案馆项目风险管理提供了蓝本。

中央企业数字档案馆建设与发展——神华档案信息化实践

完成单位：神华集团有限责任公司

主要完成人：云天宝、张宁、季雪岗、侯海鹰、王志和、陶岩、高燕春

该项目紧紧围绕中央企业数字档案馆建设问题，以神华数字档案馆建设实践为依托，以数字档案馆

模型及标准体系研究为研究重点，对中央企业数字档案馆建设进行系统、全面的分析与研究。神华集团公司立足自身实际，确定了包括：档案制度体系建设、档案资源服务平台、电子文件管理系统、档案综合管理系统、档案考评管理系统等五大部分的神华数字档案馆建设内容；完成了管理理念创新、技术推陈出新，创立了先进的集约化、平台化的构建思想，实现了归档范围内电子文件的全程管理，突出强化档案利用和档案服务功能；精心组织、攻坚克难，强化组织领导，加强需求调研工作，完善硬件设施和软件环境，加强项目过程管控，提高项目程序设计水平和优化技术研发能力，完成数字档案馆系统与 OA 系统接口的技术攻关，完成数字档案系统电子文件存储方案的论证研究，解决统一身份认证登录的问题，解决纸质文件数字化和数据迁移问题，严把系统上线测试关口，加强系统使用培训。本成果通过对企业数字档案馆的理论基础、引进中央企业数字档案馆建设模型、开展中央企业数字档案馆建设规范体系研究、中央企业数字档案馆信息系统及技术、中央企业数字档案馆建设过程及步骤、中央企业数字档案馆系统测试等实际操作工作的论述和介绍，实现了为推动中央企业数字档案馆建设的快速、规范、健康的发展，以神华数字档案馆项目为试点，以数字档案馆建设的理论模型和标准体系为重点，通过个案实践，发现问题，解决问题，探索一条对于中央企业具有普遍指导和借鉴意义的数字档案馆建设之路的预期目标。预计通过对该项目的研究成果的推广应用，将为中央企业数字档案馆的建设提供指引。

项目创新点：提出企业数字档案馆的概念：广义企业数字档案馆是指充分运用信息技术对企业产生的各种重要的、核心的数据资产（包括数字档案及其他重要数字信息资源等）进行组织、整合、收集、存储、长期保存和提供利用的档案数据资产综合管理体系。狭义企业数字档案馆是指充分运用信息技术对企业产生的各种重要的、核心的数据资产（包括数字档案及其他重要数字信息资源等）进行组织、整合、收集、存储、长期保存和提供利用的档案数据资产集成管理系统平台。在此基础上，提出：企业数字档案馆系统是企业核心档案数据资产的集成管控系统，是企业中最为核心、最为复杂、最为有序的数据资产管理系统。创新性地构建中央企业数字档案馆建设模型和中央企业数字档案馆建设规范体系。该模型以系统和数据资源作为企业数字档案馆的两个核心，将“电子文件管理”“档案业务管理”“档案工作管控”“资源利用服务”和“档案数据挖掘”作为系统的核心功能；将企业各类有价值的资源由数据变为文件、由文件变为档案、由档案变为知识，形成有价值的数据资源。最终成为集“文档中心”“凭证中心”“知识中心”和“资产管理中心”功能为一身的中央企业数字档案馆。

海量数字档案安全存储监控平台研究

完成单位：青岛市档案局、上海中信信息发展股份有限公司

主要完成人：杨来青、徐明君、杨安荣、魏颂杰、江蕾、骆建珍、刘玮

该项目围绕海量数字档案背景下如何及时发现数据安全存储问题开展研究和讨论。项目研究主要内容包括：通过对海量数字档案的来源、特点以及存储现状的分析，总结当前海量数字档案存储存在的问题；通过对海量数字档案存储过程中的质量检测研究、安全监控研究、分布式管理研究和数据统计研究四方面的深入研究，为海量数字档案安全存储监控平台的建设奠定基础；运用先进的计算机技术、网络技术和存储技术，形成一个以海量数字档案为管理对象的，包含数据安全监控、分布式数据管理、海量数据统计等功能的海量数字档案安全存储监控平台。研究主要成果包括：运用 JAVA、MD5、HDFS 等技术，以数据安全为核心，开发了海量档案数据安全监控平台；从数字档案的准确性、完整性、可用性、安全性四方面入手，对质量检测的内容、方法进行研究，提出了一套数据质量监测方案；构建了实时监控加定时监控的组合监控模式，对数字档案存储过程进行全程监控和预警，及时发现和解决问题；提出了基于 HDFS 技术的符合档案行业存储特点的海量数字档案分布式存储方案；为保证成果的推广性，本课题提供了各类数据接口供不同应用软件调用。2016 年 12 月，项目通过国家档案局鉴定，鉴定委员会认为：该课题实现海量数字档案信息安全存储与风险监控的整体思路和实施策略，构建了包括分布式存储和数据变动监测等内容的整套解决方案，在解决档案馆海量数据安全存储与管理问题方面进行了创新性的探索与实践，具有创新性、实用性和典型示范意义。

项目创新点：（1）首次提出并开发“面向数据异常变动”的海量数字档案安全监控平台。本课题在复杂的信息档案安全问题中，突出数据安全的核心问题，针对档案行业特点，开发了海量档案数据安全监控平台。（2）首次提出了一套“组合式”数据变动监测方案。一是通过 JAVA 实时监控技术及时发现数据变化；二是建立 MD5 库，生成数字档案唯

一的安全认证信息数据库，按照策略定时检测数据变化情况。两种方式组合使用，极大保证了数据的安全性。(3) 首次提出一套符合档案行业特点的分布式存储方案。海量存储离不开分布式技术，本课题基于HDFS技术提出了一套符合档案行业存储特点的分布式存储方案，有效地解决了海量数字档案的可持续扩展存储问题。(4) 采用“黑盒子式运行、多接口化服务”设计模式，重视软件的开放性，以数据接口形式与其他软件对接，大大提高了课题成果的适用性和推广性。

民政专业档案进馆问题研究

完成单位：民政部档案资料馆、国家档案局馆室司

主要完成人：许卿卿、闫志壮、于青、陈俐、李欣、王晓源、邹杰

该项目以民政专业档案为切入点，首先深入研究了其形成的规律和特点，然后在大量调研基础上，对民政专业档案进国家综合档案馆的必要性和可行性进行了详细、科学地论证，最后根据目前民政档案工作现状，对民政专业档案进馆模式进行了创新研究：第一，需要明确进馆的“依法依规”“齐全规范”“便民利民”“协商一致”等四项基本原则；第二，各地应当区分不同情况，在档案行政管理部门的监督指导下，按照民政专业档案移交范围、移交内容、移交时限、移交方法等构成进馆模式的四个基本要素，依法确定几种不同的进馆模式，使各地民政部门和国家综合档案馆对照实施；第三，还应当对如何实施进馆模式，给出“制订实施方案”“加强监督指导”“严格进馆验收”“加强开发利用”等四条主要实施路线。其中创新的模式包括：模式一：完整模式。即在规定的全部进馆范围之内，将所有传统载体档案及其数字化副本和电子专业档案，按照规定的时限移交进馆。这是一种最全面、最理想的进馆模式。模式二：抽样模式。即在规定的抽样进馆范围之内，将部分传统载体档案及其数字化副本，按照规定的时限移交进馆。这种进馆模式适用于城乡最低生活保障档案、农村五保供养档案，以及其他类似于这两类档案的民政专业档案。模式三：特殊模式。即在规定的全部进馆范围之内，将传统载体档案或其数字化副本、电子专业档案，延期或提前，分别移交进馆。这是一种在充分考虑各种特殊情况下的变通进馆模式。模式四：强制模式。即在规定的全部进馆范围之内，当民政部门档案保管条件恶劣、档案濒临损毁时，或已撤销单位的民政专业档案，必须将传统载体档案，迅速移交进馆。这是一种强制性的进馆模式。四种进馆模式对民政专业档案进行了全覆盖，而且具有很强的可操作性。

项目创新点：1. 填补了我国民政专业档案理论研究的空白，为其他专业档案的理论研究提供了可靠的借鉴。2. 首次系统分析了民政专业档案进馆的必要性和可行性。3. 首次系统归纳了各类民政专业档案进馆可选择的四种模式。

农业科技档案高效管理体系构建与应用

完成单位：甘肃省农业科学院

主要完成人：刘元寿、郭秀萍、张开乾、赵华、方蕊、王润琴、张延梅

该项目研究提出构建农业科学技术研究档案资源系统化、管理精细化、保管安全化、服务高效化的机制保障和现代治理体系的策略与措施；提出农业科学技术研究档案的建档领域、建档范围及其归档、立卷和鉴定的原则、内容、方法，并对相关专业术语和定义做出界定；设计建成农业科学技术研究档案封闭式密集柜；研究建成档案数字综合管理系统；研究制定甘肃省地方标准三项，1.《农业科学技术研究档案管理规范》（DB 62/T 2343—2013）；2.《农业科学技术研究档案分类》（DB 62/T 2344—2013）；3.《农业科研项目文件归档整理规范》（DB 62/T 2345—2013）；发表学术论文6篇，以期为全面提升农业科学技术研究档案科学管理水平和服务能力提供科技支撑。

档案社会化整理项目管理模型构建

完成单位：中国第一历史档案馆

主要完成人：胡旺林、吴红、王光越、李中勇、倪晓一、李展、刘文华

该项目基于档案社会化整理项目管理的国内外研究成果，结合一史馆近年的档案社会化整理实务经验与数据分析，剖析档案社会化整理各个环节的规律与特点，对社会化整理的全过程——选择外包服务供应方、项目过程实施、质量控制、结项验收、项目间的衔接—— 一一进行研究，理顺其主要流程架构、管理架构与相关技术标准及工作规范，力图构建一整套具有一定普遍适用价值的档案社会化整理的管理模型，即八个核心模块与两个非核心模块的构建。八个核心模块分别是流程控制、安全控制、质量控制、人员控制、进度控制、数据管理、风险管控、验收机制；两个非核心模块是前期筹备与项目规则汇总。课题组根据八个模块的重要性以及与其他模块之间的关系，又将其分为三个层次：首先，流程控制是整个管理模型的核心环节，其主要任务

是梳理档案社会化整理全过程的流程设计与衔接，并通过与其他七个模块的关系互动，全面监控整个管理流程的进展；其次，数据控制、安全控制、人员控制与流程控制构成了该模型的第二层，其主要任务在于细化整理流程，明确具体任务，通过对档案实体整理、数据化处理、数据化管理等任务设定，通过档案整理安全协调与人力资源配置的搭配，使项目实施有序化；再次，由风险控制、进度控制、验收控制与质量控制组成了项目实施的保障层，保障模块与流程控制相得益彰，对项目实施进度进行全过程的掌控，并通过风险识别与进度监控，保障项目实施循序渐进，规避风险，最后通过验收与质量控制，保证档案整理的规范化与序化。通过以上模型的构建，课题组在我国档案学界和档案实践领域第一次对档案整理社会参与问题提出并建构了档案社会化整理模型的创新性观点，制定了相应的流程技术标准与工作规则，具有较强的普遍性应用价值。同时，课题组在档案社会化整理项目管理模型设计过程中，将计算机与信息技术工具融入其中，借助计算机辅助整理，实现了档案整理工作全过程监管与管理流程化，可视化。另外，本课题结合目前国内综合档案馆档案整理的实际，拓展档案整理工作的业务范畴，在档案整理过程中标记出档案残破状况与残损程度，为后期的档案修复工作打下了基础。最后，课题组提出的档案社会化整理管理模型，对档案社会化整理项目的参与、实施与保障提供了相对科学与规范的管理策略，而其中对档案业务外包工作相关问题的梳理及操作规范的提出是对综合档案馆寻求购买社会服务管理方式的具体实践，对我国各级各类综合档案馆开展此项业务提供了规范的参考模板。

项目创新点：（1）创建了一套完整的档案社会化整理模型；（2）在档案整理过程中突出信息技术的应用；（3）将修复与档案整理相结合；（4）进一步明确档案业务外包管理流程。

三等奖 24 项

国家档案馆公共服务评价体系设计与实证研究

完成单位：浙江省档案局、浙江大学公共管理学院

主要完成人：韩李敏、傅荣校、吴新宇、盛梅、赵洋月

该项目主要目标是分析综合档案馆公共服务能力的构成要素，结合档案馆公共服务能力建设实际，运用定性与定量相结合的方法，最终为综合档案馆设计出一套更为符合当前公共服务能力建设需要的评价指标体系，以评估综合档案馆公共服务能力建设现状，发现其中的问题与不足，以期为档案馆公共服务提供新视角、引发新思考，达到对综合档案馆公共服务能力“以评促改、以评促建、评建结合、重在建设”。通过现状调研、研究思路与框架制定、评价指标体系构建、专家论证到实证研究、指标相关性分析，主要取得了以下研究成果：第一，构建了一个包含 3 个一级指标、9 个二级指标和 22 个三级指标的综合档案馆公共服务能力评价指标体系；第二，运用德尔菲法和层次分析法，确定了评价指标体系的权重；第三，测评 31 个省（自治区、直辖市）综合档案馆公共服务能力建设现状，得出目前各综合档案馆公共服务能力建设呈“中间大、两头小”的特点，即各综合档案馆的公共服务能力总体上还处于发展阶段；第四，通过 SPSS 统计分析软件的运用，得到综合档案馆公共服务能力与所在省（自治区、直辖市）人均 GDP 及信息化发展水平之间均有中等程度的相关关系，相关系数分别为 0.446、0.557。

在对国内外综合档案馆公共服务及其能力评估体系的研究进行系统整理和分析，全面了解和掌握评估研究现状的基础上，项目最终得出综合档案馆公共服务能力主要包含需求识别、服务供给和服务保障 3 种能力。进一步将此 3 种能力作为评价指标体系中的一级指标，充分考虑指标要素的可获取性，将德尔菲法和层次分析法相结合，构建包含需求识别、服务供给、服务保障 3 个一级指标；识别渠道、需求反馈、传统服务、网络服务、物质保障、人员保障、制度保障、技术保障和经费保障 9 个二级指标；需求调查、专家智库、馆长接待日、新媒体、需求分析、服务调查、借阅服务、咨询与宣传服务、编研服务、信息资源开放、在线服务、公众交互、基础设施、馆藏资源、人才结构、人员培训、标准规范、规章制度、服务、安全技术、行政经费和专项经费 22 个三级指标的综合档案馆公共服务能力评估指标体系。根据专家判断和层次分析法，需求识别、服务供给、服务保障指标的权重分别是：0.106、0.633、0.261。根据各省（自治区、直辖市）综合档案馆公共服务能力的实证测评，发现各综合档案馆公共服务能力整体水平尚待提高。根据各指标与测评得分及指标间相关性分析，与各省（自治区、直辖市）综合档案馆公共服务能力极强相关性的指标是借阅（r = 0.806）；强相关性的指标有：咨询与宣传（r = 0.712）、公众交互（r = 0.691）、编研（r = 0.685）、规章制度（r = 0.658）、需求分析（r = 0.653）；中等程度相关性的指标有：在线服务（r =

0.580)、新媒(r=0.577)、需求调查(r=0.563)、服务调查(r=0.477)、信息资源开放(r=0.410)、服务技术(r=0.406)。同时，各指标对档案馆公共服务能力大小的影响与其权重和各指标分值有相关关系，相关系数分别是0.518、0.507，属于中等程度相关性。

项目创新点：1. 建立起第一个包含需求识别、服务供给、服务保障三个维度的综合档案馆公共服务能力评估指标体系，尤其是需求识别指标，是档案馆服务评估中理论和实践领域的一个创新性指标。2. 对于评估体系进行了实证运用，对于大陆31个省(自治区、直辖市)级综合档案馆的公共服务能力进行了评估，并探讨了档案馆公共服务能力与经济发展、信息化发展水平之间的关系。3. 研究结论的科学方法支撑，无论是项目指标要素及其权重的赋予，还是相关性研究，运用了德尔菲法、层次分类法、统计分析法等科学方法。

社交媒体平台上档案利用创新模式研究

完成单位：中国人民大学信息资源管理学院、北京市档案局

主要完成人：王健、周文泓、宋红、王七琴、冯晓佳

该项目旨在探索在社交媒体平台上如何开拓档案利用的创新模式，基于社会观更好地服务以公众为主体的利用者，以此为契机拓展档案机构的职能、优化业务、丰富馆藏，重塑职业形象，大幅度提升贡献力与影响力。经过两年的探索，形成了兼具理论性与实践指南功能的研究报告，研究成果的理论框架及内容包括：1. 概念界定及研究对象分析。2. 文献检索与研究成果分析。3. 实践调研与数据分析。4. 国外档案馆社交媒体应用分析。5. 构建我国社交媒体平台上档案利用"四化"创新模式及其测评技术指标。主要研究成果：1. 首次通过文献分析、调查问卷、实地访谈等方式，全面调研国内外档案界运用社交媒体开展档案利用的应用现状、问题与障碍、挑战与对策，掌握大量一手数据。2. 首创社交媒体平台上档案利用"四化"模式并构建技术测评指标，形成系列研究成果报告(含工作报告、研究报告、调查报告等)，得到国家档案局组织的软科学研究成果评审委员会的高度评价；研究成果被若干档案局馆应用于馆藏档案信息资源在社交媒体平台上开展利用的创新尝试并取得提升成效。3. 发表七篇学术论文(绝大多数为核心期刊)，六次应邀在国际会议上作大会发言，均为具有国际影响力的会议。4. 创立微信公众号"档案那些事儿"，作为项目组档案微信公众号运营、档案信息"微"传播、"四化"创新模式测评的实验平台。5. 两次主办全国性论坛"社交媒体圆桌会议"，汇聚档案界微信专家共同探讨运用社交媒体开展档案利用。6. 倡导并牵头成立全国档案社交媒体联盟，建立档案社交媒体利用、传播档案信息的长效合作机制。

项目创新点：本课题最大创新之处在于突破传统的、单向的、受众范围受限的档案利用模式，运用社交媒体这一新型、高效的信息传播媒介，基于对公众档案信息需求的精细化分析，依托网路与信息化技术，实现"档案工作社会化、档案利用网络化、馆藏宣传社交化、信息推送实时化、满足需求个性化"的目标，从而构建社交媒体平台上档案信息资源开发利用的新模式，探索档案资源在移动互联时代基于知识管理的智能化利用与网络化传播的新路径。(1) 首创档案社交媒体"四化"模式；(2) 基于"四化"模式构建测评技术指标；(3) 创建社交媒体公众号"档案那些事儿"开展实证研究。

基于社交媒体的档案信息服务创新研究

完成单位：武汉大学、湖北省档案局

主要完成人：周耀林、刘晓春、姚岷、赵跃、路江曼

该项目通过对综合档案馆网站Web2.0工具的应用、官方微博和微信以及档案APP的应用进行调查分析，总结综合档案馆在这四种社交媒体应用中存在的应用广度、深度和平衡度方面的问题，得出目前我国综合档案馆对社交媒体的应用程度还不高的结论；文章深入剖析了产生这些问题的深层次原因，并提出针对性对策，从社交媒体服务平台的理念、管理、功能和保障四个维度出发，构建了一个包含引领层、支撑层和保障层三个应用层面的综合档案馆社交媒体应用体系。该社交媒体应用体系，究其实质，是一个基于社交媒体的档案信息服务创新体系，是在以Web2.0环境下社交媒体的大量应用为背景，以深化档案服务理念为导向，以档案内容为重点，以互动为核心，以平台之间的信息融合为重点，以安全长效为保障，在为公众提供档案信息广泛性服务的同时响应档案信息个性化服务，实现国家档案局提出的"方便人民群众的档案利用体系"。

项目创新点：第一，在研究视角上，综合分析了四种社交媒体类型在综合档案馆中的应用。从国内外研究综述中可以看到，社交媒体研究已经成为学术界的研究热点，而在档案界已有的研究成果中，学者一般是从单一的社交媒体类型着手，研究其在档案工作中的应用。本报告的写作正是基于这种现

状，重新找到一个新的视角，将目前社交媒体在综合档案馆的整体情况进行总体调查和分析，总结了综合档案馆在网络社交媒体、微博、微信和档案APP四种社交媒体平台中应用的共性和差异，收集了大量综合档案馆应用社交媒体的数据和资料，克服了以往单一媒体应用情况调查研究的不足，有利于从整体上了解了社交媒体在综合档案馆的应用现状。

第二，在研究内容上，构建了一个系统的综合档案馆社交媒体应用体系。从已有的研究成果看，目前对档案界社交媒体应用的研究多从现状分析入手，且偏重于单一的社交媒体的应用策略或改进方法，学界尚缺乏针对档案机构（包括综合档案馆）的社交媒体应用对策。针对这种现状，本课题组针对调查结果中总结的问题，剖析了产生这些问题的原因，并从社交媒体服务平台的理念、管理、功能和保障四个维度出发，构建了包含引领层、支撑层和保障层三个应用层面的综合档案馆社交媒体应用体系。这是一个基于社交媒体的档案信息服务创新体系，是在以Web2.0环境下社交媒体的公众大量应用为背景，以深化档案服务理念为导向，以档案内容为重点，以互动为核心，以平台之间的信息融合为重点，以安全长效为保障，在为公众提供档案信息服务，实现国家档案局提出的“方便人民群众的档案利用体系”。

第三，针对当前四种社交媒体在各种档案机构（尤其是各级各类档案馆）应用较多的现状，课题组提出了社交媒体的综合优选方法：以档案网站为主，拓展网站的社交媒体功能；以微信、微博为辅助，利用群体力量扩大档案服务范围；以APP为特色服务，形成个性化的档案信息服务，由此，可以形成综合优选的档案信息服务社交媒体应用方法，推动档案信息服务由被动服务向主动服务、由大众服务向个性化服务进行转变，这对综合档案馆应用社交媒体开展档案信息服务工作具有实际的借鉴意义。

中国电力科学研究院名人档案研究与实践项目

完成单位：中国电力科学研究院

主要完成人：朱亚楠、陈丽萍、张伟、周峰、姬广鹏

该项目依据中国电力科学研究院名人档案现状，编制完成符合中国电力科学研究院实际情况的名人档案管理办法和名人档案建档规范；建立名人档案信息化管理平台，包括名人档案的收集、整理、归档、编研、统计、利用等功能；开展名人档案实践，收集完善名人档案。研究内容主要包括：1. 划定名人档案归档对象和归档范围，建立相关标准体系。名人档案的“归档范围”包括归档对象和归档范围两个方面。一是归档对象的标准化，根据电力行业的特色，设定电力行业的归档对象的标准，应考虑行业特殊性，针对不同归档对象确定不同的归档范围。二是归档范围的标准化，归档范围应以能全面、客观地反映该名人的历史原貌为基本要求，范围尽可能广泛，内容尽可能丰富。2. 名人档案收集、整理、保管及利用的研究。名人档案要求以“人物”为中心进行收集，同时集多门类、多载体档案为一体。这一特殊性要求在收集、整理、保管、利用名人档案时，要考虑档案与载体自身特点与要求。收集：名人档案集多门类、多载体档案为一体，收集积累时应全面搜集，防止遗漏；应采取灵活多样的收集方式，利用信息化手段通过多种途径收集名人档案。归档整理、保管：名人档案具有较强的动态性，时间跨度大，材料须不断补充，因此，在立卷归档时要留有余地，及时进行档案数字化操作。应创造条件将名人档案保管专藏化，即建立档案展厅进行专门保管、展览和宣传，将保管、展览和宣传合为一体。利用：深度开发信息，多种形式利用，在保护名人隐私、知识产权的同时，充分挖掘名人档案中丰厚的文化资源，向社会提供实体及网络数字化利用。3. 建立名人档案管理系统。有效管理名人档案是名人档案开发利用的基础和前提。应建设名人档案管理系统，既包括名人档案的归档对象、归档范围、归档要求、整理、保管和统计，又包括名人档案的在线浏览、在线展示。档案管理员通过系统开展名人档案的管理工作，利用者利用信息化平台查阅名人档案。

项目创新点：（1）率先形成了企业名人档案管理机制；（2）率先建成了企业级名人档案管理平台；（3）构建了名人档案电子辅助编研机制；（4）丰富了名人档案内涵、拓展了名人档案外延。

新时期基层社保所档案管理中的问题与对策探究

完成单位：北京市昌平区档案局

主要完成人：张保忠、张亮、范蕾、刘学梅、文霄

该项目以昌平区所辖21家镇街的基层社保所为研究对象，对当前社保所工作的主要职能及特点进行了梳理，了解了当前社保所档案管理工作的现状，据此分析找出存在的问题，从六个方面全面谋划，探究解决并全面开展社保所档案工作规范化建设的方法，建立起与地区社会经济发展水平相适应的社保所档案工作管理体系：1. 权责明确，建立健全管

理责任体系；2. 加大宣传力度，增强档案意识；3. 制定出台专业管理办法；4. 创新档案管理机制，确保社保所档案工作与镇街档案工作同步开展；5. 完善业务工作机制，确保社保所档案工作与社保所业务工作同步开展；6. 全员培训，监督检查常态化。从而探索制定一套符合社保所业务特点及其发展需求的切实可行的管理办法，同时形成了《昌平区社保所业务档案管理办法（试行）》和《昌平区社保所业务档案归档范围与保管期限表》。课题研究成果对各区档案局及社保业务管理部门、各镇街了解基层社保所情况、掌握其档案工作现状、推动社保所档案管理规范化工作全面开展提供参考和借鉴。

项目创新点：1. 管理机制创新：确保社保所档案工作与镇（街）档案工作同步开展，将社保所档案纳入镇（街）档案全宗作为一个整体统一管理，社保所设立专业档案室，配备业务档案库房和专职档案员各业务窗口设立兼职档案员负责本窗口业务档案的收集、整理和移交。2. 工作机制创新：确保社保所档案工作与业务工作同步开展，创新工作机制，将归档工作作为社保所各项业务工作的办结标志，形成工作制度，以归档内容要求倒推检验业务办理是否符合流程要求，从而充分发挥业务档案事后监督、内部控制的作用。3. 样本应用先行的模式创新：本课题研究成果在形成最终书面报告并大范围推广前通过出台相关文件、建立试点、现场会推广、培训验收等方式在样本采集地昌平区进行了应用验证并收到良好效果，将理论成果直接转化为实践成果，既能够以最直观的方式评估应用效果、得到最直接的应用反馈，又可以在实际工作中具体检验成果的科学性和可行性，并根据应用效果不断调整和充实，这种应用模式的创新为成果的最终形成奠定了扎实的基础。

新形势下审计档案信息资源开发利用研究——基于供给侧结构性改革视角

完成单位：审计署办公厅

主要完成人：文华宜、朱雅珊、马荣春、曹涛涛、李昕炘

该项目介绍了审计机关审计档案概况，分析了国家审计在供给侧结构性改革背景下的新特征，建立了“审计档案开发利用的供给侧概念框架”，并进行供需侧分析。结合审计工作实践，阐述审计档案开发利用供给侧价值实现方式，指出当前审计机关审计档案开发利用存在的结构性矛盾，并深入分析问题产生的本质原因，指出审计档案在供给层次、质量、种类和开放等方面尚未与国家审计的新特征相匹配，提出进一步推进审计档案开发利用供给侧结构性改革的建议。研究的主要指标是：一是审计系统审计档案利用现状，包括审计档案资源提供利用的数量（页数、卷件数）；审计档案资源提供利用的质量（原文借阅、信息再加工、决策依据、参考价值）。二是供给侧结构性改革视角下审计档案相关概念内涵（审计档案自然产品、审计档案衍生产品、审计档案衍生产品供给率、审计档案供给侧、审计档案需求侧）及审计档案供需侧分析。三是审计人员利用审计档案需求及目前满意度。四是审计档案供给侧结构性改革实现机制，及发挥审计档案资源价值有效途径的具体操作办法。

项目创新点：一是研究方法的创新。首次在全国范围内面向审计机关发放调查问卷，共选取 49 个单位，其中审计署机关各司局（以下简称署机关）及派出审计局、特派员办事处共 42 个单位，江苏省、江西省、浙江省、西藏自治区、上海市审计厅（局）等 5 个省（直辖市、自治区）审计机关，青岛市、深圳市审计局等 2 个计划单列市审计机关。共下发调查问卷 3326 份，回收 3240 份，剔除 22 份无效问卷，获得 3218 份有效问卷，问卷有效回收率 96. 75%。调查范围之广、调查人数之多、调查内容之细为国内首次。二是研究视角的创新。该项目将新常态、新理念引入档案信息资源开发利用之中，首次从供给侧结构性改革视角下分析解决档案资源开发利用的实际问题，对审计档案进行供给侧结构性概念演绎和问题剖析，进而提出改进档案信息资源开发利用的供给侧解决之道。

广州市城市建设档案信息化建设创新发展研究

完成单位：中国人民大学信息资源管理学院、广州市城市建设档案馆

主要完成人：安小米、曹孟君、白文琳、蔡艳红、仇雁

该项目在新型城市化发展战略指导下，围绕“信息广州”“智慧广州”和“绿色广州”建设目标，探索社会转型和数字转型背景下的档案转型，为广州市城建档案信息化建设创新发展工作、开展未来发展方向定位、问题与对策等方面的工作提供咨询建议，制订广州市城建档案信息化创新发展战略目标与规划，形成创新发展研究报告，为建设广州市城建档案信息系统奠定基础，为广州市城建档案信息化创新发展顶层设计提供有效支持。在开展国内外文献调查研究、法律法规调查研究、标准规范研究和相关网站调查研究的基础上，课题通过 SWOT 分析，明确了当前广州市城建档案信息化创新

发展工作面临的优势、劣势、机遇和挑战；针对甲方迫切需要解决的关键问题，完成了《基于信息资源管理规划的广州市城市建设档案信息化建设创新发展研究报告》《数字连续性视角下的广州市城市建设档案信息化建设创新发展研究报告》《国内外档案信息化建设的经验及其借鉴研究报告：信息基础架构案例研究及借鉴》《国内外档案信息化建设的经验及其借鉴研究报告：国外电子文件管理标准规范建设研究及借鉴》《国内外档案信息化建设的经验及其借鉴研究报告：国外云计算环境下的文件管理研究及借鉴》和《国内外档案信息化建设的经验及其借鉴研究报告：个人信息保护与安全利用研究及借鉴》等6个国内外档案信息化建设的经验及其借鉴研究报告。在社会调查研究、用户访谈、专家调研的基础上，完成了《广州市城市建设档案信息化建设问题与对策建议报告》和《广州市城市建设档案信息化建设创新发展研究报告》。

项目创新点：（1）多学科、全视域的解题策略 采用文件档案管理、信息资源管理、知识管理、信息技术、城市规划、城市建设管理、服务科学等多学科研究视角，提出档案资源建设能力、档案管理信息化能力、档案部门公共服务能力和档案社会协同创新能力全面提升创新发展研究报告。（2）多层次、全要素的解题方法 从创新理念、创新愿景、创新机制、创新应用平台四个层次提出了城建档案信息资源战略规划建议。（3）多阶段、全过程的解题路径 从倡导理念、规划愿景、构建机制、实施应用平台四个阶段构建数字连续性的行动计划。（4）多维度、全方位的解题方案 从人、过程、技术、资源多维度构建实现主体联盟、关系连通、要素联结、过程连贯的信息技术支撑体系。

档案整理实际操作规范化研究

完成单位：北京市朝阳区档案局

主要完成人：王海军、戚柏兴、关捷、李军、陈冬梅

该项目从档案行政管理部门角度出发，研究如何以更有效的方式指导基层档案人员开展档案整理工作，规范实操，加强档案工作治理能力，提高档案基础业务建设水平。对国内研究情况和工作情况进行分析后，结合调研情况从档案业务指导部门和基层档案整理实际操作两方面提出档案整理实操规范化工作存在的主要问题，并根据问题提出4条具体对策建议。将编写符合地区档案工作实际的业务指导工具书作为核心对策进行阐述，对主要研究成果《档案整理实操手册》在朝阳区范围内推广应用2年以来的情况及效果进行分析说明，证明核心对策的可操作性、实用性。课题的研究角度——从提高档案行政管理部门管理水平出发、研究理念——提高基层档案人员档案整理实际操作水平，以及主要研究成果的推广应用效果均有效填补了业务指导工作领域的研究空白，为档案行政管理部门丰富、提高档案业务指导方式和水平，尤其是根据本地区实际情况编制档案业务工具书在编写思路、编写体例等方面提供有效参考和借鉴。

项目创新点：1. 角度创新。从档案业务指导部门角度提出的改进培训工作机制、完善管理和监督指导机制、提高业务指导人员专业水平、编制规范档案整理实际操作的业务工具书4项对策建议。2. 课题主要研究成果《档案整理实操手册》创新。一是形式创新。突破以往档案业务工具书以文字为主的形式，采用全彩设计，图文结合的形式增强美观性和可读性。二是内容表述形式创新。三是配套用书形式创新，将《档案业务工作手册》作为《档案整理实操手册》的配套用书。四是理念创新。注重相关课题研究成果的应用和衔接，将我局以往课题研究成果直接引用在手册中，促进相关课题成果的转化。

档案库房微生物以及有害气体对档案载体和人体健康影响研究

完成单位：湖南省档案局（馆）、湖南农业大学

主要完成人：胡振荣、薛冬英、罗银、郭峰、马宁文

该项目从有害气体检测、微生物实验和人体健康影响三方面展开研究。有害气体检测从档案库房、档案整理和档案修裱工作区域选取氮氧化物、二氧化硫、甲醛、苯系物（主要包括苯、甲苯、二甲苯）和放射性元素氡进行检测和分析；微生物实验从档案库房、档案整理室和档案修裱室工作区域进行微生物样本采集、培养、分离、纯化和鉴定，分析微生物的来源和对档案纸张字迹的腐蚀程度以及空气中流动的微生物孢子对人体健康的危害；人体健康影响研究通过对有害气体检测和微生物实验情况，以及对受检人员肺功能、血沉、碱性磷酸酶、高敏C反应蛋白、降钙素原、CD4、CD8以及CD4/CD8比值、血清免球蛋白、血液细胞因子检测、血常规检查、尿常规检查等体检项目测定的分析，找出微生物和有害气体对人体免疫系统及呼吸系统的影响。研究发现，档案工作场所和环境中存在大量亮白曲霉、黄曲霉、黄柄曲霉、桔青霉等真菌，这些真菌可通过空气附着在皮肤表面或侵入人体内部，引起

急性支气管炎、肺炎、鼻炎、哮喘等疾病，少数霉菌还分泌致癌物质。研究发现，长期工作在低浓度氮氧化物、二氧化硫、甲醛、苯系物（主要包括苯、甲苯、二甲苯）和放射性元素氡环境中，可引起头疼、乏力等不良反应，会导致肺气肿、肺部感染、肺纹理增多、白细胞偏低及免疫功能减退等症状。同时，微生物分解出的有机酸会腐蚀档案、污染档案，使其发黄变脆，致使纸张酸性增强。

项目创新点：该项目的创新点在于将档案工作者身体健康水平评估（典型免疫项目的检测）与档案库房空气中微生物试验和有害气体的检测结果进行联动分析。

3D打印技术在实物档案抢救和档案展览工作中的应用研究

完成单位：国家档案局档案科学技术研究所、四川省档案局、四川省档案学校

主要完成人：马淑桂、李玉民、徐宏、郝晨辉、黄静涛

该项目开展3D技术在实物档案抢救和档案展览中的应用及科学化管理研究，分析档案复制、档案展览等工作对3D打印技术的需求情况，研究3D打印技术在实物档案数字化及仿真复制、珍贵档案展品和历史情景还原制作等工作中的运用方法，探讨实物档案抢救保护和档案展品等的打印制作工艺和流程等，提出了实物档案抢救和档案展览工作整体解决方案，能够指导实物档案抢救和档案展览工作科学、规范、有序开展。该项目最终形成了系列化研究成果，主要应用于实物档案抢救和档案展览领域，应用3D打印技术开展实物档案数字化信息资源建设工作，并进行实物档案的仿真复制和修复保护，能够起到珍贵档案再生性保护的作用，可达到抢救及保护珍贵档案资源、提供有效利用的目的。

项目创新点：1. 系统性提出了基于3D打印技术的实物档案抢救和档案展览工作整体解决方案。2. 填补了实物档案抢救和档案展览领域3D打印技术应用研究的空白。3. 提出了适用范围广泛的实物档案数字化抢救平台建设方案并建成了实操平台。4. 形成了实用性较强的系列化研究成果，该项目提炼具有共性和指导价值的内容，进行整理和汇总，形成了《实物档案数字化信息采集技术规程》、《实物档案数字化信息的存储与管理规范》、《实物档案的三维信息在档案抢救、展览工作中的应用方法与要求》等系列化研究成果，围绕基于3D打印技术的实物档案抢救和档案展览工作，提出了相关标准规范、应用方法、技术要求等，具有较强的系统性、实用性，能够指导实物档案抢救和档案展览工作科学、规范、有序开展。

教育音像档案内容挖掘与应用研究

完成单位：华东师范大学教育高等研究院、上海音像资料馆

主要完成人：丁钢、汪珉、程静 、朱小怡、毛毅静

该项目通过文献调研、数据分析和实证研究，对教育音像档案的特点与获取途径、数据编目、权益保护、共享模式和传播途径等问题进行了理论与实践研究。

一、数据分类编目的创新与突破

1. 以利用为导向，优化教育音像档案的收集分类与编目，制定了《中国珍贵教育影像档案分类表1910—1948》，确定了节目层和片段层的内容描述标准。提升了教育音像档案的查全率与查准率。2. 以历史影像为重点，全面揭示档案内容，完成了约300分钟民国教育历史影像档案总目与分镜头目录的编制，并在此基础上编写了国内第一部介绍民国时期教育历史影像档案的总目和举要——《教育档案：上海早期珍贵教育历史影像纪录1900—1949》，以图书形式公开出版。

二、研究工具的创新与突破

使用质性分析软件NVivo对用于传播的教育音像档案内容进行客观、系统和定量的描述研究与交互分析。这是一种全新的研究方法，也是质性分析软件首次在档案编目领域中的应用，具有开创性意义。

三、教育音像档案共享方式与传播途径研究创新

1. 研究了国内外主要音像资源机构资源内容与管理现状，编制了教育音像档案利用办法（讨论稿）。2. 初步完成了中国教育影像博物馆网站的开发、建设与内部试运行，为充分发挥教育音像档案的功能提供网络共享与传播平台。

智慧型数字档案馆建设模型研究

完成单位：国网中兴有限公司、国家电网公司档案馆

主要完成人：朱明君、周峰、战礼勇、廖菲菲、姬广鹏

该项目通过结合国内外档案管理前沿研究与技术，充分借鉴国内外智慧档案馆建设的先进经验、理念和技术，对国内外优秀研究成果加以吸收和利用，在开展广泛需求调研工作的基础上，提出了智慧型数字档案馆的概念、“四化”特征、发展定位以及“ESUV”理论模型。其中，“四化”特征指的是

档案资源建设资产化、档案管理智能化、沟通感知泛在化、档案开发利用智慧化；“ESUV”模型由智慧生态环境（Environment）、智慧档案资源（Source）、智慧档案平台（Uniform）和智慧档案价值（Value）4大要素组成，为智慧型数字档案馆建设指明了方向。该项目研究成果实现了对数字档案馆模式的全方面拓展，在管理、技术、管理上均较数字档案馆模式有所突破。通过对档案管理业务需求的分析，将智慧化管理理念融入档案管理，提出了建设“智慧型数字档案馆”的新模式，并对其“档案即服务”的内涵进行了深入分析，为现阶段数字档案馆建设和发展提供了理论指导。

项目创新点：（1）项目提出智慧型数字档案馆新型档案馆模式，这一模式是数字档案馆向智慧档案馆的过渡阶段，既体现了档案馆未来的发展趋势，也体现了目前档案馆建设的阶段性特征。（2）档案资源建设资产化、档案管理智能化、沟通感知泛在化及档案开发利用智慧化“四化”特征的提出将智慧型数字档案馆建设的重点与目标予以突出。智慧型数字档案馆的“四化”特征提出将档案资源作为企业的宝贵资产，用资产化的理念和手段来建设、管理档案资源体系、挖掘档案中的潜在价值。（3）智慧型数字档案馆管控体系是对数字档案馆档案管理体系的发展和提升。智慧型数字档案馆中数据管控不仅是对集中档案资源的管控，更是对分散数据管理的一种新思维，同时还包括对档案安全与利用的全方位管控。（4）“ESUV”理论模型是一个全要素的高度集成系统，涉及档案资源、实体、技术及系统改造的方方面面，可以为智慧型数字档案馆的建设提供坚实的理论基础。该项目构建了智慧型数字档案馆理论模型，在国家电网公司智慧生态环境的基础上，深入研究智慧资源、智慧平台和智慧价值，探讨适合国家电网公司档案馆自身特点的、最佳的档案管理模式。

基于云平台的数字档案室业务系统

完成单位：内蒙古自治区档案局（馆）、沈阳东软系统集成工程有限公司

主要完成人：徐春阳、可伟、穆林、谷磊、温旭东

该项目基于云平台的数字档案室业务系统，为内蒙古自治区各委办厅局和立档单位提供在线“档案室”服务，方便内蒙古自治区档案局（馆）统一指导辖区内的委办厅局和立档单位档案的建设工作。该系统以档案资源库为基础，为立档单位提供档案管理系统服务，使立档单位可以通过访问内蒙古档案局（馆）提供的系统实现本单位档案的管理。同时可以通过该系统实现内蒙古档案局（馆）对各委办厅局的档案业务指导，在线数据移交、接收等业务。

项目创新点：该项目引入全宗管理的概念，每个立档单位为一个全宗，所有的管理规则和管理内容都以全宗为单位，每个全宗相当于数字档案室系统中的一个独立档案管理系统。在全宗管理下，各单位采用既统一、又独立的业务规则。

明清历史档案图像数字化加工质量管理体系

完成单位：中国第一历史档案馆、汉王科技股份有限公司

主要完成人：胡忠良、徐杰、杨永、张颖、潘慧敏

该项目以现代档案数字化加工技术、软件的特点及应用为基础，针对明清历史档案的特点及加工过程中遇到的问题，开展重点、难点技术研究和科学实验，通过不断的优化及实践检验，最终建立了一套完备的明清档案数字化加工质量管理体系。1. 建立了一套明清档案数字化外包项目工作模式。课题组建立了一个相对比较合理、运行顺畅的数字化加工项目运作流程，具体包括前期准备、加工监管和检查验收三个阶段，内容包括立项调研及前期筹备、档案原件交接、扫描前处理、图像扫描、数据质检、成品验收等多个环节，并根据此流程制定数字化外包工作手册，作为一史馆数字化外包项目参考。2. 设计并优化了一套明清档案数字化外包加工软件。课题组以工作流技术为平台，将表格登录识别技术、OCR识别技术及图像匹配技术引入数字化图像加工的各环节中，设计了一套适用于明清档案数字化加工外包软件，并不断优化升级，以适应不同档案、不同环境下的数字化外包工作，实现了大规模图像数字化加工中计算机信息处理技术的应用及融合。3. 建立了数字化外包质量管理体系框架。包括组织管理、人员管理、制度管理、设备管理、质量技术标准、质量管理流程、数字化加工自动化技术应用等模块。主要是将质量管理要求贯穿明清档案图像数字化生产全流程，在前处理、扫描、质检、成品提交几大工序中，均形成专门的质量管理手段，制定针对性强、易操作的制度标准及操作规范，有效解决数字化加工过程中各种问题。

项目创新点：1. 创新性引入全面质量管理理念。2. 目录录入环节中首次应用表格登录识别技术。3. 图像匹配技术的首次开发及应用。4. 图像处理及自动检查工具的大规模应用。

大数据背景下的档案管理系统通用功能研究

完成单位：国家电网公司、紫光软件系统有限公司

主要完成人：张宁、马超、周峰、佟纯、杨迪

该项目结合大数据、物联网等新技术的发展与应用，梳理形成《档案管理系统功能规范》，并作为企业管理标准发布。项目的主要工作成果：1. 形成了文献调研成果，项目对国内外档案相关法律法规和标准规范进行了深入研究。国内方面，重点对《中华人民共和国档案法》和《中华人民共和国档案法实施办法》以及各类国家和行业相关标准规范进行了学习研究；在国外方面主要对 ISO16175 和美国的 DOD5015. 02—STD 进行学习研究，通过对国内外相关文献及标准的调研，吸收和借鉴优秀的档案管理工作研究成果，不断适应档案管理工作的新形势，提高机构的业务水平，增强信息资源有效管理的能力，获得更大的效率和效益。2. 形成了大数据的档案应用研究，通过对大数据、物联网的调研，并结合对两家网省公司、三家直属单位的档案调研情况，在大数据、物联网技术的应用上，完善档案系统收集整理运用到智能分类、智能生成保管期限、智能组盒、智能组卷等技术；完善档案系统业务应用运用到智能编研、智能库房、一体化管控等技术；从而对实体档案进行智能化管理，减轻档案工作人员工作量，提高工作效率。3. 形成了详细的调研报告，考虑到档案管理的重要性以及应用的广泛性，在国网公司范围内选综合类、科研类、生产类、金融类等具有鲜明特点的单位开展调研工作，覆盖国网公司各类单位的特色档案管理需求，确保标准具有通用性。

项目创新点：1. 在国内中央企业档案管理中率先形成标准发布，对指导公司档案制度建设、档案管理规范、档案信息系统建设发挥重要作用。2. 进行了各单位档案管理业务需求的较为全面的梳理。通过该项目的调研，对综合类单位进行了详细调研，首次对金融类、产业类、科研类单位进行档案业务摸底调研，提出了对管理制度完善、专业业务档案管理、档案开放利用等提升建议。3. 将大数据、物联网等技术融入档案管理业务。档案管理的智能化是推动档案工作数字转型和智慧档案建设的重要环节，将智能化和实际档案业务需求进行完美结合可以加快建设智慧档案的进度。

证券企业业务档案规范化管理以及系统设计研究

完成单位：国泰君安证券股份有限公司、上海珂绘数码影像科技有限公司、国家档案局经济科技档案业务指导司

主要完成人：刘桂芳、王雁宾、姜延溪、穆青、杨成斌

该项目研究重点是证券企业业务档案管理制度，明确证券企业业务文件材料的归档范围以及保管期限，以及构建集证券业务档案资源建设、利用服务、安全管理于一体的证券企业业务档案全流程管理与服务体系。项目主要有以下六部分内容。第一部分主要分析证券企业业务档案管理工作的现状与启示，包括：证券企业业务档案管理的现状，针对目前存在的问题应采取哪些措施。第二部分证券企业业务档案规范化管理的需求分析，以及推进业务档案规范化管理的难点。第三部分证券企业业务档案制度体系研究，包括：国家级、省市级、行业级和企业级有关证券业务档案管理的法律法规、规章制度。在研究的基础上制定证券企业业务档案管理制度，证券企业业务文件材料归档范围及保管期限。第四部分梳理证券企业业务档案管理流程。第五部分是证券企业业务档案规范化管理系统平台的构建，包括：标准体系平台建设、归档管理平台（包括业务档案的接收、整理、归档、保管、统计等工作流程）建设、利用服务平台建设、安全保障平台建设。第六部分以国泰君安证券为例，分析证券业务档案规范化管理的运行机制及可推广性。

项目创新点：1. 以国泰君安证券股份有限公司为例，拟定了《证券企业业务档案管理指引》，填补国家有关证券企业业务档案管理规范及标准的空白，也为国家相关部门制定证券业务档案管理的标准规范提供样本。2. 形成《证券企业业务档案管理指引》和《证券企业业务文件材料归档范围和保管期限表》，较为细致地提出了证券业务档案管理的流程与具体操作方式，明确了证券企业业务文件的收集范围及收集标准，有效规范了证券企业的业务档案管理工作，使得证券企业业务档案管理工作有章可循。3. 探索证券企业业务档案的科学管理模式，在全国证券行业内率先实施证券业务档案的“全国大集中”管理模式，并在此管理模式的框架之下，构建了证券业务档案规范化管理的流程。4. 开发了“证券企业业务档案规范化管理系统”，功能点涵盖证券业务档案收集、管理、利用等各个环节。包括标准体系、归档管理、利用服务和安全保障四个平台。

基于 OAIS 模型的电子档案利用系统的研究和应用

完成单位：湖北省咸宁市档案局、湖北科技学院

主要完成人：雷锡高、王电化、钱立新、傅宏、

王爱武

该项目按照OAIS模型的架构，研究了在电子文件利用过程中的安全体系，重点研究了电子文件利用过程中如何保证电子文件完整性，真实性和保密性。提出了“基于METS元数据封装的电子文件打包结构”，给出了“利用文件分块特征加水印的算法”。针对电子档案的多样性和复杂性等特征，建立了一套基于METS的电子文件描述方案的安全机制，易于在不同信息系统间扩展交互。采用多层加密技术，提高了档案文件的保密性，分块水印技术判断出原文信息被篡改的位置等，从而保证电子文件在广泛的社会应用过程中的安全使用，保证电子档案的真实性、完整性和安全性。提出基于METS的电子文件描述方案，建立可信的电子文件管理流程，在数字档案室和数字档案馆建设中，对实现电子文件的安全归档、管理、利用等具有一定的前瞻性。利用电子文件发包和解包模块与《兴档档案管理系统》整合，在全市范围内的机关、企事业单位归档管理中予以应用。通过对电子文件借阅利用过程中保全档案的授权性质和防篡改、完整性、真实性等，解决立档单位在电子文件接收、利用中存在的安全隐患。提高电子文件在离线环境下分发、利用等环节的安全性、保密性和真实性问题，达到预期效果，得到使用单位的肯定。

项目创新点：1. 针对电子档案的多样性和复杂性等特征，建立了一套基于METS的电子文件描述方案的安全机制，易于在不同信息系统间扩展交互。2. 采用多层加密技术，提高了档案文件的保密性，分块水印技术判断出原文信息被篡改的位置等，从而保证电子文件在广泛的社会应用过程中的安全使用，保证电子档案的真实性、完整性和安全性。3. 提出基于METS的电子文件描述方案，建立可信的电子文件管理流程，在数字档案室和数字档案馆建设中，对实现电子文件的安全归档、管理、利用等具有一定的前瞻性。

基于政务云的区域性文档一体化综合管理平台

完成单位：中山市档案局、广州明动软件股份有限公司

主要完成人：陈岚、陈绪波、刘士东、翁建勃、杨锐

该项目以中山市电子政务云平台为依托，研究建立面向全市党政机关、学校、村居、医院、企业、社会团体等各类机构提供文件归档和档案管理云服务的统一平台。研究档案云平台的建设路径、管理方式、数据管理范围、服务方式和安全保障措施，并通过在中山市的广泛实践应用，验证研究内容的有效性，优化了档案业务管理流程，创新了档案信息服务方式，提出了在地级市建设档案云管理和云服务的有效方式，制定了档案云平台运行管理的制度标准，为国家、广东省或其他城市的档案云建设提供参考。项目具体研究内容如下：1. 融入当地电子政务建设体系，按照“局馆室一体化”原则搭建区域性文件与档案管理云架构：包括总体架构、基础设施和资源规划、业务逻辑架构、技术架构、软件功能架构、数据库规划、存储架构、备份架构和安全管理体系。2. 异构系统间电子文件管理全程线上操作的文档一体化管理研究：前置机系统、数据迁移工具、单点登录系统、自动档号套用等功能开发。3. 按照服务对象权限构建以用户为中心的多层次全覆盖的文件与档案应用功能：包括OA、文件中心、档案中心、档案编研、综合业务、图书资料、利用中心、平台管理等子系统功能开发。4. 自定义和动态类档案管理功能研究：按照“统一标准+按需定制”的模式实现档案馆模板、档案室模板、卷内模板、分类定制、界面定制、报表定制、用户管理、数据修复、工作流、归档格式自动转换服务、水印配置、条码应用、即时通讯、消息平台等功能的自助式服务或定制服务。5. 云平台运维和管理体制研究：按照“权责明确、标准统一、安全第一、预防为主”的原则研究制定了《中山市文件与档案管理服务平台管理办法》《中山市文件与档案管理服务平台归档文件采集规范》《中山市文件与档案管理服务平台著录规则》《中山市文件与档案管理服务平台普通用户操作手册》《中山市文件与档案管理服务平台管理员操作手册》《中山市文件与档案管理服务平台数据接口规范》等。

项目创新点：1. 档案云服务创新。2. 文档一体化管理模式创新。3. 定制服务模式创新。4. 档案数据安保机制创新。5. 平台管理制度创新。首先在我国研究制定了基于政务云计算的档案信息化管理规范。内容涵盖平台管理、系统运维、安全保密（含数字认证）、操作规范、数据接口标准、著录标准、数字化标准、系统应急等方面。

地理库切片归档研究与实践——以苏州工业园区地理库切片归档为例

完成单位：苏州工业园区档案管理中心

主要完成人：刘海燕、张萍、姚皓雁、金波、张本东

该项目研究了地理库切片归档的必要性和可行性及途径、方法，制订了《地理库切片归档项目建

设方案》《地理库切片归档项目设计说明书》《地理库切片归档建设理论材料》等业务规范与技术文档，探究了新形势下地理库数据切片归档的工作思路和实际做法，丰富与延伸了档案信息化建设的内涵路径。项目组从技术和管理两个维度研究了地理库切片归档的技术方案，思路清晰、内容完整，在此基础上开发的“苏州工业园区地理库切片归档信息系统”功能完整、技术规范、通用性强。研发的系统具有一定的可操作性和借鉴性。项目组根据国家相关行业标准，制订了地理库数据定期归档的规范和标准，实现了地理库历史数据的整理与归档，具有一定的创新性和实践性，为数字资源建设提供了范例。

项目创新点：1. 首创性地提出了“地理库切片归档”的定义：参照国家档案局《电子文件归档与管理规范》（GB/T 18894—2002），地理库数据切片归档是项有着标准流程和严谨规范的专业工作，是在特定的时间节点，对具备归档价值的地理库数据进行切片（快照）并经过整理后形成地理库图层数据包，进而按照电子文件归档的标准流程进行归档，实现地理库数据长期保存和高效利用。2. 创新地形成了地理库切片归档的数据范围、地理库切片归档的数据标准、地理库切片归档的接口标准、地理库切片归档的元数据标准、地理库切片归档的系统架构模式、地理库切片归档的数据进馆模式、地理库切片归档的利用模式等理论材料。3. 创新采用交互可视化模式，通过双窗、卷帘、全景航拍等技术手段全方位实现归档地理库数据的查询利用服务。

基于分类主题的国土规划数字档案资源数据挖掘与可视化研究

完成单位：武汉市国土资源和规划信息中心、武汉大学

主要完成人：李宗华、黄新、彭明军、陈胜、张萍

该项目编制国土规划档案主题词表，实现了国土规划数字档案资源的分类管理，填补了国土规划行业主题词表建设空白。构建《武汉市国土资源和规划档案主题词表》，形成了 8 大类 22 小类 1255 个主题词，实现对国土规划数字档案资源分类的管理，填补了国土规划行业数字档案馆主题词表的建设空白。提出基于分类主题的国土规划档案数据智能化挖掘方法，建立国土规划档案文档关联规则库，实现国土规划管理业务的智能化跟踪管理与监督。研发国土规划档案知识管理与数据挖掘系统，建立了国土规划主题词库和分类规则库，实现了数字档案智能化检索服务。研发国土规划档案实体理解与组织系统、国土规划档案知识化管理系统，建立国土规划主题词库和分类规则库，实现基于国土规划主题分类词表的快速高效信息查询和智能化检索服务。以我局数字档案为应用示范，开展了国土规划档案数据挖掘典型应用，形成系列定量化分析成果，创新了业务科学管理与决策支撑手段。以数字档案资源中的管理审批档案等数据为基础，开展档案数据挖掘典型应用，形成定量化的分析成果，为落实武汉市“停车场建设年”规划编制、职住平衡分析与规划编制等国土规划相关工作的管理决策提供科学支撑。

基于智慧云的档案馆管理体系研究

完成单位：江苏张家港市档案局、江苏激扬软件有限公司

主要完成人：黄惠珍、施亦涛、孙静、刘镕畅、巫乃友

该项目在张家港数字档案馆系统成熟运行的基础上，基于张家港市电子政务云平台，通过应用云计算、物联网、大数据、多维化等新技术，采用集约化的建设模式，覆盖张家港全市各级立档单位，构建档案监管、收集、管理、保存、利用的管理体系，实现档案资源的高度智能化管理和开发利用，从而建设出具有档案信息来源多元化、档案实体管理物联化、电子文件归档和接收网络化、档案数据存储集约化、档案信息开发智能化、档案信息服务移动化等特点的智慧云档案馆系统，建立全方位的张家港市档案信息资源的保管和利用体系。

项目创新点：1. 管理理念创新：（1）从国家档案局的“三库分离”的要求出发，提出了“四网三库管理体系”的创新理念。（2）从智慧张家港的建设要求出发，提出了基于智慧云管理的监管理念。（3）从档案的形成过程的原始性和安全性出发，提出了相关部门的业务档案应由档案管理系统把过程性资料信息固化为结论性档案信息，并统一发布利用的理念。2. 系统设计创新：（1）从智慧云档案管理的体系出发，提出“3-6-9”（三库、六环节、九平台）的管理系统体系。（2）从国家档案局“十三五”对业务系统电子档案的归档管理要求出发，开发了“多级校验、分步归档、全程监管”的系统。（3）从电子文件完整性和安全性管理的要求出发，针对相关单位业务档案的管理需求，设计了多维文件结构格式。

全国地质资料目录服务中心系统建设及应用

完成单位：中国地质调查局发展研究中心（全国地质资料馆）

主要完成人：连健、王黔驹、颜世强、吴小平、许百泉

该项目研究建立了涵盖成果、原始、实物三大类地质资料的"地质资料目录数据标准规范""地质资料资源唯一标识符"以及"地质资料发布服务目录项"等目录规范。首次研究提出了成果、原始、实物地质资料目录数据"三合一"集成管理与服务模型，实现了三大类地质资料目录数据的关联和集成管理。研究了分布式环境下高可靠目录同步技术、基于并行、缓存、超时失败的分布式和智能化混合检索技术、分布式环境下统一身份认证与授权等关键技术，解决了多源异构目录数据集成、分布式部署与服务等技术难题。研发了全国地质资料目录服务中心系统，分布式部署于31家省级地质资料馆藏机构、35家油气、海洋地质资料委托保管单位、6家地调中心馆藏机构，实现了跨区、分级、分布式的目录数据服务，并为其他应用系统提供符合国际OGC标准的通用和专业数据服务接口。截至2016年底，共汇聚并发布地质资料目录数据190万余条。

该项目成果是一项集成档案、地质、信息技术等多领域知识的综合服务产品，出版专著1部，获得2项软件著作权，系统已全国推广应用，构建了覆盖国家、区域、省、行业等地质档案馆藏机构，集中与分布相结合的地质资料目录数据集群服务体系，促进了全国地质资料目录信息的汇聚与共享，提升了地质资料的管理与服务能力。

项目创新点：1. 首次提出并实现了以目录数据为核心的地质资料目录分布式集群服务。2. 创新采用"云部署+本地部署"混合架构，构建全国目录数据集群系统云架构基础。3. 研究提出"核心+扩展+补充"的目录数据存储模型、"成果+原始+实物"的"三合一"集成管理与服务模型，以及地质资料唯一标识符规范。

内蒙古自治区地质资料数据库及管理服务信息系统

完成单位：内蒙古自治区国土资源信息院、北京大学地球与空间科学学院

主要完成人：杨文海、汪艳梅、裴兰英、陈小红、胡瑞斌

本系统包括数据管理、电子阅览室、地质档案资料接收验收管理、系统管理等4个模块7个子系统。系统上线运行后，实现了地质档案资料全流程信息化管理与服务，实现了成果、实物、原始地质资料的一体化网络化管理；管理手段先进，服务能力大大提高，极大地缩短了借阅服务时间，一份资料可以同时提供多个用户在线阅览，减少纸质原件磨损，提高资料利用率；系统自动按页屏蔽涉密内容，实现了资料利用最大化；在线定制加工的资料输出时加载水印，具有服务利用追溯功能；系统的使用有力地提升了内蒙古自治区地质档案资料管理与服务水平。

项目创新点：1. 电子文件一体化管理。2. 基于GIS空间技术的检索查询。3. 涉密地质资料按页提供借阅。4. 输出加工的资料加载水印。5. 在线阅读按册组织。

地方档案行政监管信息化的研究与应用

完成单位：江苏省常熟市档案局

主要完成人：顾志强、殷红、丁耀琪、朱晔、臧钰琴

该项目建立了一个覆盖全市基层档案室（馆），集档案重点监管、全市档案行政监管、行政指导、专业业务统计、数据汇集报送于一体的地方档案事业宏观管理平台和数据系统。系统实现档案局与基层被监管单位的直通式交集，通过网络数据的采集、分析、识别，实时动态监测基层档案数据库操作记录和档案工作现状，全面记录各级档案管理部门各种业务操作事件，实现对记录的智能关联分析、即时统计，为档案行政管理部门和基层档案室管理者提供及时、准确、详细而现实的档案业务数据和全面的历史数据信息。并在充分结合档案局各职能科室业务要求的基础上，通过监管系统完善管理制度，改进工作流程，实现档案行政"实时、无缝式"监管，为全面促进和提高地方档案管理与服务的综合水平提供了现代化的平台。系统基于领先的B/S构架，采用功能稳定的Linux操作系统、安全高效的PHP语言开发和Oraclellg数据库。用户端分布全市各立档单位和档案行政管理机关，用户采用多级权限管理，进入系统数据输入快捷简便，系统数据集中存取。系统服务器选用政府信息资源中心虚拟服务器，既能借力智慧城市建设的动力，完美解决档案行政机关资金短缺和硬件技术服务的力量的不足，又大大提高系统性能稳定性，保证了数据的安全和备份，还方便系统平滑的过度升级，做到系统不间断使用。

项目创新点：1. 是首次在档案行政管理领域应用信息技术建立平台，有别于成熟的档案信息管理领域的系统。系统类似于公安"警务通"之类的行政管理与执法的应用平台。把法治的思想具体化，推动监管单位的报备、档案实体的监管。填补了档案行政系统信息化的空白。2. 不是单一的档案行政

机关应用系统，而是满足基层档案馆室进行业务登记、报表统计，并可数据报送的系统，同时又与档案行政管理信息相融合的系统，所有数据能实现积累和按权限控制应用。

（翟硕硕）

“档案应急杀虫灭菌技术研究”通过专家验收

2017 年 12 月 20 日，国家档案局档案科学技术研究所研究三室承担的财政部基本科研业务费项目《档案应急杀虫灭菌技术研究》通过了专家验收。该项目对 20 余家单位 60 余间档案库房（包括图书和文物库房）进行了库房条件、藏品保管状况以及有害生物治理等情况的调查；开展了近 10 种杀虫抑菌方法的效果比较实验；提出了应急杀虫灭菌技术的特点、种类、使用原则和注意事项，为今后档案馆进行杀虫灭菌提供了选择原则和参考依据。

（国家档案局科学技术研究所）

“电子档案可信性保障实用技术应用研究”课题通过验收

财政部基本科研业务费支持项目“电子档案可信性保障实用技术应用研究”于 2017 年 11 月在北京通过专家验收。针对电子档案存在被篡改、伪造或丢失的风险，本项目通过对可信时间戳等技术的综合应用，设计实现了符合电子档案特点的可信性保障模型，并在此基础上开发了符合档案实际工作特点的电子档案可信性保障系统。

本项目利用可信时间戳、北斗卫星标准时间授时、电子印章等技术，设计了电子档案可信性保证证书要素，构建复合型电子档案身份标识，并研究其在电子档案管理工作中的实现方法，提出了一套利用该标识进行电子档案可信性保障的业务逻辑和工作流程模型。基于该模型，开发建设了电子档案可信性保障系统，实现可信标识申请、签发、验证和管理等功能，可面向全国档案部门提供电子档案可信性标识签发及验证服务。使用电子档案可信性标识将对电子档案管理和控制更加严密，对电子档案原始性、完整性、可用性的保证更加强化。

本项目研究提出了电子档案可信性相关技术综合应用的方案，项目研究成果可为我国档案部门开展电子档案可信性保障管理工作提供一种安全、便捷和高效的实用方法和工具。

（国家档案局科学技术研究所）

《南水北调东线一期工程档案管理评价与档案中心建设评估报告》通过国务院南水北调办公室审查

为了进一步拓展对外服务领域，提高服务水平，受南水北调东线总公司的委托，档案科学技术研究所与南水北调东线总公司达成合作协议，为南水北调东线一期工程编写《南水北调东线一期工程档案管理评价与档案中心建设评估报告》。

南水北调工程是解决我国北方地区水资源紧缺问题的重要战略措施，由东线、中线和西线三部分工程组成。东线一期工程是南水北调工程的重要组成部分，为履行好东线总公司统一管理东线工程职责，需要对工程项目档案拥有统一的管理权责，利于规范档案管理，维护档案的完整、准确、系统和安全，充分发挥工程档案在工程建设、管理、运行和利用等方面的作用。在对南水北调东线总公司档案中心咨询研究阶段深度调研的基础上，档案科学技术研究所研究五室科研人员编写了《南水北调东线一期工程档案管理评价与档案中心建设评估报告》（以下简称《报告》）。

《报告》严格按照国家相关法律、法规、标准，本着客观、求实、科学、公正的原则，结合南水北调东线一期工程档案事业的现状和发展规划，根据国家和行业有关档案工作规范和标准，在对项目综合条件进行实地考察的基础上，就南水北调东线总公司档案中心建设的必要性、建设规模、建设级别进行了逐一研究论证，为南水北调东线总公司提供决策与参考。

《报告》在功能设计上，充分考虑档案中心的定位，考虑南水北调工程档案区域概念，考虑南水北调工程历史作用和文化地位以及档案馆藏的结构特点，满足档案的收、藏、管、用和研究功能，体现信息社会发展的需要，体现展览展示和宣传教育的需要。在建设规模上，参考《档案馆建设标准》中要求，馆藏档案数量按现存和今后 30 年应进馆档案、资料的数量之和计算原则来进行设计规划，以馆藏档案数量为基本依据分类，参照辖区人口数量并综合辖区经济、地理等因素合理确定档案馆建设规模。2017 年 8 月 15 日，南水北调东线总公司召开专家评审会，通过《南水北调东线一期工程档案管理评价与档案中心建设评估报告》验收，经报送国务院南水北调办公室通过审查。

此次《报告》的编制，为南水北调东线档案中心项目建设提供了强有力的技术支撑，是档案科学技术研究所服务于国家重大战略性工程的有利尝试，在加强南水北调工程档案集中统一管理，规范南水北调档案工作建设，提升工程档案的管理效率等方面发挥了重要作用。同时，档案科学技术研究所在服务过程当中，积累了大量的宝贵经验，对于未来更多参与央企、国企等大型企业工程档案管理建设，更好地服务于全国档案事业打下了坚实的基础。

（国家档案局科学技术研究所）

LTO 磁带离线检测仪研制成功

由国家档案局档案科学技术研究所与新锐英诚（北京）科技股份有限公司联合设计开发的国内首台 LTO 磁带离线检测仪研制成功。该检测仪能够检测影响 LTO4/5/6 磁带健康状况的主要技术指标（如磁带告警情况、磁带最后一次卸载情况、磁带加载次数、总共写入和读出的数据量、总共写入和读出的次数及总共致命写入和读出错误数值），采用通用的 LTO 磁带健康评价模型，能够达到客观评价被检磁带健康状况的目标。

LTO 磁带离线检测仪主要功能包括磁带检测监管、健康分析、复检提醒、统计汇总和报表打印等，是基于磁带载体的物理级检测、脱机验证的高效检测系统。该检测仪只检测被检磁带的物理信号，不读取磁带所存文件内容，能保证磁带中数据的私密性，充分提高用户离线保存 LTO 磁带的可靠性和可用性，确保磁带所存电子数据的安全。

（国家档案局科学技术研究所）

国家档案局档案科学技术研究所科研工作综述

2017 年，国家档案局档案科学技术研究所（以下简称“科研所”）全面学习贯彻习近平新时代中国特色社会主义思想和党的十九大精神，坚持稳中求进的工作总基调，进一步明确档案科研工作的目标、任务和要求，围绕“两个中心，一个基地”的发展目标，开展了一系列具有实用性、前瞻性特点的技术研究，科技成果转化工作再上新台阶，取得了突出的成绩。

一、坚持问题导向，加大科技创新力度，为档案事业发展提供技术支撑

2017 年，科研所积极承担科技项目共计 29 项，其中公益行业科研专项 2 项，基本科研业务费项目 7 项，档案行业标准 3 项，截至 2017 年 12 月 31 日完成 17 项，其余项目按计划进度进行。

财政部公益性行业科研专项“国家档案信息备份体系建设研究”一期项目通过国家档案局组织的财务验收和业务验收。项目为档案部门开展档案信息备份工作提供规范化的管理与技术支撑，提高档案信息安全保障能力。

着眼于安全可靠核心关键技术应用，开展“国家电子档案自主可信长期保存存储系统建设与标准体系编制”二期项目研究，形成电子档案长期保存整体解决方案。项目通过国家档案局组织的财务验收和业务验收。

围绕馆局中心工作，积极参与区域性国家重点档案保护中心建设工作。编写《区域性国家重点档案保护中心》建设方案及评价标准。方案已正式印发实施。

2017 年，科研所有 2 项科技项目获奖：“数字档案馆项目建设风险管理研究”项目获国家档案局优秀科技成果二等奖，“3D 打印技术在实物档案抢救和档案展览工作中的应用研究”项目获国家档案局优秀科技成果三等奖。

二、采取多形式、多渠道，加强对外交流与合作，进一步提升科技成果转化能力

2017 年，科研所与中科院行政管理局签署战略合作意向书。以推进科技成果转化工作，研究探索未来档案工作的新机制、新方法，逐步实现档案“管理科学化、保管长期化、数据可信化、应用多元化”为发展目标，共同开展科研和成果推广工作。

2017 年，科研所组织召开“电子档案管理研究交流讨论会”。来自国家档案局馆室司、经科司、法规司等业务部门，部分省市档案局及高校的 20 多位专家出席会议，并围绕电子档案的管理展开热烈地讨论。会议就电子文件的归档方法、归档范围、分类和电子档案的保管期限、格式、卷内目录、元数据、档号等问题展开讨论，形成《电子档案管理研究论文集》。

2017 年，科研所在纸张和字迹等载体材料检测、数字档案馆（室）建设咨询、档案仿真复制技术、音像档案数字、纸张高精度扫描、杀虫灭菌技术咨询和技术服务化、档案科技查新、档案馆库建设及温湿度校准等方面开展了大量的技术服务与成果转化工作，为档案事业发展提供智力支持，取得了良好的效益。

三、积极落实科技政策，加强内控制度建设，提升科研管理服务水平

根据国家科技政策及改革精神，科研所积极响应落实，相继制定了《科技项目及其成果管理办法》

《科技档案管理办法》《科研仪器设备开放共享管理办法》《横向科技经费管理办法（试行）》《科技委议事规则（试行）》《专家咨询费管理实施细则》等规章制度。一系列的制度建设工作完善了科研管理的内部程序和流程，在确保项目管理、资金管理等方面进一步科学化、规范化的同时，增强了科研人员的自主性，激发科研人员创造性，为提升科研管理水平提供制度保障。

继续加大科研所信息化建设力度，开展办公自动化系统二期研发工作，研发电子文件归档、电子档案管理系统，进一步提升科研工作水平。

（国家档案局科学技术研究所）

“国家档案信息备份体系建设研究”项目取得阶段性成果

2016年开始，科研所开展了财政部科研机构专项业务费项目“国家档案信息备份体系建设研究”（以下简称“项目”）。该项目计划分三期（2016—2018年）开展系列研究，每期周期为1年。2017年开展了项目二期研究，目标是在项目一期提出的档案信息备份体系架构内，在管理、技术、标准等方面开展具体研究。

项目二期研究对我国现有档案信息备份模式进行了梳理研究，分析其在档案行业应用的适用性及具体策略，针对各种档案信息备份适用的模式，研究制定了《档案信息备份工作指南》；对档案信息备份标准规范体系进行完善，起草形成《档案信息备份中心基础设施要求》《档案信息离线备份载体技术要求》《档案信息离线备份载体保管规范》《档案信息备份系统通用功能要求》等8项标准；对档案信息备份管理工作进行技术化实现和支持，建设完成了面向档案备份中心的档案信息备份管理系统，并创新实践可信时间戳、数据摆渡、备份载体及数据定期检测等技术的应用，确保档案数据的安全、有效。

二期项目研究成果将长期为国家档案信息备份工作提供技术支撑，对我国档案信息的长期安全保存具有指导作用，对提升我国档案信息资源备份工作的能力，推动实现新时期档案信息备份工作的机制创新具有重要的推动作用。项目研究成果在档案行业有广泛的应用前景，也可以为其他行业的相关工作提供参考。

（国家档案局科学技术研究所）

国家电子档案自主可信长期保存存储系统建设与标准体系编制二期项目通过财务验收和业务验收

2017年12月，“国家电子档案自主可信长期保存存储系统建设与标准体系编制”二期项目验收会在京召开。来自财政部、工信部、中科院、辽宁省档案局、人民大学等单位的专家对项目进行了验收。专家听取了工作报告、研究报告，观看了系统演示，经质询及讨论，认为项目实施和管理规范，经费使用合理，一致同意项目通过验收。

“国家电子档案自主可信长期保存存储系统建设与标准体系编制”是2016至2018年财政部公益性行业科研专项。项目研究工作分三期进行，二期项目在一期成果的基础上，进一步深化了对电子档案可信管理理论研究，形成了电子档案可信管理概念模型和评价模型，分析和评价影响电子档案管理可信性的关键因素，制定了项目标准规范、可信解决方案、可信管理测评方案和测评方法，并采用电子档案相关可信管理技术、长期保存技术和自主可控技术等手段，基本实现了对电子档案进行可信管理的总体目标。二期项目主要创新点有五个。

一是构建电子档案可信管理概念模型。该模型描述了电子档案数据的传递机制、电子档案的效能目标之间的依存关系。可信链是电子档案的传递机制，在每一次动态变化时，将这种信任状态通过传递的方式进行保持和维护，对发生动态变化的节点进行可信行为控制，并记录控制状态信息。在可信链的传递过程中约束和规范电子档案主体的数据结构和性质，并对电子档案的行为进行处置，以支撑电子档案在可控使用条件下的效能作用。

二是提出电子档案可信评价模型及评价方法。项目基于电子档案可信管理理论和可信性概念的研究，针对电子档案管理和档案信息化建设现状，综合采用事前分析与事后评价方法，辅助研发相应的业务管理系统，有效查找电子档案管理过程中潜在问题，提出解决方案并完善管理策略。电子档案可信评价模型的提出有助于将主观评定转化为客观评定，通过量化评估指标，提高电子档案管理可信评价的科学化水平。

三是形成电子档案可信管理与长期保存系列标准。二期项目对一期形成的七个项目标准规范进行了完善，新编写了《立档单位电子文件归档可信管理要求》《综合档案馆电子档案可信管理要求》两个项目标准，内容覆盖电子档案形成、接收、保管、长期保存等全过程，在管理手段、技术方法、限定措施等方面做了详细规定，能够基本满足档案室、综合档案馆对电子档案可信管理和长期保存的要求。

四是电子档案长期保存管理软件与存储软件的融合。二期项目采用四库架构，将长期保存库的管理方式与分布式存储技术有机融合，利用制度和指标评分机制控制风险，结合格式转换、数据维护、数据库备份、数据库还原、数据迁移、磁盘寿命监测、备份介质检查等技术手段，形成了“制度+指标评分+技术控制”的电子档案长期保存解决方案。

五是在新的国产环境下应用系统的适配和优化。二期项目在基于国产操作系统的不同测试环境下，进行了整机、操作系统与基础软件的集成适配验证优化，同时开展电子档案管理系统所需的主流外设、安全工具的适配验证工作，对终端组合、服务器组合和负载均衡组合、高可用组合进行组合验证，为试点用户提供了较佳的软硬件使用方案。在此基础上，项目对搭建的应用系统进行集成验证优化，提升应用系统性能，保障系统上线的效果。

（国家档案局科学技术研究所）

进一步深入开展档案信息化管理技术应用研究

2017年，科研所研究二室进一步深入开展档案信息化管理技术的应用研究，并取得多项研究成果，在档案信息化管理工作中发挥了积极作用。

持续开展数字存储技术、数字化技术、影像技术、3D打印技术在档案管理工作中的应用研究。承担了“国家档案信息备份体系建设研究（二期）”“电子档案可信性保障实用技术应用研究”“国家档案局档案科学技术研究所办公自动化系统（二期）”“数字档案信息备份策略研究”“纸质档案数字化成果质量检验规范及工具研究”等课题。

“3D打印技术在实物档案抢救和档案展览工作中的应用研究”课题获得2017年度国家档案局优秀科技成果三等奖。该课题通过开展3D技术在实物档案管理中的应用研究，系统性提出了包括平台建设、工作流程、管理制度、技术方法、操作技巧等内容的实物档案抢救和展览工作整体解决方案，形成了系列化研究成果，并建成了可对实物档案进行数字化和仿真复制的数字化抢救平台，填补了实物档案抢救和档案展览领域3D打印技术应用研究的空白。

制定档案工作行业标准。《纸质档案数字化规范》《录音录像档案数字化规范》进入出版阶段；《档案数据硬磁盘离线存储管理规范》进入送审阶段；参与制定的《缩微数字一体化技术规范》进入报批阶段。

（国家档案局科学技术研究所）

2017年度获地方各级科委、档案行政管理部门科技成果奖介绍

社交媒体平台上档案利用创新模式研究

北京市档案优秀科技成果二等奖

完成单位：中国人民大学信息资源管理学院、北京市档案局

主要完成人：王健、周文泓、宋红、王七琴、冯晓佳、赵玉、祁天娇

该项目全面调研国内外档案社交媒体开展档案利用的现状和问题，基于大量第一手数据深入研究，首创社交媒体平台上档案利用“四化”——社会化、精细化、实时化、互动化的模式并构建技术测评指标，旨在探索移动互联时代在社交媒体平台上如何开拓档案利用的创新模式，拓展档案信息的社会服务与在线利用。

新时期基层社保所档案管理中的问题与对策探究

北京市档案优秀科技成果二等奖

完成单位：北京市昌平区档案局

主要完成人：张保忠、张亮、范蕾、刘学梅、文霄

该项目以昌平区社保所为研究对象，对社保所主要职能、档案管理现状及特点进行深入梳理和解析，一是构建起符合社保所业务特点及需求的切实可行的业务档案管理办法；二是建立“把归档作为业务办理完结最后一道程序”的工作制度，实现“痕迹管理”；三是为其他地区和行业的业务档案管理，提供有益的借鉴和经验。

数字科技档案自动化与利用服务系统设计研发

北京市档案优秀科技成果三等奖

完成单位：北京市科学技术情报研究所

主要完成人：吴晨生、刘念、李名选、张鲁冀、王建新

该项目设计一套电子档案自动鉴定、整编算法，通过自动解析、识别本地档案资源的归档范围和保管期限，传统档案业务中需人工鉴定、整编、归档等繁琐环节，交由计算机完成，实现数字档案真正的业务自动化；设计一种适用于电子档案的电子档号章；利用自然语言处理技术，建设数字档案利用服务平台。

大中型民营跨国集团公司档案管理模式和信息资源建设规范化管理的对策研究

北京市档案优秀科技成果三等奖

完成单位：汉能控股集团有限公司

主要完成人：吴健康、王娜、王星、邓成述、李春霞

该项目以大型跨国集团公司——汉能控股集团有限公司为研究对象，通过对各个产业集团、下属公司、境外公司档案管理现状调研，总结档案管理模式和档案资源建设难题，分析原因，根据本企业现有的规范及调研、学习成果，对现阶段档案管理问题提出具体的解决方案。

区县机关档案整理业务外包管理研究

北京市档案优秀科技成果三等奖

完成单位：北京市大兴区档案局

主要完成人：孔祥威、钱睿、马立超、林晓滢、汤丽婷

该项目以国家、北京市档案局的相关规范作为参考标准，以机关单位作为管理对象，对机关单位档案部门如何做好档案整理业务外包工作提出了统一的、规范的、一整套的制度建设要求，帮助档案行政部门对机关单位档案外包工作进行规范管理，尽力改变现阶段机关单位各行其是的状况，同时也将为今后其他单位开展档案整理业务外包工作提供借鉴与意见。

档案整理实际操作规范化研究

北京市档案优秀科技成果三等奖

完成单位：北京市朝阳区档案局

主要完成人：王海军、戚柏兴、关捷、李军、陈冬梅

该项目从档案行政管理部门角度出发，研究如何更有效指导、规范档案整理实际操作，指出档案业务指导工作和档案整理实操中存在的主要问题，提出4条具体对策建议。将编写符合地区档案工作实际的业务工具书作为核心对策进行阐述，对主要研究成果《档案整理实操手册》在朝阳区范围内推广应用两年以来的情况及效果进行分析说明。

（宗文萍）

内蒙古自治区地质资料数据库及管理服务信息系统

内蒙古自治区档案优秀科技成果一等奖

完成单位：内蒙古国土资源信息院

主要完成人：杨文海、汪艳梅、裴兰英、陈小红、胡瑞斌

该项目的使用极大地提高了地质档案资料检索效率；有效减少了纸质地质档案资料的磨损，有效地保护了纸质地质资料原件；妥善地防止了涉密地质档案资料的泄密，系统可以自动按页屏蔽涉密地质档案资料，输出的地质档案资料具有水印和可追踪功能。系统上线运行后，实现了地质档案资料管理与服务流程全程信息化，实现了成果地质资料、实物地质资料、原始地质资料网络化、一体化管理，用户从入馆到完成资料借阅，实现一站式服务，有力提升了内蒙古自治区地质资料管理与服务水平。

数字档案管理一体化平台的建设

内蒙古自治区档案优秀科技成果二等奖

完成单位：内蒙古电力勘测设计院有限责任公司

主要完成人：孙海泉、冯德刚、杨承国、李婷

该项目把技术创新和科技进步作为企业发展的生命线，大胆突破传统设计模式的束缚，运用信息技术及网络平台，通过利用数据挖掘、人工智能和信息集成等技术，实现公司内部设计数据、外部专家网络及客户数据的高效集成和应用，从有效提高公司的项目管理和经营决策能力、创新设计能力、客户服务水平、信息安全控制能力。数字档案馆紧紧围绕档案“收集、管理、保存、利用”业务要求建设系统，功能满足本单位各门类、各载体档案和资料的收集、整理、存储、检索、传递、保管、保护、利用、鉴定、统计、安全保障等全过程管理。实现了内部新增档案信息的全部数字化和矢量文件的自动归档以及历史档案信息的据实数字化。

公安智慧档案馆系统建设项目

内蒙古自治区档案优秀科技成果二等奖

完成单位：乌海市公安局

主要完成人：卜连海、王家强、韩强、丰卫泽、周颖

该项目充分利用和依托公安系统现有的管理组织架构和网络环境，以档案信息资源建设为核心，以档案信息资源的全方位利用为目的，以先进的信息技术为手段，构建乌海公安智慧档案馆，推动馆藏档案资源数字化、增量档案电子化，实现档案信息资源的网络化管理，形成信息化条件下公安档案科学管理和服务利用工作体系，促进公共档案服务能力拓展和实现档案信息资源的社会共享，服务于民生，服务于公安工作，推动公安档案工作全面、协调和可持续发展。

通过公安智慧档案的建设来带动乌海全市政府机关和企事业单位电子文件的采集、加工整理、封

装以及归档，推动智慧城市公众服务平台的扩展和完善，为智慧乌海建设创造条件。

中国石油内蒙古销售公司组织史资料

内蒙古自治区档案优秀科技成果三等奖

完成单位：中国石油内蒙古销售公司

主要完成人：郑新龙、霍利凡、杨振亮

该项目反映中国石油内蒙古销售公司从1951年成立至今，组织机构沿革、领导人员更迭变动和干部队伍发展变化的情况。以编年体和纪事本末体进行编纂，在企业史志编纂中具有创新性。详细记录了内蒙古自治区石油行业不同时期组织机构及隶属关系等的变革，对于研究自治区石油行业的发展具有十分重要的参考价值。

电子文件接收系统

内蒙古自治区档案优秀科技成果三等奖

完成单位：包头东河区档案局

主要完成人：张雪峰、王官祥、张金玲、邬百威

该项目对东河区驻区、区属单位现行电子文件，纸质文件和实体文件进行采集，分立户头，加工处理，集中管理，在文件中心经过整理，分类、编目、补录等加工整理后，通过政府信息网提供纸质文件和电子文件网上浏览检索，查询文件的范围限制等安全保密性措施，为全区各单位提供文件的信息资源共享，同时为社会公众提供公共文件的检索和查询服务。

蒙古语地名的汉语译音

内蒙古自治区档案优秀科技成果三等奖

完成单位：乌兰察布市档案馆

主要完成人：达林太

该项目从档案资料中摘录地名资料，从生活实践中收集少数民族语地名，积累汉字转写的蒙古语和其他少数民族语地名。分析、研究、考证蒙古语和其他少数民族语地名的形成过程、实用范围和变音失意的现实状况，从语音学的角度揭示蒙古语和其他少数民族语地名变音失意的根本原因，并指出其危害。论述调查、研究、考证蒙古语和其他少数民族语地名工作的重要意义。用汉语拼音标注、转写蒙古语及其他少数民族语地名，恢复其原本发音，简要介绍蒙古语地名含义，抢救和再现正在变音失意走向消失、消亡的蒙古语和其他少数民族语地名。

构建地区公共档案信息服务平台

内蒙古自治区档案优秀科技成果三等奖

完成单位：包头市石拐区档案局

主要完成人：尹锡芳、徐丽

该项目主动融入“智慧石拐”建设，以电子政务建设为依托，档案信息资源建设为核心，电子文件管理为重点，档案信息化安全保障体系为基础，充分运用云计算、互联网等技术，逐步实现全区档案资源数字化、信息管理标准化、信息服务网络化，推进包头市档案信息资源中心管理县级子系统的推广应用，逐步实现与全市档案信息资源的数据对接、资源共享。

数字化档案馆建设与实施

内蒙古自治区档案优秀科技成果三等奖

完成单位：内蒙古电力（集团）有限责任公司呼和浩特供电局

主要完成人：燕林生、孙丙新、典洪波、路宽

该项目通过对档案管理体系的建设与实施，将档案管理的价值和创造能力增强，资源配置、过程管理能力得到提升，经营管理精细化水平得到提高。通过制定统一的、标准的规范体系，切实推动档案标准化、规范化、信息化。档案管理工作能适应社会和时代发展的需要，提高档案管理标准化水平，更好地服务企业、服务社会。

（内蒙古自治区档案局　杨静）

城建档案数据信息资源深度挖掘、分析与应用研究

辽宁省档案局优秀科技成果一等奖

完成单位：大连市城建档案馆、大连理工大学

主要完成人：丁力、张明媛、张艳华、袁暘、张波

该项目利用大数据原理和技术，设计和规划大数据研究方案，对馆藏31万卷（其中：文字129471卷，图纸188041卷）、声像档案录像磁带1200余盘的城建档案数据进行挖掘、分析、处理、整合。运用数据挖掘技术提炼、加工、汇总、关联分析城建档案中的数据和属性，建立面向主题的、集成的、稳定的数据集合，优化城建档案信息资源，同时提升城建档案信息管理系统的功能。

地名档案信息在开发旅游资源中的应用研究

辽宁省档案局优秀科技成果一等奖

完成单位：辽宁省民政档案资料馆、铁岭市城市建设档案馆

主要完成人：张伟夫、张艳华

该项目系统分析了我国地名档案信息资源在旅

游开发中的应用的方式、方法，提出了在信息时代背景下，如何突破旧有的地名档案管理方式，建立起全新的地名档案管理模式。项目在朝阳市进行实践，结合地区特点，将整个地区的29813条地名进行重新分类，将其所属的地名、地址吻合其中，形成11大类72个小类的地名空间属性数据库，可以用过通过GPS采集实现数据实时更新。

新型档案馆中央空调环境下档案保护体系的研究

辽宁省档案局优秀科技成果二等奖

完成单位：沈阳市档案局（馆）

主要完成人：荆绍福、赵建伟、徐卫红、王庆伟、杨靖、王健

该项目对新型档案中央空调系统控制系统技术和设备进行了系统研究，提出了档案馆中央空调系统环境下档案保护系统的建立，并对档案保护系统的具体内容和技术进行了深入研究。项目重点研究了作为档案管理过程综合保护设备的中央空调系统专业结构和技术特点，提出了“普通档案库房温湿度环境控制技术”和“新型载体档案库房准恒温恒湿环境控制技术”两个档案保护型空调的概念和模式，并对两个空调系统的结构和技术进行了研究。对中央空调环境下档案库房的温度、湿度的精准控制技术进行了研究，对空气净化单元和有害微生物消毒单元进行了研究和设计。围绕档案馆中央空调系统的先进设备与技术的研究，对档案主动性保护控制与监测综合技术平台建设进行了分析与研究。

大数据时代档案工作实践与创新研究

辽宁省档案局优秀科技成果二等奖

完成单位：辽宁大学历史学院

主要完成人：赵彦昌

该项目为著作，主要内容有：第一章，大数据环境下档案信息资源的整合；第二章，大数据技术在档案信息资源挖掘中的应用；第三章，移动互联网环境下档案信息资源的开发与利用；第四章，大数据时代的档案信息服务创新；第五章，大数据时代如何提升档案公共服务能力；第六章，大数据时代档案编研创新探析；第七章，智慧档案馆。

高等职业院校智慧档案馆建设探析

辽宁省档案局优秀科技成果二等奖

完成单位：辽宁机电职业技术学院

主要完成人：裴童、周丽

该项目提出采用物联网感知技术对高职院校档案馆馆舍内外环境进行全面改造，收集并整理各种实时信息，依托校园管理网络，将馆舍外的行人交通流量以及库房内的温湿度变化以数据的形式汇总并分析，以数据为依据建造最节能环保和智能的智慧档案馆。

文档管理单轨制转型对档案业务的影响研究

辽宁省档案局优秀科技成果二等奖

完成单位：中国建筑东北设计研究院有限公司

主要完成人：蒋学军、李玲、徐浩、代璐

该项目基于未来文档管理“双轨制”向“单轨制”发展的必然趋势进行研究，对国内外文档管理的先进模式和理念进行探索，深入分析档案工作单轨制转型过程中档案业务发生的转变，为各企事业单位实现向单轨制文档管理模式转型提供参考，同时对单轨制文档管理模式的形成与发展加以研究，为档案界研究单轨制的普及提供理论参考。

大数据环境下水务图文档案管理信息系统的研究

辽宁省档案局优秀科技成果二等奖

完成单位：沈阳水务集团有限公司

主要完成人：陈阳、张英健、张亚峰、王巍、陈学志、赵强、李楠、高云鹤、李崇源、鲁嘉妮、周雁、严丽华、张钦

该项目通过对水务集团档案的调研收集档案管理资料，完成数据的采集工作，建立基于GIS基础的信息图层和空间属性数据库；根据自身的经验以及现场调查、咨询、书籍查阅等方式确定具体的评价指标体系；查阅前人的研究成果，研究典型档案管理理论和方法，选择适合的开发模型，并将其与GIS技术结合起来；建立合适的档案管理系统，对水务集团档案管理系统进行分析研究。

地域文化视角下打造档案文化品牌的途径研究——以本溪市为例

辽宁省档案局优秀科技成果二等奖

完成单位：辽宁科技学院、辽宁大学

主要完成人：李焕军、孙瑞、关丽萍、孙莉莉、崔艳、于丹、刘英、褚丽娜、赵浩然、姜斯唯、邵萌萌

该项目突破了针对某一地区单一文化研究的视角，从现今“打造地域档案文化品牌”的已有研究入手，从典型实例中吸取有益的实践经验，以便应用到更大范围内、更高层次地打造档案文化品牌。其中提出的“打造地域档案文化品牌”的途径是通过总结目前国内的相关研究的基础上形成的，这些打造档案文化品牌的途径是从不同的角度出发，如

机构、档案管理环节、档案传播方式等，力求打造地域档案文化品牌途径的全面。从而指明品牌打造过程中可能遇见的问题，设计出一份较为完整的品牌打造方案。

工程设计档案电子数据库建立的研究

辽宁省档案局优秀科技成果二等奖

完成单位：中国寰球工程有限公司辽宁分公司

主要完成人：赵曼宇

该项目是为适应石油化工行业市场需求和便捷办公流程，通过先进的管理理念，引进 Projectwise 项目管理软件，档案人员通过项目管理软件对每一个项目的档案工作进行前端控制，以归档、建档管理规定为根本，建立每一个项目的归档、建档模块，使工程设计档案从形成到最终存档实现全过程、全覆盖的电子化管理，与此同时，在确保其安全、保密、完整、有效的情况下，外加通过扫描原有工程设计档案等，及建立可行的管理制度和工作流程形成系统、科学的由工程设计原生电子档案和工程设计电子档案两部分组成的完整的工程设计档案电子数据库。

地域文化视角下的方言语音档案抢救性保护研究

辽宁省档案局优秀科技成果三等奖

完成单位：大连市档案局

主要完成人：王学毅、杨晨岑

该项目从 300 余名报名群众中选择 9 名发音人进行方言语音录制工作，采集到录音 449 分钟、视频 274 分钟、文字 20 余万字，经过整理和标注，移交大连市档案馆，永久保存，并建立了系统、完备的大连方言语音档案资源数据库，可以有效服务于大连地区群众的文化需求，使地方文化得到了更好的记忆和传承，也让档案工作的重要性更加深入人心，为丰富群众文化生活，提供优质档案服务起到了有效支撑。

关于民生档案资源建设与服务社会的研究

辽宁省档案局优秀科技成果三等奖

完成单位：抚顺市档案局

主要完成人：迟国权、张洪东、白亮

本项目首先阐述民生档案的概念和主要作用，明确了民生档案的重要性。然后介绍作者在对抚顺市民生档案专题调研的情况，调研发现民生档案的利用率呈逐年上升的良好态势，但也暴露出没有统一规范，资料分散保存，财政资金不足，保管条件落后，数字化建设滞后等一系列问题。为提高档案服务社会能力，作者结合抚顺档案工作实际，对如何做好民生档案工作进行深入、细致的思考研究，从加强法治建设，构建工作体系，提升服务质量，提高财政投入，加大教育宣传等方面提出针对性的建议，探索出一条集建设、管理、数据、服务为一体的民生档案工作新道路，希望能够对民生档案工作的发展有所推动和贡献。

国家重点档案保护与开发的实践研究

辽宁省档案局优秀科技成果三等奖

完成单位：抚顺市档案局

主要完成人：于清永、韩玉鹏、苏小丽、唐莹、孙续奇、史晋宇、吴潇

该项目提出了国家重点档案保护与开发的方法、流程及面临的困难。首次将国家重点档案的保护中的纸质与数据保护二者有机地结合起来，形成纸质档案抢救、档案前处理、条目数字化、电子数据检查等环节的完整工作链，提出了国家重点档案保护过程中的困难与瓶颈，在实际操作过程中加以改进的方法与措施。

面向智库的档案利用与知识服务体系研究

辽宁省档案局优秀科技成果三等奖

完成单位：《兰台世界》杂志社

主要完成人：杨宗鸣

该项目以构建面向智库的档案利用与知识服务平台，研究档案信息如何服务于智库建设，从而建立面向智库的档案利用与知识服务体系。

非结构化科技档案信息管理的技术方法研究

辽宁省档案局优秀科技成果三等奖

完成单位：辽宁省科学技术情报研究所、辽宁省科学技术厅、辽宁特殊教育师范高等专科学校

主要完成人：李大鹏、马伟群、梁桂芹、毛羽丰、郝昕、徐大新、吕锡洋、孟双、姚旭、杨德贵、于凡

该项目以非结构化档案信息研究的背景与国内外现状为基础，通过对非结构化信息特点的分析，探讨现有非结构化档案信息管理的难点和不足，提出非结构化科技档案信息管理的对策，同时通过分析非结构化档案信息管理的几种技术方法，找出适合于非结构化科技档案信息管理的技术方法即内容管理技术。

大连海洋大学档案实体分类法与档案工作规范

辽宁省档案局优秀科技成果三等奖

完成单位：大连海洋大学综合档案室

主要完成人：朱晓红、纪庆晓、谢晓江

该项目为著作，其中论述了大连海洋大学档案实体分类方法细则及运用方法，实现了本校档案实体分类、编号、排架、检索的标准化、规范化。

以“档案资源”为依托发展文化创意产业

辽宁省档案局优秀科技成果三等奖

完成单位：朝阳县住房和城乡规划建设局

主要完成人：杨杰

该项目将朝阳的历史文化资源、档案资源与文化创意产业发展相结合，拍摄成微视频，既有宣传价值，又可以作为科研成果转换。

智慧档案馆运行模式构建探析

辽宁省档案局优秀科技成果三等奖

完成单位：沈阳医学院

主要完成人：杨剑云、周丽

该项目以我国智慧城市的兴起与快速发展为背景，结合我国“互联网+”的战略模式，研究智慧档案馆与智慧城市的关系，探讨智慧档案馆的支持条件，结合当前我国智慧城市的发展现状，综合考虑智慧档案馆的实际发展要求与定位，构建了一个理想化的智慧档案馆运作模型，实际考虑了智慧档案馆在智慧城市中的定位，利用了智慧城市智慧资源，兼顾了智慧城市各部分的配套性，发挥了智慧档案馆信息处理的能力。为各地数字档案馆向智慧档案馆的转型提供借鉴，为已建成的智慧档案馆的优化和发展提供参考。

依托国储洞库创建辽西重点档案保护中心

辽宁省档案局优秀科技成果三等奖

完成单位：辽宁储备物资管理局机关服务中心

主要完成人：张莹、袁辉、赵芷仪

该项目通过简述辽宁储备物资管理局概况和在基础设施环境、仓库管理方面的优势，从档案实体保护要求的“八防”和洞库目前所具备的组织人员、应急处理优势分析得出在国储洞库的基础上建设辽西重点档案保护中心的优势；从设施设备、保护装具、档案管理与技术人员上总结出需要配备和完善的不足之处，从而得出在国储洞库的基础上改建重点档案库房利大于弊，能够节省大量的建设资金，达到资源有效配置，避免浪费的目的，是创建辽西重点档案保护中心的尚佳选择。

档案信息增值研究

辽宁省档案局优秀科技成果三等奖

完成单位：鲁迅美术学院

主要完成人：刘宇

该项目从介绍档案信息增值问题提出的背景与依据入手，分析了档案信息的基本价值，进一步归纳出档案信息增值的概念，概括出档案信息增值的原理，构建了档案信息增值的模型，借鉴价值工程学相关理论推导出了档案信息增值的效益计算公式，对档案信息的价值进行评估。

乡镇档案业务管理标准化和规范化建设研究

辽宁省档案局优秀科技成果三等奖

完成单位：昌图县档案局

主要完成人：马岩、刘庆茹、黄珂、乔滨、何丽丽

该项目以国家标准、行业标准、规范性文件、行业基本规则等为依据，梳清工作重点，精准描述档案工作内容，适当引入新理念，力图将乡镇档案工作精细化、标准化、规范化，努力为基层档案工作人员日常工作提供重要参考，帮助完善档案日常工作流程，免去基层档案工作人员设计表格、购买书籍、查阅资料等重复劳动，为其节省日常工作经费。

“社会力量”参与档案公共文化服务的相关研究

辽宁省档案局优秀科技成果三等奖

完成单位：沈阳体育学院综合档案室

主要完成人：王烁

该项目对社会力量、公共文化、文化服务及档案公共文化服务等概念先进行逻辑上的划分，梳清认识上的模糊区域，在此基础上对社会力量进入公共文化服务领域及进入档案公共文化服务领域进行探讨。

基于云计算的智慧档案馆服务智慧城市探析——以沈阳市为例

辽宁省档案局优秀科技成果三等奖

完成单位：沈阳广播电视大学

主要完成人：王媛

该项目研究内容包括：分析省内档案资源服务模式现状，通过对比传统服务模式和数字化服务模式，找出目前服务模式的弊端；分析云计算技术的特性和优势，分析采用云计算技术建设共建共享性档案资源服务模式的可行性进行分析；围绕智慧沈阳建设主题，从管理、技术、网络安全、人才等方面提出云计算下档案信息资源共建共享服务策略。

“互联网+”形势下我国高校档案信息安全保障体系研究与建设

辽宁省档案局优秀科技成果三等奖

完成单位：沈阳理工大学

主要完成人：历佳、王毅、周增国、刘瑛、吴小柏

该项目利用文献法、跨学科研究法、层次分析法、图表法，按照科学性、创新性与实用性相结合的原则，结合我国高校档案工作在实践中遇到的困难与问题，将我国高校在“互联网+”形势下的档案信息安全保障体系研究与建设的主要研究内容进行归纳总结，将最新法律法规、标准建设、人才培养、风险预估、保障技术与“互联网+档案”的发展相结合，充分分析研究我国高校数字档案信息系统整体的安全保障体系建设，分层次逐步深入探讨我国高校数字档案信息安全保障体系的发展方向和职能转变。

特殊教育学生档案管理系统研究

辽宁省档案局优秀科技成果三等奖

完成单位：辽宁特殊教育师范高等专科学校

主要完成人：徐大新

该项目研究内容包括：分析特殊教育学生档案，总结特殊教育学生档案特点及构建该系统的意义；梳理辽宁特殊教育师范高等专科学校学生档案工作现状，并从实际工作情况出发，探索符合业务需求的方案；从辽宁特殊教育师范高等专科学校与学生档案关系密切的部门日常工作出发，探索相关信息整合、共享与信息安全等技术问题；总结系统特色并分析不足。

（辽宁省档案局）

公共档案馆的服务功能及其社会价值的研究

2016—2017年度黑龙江省档案科技成果奖励二等奖

完成单位：黑龙江省档案局

主要完成人：董劲柏、朱萍、曹月

该项目以新形势下公共服务为背景，对公共档案事业的发展现状进行了介绍，详细介绍公共档案馆发展现状、不同经济条件下，公共档案馆对外服务功能和文化价值的展现。项目通过对公共服务功能的介绍，明确了公共服务的重要性。基于目前公共档案馆服务功能及其社会价值定位缺失的状况，分析影响公共档案馆服务功能实现的因素。提出改变传统档案馆利用服务仅针对政府机关的约束，以服务民生造福百姓为目标，建立全面开放的公共档案服务机制，以实现档案信息全民共享的目的，更好地为社会发展提供保障。

我国档案行政执法环境的现状与对策研究

2016—2017年度黑龙江省档案科技成果奖励一等奖

完成单位：黑龙江省档案局、黑龙江大学

主要完成人：李萍、赵晶莹、刘迎红、田明、石巍巍、赵冬梅

该项目通过对档案行政执法环境的全方位考察，探讨档案执法环境对行政执法工作的制约与推动。在对档案行政执法环境现状进行深入调查和分析的基础上，进一步对我国档案行政执法工作存在的问题予以正确评价，最终将行政执法环境和现状进行有机结合，找出问题症结之所在并提出富有建设性和可操作性的解决问题的策略。主要包括三方面：我国档案行政执法环境现状研究；我国档案行政执法现状调查与评价；剖析我国档案行政执法环境中存在的问题及对档案工作的危害和影响，从理论与实践两方面寻求改善档案执法环境的对策，寻求推动档案行政执法工作的出路，解决档案执法工作外界不关注、内部不自信的现实状况，推动档案行政执法工作提高到新的水平。

《企业电子文件归档和电子档案管理指南》实施背景下我省企业档案信息化发展研究

2016—2017年度黑龙江省档案科技成果奖励三等奖

完成单位：黑龙江省档案局

主要完成人：盛晓明、周妍、刘春波、赵杰

该项目通过有针对性地开展调研、指导等活动，鼓励、指导企业开展电子文件归档和电子档案管理试点工作，在对试点企业的调研和指导中，帮助企业澄清认识误区，及时收集企业实践信息及经验，在对全省省市级14户试点企业调研总结基础上，选取两家优秀企业即哈尔滨市水务投资集团和黑河地方铁路集团为优秀实践单位，最终探索出较为高效的企业电子文件管理模式。

（黑龙江省档案局　田明）

探索电子文件归档和电子档案管理新模式

国家档案局优秀科技成果奖二等奖、上海市档案科技研究成果奖一等奖

完成单位：上海市档案局

主要完成人：朱纪华、刘志成、康勇、张新、朱建中、金洁慧、王玮、肖征华、王晓华

该项目立足《自贸试验区条例》以及国内外现有电子文件归档和电子档案管理经验，利用上海自贸区法律保障和政策优势，通过“制度+管理+技术”协同创新的方式，有效保障电子档案的凭证价值，规范电子档案的长期保存，打破纸质和电子文件“双套归”的传统做法，整体推进电子文件归档和电子档案“单套制”管理。

教育音像档案内容挖掘与应用研究

国家档案局优秀科技成果奖三等奖、上海市档案科技研究成果奖二等奖

完成单位：华东师范大学教育高等研究院、上海音像资料馆

主要完成人：丁钢、汪珉、程 静、朱小怡、毛毅静、虞伟红、王永毅

该项目通过文献调研、数据分析和实证研究，对教育音像档案的特点与获取途径、数据编目、权益保护、共享模式和传播途径等问题进行了理论与实践研究。以利用为导向，优化教育音像档案的收集分类与编目制定了《中国珍贵教育影像档案分类表1910—1948》；完成了约300分钟民国教育历史影像档案总目与分镜头目录的编制；编写《教育档案：上海早期珍贵教育历史影像纪录1900—1949》。使用质性分析软件NVivo对用于传播的教育音像档案内容进行客观、系统和定量的描述研究与交互分析。研究国内外主要音像资源机构资源内容与管理现状，编制教育音像档案利用办法。初步完成中国教育影像博物馆网站的开发、建设与内部试运行。

新时期档案培训中提高操作技能的途径与方法研究

上海市档案科技研究成果奖二等奖

完成单位：上海市普陀区档案局

主要完成人：何丽芬、康贻建、陈辉、周宾、陆丽雯、王勇成、吴殷

该项目探索了在档案岗位培训中开展实训教学的途径与方法，构建出集实务课堂、参观考察、动手操作、评估反馈四模块于一体的教学体系，使学员在课堂、观摩中将理论与实践接轨，在动手操作中将所学所思应用于实践，在反馈中认真总结、消化吸收。整个实训体系实现了“理实一体”的无缝对接，学员成了真正的主角为学员从事档案工作打下坚实的基础，取得了较好的实训效果。

上海农业电子档案管理应用研究

上海市档案科技研究成果奖三等奖

完成单位：上海市农业委员会

主要完成人：张苏华、杜小强、奚大中、周全、张向飞

该项目研究成果具有应用可行性和资源功能延展性的特性：一、以理论与实践经验为基础，打破原有行业壁垒和专业壁垒，确保档案“四性”的同时，研究探索如何将传统档案、电子档案或信息化平台等抓取的各类关键数据，经鉴定再生成可供更高决策层决策用的新数据的实现可能性。二、探索通过档案数据分散采集、集中管理方式，促进农业系统各单位提高电子档案的质量和延展电子档案的可利用范围，挖掘现有档案资源，改进农业档案管理模式，提升档案应用能级，逐步实现社会资源共享远景目标。

当前民生档案工作的监管服务模式研究

上海市档案科技研究成果奖三等奖

完成单位：上海市闵行区档案局

主要完成人：施惠刚、乔晓萍、杜惠芳、李音、张建民

该项目主要研究内容有：1. 根据民生档案保管期限、最终流向提出不同的监管和指导服务模式。2. 根据电子文件形成的特点，提出民生领域电子文件与数字档案监管服务和安全措施。3. 对贯彻落实国家档案局9号令，新增接收民生档案进馆工作中存在的库容资源有限、扫描任务繁重等问题进行研究，对全区民生档案的安全有效保管和有效监管进行探索，提出解决方案。4. 总结形成闵行区民生档案监管服务的范围、重点、规范和工作新模式、新机制。

嘉定区区域档案资源课程化策略研究

上海市档案科技研究成果奖三等奖

完成单位：上海市嘉定区档案局、上海市嘉定区中光高级中学

主要完成人：沈越岭、路光远、牛洪义、陈坚坚、陈力

该项目主要分为三个部分：概念界定与阐释、课题实施的背景、原则与方法。第一部分阐释了“档案”定义、分析了区域档案资源整合之路径、梳理了古今中外课程的概念；第二部分从国家档案局第9号令、档案开发利用、基础教育课程改革、中光高级中学办学文化四个角度进行了阐述；第三部分的论述原则有：以史育人、存真求实、合作共赢、科学测评。

浦东民生档案智慧服务平台

上海市档案科技研究成果奖三等奖

完成单位：上海市浦东新区档案局

主要完成人：许建军、沈文林、杨继东、张莉、施晓峰

该项目于2015年上半年完成研发及测试，当年9月1日起正式试运行，实现了包括身份认证、指纹识别、查档摄像、档案查询、档案打印、电子签章等功能，可在无人值守的情况下提供自助服务。目前，智慧系统先期开通利用率最高的婚姻档案查询，今后逐步拓展其他类别的民生档案查询。现有4台自助终端机投入使用，截至2017年4月，累计提供查询7909人次，调阅档案2883卷次，打印档案资料14415页。对比区档案馆窗口同期数据，减少了窗口人员35%的婚姻档案查询量。用户在使用终端自助服务时，须持本人二代身份证完成身份认证，并完成指纹采集，比对通过后才能进入实际查档流程，在全过程中都有摄像头跟踪拍照备查。用户所有的操作记录会作为系统记录长期留痕保存。

科技成果电子档案收集与利用模式研究

上海市档案科技研究成果奖三等奖

完成单位：上海市科技成果档案资料馆

主要完成人：张芝慧、王正刚、成浩旸、凌云川、马长林

该项目于2015年获得上海市档案局的科研项目立项，经过一年的研究，形成了科技成果电子档案收集与利用模式研究的《工作报告》《调研报告》《研究总报告》及上海市科技成果档案资料馆档案资源平台建设方案（草案）。与此同时，形成了科技成果电子档案收集进馆的实施方案、科技成果电子档案管理系统的需求框架、科技成果档案管理的保障体系、科技成果电子档案的服务机制等四项研究成果，以创新的思路，全面回答了科技成果电子档案管理面临的理论和实践问题。本项目于2016年9月12日通过上海市档案局组织的专家评审。

（上海市档案局　徐志红）

档案行政权力清单制度研究

河南省档案局优秀科技成果一等奖

完成单位：濮阳市档案局

主要完成人：刘东斌、杨瑾辉、张瑞华、徐峥、史海珠、吴雁平、邵荔、娄海婷

该项目着重研究了几个方面的问题：1. 档案行政权力概述。对档案行政权力的来源与分类、26项档案行政权力的依据进行研究。2. 档案行政权力清单制度概述。对建立档案行政权力清单制度的现实意义与作用等问题进行研究。3. 档案法规中的档案行政权力。对《档案法》《档案法实施办法》中的档案行政权力以及实施依据进行梳理归纳分析。4. 部分省、市、县档案行政权力清单实证分析。对9个省级11个副省级市、10个地级市的档案行政权力清单以及特征及成因进行梳理分析。5. 档案行政权力清单制度的构建。对档案行政权力清单制度的建设等问题进行研究。6. 档案行政责任清单制度建设。对建立档案行政责任清单的原则、主要内容，构建档案行政责任清单制度的配套机制等问题进行研究。

基于政务网的电子文件管理系统研究

河南省档案局优秀科技成果一等奖

完成单位：洛阳理工学院、河南省档案局

主要完成人：韩振英、李宝玲、刘庞冰、冯馨雨、张丽昕、石念峰、张予宏、沈光亮、王进平

该项目在相关资料收集、整理和研究的基础上，对国内政务电子文件管理和使用状况给予大致梳理，调研分析认为，我国政务电子文件管理办公自动化环境决定电子文件、电子档案的形成与管理，电子文件移交归档意识比较薄弱，电子文件真实性、完整性、有效性保证上存在漏洞。此外，传统载体数字化工作进展缓慢。结合问卷调查分析，提出相应的完善策略。

煤炭企业档案馆进馆范围与开放时限、内容、范围调整研究——以平顶山天安煤业有限公司为例

河南省档案局优秀科技成果一等奖

完成单位：平顶山天安煤业股份有限公司

主要完成人：杨瑾辉、张晓培、张曼琴、王丰敏、董鹏昊、马梁、王进、沈姣、陈茜月

该课题从煤炭企业档案馆信息公开工作的现状调查入手，结合《政府信息公开条例》《企业信息公示暂行条例》的颁布与实施，对煤炭企业档案及档案行政管理产生的影响，对政府与企业信息公开环境下煤炭企业档案馆进馆范围与开放时限、内容、范围调整进行全面系统的研究。

电子文件管理应用平台研究

河南省档案局优秀科技成果一等奖

完成单位：国网河南省电力公司

主要完成人：张立军、李发超、丁杰、袁帅、刘星宇、毕永峰、王燕淑、宋志红

该项目旨在加强电子文件管理，规范电子文件

应用，提升电子文件质效，推动公司治理体系和治理能力现代化而作。项目研究分为三个阶段：一是，完成公司所有单位的电子文件管理系统覆盖工作；二是，完成所有核心业务电子文件管理覆盖工作；三是，开展电子文件管理的深化应用。

郑州汉画像砖档案研究

河南省档案局优秀科技成果二等奖

完成单位：郑州市档案馆

主要完成人：廖洁、位志华、王亚丽、王瑞君、杨锦锦、马培中、姚艇

该项目以从青岛崇汉轩汉画像艺术博物馆征集到的99幅郑州地区汉画像砖拓作为素材，深入分析透视和开掘，详细地描述了所选的每一块汉画像砖的结构、规格、品相以及反映的思想内容、艺术特点，力求使读者认识了解每一幅汉画像砖所讲述的故事，以期在更广、更深的范围和层次上弘扬郑州地区汉代的灿烂文化。

档案部门社交媒体运营模式研究

河南省档案局优秀科技成果二等奖

完成单位：郑州市档案局、郑州市档案馆

主要完成人：白玉龙、宋张楠、张晓龙、李徐涵、曹阳、石华

该项目大致分为三个部分，第一部分研究了社交媒体对档案工作的影响，包括：社交媒体对档案馆建设的影响、社交媒体对档案管理的影响、社交媒体对档案服务的影响、社交媒体对档案信息资源的影响、社交媒体对档案信息传播的影响、社交媒体信息捕获归档工作研究等六个部分。第二部分通过对国内具有代表性的33个档案馆进行调查，统计了国内档案馆中社交媒体的应用现状，分为一个总表和五个分表。第三部分通过借鉴国外的先进经验，提出了郑州市档案部门进行社交媒体档案管理的经验、不足，从宏观策略和微观策略上对我国档案部门的社交媒体应用提出一些建设性的对策和建议。

傅爱毛女士档案征集开发与利用研究

河南省档案局优秀科技成果二等奖

完成单位：新密市档案局

主要完成人：刘亚娟、乔霖、李小玮、杨洁、张锰钧

该项目以新密市傅爱毛同志档案为例，收集整理其文学作品及改编的电影、编制的影视作品、照片以及有关傅爱毛同志的评论、新闻报道等资料及收藏品，包括文稿、书法作品、图书、奖章、荣誉证书等物品，健全新密市名人档案专题库。同时在信息化的大背景下，组织开展全面系统的研究工作，丰富名人生平和成就等方面的研究内容，挖掘名人事迹的宣传利用价值，通过对收集、整理的资料进行目录、全文数字化，建立个人专题网站，举办专题展览，有计划地推进对名人档案资料的开发应用，最大效率地发挥名人档案的宣传教育功能，以发挥档案资料的更大社会价值。

新型城镇化中的档案记忆保存研究——以荥阳市为例

河南省档案局优秀科技成果二等奖

完成单位：荥阳市档案局

主要完成人：司俊贤、张俊锋、张聪颖、陈艳、李宁、张春岭

该课题首先从“什么是新型城镇化”开始，论述了新型城镇化的核心和新型城镇化的文化记忆。其次以荥阳为例深入了解了新型城镇化发展的现状，分析了城镇化建设中档案管理存在的问题，提出了加强新型城镇化基础档案管理的对策和措施。再次，以荥阳市档案馆历史展和党史展两个展厅为例，提出了档案展览是向社会宣传馆藏档案的有效方式，是进行爱国主义教育的生动教材。利用抢救和保护的档案记忆，首先可以记录现实、保存历史；其次可以为领导决策服务，为群众调解纠纷提供准确的依据；最后还可以传承历史文化脉络，梳理新型城镇的地方特色，打造新型城镇的文化品牌，塑造新型城镇的灵魂。

濮阳市人事档案管理信息化建设研究

河南省档案局优秀科技成果二等奖

完成单位：濮阳市档案局

主要完成人：白桦、武梦雅、孙文、曹中华、孙国勇、祖庆丽、杜念娜

该项目着重对几个方面的问题进行了研究：濮阳市人事档案管理信息化建设研究综述；濮阳市、县（区）人事档案信息化建设现状及存在着领导不够重视、投入不足、工作力度不够、利用水平不高、保密安全管理人员素质有待提高等问题；濮阳市人事档案管理信息化的途径分析；做好濮阳市人事档案管理信息化的措施。提出濮阳市人事档案管理信息化系统的要求。

省辖市档案微信公众号运营研究

河南省档案局优秀科技成果二等奖

完成单位：焦作市档案局

主要完成人：李兴利、卢继成、王聪、孙丽群、仝伟、黄岩臣、皇甫福星

该课题以"焦作档案"微信公众号开通运营实践为基础，通过对档案微信热门推文、互联网+档案利用服务、微信公众号+档案展览、移动互联网+档案展览等问题的研究，总结制定了相关规章制度，探索了一些规律，对河南省档案微信公众号建设提出了一些意见和建议。

焦作市农村党员档案规范化管理研究

河南省档案局优秀科技成果二等奖

完成单位：焦作市档案局、中共焦作市委组织部

主要完成人：程媛媛、张瑞杰、王宇蓉、杨春民、张志国、王聪、李京平

该课题通过对焦作市 1824 个行政村农村党员的党组织关系进行集中排查和调研，了解农村党员档案管理工作现状，结合干部人事档案管理的相关规定，对农村党员档案的规范化管理进行研究。

档案转化为文化产品、文化精品的方法与途径研究——以南阳市卧龙区为例

河南省档案局优秀科技成果二等奖

完成单位：南阳市卧龙区档案局（馆）

主要完成人：张玉萍、郝建炎、徐冲、王晓哲、沙柳、张初武

该项目是从公众文化需求出发，结合大众文化消费需求，对开发内容丰富、形式多样的档案文化产品，将富含历史底蕴、文化价值的文化产品以更便捷有效的方式呈现在公众面前的方法和途径进行研究。卧龙区档案局（馆）顺应文化市场发展要求，转变工作思路和工作方法，积极将档案转化为文化产品，并不断摸索创新开发方法，拓宽传播途径，借他山之石，进一步提高文化产品质量，提升档案文化产品的引领力、亲和力和影响力，打造出一大批档案文化产品，让档案走出高墙深院，走向社会，走进生活，使"死"档案变成"活"故事。

河南部分城市地下管线档案管理现状调查与分析

河南省档案局优秀科技成果二等奖

完成单位：开封大学

主要完成人：徐莹、陶士梅、栾聪雅、袁琳、魏跃先、曹宁、徐珂

该项目是对河南部分城市地下管线档案管理情况进行分析与研究。地下管线是城市的重要基础设施。地下管线档案则是地下管线的身份证、体检表。了解掌握地下管线档案管理的现状，有效地管理与利用地下管线档案，为城市建设与运行提供共享服务，是档案工作的责任与义务。该项目从被调查对象的分类、管线档案管理现状和参与调查者的主观认识 3 个方面设计了 25 个问题。通过对这些问题与 3 个方面的交叉分析了解与剖析河南省城市地下管线档案管理的现状，为有效地管理与利用地下管线档案，为城市建设与运行提供共享服务提供参考意见。

氯化钙在真空充氮档案保护技术中的运用

河南省档案局优秀科技成果二等奖

完成单位：郑州铁路职业技术学院

主要完成人：张忠良、安静、韩红磊、张妍祺、赵长华、王欣、王影

该课题提出了在真空充氮技术中增加用氯化钙除湿新的措施来克服弊端，改进真空充氮档案保护技术，还对多台真空充氮柜并联安装统一控制；手动控制、自动控制与时间控制联用等方面进行了改进。

电子文件封装移交与接收技术的研究

河南省档案局优秀科技成果二等奖

完成单位：中原工学院

主要完成人：李娟、夏敏捷、高艳霞、张慎武、高丽平、潘惠勇、李枫

该项目对电子文件封装移交与接收的概念进行梳理、对电子文件封装的相关内容进行解析。研究国内外相关问题进行系统的解释，并构建电子文件封装移交与接收的理论框架。另一方面根据不同类型、不同系统平台的需求，研究如何采用数字签名等封装技术保障电子文件的凭证作用。

微信在高校档案信息服务中的应用研究

河南省档案局优秀科技成果二等奖

完成单位：河南牧业经济学院

主要完成人：张会霞、崔鲜花、马珊珊、詹珅、李莹

该项目介绍了微信的概念和特点；运用 SWOT 分析法对高校档案馆微信公众平台的构建进行论证；结合典型案例研究，对基于微信的高校档案信息服务的用户需求进行分析，初步设计出高校微信档案平台的功能模式；项目中提出了应用微信发展高校档案信息服务的思路与策略，即：结合业务需求，明确功能定位；参考其他档案馆微信平台，广泛借鉴；打造个性化的微信服务平台；提高信息发布频率，丰富推送内容；不断提升微信技术的稳定性；加强微信安全管理等。

档案信息化安全体系的构建研究

河南省档案局优秀科技成果二等奖

完成单位：周口师范学院、河南省图书馆

主要完成人：王珺、王欣、黑子晴、王慧乐、段园园

该课题把档案信息化安全因素分为档案信息化基础设施建设、档案信息化资源建设、档案信息化应用系统建设、档案信息化标准规范建设、档案信息化人才队伍建设、档案信息化信息环境建设六个因素。研究从六个安全因素为出发点，在对其进行简单探讨的基础上，分析档案信息化存在的安全风险因素，构建档案信息化安全体系，并提出了其在实践中应用策略。

煤矿建设项目档案专项验收的探索与实践

河南省档案局优秀科技成果二等奖

完成单位：中国平煤神马集团综合办

主要完成人：江俊富、张献民、朱艳杰、张阿芳、邢丽敏、薛峰、郭晓丹

该课题立足中国平煤神马集团实际，研究了煤矿建设项目档案专项验收的工作步骤与方法，分析了煤矿建设项目档案专项验收的现状及煤矿企业项目建设过程中所存在的问题，提出了煤矿企业档案建设项目如何进行前期管控、归档整理、统筹规划、项目档案顺利验收的实施方案及其规划目标，收到显著成效，对于加强全国企业的煤矿建设项目档案专项验收工作具有一定的指导意义。

黄帝故里拜祖大典档案管理模式研究

河南省档案局优秀科技成果三等奖

完成单位：郑州市档案馆

主要完成人：郭梅、董建山、潘轶、周政、耿旭

该项目主要研究内容：1. 参与起草拜祖大典档案管理工作文件，文件制定科学、条理清晰，符合拜祖大典档案工作的基本情况，对历届拜祖大典活动档案的整理有较强的实用性和可操作性。2. 制定拜祖大典档案收集的范围，明确主办、承办、协办单位与档案行政主管部门的职责，做到依法监督，规范管理。3. 建立重大活动告知制度。从 2006 年第一届黄帝故里拜祖大典开始，郑州市档案馆征集科就派课题组成员参与其中，直接负责拜祖大典档案管理工作。4. 为拜祖大典档案建立专库保管实物档案。5. 利用郑州市数字档案馆平台，为拜祖大典建立专库，及时导入目录数据和原文数据，实现在线查询。

提升档案从业人员实用英语能力研究

河南省档案局优秀科技成果三等奖

完成单位：郑州市档案局

主要完成人：石华、王原、白玉龙、徐海峰、杨锦锦

该课题结合档案专业实际和 CBI（Content-based instruction）英语学习理念，提出具体的提升档案人员英语实用能力方法，通过学习，档案人员能够掌握一定的英语基础知识和技能，具有一定的听、说、读、写、译、查的能力。

区级重点建设项目档案管理问题研究

河南省档案局优秀科技成果三等奖

完成单位：郑州市二七区档案局

主要完成人：刘畅、沙优、袁华、袁真、谢文玲

该课题从重点项目建设档案多年来的工作实际出发，借鉴了我国经济发达城市和国外一些好的做法，着重探讨这项工作中，需要改进和加强的方面，从而为二七区的重点项目建设起到更好的服务和保障作用，进一步推动档案管理工作的全面发展。

“互联网+”背景下的档案管理与服务特征研究

河南省档案局优秀科技成果三等奖

完成单位：开封市档案局

主要完成人：吴雁平、袁新芳、郭艺、刘红梅、谢玲

该课题从“互联网+”环境的特点、“互联网+”环境对档案工作产生的影响入手，研究“互联网+”背景下档案管理与服务的基本特性，以及这些特性对档案管理与服务工作产生的影响，并提出相应的应对策略。

县级数字档案馆建设标准与规范研究

河南省档案局优秀科技成果三等奖

完成单位：台前县档案局（馆）

主要完成人：王凤珍、李晓、仝彤、师磊、闫长库

该项目结合我国基层数字档案馆建设现状及存在的问题，先进地区及国外数字档案馆建设的经验，经过研究分析，并进行了实践，提出了具体工作方案，重点从下面五个方面进行了研究：一、制定切合实际的发展规划；二、规范数字化建设标准；三、建设高标准的档案资源数据库；四、强化档案安全体系建设；五、注重人才真培养。

气象档案数字化特征与管理利用研究

河南省档案局优秀科技成果三等奖

完成单位：开封市气象局

主要完成人：葛芳、王怡、刘晓君、李元龙、刘红雨

该课题是通过对数字档案室建设标准、规范和要求，以及档案数字化理论与方法的研究，分析气象档案数字化资源的特征，探索和实践适合于气象部门档案的数字化管理和利用方法的流程，为气象部门数字档案室建设、档案数字化管理的发展提供借鉴。本课题的最终目标是将档案数字化过程纳入档案归档流程之中，为今后档案数字化过程提供可借鉴的思路和方法。

高校专题档案建设与服务研究

河南省档案局优秀科技成果三等奖

完成单位：河南财经政法大学档案馆

主要完成人：齐晓晓、冯玉媛、于凤仙、赵林华、刘鑫

该项目对高校专题档案的基本情况进行了分类分析，以发放调查问卷的方式对 42 家高校进行调研，将被调研单位分为已开设专题档案的高校和未开设专题档案高校两组，分类进行分析，总结了高校在进行专题档案建设中遇到的共性和个性问题，并对高校专题档案的建设与服务提出了相应对策。

河南省高校档案馆科研产出及科研能力研究

河南省档案局优秀科技成果三等奖

完成单位：中原工学院、永城市实验高级中学

主要完成人：耿伟杰、赵春辉、裴华强、李雪、冀枫

该项目通过对河南省高校档案馆科学研究的现状进行统计与分析，除了掌握高校档案馆科学研究的基本情况、研究现状及研究能力外，还可以了解到影响高校档案馆科学研究的主要因素。同时在总结、归纳加强科学研究经验的基础上，提出评价高校档案馆科研能力的方法，从而推进高校档案馆的科学研究水平和档案事业的进一步发展。

审核评估形势下高校教研档案工作的现状与对策研究

河南省档案局优秀科技成果三等奖

完成单位：中原工学院

主要完成人：王洁、樊岸青、谷青、尚会超、成胜利

该项目内容聚焦在“完善教研档案工作体制机制、建立健全覆盖全体教职工的教研档案资源体系、建立健全方便广大教职工的教研档案利用体系”的研究工作上，目标是为高校教学工作审核评估提供及时、完备的教研档案，为高校教学改革提供必要的，可资借鉴的历史资料，同时，为高校教师绩效考核制度改革提供教学研究方面的基础材料支撑。项目调研分析了河南省高校当前教研档案工作的现状，包括工作体制机制、教研档案资源体系、教研档案利用体系、教研档案安全体系、档案工作支持保障力度等，建立了基于审核评估指标下的，健全覆盖全体教职工的教研档案资源体系。

电子文件长期保存关键技术研究

河南省档案局优秀科技成果三等奖

完成单位：中原工学院

主要完成人：高艳霞、郑秋生、殷晓敏、徐飞、李娟

该项目以 OAIS 参考模型作为基础框架，探讨了电子文件长期保存的体系架构和整体解决方案；建立了电子文件捕获和接收系统原型，探索了电子文件真实性、完整性、安全性和可用性的检测方法；根据电子文件的类别、访问量等建立了电子文件的分级存储及利用模型，使电子文件能够模拟在线、近线、离线存储，并能在三个存储级别自动移动；研究了电子文件长期保存的非结构化存储方案，探讨了电子文件长期保存中，如何通过数据库存储安全、角色访问安全、身份认证、信息加密等技术手段保证电子文件的真实性、完整性、安全性和可用性，对电子文件的整个生命周期进行安全性研究。

高校共青团档案管理研究——以河南牧业经济学院为例

河南省档案局优秀科技成果三等奖

完成单位：河南牧业经济学院

主要完成人：孙媛、崔鲜花、李东、王燕、黄英

该项目对高校共青团档案的管理进行了科学系统化的研究分析。高校共青团员档案是大学生在高校共青团组织中所形成的原始记录，属于“学生类”档案。但是，共青团档案管理工作目前的定义概念有些狭义，仅指的是对团员入团及团员管理的档案进行存档，远远达不到实际利用目的。该项目所提出的举措和建议科学合理，操作性强，部分建议已经得以实施并取得了积极的效果。

高校院系自存档案管理研究

河南省档案局优秀科技成果三等奖

完成单位：河南牧业经济学院

主要完成人：李东、孙媛、黄瑛、王燕

该项目针对高校院系自存档案的管理方法开展了系统化研究，项目中反映了当前部门自存档案管理中存在的问题，并提出了科学合理的举措和建议，且操作性强。

河南省地方本科高校档案业务指导工作研究

河南省档案局优秀科技成果三等奖

完成单位：安阳师范学院、安阳市档案馆、河南大学

主要完成人：刘春意、靳晓慧、李红、关超、黄振月

该课题主要是研究转型发展背景下地方本科高校档案业务指导工作的障碍与对策的有关内容，课题组对当前有关高校档案业务指导的相关论文进行分析研究，发现目前针对档案业务指导工作的研究基本以分析现状为主，且对现状的分析依据也基本源于自身工作经验，缺少系统的、全面的调查数据做支撑，局限性较大、实效性较弱。以安阳师范学院这类地方本科高校档案业务指导工作为个案研究，以调查问卷为研究形式，通过具体调研和访谈，从高校各层面领导的档案意识、兼职档案员的档案意识、档案业务指导工作人员责任意识、转型背景下实际工作的具体问题及形成原因等进行调查分析，再形成数据、研究对策。

河南省古建筑木雕雕刻风格与技法的档案信息化管理与开发

河南省档案局优秀科技成果三等奖

完成单位：开封大学

主要完成人：张杰、尚佳、郭亚楠、王海翔、张利静

该课题对河南省内知名古建筑的木雕风格和雕刻技法进行调研与整理。紧密结合河南省知名的建筑木雕结构，通过对省内各地建筑木雕保存现状和风格特点的分析，借助于中国传统木雕方面的理论，为河南省建筑木雕的研究进行归纳整理，也为进一步研究河南传统木雕文化提供理论信息。

关于不动产登记档案信息化问题的研究

河南省档案局优秀科技成果三等奖

完成单位：开封大学

主要完成人：张斓、张伟、吴娟、谢岩、任飞

该项目对不动产登记档案信息化中的重点难点问题进行了研究，主要有：不动产登记信息管理基础平台的完善和维护以及不动产登记数据的完整性、真实性和实时性。项目旨在探讨如何在保证信息共享、信息安全、信息保密、如何统一标准、做好信息资源整合与迁移、对纸质档案进行电子化矢量化情况下，更好、更快地推进不动产登记档案信息化的问题。

电子健康档案的建设研究

河南省档案局优秀科技成果三等奖

完成单位：许昌市疾病预防控制中心

主要完成人：马华禹

该项目旨在促进许昌市电子健康档案系统尽快、较好地建立，从而更有效地开展一系列的卫生医疗工作，对我国电子健康档案系统建立过程进行主要问题的研究与总结，并分析实用对策，为以后许昌市电子健康档案系统的建立提供依据与参考。

政法机关实体及电子卷宗资源共享与安全管理研究

河南省档案局优秀科技成果三等奖

完成单位：郑州美林通科技股份有限公司

主要完成人：程金柯、阎峻、周卫东、王桂飞、郭佳鑫

该项目是专业研发的一款针对全国法院、检察院的一个专业信息化软件系统。在设计上综合了相关部门内部卷宗使用的过程，并实现了将纸质文件转化成易查询文件，同时增加了相应的加密技术。以确保电子卷宗文件的安全性。

（十）档案宣传工作

认真做好党的十九大召开前后的宣传报道工作

中国档案报社积极配合有关方面做好大会召开前的舆论宣传工作，用好档案资源，广泛传播正能量，为党的十九大胜利召开营造良好舆论氛围。十九大召开之前，报纸开辟《唱响兰台曲 喜迎十九大》栏目，积极宣传档案部门十八大以来开展党建工作，改进工作作风，服务党和国家经济建设，服务人民群众的成绩，展示档案部门以实际行动迎接党的十九大的良好精神风貌；以迎接宣传十九大为主线，深入挖掘中央档案馆馆藏档案资源，开办《旗帜》栏目，以中央档案馆馆藏为依托，发表文化版编辑撰写的文章《中共一大与中共第一个纲领》《中共二大与第一部档案》《大革命时期对党章的三次修改》等19篇，解读档案背后的故事，再现中国共产党96年来的光辉历程；开设《红色足迹·聚焦中共一大到十八大》栏目，邀请著名红色作家余玮撰写文章《中共一大："红船"劈浪惊雷起》《中共二大："红章"肇始铭初心》《中共十八大：砥砺奋进奔小康》等18篇，为党的十九大召开营造浓厚的思想舆论氛围。党的十九大召开后，又邀请余玮就十九大提出的新论述、新观点，采访相关专家、学者进行系列解读，并就外国元首政要、记者眼中十九大印象撰写文章，特别开设《十九大时光》专栏，发表文章《党的十九大：细节见证新时代》《党的十九大：新时代立新坐标》《党的十九大：新思想铸新伟力》《党的十九大：开放进步铸自信》等6篇，既有理论的分析讲解，更有实践的鲜活事例，让读者喜闻乐见；开展学习贯彻落实十九大会议精神系列报道，主动约稿刊发中央党校教授对十九大精神进行解读，邀请中央国家机关以及各地主管档案工作领导同志撰写学习十九大会议精神的相关文章，以及各地档案部门贯彻落实十九大会议精神创造性开展档案工作的新思路新举措。

（中国档案报社）

圆满完成2017年全国"两会"的宣传报道任务

中国档案报社高度重视2017年全国"两会"的宣传报道工作。从2017年3月3日至3月17日报社连续安排版面，共发表两会报道稿件30篇，图片50张，推出整版报道有6块版面。2017年两会报道在保留新闻消息、两会专访、代表委员说档案、图片报道等原有栏目基础上，锐意求新，从政府工作报告中找到档案工作的发展目标和工作任务，整版刊发了《对标政府工作报告 撸起袖子加油干》，从转变政府职能、"一带一路""互联网+""安全"等12个方面，结合国家档案局2017年的工作任务逐条进行比对，从而直观明了地列出2017年档案部门需要着重努力发展的目标，引起档案工作者的关注。2017年报社还加大了中国档案资讯网和中国档案报社微信公众号对两会的宣传力度，开辟"2017全国两会"专题，共同完成了2017年的全国两会报道任务。

（中国档案报社）

推出"侵华日军南京大屠杀遇难同胞80周年祭"专刊

2017年12月8日，中国档案报社特别策划推出"侵华日军南京大屠杀遇难同胞80周年祭"专刊。一版为文化版记者采写的《不可忘却的记忆——访侵华日军南京大屠杀遇难同胞纪念馆馆长张建军》，文章讲述了三个感人的故事：一是南京大屠杀幸存者夏淑琴童年时的悲惨遭遇、《夏淑琴证言》（1994年8月）及2007年反诉日本右翼分子胜诉的经过；二是克里斯·马吉（美国大片《终结者》的摄影师）用镜头与祖父约翰·马吉（曾用16毫米摄影机秘密拍摄日军南京大屠杀暴行，成为留存至今有关南京大屠杀的唯一动态画面）展开了一场穿越时空的对话，用自己手中的相机记录欣欣向荣的新南京；三是美籍华人鲁照宁捐赠自己收藏的有关南京大屠杀文物史料的故事。二、三通版主题为《铭记历史 珍爱和平——侵华日军南京大屠杀遇难同胞80周年祭》，以中国第二历史档案馆馆藏珍档为依托，邀请其档案研究专家利用大量档案、史料及历史照片，从加害方、受害方、第三方的视角全方位呈现日军在南京的暴行，同时还揭露了日军大肆劫掠中国文化珍品的种种罪行，等等，刊登《烈火浓烟笼罩南京城》《华夏文化惨遭劫难》《南京大屠杀中的魏特林女士》《田伯烈与南京大屠杀真相的传播》《远东国际军事法庭与东京审判》等6篇文章。四版是反映"国家公祭仪式"的专版，主题为《南京之殇国未忘》，以照片的形式展现了从2014年12月13日第一个国家公祭日到2016年12月13日第三个国家公祭日所举行的三次隆重的国家公祭仪式，由侵华日军南京大屠杀遇难同胞纪念馆提供照片8张。

（中国档案报社）

推出《中国档案报》微信公众号

随着融媒时代的到来，借助新媒体宣传档案工作、服务大众是大势所趋。为更好地满足大众对获取档案信息的便捷性、多样性与个性化的要求，2017年2月份，中国档案报社完成《中国档案报》微信公众号的申请及审批认证工作，并完成微信公众号开通前的筹备工作，公众号头像的设计和相关配图的策划和审核工作。这是报社借助新媒体，依托自身档案信息资源优势，宣传档案工作、服务大众的一个新举措。3月10日，中国档案报微信公众号正式开通，对外发布中国档案报社记者采访两会的相关稿件，引起良好反响。目前该平台设置档案资讯、档案文化两个栏目，以图文并茂、快捷的形式，每周两次向广大读者推送档案大事、要事，以及档案文化精品力作，为社会各界更便捷、高效地获取档案信息资源提供服务。全年共制作发布83期内容，合计发布档案资讯和档案文化249条。同时报社还在微信公众号上制作《红色足迹》《旗帜》《砥砺奋进的5年》三个专题，共制作和发布稿件54篇。

（中国档案报社）

继续深入开展走基层“最美档案馆”采访报道活动

2017年，中国档案报社加大了策划力度，继续深入开展走基层“最美档案馆”采访报道活动，积极与各地档案部门密切联系，全年共派出15批记者赴内蒙古、陕西、海南、上海、江苏、河北、云南等20余家档案馆采访，向社会宣传档案馆五大功能，供广大人民群众了解档案馆、走进档案馆，发挥了积极的作用。

（中国档案报社）

国家粮食局举办“粮票·我们共同的记忆”粮票档案专题展

为展示我国粮食流通调控取得的丰硕成果，用老百姓“吃的故事”展现祖国的发展变化，2017年6月13日至14日，国家粮食局结合国际档案日宣传活动，举办了“粮票——我们共同的记忆”粮票档案专题展，开展了“不忘凭票吃粮岁月 爱粮节粮从我做起”签名承诺活动。

展览展出了1953年至1994年有关粮票工作的档案，并首次展出著名爱国民主人士、粮食部第一任部长章乃器关于粮票工作签署的命令复印件、全国通用粮票使用管理办法初稿等。这些珍贵史料全面反映了国家对粮食等重要农产品实行统购统销，通过调配缓解粮食供应危机的科学决策，见证了粮食供求由“极度短缺”逐步向“基本自给”的伟大转变。

展览用系统的粮票工作档案和大量的粮票实物还原了粮食流通调控的发展轨迹，阐述了粮食对于国家安全、百姓生活的重要意义，同时也提醒大家“丰年不忘灾年，增产不忘节约，消费不能浪费”，达到了以档为证、以史为鉴目的。

（张丹丹）

继续做好“国际档案日”宣传活动的报道工作

2017年6月9日是国际档案理事会确定的第10个国际档案日。中国档案报社充分利用报纸、网站平台，以新闻资讯、图片报道、视频回放等形式，共刊发新闻稿件篇、新闻图片150篇（幅）。与此同时，报社网站推出2017年“国际档案日”专栏，共刊发新闻稿件127篇、新闻图片70幅、新闻视频9个，宣传报道馆局和各地档案部门在国际档案日期间开展的形式多样、各具特色的宣传活动。

（中国档案报社）

承办档案法律法规知识竞赛活动

2017年是《中华人民共和国档案法》颁布30周年，为深入贯彻落实《中共中央关于全面推进依法治国若干重大问题的决定》，进一步学习、宣传、贯彻档案法律法规，提高全社会档案法治意识、提高档案依法行政能力和行政执法水平，国家档案局决定于2017年举办全国性档案法律法规知识有奖竞赛活动。

由国家档案局主办、中国档案报社承办的“宝葫芦”杯档案法律法规知识有奖竞赛活动，由国家档案局统一命题，竞赛试题涵盖了《档案法》《行政诉讼法》《政府信息公开条例》等26部法律法规，是对参与者较好的一次普法教育。此次竞赛活动于今年3月正式启动到8月31日答题截止，为期近6个月。为举办好此次竞赛活动，国家档案局办公室专门发出通知，并成立了竞赛组委会，下设的办公室由中国档案报社负责具体事务；国家档案局政策法规研究司为此次竞赛编写试题。据统计，活动期间共发出试卷104.68万份，截止到8月31日（以邮戳日期为准）共收回答题卡104.27万份，经竞赛组委会办公室认真甄别，其中正确有效答题卡 104.12 万份。

此次竞赛活动得到了全国各级档案部门的高度重视和积极响应，全国 31 个省、自治区、直辖市，16 个计划单列市和副省级市，新疆生产建设兵团的档案部门，解放军、武警部队以及中央和国家机关、企事业单位、高等院校以及街道社区工作人员积极参与活动，涉及单位 1.2 万多家。活动不仅得到了各级档案部门领导的大力支持，还得到了各级主管档案工作领导的高度重视，一些单位的领导也主动参与答题。

10 月 9 日，竞赛活动抽奖仪式在京举行。在公证人员的现场监督下，此次竞赛活动共抽取产生一等奖 3 名、二等奖 20 名、三等奖 30 名及鼓励奖 300 名，并对江苏省档案局、上海市档案局、湖南省档案局等 29 家组织工作成绩突出的单位予以表彰。

（中国档案报社）

承办“我为十九大添光彩——档案工作者时代风采”摄影展

为记录党的十八大以来档案部门深入学习习近平总书记系列重要讲话精神、服务全面建成小康社会所取得的新业绩，反映党的十八大以来档案部门和档案工作者弘扬社会主义核心价值观、喜迎党的十九大胜利召开的精神风貌，2017 年 8 月 17 日至 2017 年 10 月 15 日，由国家档案局、中国摄影家协会主办，中国档案报社、档案工作者摄影研究会承办的“我为十九大添光彩——档案工作者时代风采”摄影展面向全国档案部门摄影爱好者征集作品。

评委会办公室共收到来自全国各地 300 余家单位和个人的近千幅作品，其中，国家电网集团及广东省、广西壮族自治区、贵州省、宁波市档案局馆等单位有组织地选送了大批作品。

12 月 1 日，由国家档案局、中国摄影家协会主办，中国档案报社、档案工作者摄影研究会承办的“我为十九大添光彩——档案工作者时代风采摄影展”在历经 3 个多月的征稿和评选后，最终评出 73 幅（组）作品入展。这些作品被择优刊登于中国档案报和中国档案资讯网，入展作品在国家档案局网站和中国档案资讯网网上展厅予以展出。

（中国档案报社）

举办“记录雄安新区变迁”摄影活动

2017 年 8 月 1—5 日和 9 月 11—16 日，由中国档案报社、河北省档案局、档案工作者摄影研究会联合举办的“记录雄安新区变迁”摄影活动在河北省安新县、雄县、容城县分两个时间段展开。中国档案报社总编、档案工作者摄影研究会主席王国武，河北省档案局馆副局馆长耿树伟、刘学圃出席活动仪式并致辞。仪式由中国档案报社副总编、档案工作者摄影研究会秘书长柴丽主持。

王国武在致辞中指出，设立河北雄安新区，是以习近平同志为核心的党中央做出的一项重大的历史性战略决策，雄安新区是继深圳经济特区和上海浦东新区之后又一具有全国意义的新区，是千年大计、国家大事。积极参与并记录雄安新区发展变迁是档案工作者的历史责任。中国档案报社、档案工作者摄影研究会联合河北省档案局馆共同策划组织“记录雄安新区变迁”摄影活动，计划对雄安新区行政区域内重要设施建筑以及文化遗址、自然环境、人文景观等进行跟踪拍照记录，为雄安新区留下永久的记忆。他希望参与此次活动的摄影家们要围绕大局、紧扣主题，在保证安全的前提下做到应拍尽拍，保证摄影作品的纪实性和艺术性，确保客观、真实、完整地记录雄安新区的建设发展历程。

来自档案工作者摄影研究会 16 位摄影家，围绕安新县、雄县、容城县区域内的文化遗址、村情村貌、自然环境、人文景观，分成两组开展了共计 12 天的拍摄。活动中所拍摄的作品均由档案工作者摄影研究会、河北省档案馆归档保存。

（中国档案报社）

举办档案网站和新媒体应用经验交流会

2017 年 11 月 22 日至 23 日，中国档案报社在四川成都召开了“中国档案资讯网指导委员会成员单位工作会议暨档案网站和新媒体应用经验交流会”。国家档案局副局长付华到会并讲话。四川省档案局局长高山致辞。中国档案报社副总编冯喆主持会议。来自全国 36 家省区市、计划单列市、副省级城市档案部门的 80 余名代表参加了会议。

会议总结了与会代表在此次会议上达成的共识。建设好档案网站和应用新媒体弘扬社会主义核心价值观、传播档案资讯、传播档案文化是档案部门今后要不断探索研究的新课题。要进一步做好工作，需要：领导的高度重视；技术上不断创新；传播内容的深耕细作，致力于打造精品；注重人才培养，打造好的业务团队；加强相互合作，促进资源共享；注重网络安全，打造强有力的安全屏障。

会议全程紧张有序，既有高品质、高水平的专家授课，又有各具千秋的代表发言。著名学者、文化评论家、作家、中信改革发展研究院高级研究员，《环球财经》杂志编委刘仰以《历史的骨骼与肌肤——当今中国网络媒体时代档案的地位与作用》为题，从反对“历史虚无主义”的角度为与会代表授课。18位代表进行了重点发言。大家运用精彩的PPT演示，围绕盘活档案信息资源、用好用活新兴媒体、打造全方位服务链、进行多种新媒体的融合互动、拓宽档案新媒体即时交流渠道等话题，详细介绍了各单位近年来档案网站建设和新媒体应用的经验，探讨了档案网站和新媒体的发展趋势及需要解决的新问题。

（中国档案报社）

制作发行档案宣传挂图和宣传册

为贯彻落实国家档案局《关于开展2017年“国际档案日”宣传活动的通知》精神，中国档案报社按照要求以“档案——我们共同的记忆”为主题，策划、设计、制作了由国家档案局监制的宣传挂图和《寻找共同的记忆》宣传册向全国档案部门发行，有力地配合了各地档案部门开展活动，得到了各地档案部门的欢迎和好评。

（中国档案报社）

《中国档案》杂志配合“‘6·9’国际档案日”开展活动

一、积极承担“国际档案日”的宣传工作

2017年，《中国档案》杂志组织了“‘6·9’我在现场我记录”专题，以综述文章和图片展示的形式展现了全国各地档案部门在6月9日前后围绕“档案——我们共同的记忆”这一主题所开展的异彩纷呈的宣传活动。

二、积极承担“档案——我们共同的记忆”主题征文活动

截至2017年7月31日，由国家档案局主办，中国档案杂志社承办的“档案——我们共同的记忆”主题征文活动共收到稿件8296篇。经评审委员会评审，评选出一等奖3篇、二等奖6篇、三等奖9篇、优秀奖82篇，54家单位获征文活动优秀组织奖。

三、积极承担宣传海报和宣传折页的设计、印制、征订、发行工作

2017年，为配合“国际档案日”宣传活动的开展，丰富全国各地档案部门的活动内容，经国家档案局授权，中国档案杂志社出版并发行《家的档案 家的记忆》宣传海报1.4万套、新版《中国的世界记忆遗产》宣传折页7.5万册，受到全国各地档案部门欢迎。其中，宣传海报分为“积累家的档案 记录家的历史”“整理家的档案 梳理家的轨迹”“翻阅家的档案 倾听家的往事”“展示家的档案 弘扬家的美德”4个板块，图文并茂地展示了家庭档案的独特魅力；宣传折页以展示《南京大屠杀档案》《清代科举大金榜》等中国入选《世界记忆名录》和入选《中国档案文献遗产名录》的珍贵档案文献为主要内容，向广大群众普及档案知识、弘扬档案文化。

（马京宏　李俊豪）

举办“2017(贵阳)档案大数据应用与安全高端论坛暨第五届档案信息化建设峰会”

2017年8月10—11日，由中国档案杂志社和贵州省档案局共同主办、北京量子伟业信息技术股份有限公司承办的“2017（贵阳）档案大数据应用与安全高端论坛暨第五届档案信息化建设峰会”在贵阳召开。国家档案局副局长、中央档案馆副馆长胡旺林，贵州省政府副秘书长潘小林，太极计算机股份有限公司总裁刘淮松出席会议并致辞，贵州省档案局局长田洪、北京量子伟业信息技术股份有限公司董事长刘鹏出席会议，中国档案杂志社总编杜恒琪主持会议。部分省、自治区、直辖市档案局（馆）领导，部分企业、高校档案部门负责同志，以及贵州省基层档案部门的代表共计300余人参加会议。

胡旺林在致辞中对中国档案杂志社和贵州省档案局共同主办的“2017（贵阳）档案大数据应用与安全高端论坛暨第五届档案信息化建设峰会”给予了充分肯定。他指出，一直以来，贵州省与国家档案局都保持着良好的合作关系。2012年3月，在时任贵州省委书记栗战书同志的支持下，贵州省人民政府和国家档案局联合签署了《共建服务贵州经济社会跨越发展档案事业战略合作协议》，创新了档案工作服务经济社会发展的思路和方法。五年来，双方密切合作、共促发展，取得了良好效果。

他强调，党的十八大以来，以习近平同志为核心的党中央把大数据产业发展提升到了国家战略的高度，2015年国务院印发了《促进大数据发展行动纲要》，这为档案部门提供机遇的同时也带来了挑战。近些年来，国家档案局认真贯彻党中央、国务院关于大数据和信息化建设的部署要求，扎实推进档案数字化、电子文件归档与管理、数字档案馆（室）建设、档案信息资源共享服务平台建设等各项工作，初步形成了与我国档案事业发展相适应的信息化工作格局，有效提升了各级档案部门的工作水

平和服务能力。在2016年4月国家档案局印发的《全国档案事业发展“十三五”规划纲要》中还明确提出：到2020年，要初步实现以信息化为核心的档案管理现代化，这是我国档案事业发展的一个重大目标，是完善档案治理体系、提升档案治理能力的一个战略举措。他希望通过这次会议推动档案大数据工程不断发展。

此次论坛暨峰会以“大数据时代的档案数据应用与安全”为主题，聚焦了云计算、大数据等先进技术在档案领域的应用与成果。会上，中国工程院院士沈昌祥首先从科学的网络安全观、中国可信计算革命性创新、主动免疫的大数据安全三个方面入手，做了题为《基于可信计算的大数据安全》的主旨发言。贵州省大数据发展管理局副局长娄松介绍了贵州大数据发展的现状和愿景。国家档案局技术部主任黄丽华、浙江省档案局局长刘芸、贵州省档案局副局长黄远良、中国人民大学信息资源管理学院院长张斌、中山大学大数据研究院院长陈永生分别做了题为《大数据时代档案管理面临的机遇与挑战》《实施档案管理和开放共享示范工程 积极推进档案大数据建设》《抓重点 补短板 重创新 促发展——以信息化助推贵州档案事业发展进程》《变迁与挑战：大数据时代档案工作的创新发展》《大数据时代档案工作的走向与档案工作者的使命》的主题演讲。会议期间，与会代表还一同参观了贵阳大数据应用展示中心，切身感受到了大数据时代的最新科技成果。

此次论坛暨峰会的成果：一是与会代表就大数据时代档案数据的应用与安全进行了深入的交流；二是浙江省档案局与贵州省档案局就开展档案远程查阅服务达成了合作意向；三是北京量子伟业信息技术股份有限公司履行企业的社会责任，向贵州省档案局定点扶贫单位贵定县新巴镇捐赠了帮扶金。

（丁晓辰）

举办“学习贯彻党的十九大精神推进档案开放利用服务高峰论坛”

2017年11月9—10日，由中国档案杂志社和湖南省档案局共同主办、上海中信信息发展股份有限公司承办的“学习贯彻党的十九大精神 推进档案开放利用服务高峰论坛”在湖南省长沙市举办。国家档案局副局长、中央档案馆副馆长刘鲤生，湖南省政府副秘书长彭翔，上海中信信息发展股份有限公司档案事业群总裁李志卿出席论坛并致辞。全国政协委员、国家档案局原局长、中央档案馆原馆长杨冬权在论坛上作主旨演讲。湖南省档案局（馆）长胡振荣、国家档案局教育培训中心主任尹力出席论坛，中国档案杂志社总编杜恒琪主持论坛。部分中央和国家机关档案部门负责同志，全国各省、自治区、直辖市和计划单列市、副省级市档案局（馆）的分管领导和业务部门负责同志，以及湖南省档案局（馆）处以上干部和市州档案局（馆）负责同志、部分档案服务企业代表共计150余人参加论坛。

刘鲤生在致辞中指出，这次论坛是在全国上下深入学习贯彻党的十九大精神的形势下召开的，是全国档案系统认真贯彻落实党的十九大精神的一项务实举措。党的十八大以来，我国档案事业经历了历史上最好的发展阶段，档案在服务党委政府决策、服务经济社会发展、服务广大人民群众方面发挥了重要作用。他强调，面对新形势、新任务，档案部门要立足档案资源的独特优势，围绕党的十九大关于推动社会主义文化繁荣兴盛、推进国家治理体系和治理能力现代化以及开展“不忘初心 牢记使命”“传承红色基因 担当强军使命”主题教育的部署和要求，进一步做好档案开放利用工作，更好地满足社会各界日益增长的查档用档需求，让人民群众共享档案事业发展成果。

彭翔在致辞中介绍了湖南省经济社会发展状况，充分肯定了湖南省档案事业在省委省政府重视和国家档案局支持下取得的新成绩，他要求全省档案部门要以党的十九大精神为指引，把满足人民群众日益多元的档案利用需求，解决档案工作发展不平衡不充分的问题作为当前和今后一段时期的工作重点，推动档案事业为湖南经济发展作出新的贡献。

此次论坛围绕档案开放开发这个主题，从理论层面、实践层面、技术层面，交流探讨了档案开放利用工作的经验和体会。杨冬权作了题为“以十九大精神推进新时代档案开发开放”的主旨演讲，他结合近些年来国家档案局、中央档案馆档案开发利用工作的主要成果，从“选题最重要”“形式要创新”“选材要谨慎”“编辑要细心”“要会讲故事”“善找合作方”“推介不可少”“情怀最关键”8个方面介绍了档案开发利用工作的体会。湖南省档案局（馆）长胡振荣、上海市档案局（馆）编研部主任曹胖梅、青岛市档案局（馆）副局（馆）长杨来青、浏阳市市志档案局（馆）长李兆佳、上海中信信息发展股份有限公司高级副总裁杨安荣、新锐英诚（北京）科技股份有限公司技术总监李慧明、北京数科网维技术有限公司总经理王少康分别作了题为“让档案亲近大众——湖南省档案利用方式创新的实践与思考”“讲好中国故事，传播中国精彩——档案开发利用的实践与探索”“档案开放划控”“依托档案信息资源 做活开发利用文章”“数字展陈技术在档案展览中的应用”“长期有效可用——电子档案有效利用的基础”“OFD标准和技术在电子档案领域的应用”主题发言。

论坛期间，与会代表还参观了浏阳市档案馆，实地感受该馆档案开发利用工作取得的显著成效。

（丁晓辰）

召开“中国档案第十六次宣传工作会议”

2017年9月21—22日，中国档案第十六次宣传工作会议在江苏省无锡市召开。这次会议的主题是：学习贯彻习近平总书记在全国宣传思想工作会议和党的新闻舆论工作座谈会上的重要讲话精神，总结两年来《中国档案》通联发行工作，交流档案宣传工作经验，表彰通联发行工作先进集体和个人，部署当前和今后一个时期通联工作要点。国家档案局副局长、中央档案馆副馆长胡旺林出席会议并讲话，江苏省档案局局长谢波、副局长赵深到会指导，无锡市政府副市长王进健到会致辞。中国档案杂志社总编杜恒琪作《砥砺奋进，再创佳绩》工作报告，副总编王天泉主持会议。来自全国各省、自治区、直辖市和计划单列市、新疆生产建设兵团、副省级市档案局的分管领导、通联组长、工作站长以及部分基层优秀通讯员的代表等100余人参加了会议。

胡旺林在讲话中充分肯定了《中国档案》过去两年的宣传工作，就进一步做好《中国档案》宣传工作提出了具体要求：一是要充分认识档案宣传工作的重要性，增强办好《中国档案》的自觉性。档案宣传工作是档案事业的重要组成部分，《中国档案》是全国档案宣传工作的重要舆论阵地，是国家档案局的“喉舌”，是档案行业的“党刊”。《中国档案》是国家档案局政策法规发布以及进行权威解读的重要平台，是开展档案工作业务交流的重要园地，是社会各界了解档案工作的窗口和展示档案工作者职业风采的舞台，是传播档案文化的重要阵地。二是要遵循专业期刊的办刊规律，努力把《中国档案》越办越好。坚持政治立刊，把握正确的舆论导向；坚持专业强刊，提高业务指导性；坚持文化兴刊，弘扬和传播档案文化。三是要进一步重视通联发行工作，扩大《中国档案》的业内影响力。要以问题为导向，找准通联发行工作的突破口；要加强对档案宣传工作的组织领导，切实把《中国档案》通联发行工作摆上位；要采取行之有效的措施，促进《中国档案》通联发行工作迈上新台阶。

杜恒琪在报告中总结了《中国档案》过去两年的通联发行工作情况。成都第十五次宣传工作会议以来，《中国档案》以习近平总书记提出的党的新闻舆论工作“48字”方针为根本遵循，认真贯彻落实国家档案局局长、中央档案馆馆长李明华在馆局事业单位座谈会上关于办好“一报一刊”指示精神，一手抓办刊质量，进一步打造了档案宣传品牌，巩固了档案宣传阵地。坚持围绕中心、服务大局；及时做好上情下达、下情上传工作；聚焦社会热点，引领行业发展；贴近基层，关注民生；开展学术交流，促进事业发展；开发档案资源，传承档案文化。一手抓经营创收，不断厚积事业发展的经济基础，《中国档案》的发行工作、广告工作和档案文化产品开发工作迈上了新台阶，实现了经济效益和社会效益的双赢。报告中明确了当前和今后一个时期《中国档案》宣传工作的要点，还有针对性地提出了通联发行工作的一些思路。

江苏、湖北、广东、浙江、广西的代表分别在会上就档案宣传工作进行了经验交流。会议还对优秀省级单位、优秀通联组组长、优秀市县级单位、荣誉通讯员、优秀通讯员进行了通报表彰，并颁发了获奖证书。

（丁晓辰）

2017年《中国档案》杂志采编工作综述

2017年，《中国档案》杂志认真贯彻落实习近平总书记在全国宣传思想工作会议上和党的新闻舆论工作座谈会上的重要讲话精神，在坚持“高举旗帜、引领导向，围绕中心、服务大局，团结人民、鼓舞士气，成风化人、凝心聚力，澄清谬误、明辨是非，联接中外、沟通世界”的基础上，以宣传贯彻习近平新时代中国特色社会主义思想和党的十九大精神为中心，以纪念全民族抗战爆发80周年等为热点，以报道精准扶贫档案工作等为重点，全年共计组织专题17个，刊发文章320余篇，发布消息450余条，总字数达到123.3万字。

一、围绕中心集中宣传

2017年既是“十三五”规划的开局之年，也是党的十九大胜利召开之年，《中国档案》杂志为迎接党的十九大胜利召开，在第10期组织了“砥砺奋进的五年”专题，从档案资源体系建设、档案安全体系建设、档案服务体系建设3个方面，梳理了党的十八大以来全国各级档案部门在认真贯彻落实中共中央办公厅、国务院办公厅《关于加强和改进新形势下档案工作的意见》精神后取得的丰硕成果；为展现全国各地档案部门学习习近平新时代中国特色社会主义思想和党的十九大精神的盛况，在第 11 期刊登了题为“走进新时代 共赴新征程”的综合消息，报道了北京、上海、天津、重庆、浙江、江苏、广东、四川等 8 个省级档案局（馆）宣传贯彻的情况。此外，中国档案杂志社还与湖南省档案局共同主办了“学习贯彻党的十九大精神 推进档案开放利用服务高峰论坛”，国家档案局原局长、中央档案馆原馆长杨冬权作了题为“以十九大精神推进新时代档案开放开发”的主旨演讲。

二、跟进热点及时报道

2017 年是全民族抗战爆发 80 周年、中国人民解放军建军 90 周年和内蒙古自治区成立 70 周年，《中国档案》杂志以重大周年纪念活动为契机，组织专题集中进行报道，彰显了档案工作在重大周年纪念活动中的独特作用。在第 7 期，为纪念全民族抗战爆发 80 周年，组织了“烽火远去 记忆永存”专题，邀请中国第二历史档案馆、中国人民解放军档案馆、北京市档案馆、重庆市档案馆、辽宁省档案馆、吉林省档案馆、江苏省档案馆、山东省档案馆、云南省档案馆、山西省太原市档案馆等 12 家档案馆对抗战档案史料的开发利用情况进行了介绍；在第 8 期，为纪念中国人民解放军建军 90 周年和内蒙古自治区成立 70 周年，组织了“纪念建军 90 周年”和“内蒙古辉煌 70 年”专题，展现了军队档案工作为实现新形势下强军目标所发挥的“资源库”和“谋略库”职能，反映了内蒙古自治区 70 年来的风雨兼程与沧桑巨变。此外，为纪念香港回归祖国和香港特别行政区成立 20 周年，《中国档案》杂志在第 7 期“读图”栏目刊登了“香港回归二十年回眸”，用图文结合的方式展现了 20 年间香港特别行政区发生的重大事件。

三、紧扣重点深入挖掘

2017 年是全国各地档案事业快速发展的一年，《中国档案》杂志密切关注全国各地档案部门的经验做法，积极推广优秀案例，主动派出记者采访，形成了一批有质量、有分量的专题和文章。在第 1 期刊登了题为《常州：古运河畔的档案传奇》一文，介绍了常州市档案局对破产、关闭企业档案的处置经验；在第 4 期组织了“浙江推动档案工作数字转型”专题，展现了浙江省档案局在加快推进“最多跑一次”改革中的贡献；在第 5 期组织了“精准扶贫档案管理”专题，在对《精准扶贫档案管理办法》进行解读的基础上，对贵州省档案局、四川省档案局、广西壮族自治区档案局精准扶贫档案工作的顶层设计进行了介绍；在第 6 期组织了“聚焦民间档案”专题，对浙江省档案局、广东省档案局在收集民间档案方面的做法进行了推广；在第 9 期刊登了国家档案局局长、中央档案馆馆长李明华在河南省精准扶贫档案工作现场会上的讲话；在第 10 期刊登了题为《凝聚扶贫力量 成就贵州梦想》的文章，宣传了贵州省黔东南州和安顺市在精准扶贫档案工作方面的具体做法。

四、借助外力强强联合

2017 年是《中国档案》杂志不断深化合作、实现资源共享的一年。除了围绕中心、跟进热点、紧扣重点之外，《中国档案》杂志依旧与中国人民大学档案学院国外档案新闻工作室合办“国外档案新闻集萃”栏目，与中国第一历史档案馆合办“明清档案”栏目，与中国第二历史档案馆合办“民国人物”栏目，与中国照片档案馆合办“读图”栏目。通过各种合作，《中国档案》杂志实现了资源互补，丰富了办刊内容，注入了生机活力。此外，《中国档案》杂志还组织评选了“我们眼中的 2017 年档案界十大新闻”、《中国档案》2017 年优秀专题、《中国档案》2017 年优秀作品评选活动，评选出优秀专题 6 个、优秀作品 12 篇，评选结果刊登在《中国档案》杂志 2018 年第 1 期。

千川汇海阔，风好正扬帆。2017 年的《中国档案》杂志始终明确自身工作定位：在宣传党和国家档案工作方针政策、指导全国档案业务工作方面发挥了“喉舌”作用；在收集档案界最新信息、反映档案界最新动态方面发挥了“耳目”作用；在传播档案专业知识、培养档案专业人才队伍方面发挥了“基地”作用；在向全社会宣传档案工作、反映党的十八大以来档案事业发展历程方面发挥了“名片”作用。

（李俊豪）

2017 年国家档案局档案宣传工作概述

2017 年，国家档案局档案宣传工作有了新进展，主要情况如下。

一是部署全国档案宣传工作。3 月，国家档案局印发《2017 年全国档案宣传工作要点》（以下简称《要点》）。《要点》指出，全国档案宣传工作要深入学习贯彻习近平总书记系列重要讲话精神和治国理政新理念新思想新战略，增强“四个意识”，紧紧围绕统筹推进“五位一体”总体布局和协调推进“四个全面”战略布局，围绕迎接、宣传、贯彻党的十九大，坚持稳中求进工作总基调，大力宣传档案部门学习贯彻党的理论和路线方针政策的实际成效，大力宣传档案工作服务党和国家中心工作的创新做法，大力宣传档案事业改革发展的生动实践，唱响主旋律、弘扬正能量，为党的十九大胜利召开营造良好氛围，为档案事业科学发展提供舆论保证。《要点》分为5个部分，分别为围绕党的十九大扎实开展主题宣传；利用档案巩固和发展主流意识形态；营造档案事业改革发展的良好氛围；开展“国际档案日”系列宣传活动；加强档案报刊、网站等宣传阵地管理。

二是组织开展以“档案——我们共同的记忆”为主题的国际档案日宣传活动。6月9日前后，国家档案局以“档案——我们共同的记忆”为主题，邀请故宫博物院研究馆员王军作题为《从档案史料看北京城市结构调整》的专题讲座；委托中国档案报社制作宣传挂图；委托杂志社举办主题征文等一系列国际档案日宣传活动。各级档案部门也分别通过举办知识竞赛、档案展览等多种形式开展系列宣传活动。北京、江苏、江西、河南、海南等多地举办专题展览。广东开展名人档案捐赠活动。湖南开展湖南百姓家规家训档案、领导眼中的档案工作微视频征集活动。上海发布航拍纪录片《这里是浦东》，向社会征集家书并制作宣传视频。安徽制作“我在安徽用档案”系列微视频。

三是做好对外新闻发布与协调媒体采访拍片等工作。7月，与中华书局共同举办《中央档案馆馆藏日本侵华战犯笔供选编》第二辑（70册）新书发布会，新华社、人民日报、中央电视台等20余家媒体前来报道，引起社会广泛关注；在国家公祭日之前，举行《世界记忆名录——南京大屠杀档案》（21册）、《拉贝日记》（6册）两套影印丛书首发式，中央电视台、江苏电视台等多家媒体及网络媒体对此进行报道，反响热烈；协助中央电视台新闻频道拍摄《国家公祭日：南京大屠杀80周年特别节目》——《拉贝日记》入藏中央档案馆专题新闻报道，引起强烈社会反响；协助拍摄完成2000集文献电视片《中国近现代影像史》。

四是发挥资源优势，举办各类档案展览。围绕喜迎党的十九大召开，国家档案局中央档案馆联合北京市西城区委在民族文化宫举办“伟大的民族复兴——中国共产党领导全国各族人民为实现中国梦而奋斗的光辉历程档案文献展”，展览共选用600余件共1000余张档案文献图片史料，全方位展现中国共产党成立96年来，带领全国各族人民为实现中华民族伟大复兴而奋斗的历程，人民网、新华网、中国教育电视台、北京电视台等多家媒体对此进行宣传报道。围绕深入学习宣传贯彻党的十九大精神和习近平总书记关于家风建设的重要指示精神，国家档案局中央档案馆联合举办的“中国共产党人家风展”已完成展陈清样审核和布展，即将开展，该展将以老一辈革命家、革命先烈以及新中国成立以来优秀共产党员的家风建设为主线，通过240余件档案文献，集中展现共产党人志存高远、克己奉公、勤俭持家、廉洁自律的高尚品格和感人故事。配合共建“一带一路”，国家档案局与俄罗斯联邦档案署共同举办《锦瑟万里 虹贯东西——中俄“丝绸之路”历史档案展》，中俄两国副总理出席开幕式并题词。此外，国家档案局还继续做好“红星照耀中国——外国记者眼中的中国共产党人”“信仰的力量——中国共产党人的家国情怀”“中国档案珍品展”等多个展览在全国多地巡展。全年共举办展览11个，接待参观共计269892人次。

五是做好档案信息开发利用，坚决反击历史虚无主义。配合中央网信办等有关部门反击历史虚无主义，参与“档案君”网评作品的选题策划、文稿撰写、档案查用等工作。

（国家档案局宣传处 胡杰）

各省、自治区、直辖市档案机构举办的专题展览

北京市

▲1月9日，由市档案局（馆）主办，北京城市副中心行政办公区工程建设办公室、通州区档案局（馆）协办的“通衢之州 大美新城——魅力副中心”展览正式推出。展览包括水路都会和魅力新城两个部分，介绍通州的历史沿革、运河文化、战略地位和通州文化名人，城市副中心建设规划、建设理念和配套设施等内容。展出的60余件档案、90余张图片和表格、模型等，选自中央档案馆、中国第一历史档案馆、北京市档案馆、通州区档案馆馆藏。

（北京市档案局 宗文萍）

天津市

▲6月28日，由国家档案局、上海市档案局主办，天津市档案局（馆）联合天津市级机关工委、党史办共同承办的“信仰的力量——中国共产党人的家国情怀档案展”在市档案馆顺利开展。展览共展出240余件珍贵档案文献和图片，分为“追求真理”“坚定信念”“严守党纪”“勤政为民”“修身齐家”五个部分，集中展现老一辈无产阶级革命家在新民主主义革命时期和新中国成立初期国而忘家、

公而忘私的高尚品格与情怀，为教育引导全市广大党员干部进一步坚定理想信念，提高党性觉悟，进一步增强“四个意识”，坚决维护核心，进一步强化责任担当，为党尽忠、为民服务，提供了有效载体和生动平台。截至 2017 年底，展览共接待参观单位（党支部）1500 余个，观众 3 万余人，创天津市档案馆接待参观人数新高。

▲ 8 月 1 日，由天津市委宣传部、市委党史研究室、天津警备区政治工作局、市文化广播影视局、市档案局（馆）以及平津战役纪念馆联合举办的“钢铁长城强军梦——天津市庆祝中国人民解放军建军 90 周年主题展览”在平津战役纪念馆拉开帷幕。本次展览以时间为主要脉络，共展出照片 400 余张，分为“在土地革命战争中诞生成长”“抗日战争的中流砥柱”“夺取全国解放战争胜利”“保卫人民民主政权和建设合成军队”“开创军队建设新局面”“加快推进中国特色军事变革”“全面履行新世纪新阶段历史使命”“在强军兴军新征程上阔步前行”“人民军队在天津”九部分，全面展示了 90 年来党领导人民军队走过的光辉历程、建立的丰功伟绩、取得的伟大成就和宝贵经验，充分反映了人民军队在天津的奋斗历程和军民共建取得的丰硕成果，将进一步引导和激励全市各界党员干部及群众继承弘扬光荣传统，自觉投身强国强军强市伟大实践，为谱写中华民族伟大复兴中国梦的天津篇章贡献力量。

▲ 7 月 30 日，由天津市文化广播影视局、市委党史研究室、市档案局（馆）主办，天津博物馆承办的“永远的红军——庆祝中国人民解放军建军 90 周年主题展览”在天津博物馆开展。本次展览展示了 90 位老红军的肖像照，通过图片讲述革命故事，让观众重温他们血与火的青春岁月。展览主体内容由南昌警备区原政委夏一军提供，他耗时 1 年零 8 个月，辗转陕西、甘肃、四川、河南、安徽、浙江、江苏、北京、福建等 12 个省（市）、46 个地（市），行程 25600 余公里，先后采访了 90 位老红军，拍摄定格了他们不忘初心、永葆本色的光辉形象。展览回顾了老红军们可歌可泣的革命生涯和新中国成立后继续为党和人民事业不懈奋斗的动人事迹，对于教育引导广大党员干部坚定理想信念，增强宗旨意识，弘扬革命传统，自觉投身强国强军强市伟大实践，奋力谱写好中华民族伟大复兴中国梦的天津篇章具有重要的现实意义。

（天津市档案局）

河北省

▲ 为纪念中国共产党成立 96 周年和李大钊同志就义 90 周年，向党的十九大献礼，2017 年 6 月 29 日，河北省档案局联合省委党史研究室、省委省直工委、李大钊纪念馆等单位在河北博物院举办了“铁肩担道义——中国共产党主要创始人之一李大钊档案文献展”。展览共分六个部分：1. 矢志救国，寻求民族解放之路；2. 首传马列，创建中国共产党；3. 肩负重任，促成革命统一战线；4. 殚精瘁力，领导北方革命运动；5. 坚守信仰，献身人民解放事业；6. 不忘初心，继续前进。

展览通过 180 余幅照片、80 余件珍贵档案资料、2 部历史资料视频、6 大版块，生动全面地展示了李大钊同志为实现共产主义理想，英勇奋斗波澜壮阔的一生。河北省委常委、宣传部部长田向利亲临现场指导并出席了开展仪式，多位省领导参观展览并给予充分肯定。此次展期 2 个月，参观人数达到了 16 万余人次，省直 68 个单位参观并在展览现场举办主题党日活动，40 余家新闻媒体进行了宣传报道。

（河北省档案局）

内蒙古自治区

▲ 为深入贯彻落实“两学一做”学习教育常态化制度化工作要求，2017 年 6 月，国家档案局、中央档案馆、内蒙古自治区档案局（馆）联合举办了“两学一做”学习教育常态化制度化主题展览，展览内容包括学党章党规、学系列讲话、做合格党员三个单元，其中包括部分原始档案精品，部分档案是首次对外公开。展览通过大量珍贵、经典的档案、照片，真实反映了党的发展历程，再现了毛泽东、周恩来、邓小平等党和国家领导人关于加强党的建设的指示要求，展现了李大钊、方志敏、赵一曼等革命先烈的手稿真迹，展示了焦裕禄、牛玉儒、卢玉宝等先进模范的典型事迹，充分发挥了档案史料资政育人的独特作用。展览自开展以来，共接待参观单位十余家，参观群众 200 多人次。

▲ 2017 年 5 月，包头市档案局（馆）在内蒙古包头博物馆成功举办“不忘初心　继续前进——‘两学一做’学习教育常态化制度化主题展”。展览共分三个部分：学党章党规、学系列讲话、做合格党员。展览以翔实生动的图文资料诠释了“两学一做”的重要意义，很多档案资料鲜为人见，弥足珍贵，是开展“两学一做”学习教育的生动教材。展览得到了社会各界人士的高度赞誉，共 5 万余人次参观了展览。

▲ 2017 年 8 月，包头市档案局（馆）在内蒙古包头博物馆举办“挺钢铁脊梁　振包头雄风——包头市庆祝内蒙古自治区成立 70 周年展览”。展览采

用图片文字、实物档案、影像数据等多种展示手段，全面翔实地反映了从新民主主义革命以来，包头经济社会的发展史，重点展示了党的十八大以来，包头经济社会发展势头强劲，政治稳定、经济发展、民族团结、文化繁荣、边疆安宁、生态文明，各族人民“唱草原晨曲、挺钢铁脊梁、振包头雄风”，开创包头经济社会发展的新局面，谱写包头发展建设的宏伟蓝图。展览得到社会各界高度赞誉和好评，共6万余人次参观了展览。

▲ 2017年11月，包头市档案局（馆）在包头美术馆举办“信仰的力量——中国共产党人的家国情怀”档案展，展览以中国共产党人坚守信仰为主线，精选了250余件档案文献，通过“追求真理”“坚定信念”“严守党纪”“勤政为民”“修身齐家”五个部分，展示了革命先辈舍家为国的高尚品格与情怀。展览得到社会各界的广泛赞誉，9万余人次参观了展览。

（内蒙古自治区档案局　杨静）

辽宁省

▲ 2017年7月6日，辽宁省档案馆举办“铁血沉思——满铁与七七事变主题档案展览”。辽宁省委常委、省委秘书长刘焕鑫，国家档案局副局长、中央档案馆副馆长王绍忠出席开幕式并讲话。省委、省政府、省人大、省政协主要领导同志参观了展览。展览在辽宁省档案馆多功能厅以及东大厅展出，共分为满铁设立、明暗双轨、侵占东北、卢沟残月、满铁覆亡、历史回响等六部分。展览再现了1906—1945年，满铁把持东北经济命脉，殖民拓产，涉足政治、军事、情报等领域，为日本发动九一八事变、制造伪满洲国进而发动七七事变的客观史实。展览历时57天，共展出400余件馆藏满铁档案，展出面积1244平方米，参观人数达2.2万人次。

▲ 2017年5月12日，大连市档案馆举办了“信仰的力量”专题档案展览。该展览是为适应大连市“两学一做”学习教育常态化制度化设计展览选题，展厅面积800余平方米，通过300余幅珍贵照片及部分实物展件，真实反映中国共产党团结和带领中国人民争取民族独立和人民解放的奋斗历程，展现中国共产党人坚定的政治信仰和坚如磐石的团结精神，从而让广大党员干部从中不断汲取精神营养，获得坚守信仰的强大力量。该展览被大连市委组织部授予第二批党员思想教育基地，接待100余批次近5000人观展。

▲ 朝阳市档案局举办“信仰的力量”专题展览。为纪念中国共产党成立95周年，回顾党的光辉历程，讴歌党的丰功伟绩，进一步激发基层党组织和党员干部活力，积极投身“两学一做”，推动朝阳振兴发展，朝阳市档案局（馆）举办“信仰的力量——学党章党规、学系列讲话、做合格党员学习教育”主题展览。展览共设展版15块，主要通过大量珍贵档案，生动再现中国共产党在各个历史时期加强党的建设和党员教育历史过程，集中再现了中国共产党人在不同历史条件下坚守信仰、敢于担当的崇高精神。

▲ 朝阳市档案局举办“奋起抗战　浴血热辽”专题展览。本展览是为纪念“七七全民抗战”80周年而制作。在历时14年的抗战岁月里，民族灾难深重到了极点，中华民族的浴血反抗也沸腾到了极点。发生于1931年的“九一八”事变，是日本帝国主义者蓄谋已久的侵华战争的第一步，此后的14年时间里，中华民族陷入水深火热之中。1933年2月25日，朝阳城沦陷。日本侵略者惨绝人寰、泯灭良知，其滔天罪行罄竹难书。中华大地到处都燃烧着熊熊的抗暴烽火，英勇不屈的朝阳人民在中国共产党的领导和感召下，与日本帝国主义者展开了艰苦卓绝的斗争，谱写了气壮山河的抗战凯歌。数以万计的朝阳儿女在抗日战场上英勇捐躯，在中国人民抗日战争史上谱写了可歌可泣的光辉篇章。我们憎恶战争，但决不能忘记历史。牢记历史、不忘过去，是为了珍爱和平、开创未来。展览共设展版30块，以大量珍贵的图片展现朝阳人民奋起抗战，浴血热辽的伟大壮举。

（辽宁省档案局）

吉林省

▲中央档案馆、上海市档案局（馆）主办、吉林省档案局（馆）、吉林省直机关工委承办的“红星照耀中国——外国记者眼中的中国共产党人”专题展，于2017年9月20日—11月10日，在吉林省档案馆举办。此次展出的300多件档案珍品，集中反映了20世纪30—40年代，13位外国记者走进红色根据地，走向抗日最前线，用笔和镜头记录及报道中国共产党机及其领导的革命军队，奋战在民族独立和人民解放第一线的壮举。共有159家单位8300余人次参观了展览。

▲2017年8月10日—9月18日，吉林省档案局（馆）先后在长春市文化广场、延边大学、通化师范学院举办了“铭记历史 警钟长鸣——爱国主义教育档案图片展”。该展览以吉林省档案馆藏日本侵华时

期档案珍品为主，展览内容分为八个部分，为：蓄谋已久、东北沦陷、日本炮制“满洲国”、残酷暴行、掠夺和奴役、抗日烽火、祖国光复和审判日本战犯。展览中展出了大量珍贵原始图片，各个板块的档案和图片以不容置疑的真实性，记录和还原了日本侵略东北的史实，从档案的视角，揭露了日本侵华罪行，反映了中国人民抵御外敌入侵，赢得抗日战争胜利的伟大历程。

▲2017年8月10日—9月18日，吉林省档案局（馆）在河北金融学院、沈阳产业金融博物馆举办了“铁证如山——日本帝国主义在中国东北的金融掠夺展”。该展览分为金融渗透、金融掠夺、金融抗争三个部分，集中揭露了日本侵略者在中国东北殖民统治期间设立银行、控制和垄断东北经济、金融行业、掠夺东北资源、榨取东北人民血汗、为侵略战争提供物资保障等罪证，反映了东北人民及东北抗日联军在反侵略战争中，奋勇抗争的史实。

此次巡展参观人群主要有机关团体干部职工、社会群众和在校师生，参观场次近38场，观展人数达2.2万余人次。

▲2017年6月7—16日，长春市委办公厅和长春市档案局在市委办公楼一楼联合举办“伊通河往事图片展览”。展览分为早期文明、早期开发、孕育名城、资源利用、河畔旧影五个部分，按照伊通河历史文明发展阶段，以近百幅图片系统翔实地再现伊通河的风貌，讲述伊通河的故事，介绍伊通河的历史，引发市民对老长春的过往记忆，加深了百姓对“母亲河”的“前世今生”的深入了解，从而更加关注、热爱母亲河，充分发挥了档案在服务城市发展和全市中心工作中的信息服务作用。展览共接待参观者5000余人次。

（吉林省档案局）

黑龙江省

▲为迎接第十二次党代会的胜利召开，黑龙江省档案局（馆）与中共黑龙江省委党史研究室联合举办了“中共黑龙江省历次代表大会回顾展”，省档案局和省委党史研究室全体干部职工观展，黑龙江电视台《新闻夜航》栏目进行了现场报道，人民网在头版位置介绍了展览情况。5—7月，展览在省委省政府、省人大、省政协、省委党校等机关社区学校进行巡展。“6·9”国际档案日期间，省档案局将展览办在城市中心广场，吸引观者近4000人，影响广泛。省直机关工委《党建》杂志、微党课、网站、《新晚报》、大美黑龙江网站等媒体对此进行了报道。展览历时三个月，累计接待参观者1万余人，网站浏览约3万人次，取得了良好的社会效果。

（黑龙江省档案局 董劲柏）

上海市

▲9月26日至28日，由上海市档案馆主办的“印象上海”档案图片展在新西兰基督城成功举办。市档案局（馆）、新中友好协会基督城分会领导分别在展览开幕式上讲话。展览共展出56块展板，着重展现了上海的发展变迁与城市风貌，以及中新两国的交往历程。新西兰友人表示，此次展览反映的上海丰厚的历史文化底蕴和近年来高速发展、日新月异的面貌给他们留下深刻印象。

（卞岩）

江苏省

▲2017年12月，江苏省档案局在埃及国家文明博物馆（开罗）举办“一带一路”走进非洲展。展览立足档案史料，展示中国与非洲，特别是江苏省与埃及和肯尼亚的友好交往史，呈现出在新时期中非合作的广阔前景和美好未来。

（江苏省档案局）

▲2017年8月下旬，无锡市档案局为庆祝无锡与瑞典南泰利耶城市、丹麦拜瑟克伦城市联合体友好结对10周年，分别在两市举办了“无锡的过去与现在”照片档案展。展出的照片档案围绕“增长”和“速度”两个关键词，着重展现无锡近10年来的发展成就。通过新旧对比，反映近10年时间里城乡变迁的历史瞬间，让参观者多角度直观了解无锡这座中国长三角区域充满活力城市的增长速度和发展成效，带来强烈的视觉震撼和心灵激荡。展览持续一周，受到了两市居民的高度赞誉。拜瑟克伦轮值市长卡斯滕·桑德加德观展后感慨道：“无锡的变化很大，发展速度很快，看过展览的人们会对她的未来充满信心！”

（无锡市档案局）

浙江省

▲杭州市档案局举办的“信仰的力量——中国共产党人的家国情怀”主题展于9月12日在杭州市档案馆二楼展厅开展。展览通过“追求真理”“坚定信念”“严守党纪”“勤政为民”“修身齐家”5个部分，以中国共产党人坚守信仰为主线，以革命先辈

的家国情怀为切入点，共展出近240件档案和视频资料，其中包括了全球仅存的一页《共产党宣言》草稿，以及全球仅存的两份《中国共产党纲领》原件之一《中国共产党第一个纲领》俄文版等珍贵史料。

（浙江省档案局）

福建省

▲6月17日下午，由全国台联为指导、福建省档案局（馆）等单位主办的第九届海峡论坛“闽台关系档案图片展览”系列活动之“文脉流长——科举制度在台湾”展在论坛大会主会场——厦门市人民会堂举行开幕式。全国台联会长汪毅夫出席开幕仪式，省委常委、省委统战部部长雷春美出席开幕并致辞，开幕仪式由省档案局（馆）长丁志隆主持。省台联书记江荣全、省档案局（馆）巡视员林真、北京市台联副会长郑大、省台联副会长梁志强、厦门市委统战部副部长曾庆军、厦门市档案局局长柯献星、台湾成功大学人文社会科学中心代理主任陈益源、台湾进士后裔代表邱秀芷女士以及两岸台湾进士后裔、专家学者、部分参加海峡论坛的两岸人士等约120多人参加开幕式。

该展内容分为“文教发展、科举施行”“文昌武隆、佳话流传”“一脉相承、家国情深”等三个部分，汇集了来自海峡两岸的近300份珍贵档案资料图片，形式有金榜、奏折、图绘、碑拓、照片等，通过回顾科举制度作为中国封建社会的制度支柱和文化主脉在台湾的实施发展历程，简明扼要、直观生动地展现了科举制度对台湾社会所产生的深远影响。

▲6月20日，由国家档案局和印尼国家档案馆主办、福建省档案馆协办的“中印尼社会文化关系档案展”在北京首都博物馆举行开幕式，印尼驻华大使苏更·拉哈尔佐、国家档案局局长李明华、印尼国家档案馆馆长穆斯塔瑞·伊勒万、福建省档案局副局长马俊凡等出席开幕式，开幕式由国家档案局副局长王绍忠主持。展出时间为6月20—28日。

展览以“中印尼社会文化关系”为主题，以档案史料为载体，对接展出福建省档案馆侨批档案和印尼国家档案馆华侨华人档案近200件。展览分三个部分，第一部分“丝路帆远、异国谋生”，展现了华侨华人沿海上丝绸之路在印尼落地生根的历史印记；第二部分“海上批路、汇通天下”，从侨批溯源、递送、作用等方面全方位再现了珍贵的侨批档案；第三部分“海邦剩馥、记忆永存”，展示了华侨华人将家乡的生活方式、风俗习惯、文化教育等带到侨居地的融合轨迹。展品不仅包含信件、照片、文件、报告等，还有珍贵的侨批档案，包括反映华侨华人与当地达雅族之间关系的文件、有关侨批的最早记载、当地移民局向华人签发的居留许可证等。这些档案生动再现了特定历史时期移居印尼的闽籍华侨华人的生产生活，充分展示了闽籍华侨华人参与发展繁荣海上丝绸之路的历史，见证中华文明与世界其他地区文明之间持续不断的交流和融合。

▲11月18日、20日，由福建省档案馆、新西兰亚洲图书文化中心主办，新中文化艺术交流中心等协办的“百年跨国两地书——福建侨批文化展”，分别在新西兰奥克兰和惠灵顿展出。工党国会议员、国会法制委员会主席霍建强，工党国会议员Dr. Deborah Russell、Brett Hudson，国家党国会议员Simeon Brown等4位国会议员出席开幕仪式并致辞。中国驻奥克兰总领馆文化领事张和清、新西兰国家党国会议员杨健发来贺词。

展览分为“过番谋生赴重洋”“云中谁寄锦书来”“家书封封抵万金”“世界记忆永流芳”四个部分，从福建省档案馆馆藏中精选100多张图片，再现侨批的产生、发展、繁荣、衰落的历史过程，展示侨批档案所蕴藏的珍贵文化价值和世界遗产意义。

（福建省档案局）

江西省

▲6月7日，江西省档案局和省档案学会在省行政中心联合举办了“6·9国际档案日”宣传活动暨全省珍贵家庭档案展览。此次展览的展品是从省档案局于2月份在全省开展的珍贵家庭档案征集活动中所征集到的70余户家庭的6000余件珍贵档案中遴选而出。展览主题为“岁月记忆　社会缩影——我的家庭档案”，宣传口号是“记载家庭历史，传承良好家风　让我们共同关注家庭档案建设”。展览共设41块展板，按家庭分类展示了11个家庭的珍贵档案，既有相濡以沫六十载的毛云卿、陈惠琴夫妇，又有感动中国的乡村教师支月英，还有天平中央的人民法官周厚德等。此外，还按专题分类展示了家史家风、成长足迹、工作成果、真情回味、亲友情谊、医疗健康、珍贵印记、契约票证和收藏等9个专栏。

（江西省档案局）

山东省

▲山东省档案馆举办的“全面从严治党永远在路上”专题展览于2017年6月28日开展。展览共分

为“从严治党——中国共产党的政治优势和优良传统”“全面从严治党——推进党的建设新的伟大工程”和“忠诚干净担当——山东全面从严治党生动历程”三部分，展示了精选的500余件珍贵历史档案和图片。展览先后接待179个单位、176场次，8000余人参观。开展后省档案馆根据观众反馈和最新动态，多次及时调整展览相关内容，使展览与时俱进，成为宣传中央和省委全面从严治党新部署新要求新成果的重要平台和前沿阵地。

（山东省档案局）

湖北省

▲2017年11月15日，由国家档案局、中央档案馆、湖北省档案局馆联合举办的“不忘初心、牢记使命——学习贯彻党的十九大精神红色档案史料展”在湖北省档案馆开展。中共湖北省委常委、省委秘书长梁伟年参观展览并作了重要讲话。本次展览以习近平新时代中国特色社会主义思想为指引，精选了中央档案馆和湖北省档案馆馆藏300多件红色档案文献和影像资料，组成“革命理想高于天”“把纪律挺在前面”“坚持以人民为中心”“继承和弘扬红色家风”四个部分，集中展示了毛泽东、周恩来、刘少奇、朱德、邓小平、陈云等老一辈无产阶级革命家为中国人民谋幸福、为中华民族谋复兴的初心和使命。省直300多个单位、2万余人参观了展览，社会反响热烈。

▲2017年5月25日，由共青团湖北省委与湖北省档案馆联合举办的“不忘初心跟党走”湖北省纪念建团95周年图片展在省档案馆开展。展览分播撒火种、浴血奋战，筚路蓝缕、艰苦创业，改革创新、振兴荆楚，青年榜样、引领示范，团情概况、青春印记等五个部分，集中展示了在党的领导和关怀下，中国共青团的成长历程和湖北共青团组织及广大团员青年坚定不移跟党走的奋斗足迹，激励全省广大青年不忘初心跟党走，努力建功“十三五”，喜迎十九大。展览吸引近百家大专院校、机关、企业青年团员4000余人前来参观，许多干部、老师、学生纷纷留言点赞。

▲7月28日，纪念建军90周年“红星颂”全国书法名家邀请展在湖北省档案馆隆重开展。此次展览以纪念中国人民解放军建军90周年为主题，共展出全国名家名作90幅，精选领袖将帅先烈诗词、各个时期军歌共计90首，特邀来自中国书协、省书协、部队书法家及湖北省著名书法家代表共90位书法家定向创作。展览旨在歌颂人民军队的辉煌历史和伟大成就，弘扬革命精神，传承红色文化，鼓舞军心民心，凝聚士气正气，激发斗志壮志。社会各界2000多人参观展览。

（湖北省档案局）

湖南省

▲2017年9月23日—10月25日，由湖南省档案局（馆）、省文明办主办，长沙轨道交通集团协办，湖南天闻地铁传媒有限公司承办的“光辉的足迹——喜迎‘十九大’中共湖南省委档案图片展”在长沙轨道交通集团1号线南门口站开展。9月27日，湖南省档案局在南门口地铁站举行了开展仪式，副省长向力力出席该展览并致辞。

展览分为开天辟地、工农革命、武装斗争、抗日烽火、和平解放、执政三湘、全面建设、改革开放、富民强省等9个部分，共展示档案图片253组，500多张。还有开国大典上毛泽东讲话、刘少奇在天华调查、全省学雷锋活动、湖南省十一次党代会等珍贵音视频档案。其中大部分档案是首次对外公布。展览全面展示了中共湖南省委建立、发展、壮大、辉煌的96年光荣历程。根据地铁站人口流动监测数据显示，在32天的展出期里，约有37万人次前来参观。

（王明贵）

广东省

▲中共广东省委党史研究室、广东省档案局（馆）举办了“不忘初心 牢记使命——学习宣传贯彻党的十九大精神展”。展览分为“开天辟地 肇启民族复兴的伟大征程”“浴血奋战 夺取新民主主义革命胜利”“艰苦创业 完成广泛而深刻的伟大变革”“改革开放 开辟中国特色社会主义道路”“砥砺前行 迈进中国特色社会主义新时代”五个部分，内容紧扣“不忘初心 牢记使命”主题，以中国共产党为谋求国家富强、民族振兴、人民幸福的不懈奋斗为主线，通过600多件珍贵档案资料，展示了中国共产党带领中国人民实现中华民族从“站起来”“富起来”到“强起来”的伟大历程。

（广东省档案馆）

▲2017年6月28日，国家档案局中央档案馆、上海市档案局（馆）主办，中共广东省直属机关工委、广东省档案局（馆）承办的“信仰的力量——中国共产党人的家国情怀展”开展。展览精选了中央档案馆、上海市档案馆和广东省档案馆馆藏250多件档案资料，通过“追求真理”“坚定信念”“严

守党纪”“勤政为民”“修身齐家”五个部分，展示了革命先辈和老一辈无产阶级革命家坚持和实践共产主义伟大理想的坎坷历程，追求革命真理、坚定理想信念的不朽精神和严守党规党纪、勤政为国为民的高尚品格，体现了共产党人浓浓的家国情怀。

（广东省档案馆）

▲广东省档案局（馆）、广州市增城区委组织部主办，广州市增城区直属机关工委、广州市增城区委党史研究室、广州市增城区档案局协办了“南粤丰碑——中共广东党组织档案史料暨中共增城历史图片展”。展览展出广东省档案局（馆）和增城市档案馆馆藏700多件反映中共广东党组织光辉历程的档案。展览以时间为轴，回顾了中共广东党组织从成立至今走过的光辉历程，展示了中共广东党组织团结带领南粤儿女完成新民主主义革命、推进社会主义建设、进行改革开放的伟大历史贡献。

（广东省档案馆）

▲广东省档案局（馆）举办了“传统·生活——陈永锵、区广安诗书画展”。展览展出了陈永锵、区广安两位艺术家创作的100多件精品力作，通过不同的笔墨语言阐释他们在传统文化中对生活的不同感受，表现他们对艺术的不同解读，为观众呈上一场视觉与艺术鉴赏的盛宴。

（广东省档案馆）

▲“清宫秘藏档案珍品展”由中国第一历史档案馆主办，珠海市档案局（馆）承办，于2017年6月对外展出。展览内容包括皇帝专用文书、臣工题奏文书、衙署往来文书、专门文书（科举文书）、内府编修典籍、舆图、皇家生活档案以及与珠海有关的历史档案等120余件，生动再现了清朝时期国家机关、团体和个人在处理政务和个人事务过程中形成的记录习惯，文种百变，形制多样，反映了几百年来的历史风云和社会百态。

（珠海市档案局）

▲为展现韶关城市的发展变迁，留住我们记忆中的韶关印象，增进对韶关悠久历史、深厚文化的了解，激发观众热爱韶关、建设韶关的热情，韶关市档案局主办了“印象韶关——我们共同的记忆”馆藏档案图片巡展。展览共展出馆藏珍贵图片70多张，围绕“印象韶关”“印象风采楼”“印象中山公园”“印象东街”“发展的交通”“变化的桥梁”“城市提升”“民生工程”“管网建设”“教育提升”等10个方面，从韶关城市发展的视角，通过一幅幅新老照片生动地回放韶城百年历史变迁，突出展现城市发展新貌。

（韶关市档案局）

▲“兰台荟萃——惠州馆藏档案展”由惠州市档案局（馆）主办，展出实物近100件、图片200多幅，分为“册府撷英”“明清古韵”“民国记忆”“红色风云”“当代新篇”“惠州舆图”“珍贵字画”“亲切关怀”八个部分，通过实物、图片、电子显示等手段，展示了从南朝梁大同元年（535年）（《罗浮山铭》碑石拓片）至现代近1500年惠州市档案馆保存的珍贵档案。

（惠州市档案局）

▲由中山市委统战部、市民族宗教局、市林业局联合主办，中山市档案局（馆）、市人民政府地方志办公室协办了“绿色中山 你我同行——中山市民族宗教界参与绿色中山建设图片展”。展览分“绿色中山”“民族团结”“宗教和睦”三部分，共展出130幅摄影作品。主要展示民族宗教界开展美丽中山金钟行、古香林寺植树、海洋增殖放流、外来少数民族乡土文化行、佛教慈善中医义诊等系列活动，充分展现了全市少数民族和宗教界人士团结一致，在促进中山生态建设、扶贫济困、服务社会、促进社会和谐等方面所起的积极作用。

（中山市档案局）

▲“侨乡风云 百年记忆”由江门市档案局、江门市人民政府地方志办公室举办，为再现历史上真实的江门，展现侨乡城乡面貌，从摄影爱好者、群众捐赠的7101张图片中，精选图片制作展览。展览分为三个部分，第一部分是“解放前”，共96张照片，重点反映五邑先辈为解放江门而浴血奋战；第二部分是“新中国时期”，共119张照片，重点反映五邑各地庆祝解放以及城市基础设施建设；第三部分是“改革开放时期”，共97张照片，重点反映城市面貌的变迁。

（江门市档案局）

▲“清远记忆——档案文献综合展”由清远市档案局（馆）主办，展览以时空为脉络、以专题为主线，共分“清远概况”“烽火岁月”“筚路蓝缕”“砥砺奋进”“友好往来”“清远名片”“人文风物”“远景展望”八个部分，全面介绍了清远的地理、历史、人文、经济发展、城乡建设等情况，通过档案文献，让市民更好地了解清远、认识清远。

（清远市档案局）

▲“潮州古驿道文化走廊建设摄影大赛”作品展由潮州市档案局（馆）、潮州市广播电视台、潮州市第二建筑安装总公司、潮州市摄影家协会举办，共展出“潮州古驿道文化走廊建设摄影大赛”优秀作品120余幅。该展是潮州市积极响应省政府提出的建设古驿道文化走廊的重要举措，旨在通过镜头

记录古驿道之美，深入挖掘古驿道的历史文化内涵，推动古驿道科学的保护和开发，带动古驿道周边村落的经济发展，满足乡村人民日益增长的精神生活和物质生活需要。

（潮州市档案局）

▲“发展中的云浮新区——6·9国际档案日宣传活动图片展”由云浮市档案局（馆）举办，展览包括“行政服务”“产业发展”“交通基础设施建设”“文化教育及卫生”“生态环境”等五个部分，从不同角度展现云浮新区近年来在基础设施建设、产业集聚、城市景观体系、城市社会服务等方面的情况。

（云浮市档案局）

广西壮族自治区

▲为纪念中国人民全面抗战80周年，缅怀抗战历史，弘扬飞虎精神，广西壮族自治区档案馆与云南省档案馆联合举办“飞虎传奇——中美空军抗战档案图片展”。展览分“抗日呼唤 奔向中国”“临危受命 扭转战局”“驼峰航线 千古传奇”“中美飞虎并肩战斗”“支援救助 感天动地”以及“中美友谊世代相传”等六个篇章，精选照片300多幅，全景展示了陈纳德及其率领的美国空军与中国军民联合抵御日本帝国主义入侵的生动画面，讴歌了中美空中勇士为世界反法西斯战争和中国抗战胜利建立的不朽功勋。通过举办此次展览，传承中美两国人民在并肩战斗中用鲜血凝结成的友谊，激励两国人民更加珍视友好和平。

▲为推进“两学一做”学习教育常态化制度化，自治区档案馆引进举办“信仰的力量——中国共产党人的家国情怀档案展”。展览精选中央档案馆和上海市档案馆珍藏近240件档案文献和影像资料，通过“追求真理”“坚定信念”“严守党纪”“勤政为民”“修身齐家”五个部分，以中国共产党人坚守信仰为主线，集中展示了革命先辈，尤其是老一辈无产阶级革命家在新民主主义时期和建国初期舍家为国的高尚品格与情怀，以此激励广大党员进一步坚定理想信念、保持对党忠诚、树立清风正气、勇于担当作为，充分发挥先锋模范作用。

（范岐山）

四川省

▲2017年，四川省档案馆举办了“百年四川”“四川名人”“四川馆藏档案精品”等专题展览，其中，“百年四川”用档案展示了四川辛亥革命以来的历史进程和沧桑变化，再现了保路运动、川康解放、改革开放等重大历史事件，反映了百年来四川走过的不平凡历程和改革开放以来取得的辉煌成就；“四川名人”以历史时期，重要人物为线索，以档案、图片、资料为素材，直观展示了党和国家领导人、古代名人、近现代名人等百余位四川杰出人士的生平简介和主要事迹，重点展出了朱德、邓小平等四川籍党和国家领导人的部分档案资料，弥足珍贵；“四川档案精品档案”展出了四川具有代表性的档案精品，以及独具四川特色的盐业档案、清代县衙司法文书、清代四川巴县民俗档案文献等。三项展览共展出档案、图片、声像、实物885件（册、幅），并将传统的纸质档案、实物、雕塑、沙盘、模型展示与动态投影、场景再现、电子翻书、多媒体互助等现代科技巧妙结合，参观者可通过展览，触摸四川历史的脉动，了解四川深厚的人文积淀，感受四川人民创造的伟大业绩。

（四川省档案馆宣教处）

贵州省

▲贵州省档案局、贵阳市档案局和南明区档案局联合在贵阳大剧院广场开展主题为“档案——我们共同的记忆”的宣传活动，举办了“贵州抗战记忆”展览。展览展示了389幅珍贵的照片和档案，共分为中国人民抗日战争概况、中国共产党领导下的抗日救亡活动、贵州抗日救国军、日军在贵州的暴行、贵州抗日英烈和抗战老兵、贵州人民在抗战中的贡献、抗日战争中的贵州经济、中国红十字会总会救护总队、改造日军战俘等23个版块。

（周端敏）

陕西省

▲为庆祝中国人民解放军建军90周年，弘扬长征精神。8月1日，“长征长征——红军长征到陕北”落地主题展馆在陕西省档案馆正式开馆。

主题展馆由陕西省档案馆（局）与中共陕西省委党史研究室合作，在陕西省档案馆建设落成。展馆面积约600多平方米，分“浴血北上，万里长征”“生死抉择，落脚陕北”“抗日救亡，延安灯塔”“数字长征，历史丰碑”四个单元，共展出档案图片300余幅、实物60余件，用丰富的历史照片和珍贵的长征文物，以现代声光电展示形式，真实再现红军长征艰苦卓绝的光辉历程，回望了这一世界军事史上的伟大奇迹，中国历史上的伟大事件，深刻诠释了伟大的长征精神。

（陕西省档案局）

甘肃省

▲“中国档案珍品展”于2017年9月20日至10月10日在第二届丝绸之路（敦煌）国际文化博览会展中心展出，参观人数达6万人次。展览汇集了中央档案馆、第一历史档案馆、甘肃省档案馆以及其他20多个省市档案馆收藏的自唐代以来的珍贵档案、图片和实物，其中大部分入选《中国档案文献遗产名录》。展品中既有入选世界记忆名录的纳西族东巴古籍、清代内阁秘书档案和清代金榜，又有现存最早的公元8世纪唐代公文档案、元代中央政府给西藏地方政府的圣旨、明代军功铁券、清代皇家谱系玉牒，还有反映中国近代民族工业发展的文献和民国钱币、有价证券。展品大多为各级档案馆的镇馆之宝，从不同视角展示了档案珍品所蕴含的历史文化价值，折射出我国社会历史发展的轨迹以及文化积累的智慧光芒。

（甘肃省档案局）

青海省

▲6月9日，为纪念第十个“6·9国际档案日”，青海省档案局联合西宁市档案局以及省法院等11家省直单位，在西宁市中心广场举办“档案——我们共同的记忆”主题展览，该展览以精心筛选的部分馆藏老照片为主，分别从“走进档案世界”“追寻历史长河”“纵观社会变迁”“回味家的温馨”等板块，呈现出中国共产党在沧桑巨变中的恢宏历程。11家省直机关通过档案图片向公众展示本单位在全省政治、经济和社会发展历程中，尤其是改革开放以来，经历的重大变革和取得的主要成就。展览共设展板125块，发放宣传册2000余份，过往市民驻足观展，并就档案方面知识进行咨询。

（郭晓萍）

▲7月20日，青海省档案局馆在青海会议中心举办“纪念王昭同志诞辰100周年”图片展。省委书记王国生、省长王建军、省委副书记刘宁、省委常委秘书长王予波、省委常委于丛乐、省政协主席仁青加、宁夏回族自治区政协主席齐同生、公安部党委委员邓卫平、河北省委常委宣传部部长田向利等领导以及王昭之子王燕生前来观展。

展览分前言、投身革命、平山抗战、转战华北、进军西北、领导土改、筑路宝天、入朝作战、年轻的副部长、无尽的思念、结束语十个部分，共70个版面、127件档案资料，展览以图文并茂的方式展出王昭同志从投身革命到勤政青海高原波澜壮阔的革命生涯。该展览为期一个月，在青海会议中心固定展出的同时，还制作了移动展板，先后在海东市、海南州等地巡回展出，观展人数达5万余人。

（王海军）

新疆维吾尔自治区

▲新疆维吾尔自治区档案局（馆）举办的“天山作证——新疆民族团结历史档案文献展 ”于2017年3月17日正式开展。展览分为“神圣不可分割的领土”“漫漫东归路 拳拳爱国心”“西迁西迁”“心系祖国 共御外侮”“故土新归 新疆建省”“在抗日洪流中”“迎接曙光”“保家卫国”“当家作主”“民族区域自治在新疆”等十个部分。

该展览中所展示的档案、图片大都是馆藏珍品，如：康熙、雍正、乾隆皇帝谕土尔扈特部敕书；清朝哈萨克族堆三伯特部回归祖国档案；锡伯营正白旗户籍册；记录抗战时期新疆民众捐献“新疆号”战斗机、维吾尔族贫民艾沙捐献儿子的档案等等。这些珍贵的档案，充分展示了新疆各族人民由来已久的爱国爱疆历史和共同团结奋斗的光荣传统，展示了新疆和平解放后，党的民族区域自治政策在新疆的成功实践和不断进步完善的伟大历程。

（新疆维吾尔自治区档案局）

中国第一历史档案馆
在珠海市主办“清宫秘藏档案珍品展”

6月9日，中国第一历史档案馆主办、珠海市档案馆承办的“清宫秘藏档案珍品展”在珠海市档案馆隆重开展。展览共展出76件珍贵的清代宫廷档案及相关图片、图表等，是清朝皇帝、中央各级国家机关和官员在处理政务、个人事务及皇家生活中形成的珍贵原始记录。

展览以中国第一历史档案馆馆藏档案文书的种类为线索。所撷取的展品，在文种、体式、内容、风格上各具有一定的代表性，共分为皇帝专用文书、大臣题奏文书、各级官府往来文书、科举制度文书举要、内府编修典籍、明清舆图照片、皇家生活档案等7个部分。此外，还特别展出了7件与珠海历史相关的档案。

（李展）

中国第一历史档案馆与大连旅顺博物馆共同主办“功在不舍——罗振玉与明清档案”展览

中国第一历史档案馆与大连旅顺博物馆共同主办的“功在不舍——罗振玉与明清档案”展览于7月21日至9月20日在大连旅顺博物馆免费向公众开放。

该展览是中国第一历史档案馆与旅顺博物馆的首次合作，是档案馆与博物馆“跨界”合作的有益尝试，共展出明清档案40余件，包括诰命、敕谕、题本、奏折、揭帖、咨文、玉牒、实录、起居注等，向观众展现了明清时期的多种文书种类和文书制度。同时，也讲述了罗振玉抢救、整理、研究明清档案的心路历程。

（李展）

中国第二历史档案馆与香港孙中山纪念馆联合举办“字里行间——档案中的孙中山”展览

2017年10月19日，由中国第二历史档案馆和香港特别行政区政府康乐及文化事务署联合主办，香港孙中山纪念馆承办的“字里行间——档案中的孙中山”展览在香港开幕。本次展览展期自2017年10月20日至2018年3月28日止。

马振犊馆长出席开幕式并致辞。香港《明报》《文汇报》、新华社和无线电视TVB等十余家新闻媒体现场采访并报道。

此次展览是中国第二历史档案馆与香港孙中山纪念馆首次合作，展品为中国第二历史档案馆馆藏档案文献复制件，配以历史照片，包括与孙中山有关的书信、电报及文件。这是孙中山纪念馆第一次以纯档案方式作展览，通过中国第二历史档案馆馆藏档案文献和图片，全面呈现了孙中山致力于民主革命的艰难历程，藉此让香港市民了解并学习孙中山的革命生涯及爱国精神。

在开幕式现场，马振犊馆长向到场媒体和嘉宾介绍了展览内容，并接受了新华社香港分社专访。马振犊馆长介绍道，留存在中国第二历史档案馆的有关孙中山的档案极为珍贵，通过重新发掘展示，让人更加全面的了解历史。他表示，孙中山先生是中国民族革命的伟大先驱，受到海内外人民共同崇敬，希望通过此次展览彰显先烈之精神，激励我们为振兴中华而奋斗。

香港历史博物馆署理总馆长许小梅女士表示，参观者专注细读档案上的“微言大义”，许多感兴趣的问题可以从展览现场“有根有据”的档案中寻求答案。

（中国第二历史档案馆）

中国科学院举办“档案，我们共同的记忆”国际档案日档案宣传展

6月8—23日，中国科学院档案馆组织举办了以“档案，我们共同的记忆”为主题的档案宣传展。展览采取统一组织、同步展出的形式，通过档案展示中国科学院与祖国同行、与科学共进的光荣历程，弘扬不忘初心、勇攀高峰的科学精神。展览得到全院各单位各部门的积极响应，院机关精选部分建院初期档案、大科学工程档案和著名科学家手稿档案举办了珍藏档案展，中国科学院党组成员、秘书长邓麦村和办公厅主任乔均录观看了展览。113个院属单位举办了“大科学工程、重大科技攻关、科考记忆、科学家手稿”等档案专题展；展览获得中国科学院各级各类人员广泛关注，62位院属单位领导、800余位科研和管理人员在观展后留言。

该展览使中国科学院科研和管理人员“走近档案、了解档案、关注档案”，进一步提升了档案意识，激发了档案人员的职业荣誉感和使命感，为中国科学院档案工作的发展营造了良好氛围。

（中国科学院）

（十一）档案编研工作

中央和国家机关档案部门编辑出版图书简目

中国工程院年鉴 2016

编者：中国工程院办公厅

高等教育出版社　　**字　数：**140 万

该书是记载中国工程院历史的文献资料。该书较为全面、系统地反映工程院当年开展的工作、取得的业绩和各方面情况进展，是一部综合性资料书。该书根据工程院当年工作内容，将全书分为 16 部分，共 140 万字。主要内容为：1. 重要讲话；2. 重要文件；3. 会议纪要；4. 院士大会；5. 院士文件；6. 战略咨询；7. 人才培养；8. 学术活动；9. 科技合作；10. 医疗保健；11. 国际交流；12. 中国工程知识中心；13. 出版物介绍；14. 光华工程科技奖；15. 机关工作；16. 附录。

书中收编的内容和统计数字以当年 1 月 1 日始至 12 月 31 日止。

（中国工程院办公厅　韩玉琴）

档案保护技术

编者：国家档案局

中国文史出版社　　**字　数：**13 万

该书是国家档案局组织编写制作的档案人员培训多媒体教材的系列之一，采用多媒体教学演示光盘和纸质载体教材相结合的形式。详细讲解了造成档案制成材料损坏的作用机理，包括各种档案载体材料及记录材料损坏的原因、温湿度等外部因素的影响，以及相应的保护措施，介绍了如何修复受损档案、抢救受灾档案，指导学习者准确掌握档案保护的基本技术方法。主要内容包括：纸质档案的保护、实物档案的保护、声像档案的保护、环境条件对档案的影响、档案有害微生物病害及其防治、档案害虫防治、档案馆建筑与档案保护、档案修复技术、档案灾害的预防、灾害档案的抢救等。

（国家档案局教育处）

清宫颐和园档案·陈设收藏卷（18 册）

编者：中国第一历史档案馆　北京市颐和园管理处

中华书局　　**字　数：**48 万

该书是中国第一历史档案馆与北京市颐和园管理处围绕颐和园的修建管理及皇家活动而编纂的一部档案汇编。全书分为四卷：一是政务礼仪卷，主要记载帝后活动、官员任免、赏赐抚恤、参观接待和祭拜礼仪等谕旨诏令；二是园囿管理卷，主要记载皇家生活、当差值宿、钱粮财务和人员管理等；三是营造制作卷，主要记载颐和园建造过程中的宫殿修缮、工程经费和工艺制作等；四是陈设收藏卷，收录颐和园各殿堂庙宇的陈设册、清册和黄册等。其中第四卷“陈设收藏卷”（18 册）于 2017 年 4 月由中华书局影印出版，收录乾隆四十八年至小朝廷时期档案 1012 件，本书档案主要选自中国第一历史档案馆馆藏内务府全宗的清册、黄册，还有部分奏折、清单等文种，真实记录了颐和园各时期殿堂庙宇的陈设情况，为颐和园文化开发提供第一手的文献资料。

中琉历史关系档案·道光朝（六）（七）（八）

编者：中国第一历史档案馆

人民出版社　　**字　数：**30 万

该书是以中国第一历史档案馆编纂出版的《清代中琉关系档案选编》《清代中琉关系档案续编》《清代中琉关系档案三编》《清代中琉关系档案四编》《清代中琉关系档案五编》《清代中琉关系档案六编》及《清代琉球国王表奏文书选录》为基础，采用编年体例，大 32 开本，重新整理编纂而成。全书在原有基础上，逐件摘写内容提要，注明原书出处，一体单栏影印，以方便读者的查阅使用。

该系列图书从 2006 年起每年出版三册，2017 年 3 月由人民出版社出版道光（六）（七）（八），时间自清道光十四年七月至道光二十一年七月。本书档案选自中国第一历史档案馆馆藏内阁、军机处、宫中、内务府等全宗，收入了清政府办理琉球国事务过程中形成的各类文书档案，记载了清代中琉两国在经济贸易、文化交流、册封朝贡、相互救助等方面的密切交往，反映了清政府与琉球的友好往来，史料翔实丰富，具有十分重要的研究价值。

清宫林则徐档案汇编（11—20）10册

编者：中国第一历史档案馆　福建省林则徐研究会

海峡文艺出版社　　**字　数：**50万

为纪念林则徐诞辰230周年，中国第一历史档案馆与福建省林则徐研究会合作，共同推出大型档案文献《清宫林则徐档案汇编》。该书辑录中国第一历史档案馆馆藏有关林则徐档案2600余件，时间始自嘉庆十六年（1811年）五月初一日，截至光绪九年（1883年）正月二十二日，由海峡文艺出版社影印出版。全书共30册，每年出版10册，2017年12月出版第11—20册。该书是首次全面系统地向社会公布清宫所藏有关林则徐档案史料，对于推动林则徐研究的深入开展必将起到积极的作用。

清宫广州档案图录1册

编者：中国第一历史档案馆　广州市国家档案馆

人民出版社　　**字　数：**10万

清代的广州，是中国对外贸易的前言，中西文化交汇的窗口，皇家生活的天子南库，近代风云的发源地。明清官方档案中留下了有关这座城市丰富翔实的历史记录。

该书从浩如烟海的档案中精选一百余件有关档案，按内容分为通商口岸、天子南库、人文古迹和近代风云四部分，配以历史图片、清代外销画、遗址照片，充分揭示广州与明清皇宫的内在源缘，如实再现古代广州通商贸易的历史辉煌，翔实诠释广州作为中西文化交流通道和窗口的历史地位。该书是从皇家文化角度对广州历史的浓缩与写真。

（中国第一历史档案馆　伍媛媛）

世界记忆名录——南京大屠杀档案

编者：国家档案局

南京出版社　　**字　数：**500万

该书由国家档案局编辑，收录中央档案馆、中国第二历史档案馆、辽宁省档案馆、吉林省档案馆、上海市档案馆、南京市档案馆、南京大屠杀遇难同胞纪念馆等7家单位收藏的南京大屠杀档案，并配中、英、日文提要，内容包括：日本加害者的供词，中方控诉、调查与审判材料，英美第三方人士证词等。该书是侵华日军南京大屠杀罪行的铁证。

拉贝日记

编者：国家档案局

江苏人民出版社　　**字　数：**90万

该书是南京安全区国际委员会主席、德国西门子公司经理约翰·拉贝关于侵华日军南京大屠杀暴行的目击记录，原件由中央档案馆收藏。内容包括：日记原文、南京安全区向日本大使馆递交的60余件公函和400余件暴行报告、世界各国对日本侵占南京大屠杀暴行的新闻报道等。《拉贝日记》是南京大屠杀期间西方留宁人士的客观记录，是具有世界意义的日军暴行实证。

（中国第二历史档案馆　李宁）

沥金集——中国第二历史档案馆民国史研究文集

主编：马振犊

南京出版社　　**字　数：**38万

中国第二历史档案馆素有从事民国史研究的传统，依托丰富的馆藏档案，涌现出了一批有影响力的民国史研究人才。本书为该馆研究人员近年来所发表的优秀研究论文的汇编，共收集25篇论文。论文原文发表于《近代史研究》《思想战线》《民国档案》《南京大学学报》《史学月刊》《历史档案》《日本侵华史研究》等知名刊物，所涉研究领域广泛，运用档案史料对民国政治、经济、文化、社会进行探讨。这些论文具有较高的学术水平，发表后在学术界产生了一定的影响，尤其是研究、考证南京大屠杀史实的几篇论文，因运用新发掘史料和视角独特而受到学界关注，其中一篇被中国人民大学书报资料中心《中国现代史》全文转载。

（中国第二历史档案馆　刘楠楠）

地方档案部门编辑出版图书简目

《北京档案史料》1—4辑

编著者：北京市档案馆

新华出版社　　**字　数：**94万

该书重点挖掘涉及文化教育、城市建设、社会管理等方面内容，选编公布京师地方教育、北京市科协成立、北京城市规划、古树管理与保护等6组史料。刊登警察与近代城市交通管理、叙说北京的老会馆等文章4篇。

北京市重要文献选编（1979年）

编著者：北京市档案馆　中共北京市委党史研究室

中央文献出版社　　**字　数：**29.6万

该书为《北京市重要文献选编》1979年卷，采用编年体，按时间顺序编排。收录北京市档案馆馆藏1979年北京市重要文献78篇，内容涉及城镇待业人员管理教育、奖励和计件工资制度、国营工业企业试行利润留成、制止滥发奖金和津贴、限期治理尘毒危害的重点企业、将佟麟阁定为抗日阵亡革命烈士、水产资源繁殖保护、远郊公路路树管理、统一北京城市公有住宅租金标准、加强领导办好沼气、试行北京市计划生育暂行规定、加强中小学校舍统一管理等内容。

图说"一五"时期的北京

编著者：中共北京市委党史研究室 北京市档案局（馆）

中央文献出版社

该书分为古都春晓、谋划新篇、发展生产、改造大潮、城市新颜、事业兴旺、政通人和、党建引领等章节，以400余幅历史图片为主，将图片与大事记、历史链接等有机融合，图文并茂、直观鲜活，全面系统展现"一五"时期北京的历史脉络。

（宗文萍）

民国画报人物志

编著者：周利成

广西师范大学出版社　　**字　数：**35万

该书撷取画报中的文字、图片，还原了一段段重大历史事件中的一个个小细节，在尊重原著的基础上，参阅相关档案、报纸和文献资料，加以必要的整理、考证、补充，记录众多历史风云人物大命运中生活小片断，纪录片式地回放了一幕幕真实的历史场景，真实、生动、鲜活地展示民国人物的悲欢离合、曲折命运、轶闻趣事。

近代天津租界档案史料选编（一）英美租界卷

编著者：天津市档案馆

天津古籍出版社　**页　数：**27000页（影印版）

该书挖掘了1860至1948年大量有关英美租界建立展拓、行政机构运行、市政营建等与英租界有关的重大事件的文书档案，将现存全部英租界工部局的26个年度报告进行了影印出版，并将存世的天津英租界常年大会会议记录、天津英租界工部局建筑及卫生条例、天津英租界章程等史料收入该书，具有珍贵的研究参考价值。

天津近代历史人物传略（三）

主编：万新平　**副主编：**荣华、方昀、于学蕴

天津人民出版社　　**字　数：**32万

该书系列从天津近代百年历史中选取了近千位具有代表性的人物编辑成传，以天津籍人物为主，并将其他地区及外籍人物视其与天津历史渊源之深浅酌量收编入传。这些人物涉及社会各方面、各阶层、各界别，力求从人物视角呈现一部客观真实的天津近代史，编辑过程中牢牢把握实事求是、严谨细致的原则，一切以史实说话，使这部书成为一部集学术性、资料性、可读性为一体的史学著作。

天津近代商会档案选编

编著者：天津市档案馆

天津古籍出版社　　**页　数：**5000页（影印版）

该书精选1903至1949年的商会档案900余件，全面、系统、实证性地披露了天津社会的风貌，展示天津商会从诞生到消亡的团体纵向演变的全过程，反映民族资产阶级的历史变迁，透视近代中国社会深层次变动。涉及的主要内容有：天津商会制定、转发的各项工商法令、章则，商会的工作报告、工

作计划，商业调查表册；商会组织沿革情况、机构改组及组织章程函件，商会选举总理、协理、递补委员、聘请职员记录及名单，商会整理委员会成立函件；直隶各分会成立、改选有关材料；与外国商会往来活动文件；商会参与社会重大活动记录；商会对各同业公会关于税收、会员管理、各项业务等颁发的指令；商会进行改选、召开董事会、会员代表会会议记录等。

天津近代纺织工业档案选编

编著者：天津市档案馆、天津工业大学

天津人民出版社　　**字　数：**130 万

该书对 20 世纪初至 50 年代的天津纺织工业档案进行梳理，选取大量首次整理出版的文献材料，如恒源纺织股份有限公司、裕大纺织股份有限公司、中国纺织建设公司天津市分公司以及下辖的几个分厂、仁立实业股份有限公司等企业档案资料，介绍有代表性的民营纺织企业及新中国纺织业的生产经营、组织活动，以及抗战时期日伪政权的压榨掠夺、战后企业的恢复重建等内容。

天津近代同业工会档案选编

编著者：天津市档案馆

天津人民出版社　　**页数：**699 页

字数：600 万

该书集中展现了近代天津的工商业制度化、规范化的进程，由天津市档案馆馆藏一万余卷的同业公会档案精选而来，全书共 4790 页、943 件，内容包括各公会改选、整理登记、工商业调查、征缴税捐、公益活动、歇业登记等方面。时间范围从 1930 至 1947 年，正是天津同业公会组织发展最繁盛的一段时期，为研究近代天津的工商业制度化、规范化进程提供可供参考的原始资料。

（天津市档案局）

河北红色档案文库·察哈尔卷（1945~1947）

编著者：河北省档案馆

中国文史出版社　　**字　数：**110 万

该书以河北省档案馆现存革命历史档案为基础编选而成。全书精选档案 327 件，通过图片影印的方式，全面反映当年察哈尔省的政治、军事、经济、文化、教育、社会生活等诸多方面的变化变迁，将档案原文原汁原味展现给读者。力求全面真实反映历史原貌，突出地域特点，具有较高的可读性及收藏价值。

河北省档案馆馆藏民国名人墨迹典藏

编著者：河北省档案馆

中国文史出版社　　**字　数：**13.5 万

该书作为河北省档案馆以影印方式向社会公布馆藏档案的实践成果，全书遴选了保存在河北省档案馆馆藏中，对民国时期河北历史产生国较大影响的政治、军事、经济、文化等各类名人名士如商震、李宗仁、冯玉祥、翦伯赞等的手迹 61 份结集出版，以影印的方式真实再现档案原貌，通过“名人与历史”的独特视角，反映河北民国历史的风云变幻，从中可见河北省档案馆馆藏的丰富性、多样性。

西柏坡档案（第四、五卷）

编著者：河北省档案馆　西柏坡纪念馆

河北人民出版社出版　　**字　数：**78.3 万

该书中收录的档案文献 368 件来自河北省档案馆馆藏 1947 年 5 月至 1949 年 3 月间的革命历史档案，全面系统反映西柏坡时期我党政治、经济、金融、军事、文化、教育等方面方针政策在当时河北区域内的执行情况，极具河北地方特色及地域特点。

（河北省档案局）

城市解放纪实·太原解放

编著者：太原市档案局（馆）

中国文史出版社　　**字　数：**58 万

该书是国家档案局组织出版的大型档案文献汇编《城市解放纪实》全 22 卷之一。全书共辑录档案史料 260 余件，真实记录和生动再现了中国共产党领导中国军队和太原人民创立和建设人民政权的历史史实，是一部兼具文献保存价值、史学研究价值和社会教育价值的文献图书。《太原解放》2007 年出版，2009 年修订再版，2017 年对该书的内容做了充实完善和勘误校正，再次出版。

城市解放纪实·大同解放

编著者：大同市档案局

中国文史出版社　　**字　数：**58.4 万

该书收录大同市档案馆、中央档案馆、解放军档案馆反映解放大同的珍贵档案史料 200 余件，以翔实的档案史料和图片真实地再现了人民解放军为解放大同所进行的艰苦卓越的军事斗争、政治斗争、和平谈判的过程，以及解放大同、接管大同、建设大同的历史。它的特点在于资料来源的原始性、权威性、翔实性、唯一性，其出版为研究大同解放历史的读者提供史学依据。本书发挥了档案存史、资政、育人的作用。

城市解放纪实·阳泉解放

编著者：阳泉市档案馆

中国文史出版社　　**字　数：**54.3 万

该书是全国城市解放纪实丛书之一。全书包括解放前阳泉概况、解放阳泉、阳泉建市、巩固新生政权共 4 篇和附录组成，共辑录了档案史料 148 份，收录历史图片 82 张，编辑反映了阳泉解放前经济社会概况、解放区概况；解放阳泉的战况部署、战事经过、战后总结；阳泉建市期间市级领导机关创立、行政隶属关系变更和领导干部任命、支援全国解放战争的情况；解放初期巩固新生政权时稳定社会局势、建立经济新秩序等情况，较为集中地再现了 20 世纪中期阳泉解放那段波澜壮阔的历史，展示了阳泉市作为中国共产党创建的第一座人民城市的显著地位和历史风采。

（山西省档案局）

民国奉系军阀档案

编著者：辽宁省档案馆

线装书局　　**字　数：**3487 万

该书由辽宁省档案馆从馆藏卷帙浩繁的民国时期档案中，广收博采、去粗取精而成，整理出版上起 1912 年，下讫 1932 年，按年代独立出版。2017 年出版了 1916 至 1924 年卷。该书全面反映了以张作霖为首的奉系军阀从形成、发展到衰败的历程。内容包括其政治上的组织构建及政权运作；军事上的整军精武，进军关内发动直奉战争；经济上筹建奉天纺纱厂等民族企业，改革币制等整顿金融的各项举措；外交上的对日交涉；教育上的筹资办学等等。是研究奉系军阀史、近代东北地方史以及民国史的重要史料支撑。

黑图档

编著者：辽宁省档案馆

线装书局　　**字　数：**3723 万

该书由辽宁省档案馆将馆藏《黑图档》进行整理影印而成，该汇编辑入档案上起康熙元年（1662），下至咸丰十一年（1861），按康熙、雍正、乾隆、嘉庆、道光、咸丰六个朝代单独出版。其中 2017 年出版了康熙、乾隆、道光三朝。该汇编主要内容有盛京内务府的设置及沿革，对所辖皇庄的管理，向北京皇宫进献贡品，对盛京宫殿及陵寝的维护及管理，宫殿藏品的保管等，内容涉及以盛京为主体的整个东北地区的政治、经济、军事、教育、风俗、建筑、司法、民族、外交等各个方面。是研究清代东北地区行政制度及公文制度、经济状况特别是皇室经济形态、宫廷生活、满文发展状态等问题的珍贵资料。

（辽宁省档案局）

铁证如山 7——吉林省档案馆馆藏日本侵华邮政检阅月报⑥

主　编：杨川　王胜今

副主编：周颖　王放　赵志刚

执行副主编：赵玉洁　沈海涛　冯晓忠

吉林出版集团股份有限公司　　**字　数：**58 万

该书被列入国家社会科学基金特别委托重大项目和教育部哲学社会科学研究重大委托向项目，是吉林省档案馆专业研究人员在多年挖掘、整理、研究的基础上，以专题的形式披露的馆藏侵华日军档案史料。吉林省馆藏日本侵华邮政检阅月报档案是日本关东宪兵队自身形成的历史档案，内容生动，涵盖了日本侵华暴行、日军强征“慰安妇”等诸多重要史料，以无可辩驳的、真实可靠的、日本自己形成的历史文件对日本侵华罪行进行了揭露。本书辑录的“邮政检阅档案”，是伪满时期海拉尔、绥芬河、鸡宁地区 1939 至 1943 年间形成的，包含 18 件《通信检阅月报》，由图片档案和参考译文两部分构成，图片档案主要是挖掘、整理出的历史文献档案的影印图片，具有历史性、客观性、真实性和资料性。

铁证如山 8——吉林省档案馆馆藏日本侵华邮政检阅月报⑦

主　编：杨川　王胜今

副主编：周颖　王放　赵志刚

执行副主编：赵玉洁　沈海涛　冯晓忠

吉林出版集团股份有限公司　　**字　数：**58 万

该书被列入国家社会科学基金特别委托重大项目和教育部哲学社会科学研究重大委托向项目，是吉林省档案馆专业研究人员在多年挖掘、整理、研究的基础上，以专题的形式披露的馆藏侵华日军档案史料。吉林省馆藏日本侵华邮政检阅月报档案是日本关东宪兵队自身形成的历史档案，内容生动，涵盖了日本侵华暴行、日军强征“慰安妇”等诸多重要史料，以无可辩驳的、真实可靠的、日本自己形成的历史文件对日本侵华罪行进行了揭露。本书辑录的“邮政检阅档案”，是伪满时期黑龙江东安地区 1939 年至 1943 年间形成的，包含 16 件《通信检阅月报》，由图片档案和参考译文两部分构成，图片档案主要是挖掘、整理出的历史文献档案的影印图片，具有历史性、客观性、真实性和资料性。

铁证如山 9——吉林省档案馆馆藏日本侵华邮政检阅月报⑧

主　编：杨川　王胜今

副主编：周颖　王放　赵志刚

执行副主编：赵玉洁　沈海涛　冯晓忠

吉林出版集团股份有限公司　　**字　数：**62 万

该书被列入国家社会科学基金特别委托重大项目和教育部哲学社会科学研究重大委托向项目，是吉林省档案馆专业研究人员在多年挖掘、整理、研究的基础上，以专题的形式披露的馆藏侵华日军档案史料。吉林省馆藏日本侵华邮政检阅月报档案是日本关东宪兵队自身形成的历史档案，内容生动，涵盖了日本侵华暴行、日军强征“慰安妇”等诸多重要史料，以无可辩驳的、真实可靠的、日本自己形成的历史文件对日本侵华罪行进行了揭露。本书辑录的“邮政检阅档案”，是伪满时期滨江、东宁、孙吴地区 1939 至 1943 年间形成的，包含 20 件《通信检阅月报》，由图片档案和参考译文两部分构成，图片档案主要是挖掘、整理出的历史文献档案的影印图片，具有历史性、客观性、真实性和资料性。

铁证如山 10——吉林省档案馆馆藏日本侵华邮政检阅月报⑨

主　编：杨川　王胜今

副主编：周颖　王放　赵志刚

执行副主编：赵玉洁　沈海涛　冯晓忠

吉林出版集团股份有限公司　　**字　数：**60 万

该书被列入国家社会科学基金特别委托重大项目和教育部哲学社会科学研究重大委托向项目，是吉林省档案馆专业研究人员在多年挖掘、整理、研究的基础上，以专题的形式披露的馆藏侵华日军档案史料。吉林省馆藏日本侵华邮政检阅月报档案是日本关东宪兵队自身形成的历史档案，内容生动，涵盖了日本侵华暴行、日军强征“慰安妇”等诸多重要史料，以无可辩驳的、真实可靠的、日本自己形成的历史文件对日本侵华罪行进行了揭露。本书辑录的“邮政检阅档案”，是伪满时期黑河、满洲里等地检阅部 1939 至 1943 年间形成的，包含 19 件《通信检阅月报》，由图片档案和参考译文两部分构成，图片档案主要是挖掘、整理出的历史文献档案的影印图片，具有历史性、客观性、真实性和资料性。

铁证如山 11——吉林省档案馆馆藏日本侵华邮政检阅月报⑩

主　编：杨川　王胜今

副主编：周颖　王放　赵志刚

执行副主编：赵玉洁　沈海涛　冯晓忠

吉林出版集团股份有限公司　　**字　数：**60 万

该书被列入国家社会科学基金特别委托重大项目和教育部哲学社会科学研究重大委托向项目，是吉林省档案馆专业研究人员在多年挖掘、整理、研究的基础上，以专题的形式披露的馆藏侵华日军档案史料。吉林省馆藏日本侵华邮政检阅月报档案是日本关东宪兵队自身形成的历史档案，内容生动，涵盖了日本侵华暴行、日军强征“慰安妇”等诸多重要史料，以无可辩驳的、真实可靠的、日本自己形成的历史文件对日本侵华罪行进行了揭露。本书辑录的“邮政检阅档案”，是伪满时期珲春、吉林、新京、延吉等地检阅部 1939 至 1943 年间形成的，包含 18 件《通信检阅月报》，由图片档案和参考译文两部分构成，图片档案主要是挖掘、整理出的历史文献档案的影印图片，具有历史性、客观性、真实性和资料性。

档案吉林・白山市卷

主　编：李宇忠

副主编：丁建辉　初国仁　单红玉　王永发　刘有福　于开政

吉林出版集团股份有限公司　　**字　数：**20.4 万

该书透过一份份珍贵的历史档案，穿越时空，再现了白山的悠久历史。作为“档案吉林”系列丛书的分卷，以白山市各级档案馆馆藏档案资料为独特视角，按照白山市的历史脉络，选取一件或一组有特色的珍贵档案，深度解读，将白山的历史文化、历史事件、历史人物、地方特色展示给广大读者，让读者了解白山的历史、热爱今天的白山。

档案吉林・农安县卷

主　编：李凤良

副主编：王岚　李鸾　王中兴　于立新

吉林出版集团股份有限公司　　**字　数：**18.1 万

该书作为“档案吉林”系列丛书的分卷，以民安县档案馆馆藏档案资料为独特视角，追溯农安县历史上有血有肉的人物，辑录可歌可泣的历史事件，还原一种真实，刻画一种个性，再现一种精神，借此展现地域历史的厚度、文明的璀璨和发展的潜力。

长春解放

主　编：赵欣

副主编：刘德文

中国文史出版社　　**字　数：**51.6 万

该书是为纪念长春解放70周年而著，长春市档案馆精心选取了1946—1950年解放前后的珍贵档案资料，将长春解放前夕的政治、经济、文化、历史概况，解放过程中人民解放军政治攻势、战役战斗等军事斗争情况，解放后的接管政策、接管过程，以及中共长春市委、市政府领导全市人民恢复城市功能、开展社会救济、稳定社会秩序、发展城市经济等史实展示给广大读者。让更多人了解中国共产党为解放长春、建设长春所建立的丰功伟绩，以此告慰为解放长春、建设长春而鞠躬尽瘁、艰苦奋斗的革命先辈。

（吉林省档案局）

上海档案史料研究（第二十二辑）

编著：上海市档案馆

上海三联书店　　**字　数：**36万

该书系上海市档案馆编《上海档案史料研究》丛刊之二十二，分特稿、专题研究、读档随笔、海上春秋、档案指南、档案架、学术动态、书讯等八个栏目，刊载《上海研究的现状与未来》特稿，以及《清末民初上海会馆公所公产纠纷初探》《自治与税捐：上海英租界道路码头委员会的困境》《陈独秀与〈新青年〉关系新探》《上海钱业公会修能学社初探》等专题研究，以及公布《南游影事——王志莘1933年考察闽粤金融日记》《抗战动员中的上海工商界公民训练》《中国工程师学会晚期档案选刊》等档案史料。

我们的故事：精算师在上海

编著：上海市档案馆

上海书店出版社　　**字　数：**5万

该书以丰富的文献资料和翔实的内容，回顾了精算师职业传入上海及其新生萌芽的历史，展现了改革开放后上海为中国精算教育蓬勃发展、中国精算职业体系建设日臻完善和精算应用领域不断开拓创新所做出的积极贡献。全书分为“缘起·筚路蓝缕”“奋进·新的征途”“创新·硕果累累”“憧憬·继往开来”四个篇章，书首有专家导言，书尾附有上海精算大事记。

不忘初心——上海市档案馆藏红色文献选萃

编者：上海市档案馆

上海书店出版社　　**字　数：**8万

该书以馆藏档案文献和图片资料为基础，精心编撰而成，旨在从党的宣传工作的角度，再现我党在上海建立宣传工作阵地，传播马克思主义，宣传党的政治主张，组织动员人民群众参加反帝反封建革命斗争，反抗日本帝国主义侵略，领导全国人民反内战反独裁，建立人民民主政权的历史过程。全书起止时间为1919—1949年，共分四个部分：曙光初现（1921—1927）、风云激荡（1927—1937）、众志成城（1937—1945）、迎接黎明（1935. 8—1949）。

（上海市档案局　董婷婷）

建国以来江苏省重要文献选编（1—4册）

编著者：江苏省档案馆

江苏凤凰科学技术出版社　　**字　数：**151.5万

该书收录中共江苏省委、省人大、省政府、省政协及各有关部门制定、发布的重要文献，以及中共中央、国务院、中共中央华东局、华东军政委员会等部门对上述文献的批示、批复等意见，部分领导同志的讲话和文章，以及其他在历史上产生较大影响的有关文献、报纸的重要社论等。书中所收的文献，主要来自档案部门保管的档案，其中多数曾在一定范围内公布，或曾在报章上刊出。每篇文献末尾，均有文献出处或藏址等说明。

（江苏省档案局）

记忆浙江·2017

编者：浙江省档案局

红旗出版社　　**字　数：**12万

该书延续以往的风格，按图文并茂的方式，以高层聚焦、浙江著华彩、创新强动力、协调促共赢、绿色美生态、开放结硕果、共享增福祉、法治创平安、党建新视界、最美浙江人、大事纪略等十一个版块，用简洁的文字，图文互动的形式，从档案的视角，对浙江全省一年来发生的大事、要事、新事进行浓缩和精编。该系列丛书完整记录了“十二五”至“十三五”期间浙江经济社会的发展轨迹。

浙江省各级综合档案馆馆藏档案精品介绍（第三辑）

编者：浙江省档案局

浙江大学出版社　　**字　数：**20.1万

该书是浙江档案部门面向社会大众推出的一套档案文化系列丛书，它以浙江省各级综合档案馆馆藏档案精品为对象，融材料真实性、考证严谨性和叙述准确性于一体，通过图文并茂的形式进行全方位的诠释。该书精心选择了《日军侵浙细菌战档案》《明嘉靖刻西湖游览志、西湖游览志余》《宁波和丰纺织公司议事录》《浙南革命历史档案》《吴其昌档案》《陈招娣档案》《汤溪县鱼鳞图册》《民国温岭地籍档案》《民国青田华侨档案》《闽浙赣苏区红军政治教材》10项精品档案，从背景由来、档案概况、内容价值以及管理利用等方面对档案进行了全面揭示和解读，以引导读者探寻历史发展的细节。

余杭历史文化名镇

编者：杭州市余杭区档案馆

杭州出版社　　**字　数：**21万

该书以余杭、塘栖、临平三个名镇为重点，叙述历史上的余杭、钱塘、仁和三县的市镇发展脉络、经济和社会文化概况，是一本余杭区域乡土读物，对今天的特色小城镇建设亦有一定的参考价值。该书在编辑过程中充分利用了馆藏档案和历史文献，并结合大量地方史料，勾勒出余杭区境内诸多市镇的历史文化概貌，许多文献资料系首次公开。

永嘉古道

编者：永嘉县档案局

团结出版社　　**字　数：**3万

该书经一年多的资料收集、编著和校对，由上、下册组成，共分五个部分：即大楠溪流域、乌牛溪流域、小楠溪流域、茹溪西溪流域、楠溪下游流域，从中精选出126条具有地方特色的古道进行介绍。具有图文并茂，内容丰富，注释全面，一目了然，可读性强等特点。

慈溪老照片

编者：慈溪市档案局

当代中国出版社　　**字　数：**3万

该书构建于对解放前拍摄于慈溪范围内的老照片详尽的搜罗基础上，以物、事、人为框架进行分类，以系列组照为骨干。本书收录老照片200多幅，时间跨越近一个世纪，显示出厚重的慈溪地方历史文化底色，具有较强的文献整理和存史价值。

台州馆藏档案精粹

编者：台州市档案局

中国文史出版社　　**字　数：**5万

该书从台州全市各级档案馆的馆藏里，遴选出196件精品档案，按载体性质、时间、人物等要素细分了八个类别，并以时间为顺序，对每件档案进行多方面的、详尽的文字介绍。从档案的视角揭开了一幅横跨300多年的台州历史人文风貌画卷，集中展现了近年来台州档案资源建设的主要成就。

（浙江省档案局）

铁血破重围 壮举挽危澜：解码中央红军长征起始前后的历史记忆

编者：江西省档案局

江西人民出版社　　**字　数：**110万

该书主要由1933—1936年中央红军长征起始前后，在中央革命根据地及其周边地区发生的一些重大历史事件、包括第五次反“围剿”中的黎川战役、福建事变、广昌会战、红军北上调敌与出师西征探路、中央作出战略转移决策、实施远征行动计划、突破敌军重重封锁线以及留守红军坚持三年游击战争等事件中，敌我双方所形成的有关决议、决定、条例、规定、办法、训令、命令、指示、意见、宣言、报告、布告、呈、电报和军事部署、作战计划、战斗命令、战报、协定、信、日记等档案史料编辑而成，解码中央红军长征起始前后的红色印记。

（江西省档案局）

山东档案年鉴（2017）

编者：山东省档案局

中国文史出版社　　**字　数：**92万

该书是一部全面反映山东省档案事业发展基本情况的综合性、资料性大型文献与工具书。所采用的资料由山东省各级档案部门、省直有关部门、省属各大高校、企业等单位提供，内容翔实准确。内容包括：特载，重要文件，大事记，综合概况，档案法治工作，档案馆工作，机关、企业、事业单位档案工作，档案教育培训与宣传工作，档案科研与信息化工作，县（市、区）档案，统计资料等十一部分。

（山东省档案馆）

孙中山与山东

编者：陈孟继　山东省档案局

团结出版社　　**字　数：**26.5万

该书是一部深入研究孙中山先生与山东密切相关的革命活动的专著，旨在缅怀孙中山先生为民族独立、社会进步、人民幸福所建立的历史功勋，学习、继承和发扬孙中山先生的爱国思想、革命意志和进取精神，团结致力于实现“两个一百年”奋斗目标和中华民族伟大复兴的中国梦，致力于山东经济文化强省建设。

（山东省档案馆）

齐鲁记忆·山东档案珍品丛书（第一辑）

编者：山东省档案局

线装书局　　**字　数：**15万

该书收录的是从全省各级综合档案馆中精心挑

选的珍贵档案，共介绍10项精品档案，分别为：私立齐鲁大学档案、近代青岛城市地图、中兴公司档案、烟台东海关档案、无声黑白电影纪录片《潍县大观》、解放战争时期临朐支前《军鞋帐》、孔府档案、八省运河泉源水利情形总图、六省黄河堤工埽坝情形总图、梁漱溟山东乡村建设研究院档案。全册图书以图文并茂的形式，对档案的背景由来、内容价值及管理利用等方面进行全面解读，以推介档案文化，服务广大群众。

（山东省档案馆）

齐鲁记忆·山东档案珍品丛书（第二辑）

编者：山东省档案局

线装书局　　**字　数：**15万

该书收录的是从全省各级综合档案馆中精心挑选的珍贵档案，共介绍10项精品档案，分别为：北海银行档案、济南商会档案、日本强掳中国劳工档案、张裕公司档案、潍县集中营档案、第一次世界大战华工档案、清代地契档案、清末山东全省地图、东明县探索推行家庭联产承包责任制的档案、青岛德文城建档案。通过真实严谨的文字叙述和精美的图片，以图文并茂的形式，对各项档案进行全方位的解读和展现。

（山东省档案馆）

济南老票证

编者：济南市档案局（馆）

中国文史出版社　　**字　数：**27万

该书是在2016年老票证征集活动基础上编辑出版的，分为供应票证、金融票据、门券、商标广告、文书公函、资格证件六大章节，展示各时期、各行业、各阶层济南老票证1500余件，外延宽泛，内涵丰富，历史和时代特色浓郁。市委常委、秘书长孙晓光为本书作序，认为该书选材跨越年代久远，主题鲜明，内容丰富，是推动文化泉城建设的一部扛鼎之作。

（济南市档案馆）

青岛鸟瞰图

编者：青岛市档案馆、盖特·卡斯特（Gert Kaster）

青岛出版社　　**字　数：**35万

该书由德国古建筑保护和城市规划专家盖特·卡斯特著作，青岛市档案馆组织编译出版，以1898年至1912年的10张青岛鸟瞰地图为主线，系统梳理了德占胶州湾17年青岛城市建设的发展历史，既为读者深入了解青岛早期城市规划、建设情况提供了新角度和新方法，也有助人们厘清青岛城市建设史上诸多史实问题。书中引用的鸟瞰图大多保存于德国的档案馆、图书馆、博物馆，或由私人收藏，书中是第一次公开集中展现这些图片并进行解读，以全新的视角直观再现了青岛城市建设发展的历史。

（青岛市档案馆）

德国侵占胶州湾研究

编者：青岛市档案馆

青岛出版社　　**字　数：**23万

该书内容涉及建置时期的青岛、德国攫取胶州湾的过程、《胶澳租借条约》的签订、德国在青岛实施殖民统治的情况、早期青岛城市规划与建设、德国侵占青岛后对山东内地的影响等内容，为各界了解、研究德国侵占胶州湾这一重大历史事件提供参考和借鉴。该书是《青岛城市档案文献丛刊》系列之研究类成果，也是青岛市档案馆利用社会力量，主动联合馆外专家学者撰稿出版的又一突破尝试。

（青岛市档案馆）

青岛近代民族工商业画史

编者：青岛市档案馆

山东画报社　　**字　数：**5万

该画史以青岛市档案馆馆藏照片、档案为主体，从中国第二历史档案馆、上海市档案馆、天津市档案馆以及部分图书馆查阅、复制部分相关档案，将青岛近代民族工商业历史轨迹以生动的形式刻画出来，供读者品鉴。画册中展示的档案主要包括历届旧政权管理民族工商业的档案、青岛商会及同业公会档案、胶海关档案、中国民族工商企业和金融企业档案等，全面反映了近代青岛民族工商业发展状况和特点。

（青岛市档案馆）

淄博记忆·教育篇

编者：淄博市档案局（馆）

中国文联出版社　　**字　数：**11万

该书被列入2016年“国家档案局重点档案保护与开发项目”，主要内容包括：从1745年中国最早使用的课本到20世纪80年代使用的课本以及清代以来淄博部分学校使用的试卷、作业、毕业证书、教学工具以及毕业合影等。该书通过系统全面的实物教育档案，反映了淄博教育发展的历程，对于当今教育的研究和发展都具有重要的科研参考价值。

（淄博市档案馆）

张店年鉴（2016）

编者：张店区档案局（馆） 张店区史志办

中国文史出版社 **字 数：**45万

该书集中反映了2015年度全区人民在区委、区政府的领导下，在社会主义物质文明、政治文明和精神文明建设中所取得的巨大成就；记载了全区各领域、各部门、各行业、各镇与街道的基本情况及年度内发生的重大事件；汇集了全区经济和社会发展的基本资料和重要信息。本卷年鉴力求全面体现张店的地方特色，突出反映全区在经济建设和社会发展中取得的新经验、新成就，努力为各级党政机关了解区情、实施科学决策，为各行各业及有关单位查询资料、获取信息，为社会各界人士及中外投资者认识张店、熟悉张店提供翔实的资料。

（淄博市张店区档案馆）

张店档案特藏图集

编者：张店区档案局（馆）

山东友谊出版社 **字 数：**10万

该书精选收录了张店区档案馆馆藏档案中自清朝以来较为珍贵的文字档案、图片档案、实物档案，共计照片160余幅。以图文并茂的形式汇集成书，意在引领人们唤醒记忆、温习历史、涵养德性、抒发情怀、缅怀先人的奋斗与追求、艰辛与成就，感悟人类文明的生生不息、薪火相传，激发继往开来、续写辉煌的历史使命感。该书的出版填补了我区档案基础工作常备资料的空白。

（淄博市张店区档案馆）

档案工作基本知识

编者：枣庄市档案局（馆）

中国文史出版社 **字 数：**16万

该书是为进一步规范档案人员培训工作，提高档案人员培训质量而编，作为档案业务人员培训教材之一。书中以党和国家有关档案工作的政策、法律法规、规定以及档案工作的有关标准、规范为依据，将档案工作的基本原则和技术要求有机结合，充分体现科学严谨、指导规范、立足实际、面向一线，着力解决新形势下，档案工作处在新的重要节点，面临着从传统时代到信息时代跨越，面临着重新定位、转型升级压力的问题。

（枣庄市档案局）

河口档案文献资料（2017卷）

编者：东营市河口区档案局

天津古籍出版社 **字 数：**60万

该书主要收集2016年1—12月河口各方面的文献资料，特殊资料适当上溯下延。书中设工作动态、领导讲话、重要文件、重要会议、重要活动、工作论坛、调研文章、专题资料等部分。为如实反映历史本来面目，所选文献资料，一般是原文登载。由河口区各部门、单位，各镇街提供相关资料。部分文献资料选自各类公开或内部发行的刊物，河口区档案局（馆）编纂完成。

（东营市河口区档案局）

老潍县教育

编者：潍坊市奎文区档案局

中国文史出版社 **字 数：**41万

该书是一部系统介绍老潍县教育发展历史的通俗力作，是奎文区档案局深度挖掘整理教育方面的历史资料，加大档案研究，不懈努力，几易其稿完成的一项档案编研成果。书中共分六个章节，主要介绍了包括老潍县教育的历史沿革、书院私塾发展概况、学校管理教学方式、历史上的知名学校、教育界的知名人物和教育名家以及教育往事记忆等方面的内容，史料翔实、图文并茂、条目清晰，具有较强的历史保存和史料参考价值。

（潍坊市奎文区档案局）

老潍县记忆

编者：潍坊市奎文区档案局

中国文史出版社 **字 数：**0.5万

该书是一部展现老潍县历史文化、风土人情、建筑风貌的绘画作品集，邀请潍坊知名画家毛新民先生，历时三年绘成画稿，精选八十幅结集成册，陈正宽、邓华等著名文史作家配以诗文，以唤起人们对老潍县的乡情之美、乡愁之恋。书中作品充分展现了潍县的历史、风土人情、建筑风貌、衣食住行等生活习俗，以及与自然和谐相处的乡情美景，显示了一种特有的安详、宁静、和谐、朴实、自然的乡情之美；而那些描绘独具特色的景观、民俗、工艺、美食、特产等作品，则表现了潍县人的善良质朴、勤劳敬业、聪慧灵巧等优秀品质。

（潍坊市奎文区档案局）

青州大事记（2009—2016）

编者：许志勇、张文兴

齐鲁电子音像出版社 **字 数：**56万

该书记载了自2009年至2016年发生在青州的大事、要事，用数据反映了这段时间青州经济社会各方面发生的重大变化，为青州今后更好的发展提供借鉴和参考，对于提高全市人民的发展信心、激发全市人民的拼搏精神以及对全市人民进行爱祖国、爱人民、爱青州教育具有重要的现实意义。

（青州市档案局）

孙士良传

编者：孙仲春　葛怀圣

中国诗词楹联出版社　　**字　数：**11.4 万

该书分为童年时期、学生时代、投笔从戎、东征西战、壮烈殉国、泽被后世、附录等 7 章共 32 节，完整地记录了孙士良烈士短暂而光辉的一生。特别是 1937 年“七七事变”后，大敌当前，作为一名高级知识分子，孙士良立志驱倭，变卖抵押家产筹集枪支，两次经受挫折终不悔，先后三次组织起义，最后加入八支队。历任八支队文化教员、十一大队副大队长、十三大队大队长等职。1938 年 11 月 9 日，八支队在临淄六天务村与下乡扫荡的日军发生遭遇战，在敌强我弱、地形不利的形势下，孙士良坚守阵地，最后壮烈牺牲。该书的出版，为重温抗战史实，激发人民反对日本军国主义复活，对全社会进行爱国主义教育，发挥了重要作用。

（寿光市档案局）

安丘记忆

编者：安丘市档案馆（局）

华龄出版社　　**字　数：**20 万

该书是一本关于安丘历史的通俗读物。该书从夏朝少康中兴时期出现的“安丘国”讲起，直到 1949 年中华人民共和国成立。讲述了安丘历史的沿革变迁、发生在这块地面上的故事和涌现的人物，讴歌了正义和进步，鞭挞了邪恶和落后。该书结构严谨，文字简约，考证确凿，运用历史唯物主义观点，总结了历史发展规律，给人以有益的启发和教育。该书的出版、发行，具有多方面的社会效益：铭记历史经验教训，增强忧患意识；弘扬前辈奋斗精神，增强安丘人的自豪感、荣誉感，激发干事创业激情；对青少年进行爱党、爱国、爱乡教育；回顾历史，铭记乡愁。

（安丘市档案局）

浩然与昌乐档案资料

编著者：昌乐县档案局

中国文史出版社　　**字　数：**36 万

本书主要收录了著名作家浩然与昌乐有关的书信、讲话、作品、照片、手稿、题词和有关图片近 400 幅，以及昌乐作家记叙浩然在昌乐的活动、事迹等文稿。

（昌乐县档案局）

民国泰山（研究卷）

编者：泰安市档案局

五洲传播出版社　　**字　数：**42 万

该书通过深入发掘和研究泰山档案史料，以影印的方式展示民国时期泰山文献资料的原貌。其收录资料时限为 1912—1949 年，前后近 38 年。收录期刊范围主要为国内期刊，少数报纸资料因其珍稀难觅，故一并收入。收录资料内容以学术性泰山资料为主，如研究论文、调查报告、学术信息、图片资料等等。

该书的出版开拓了档案编研工作的新领域，是对民国时期档案资料“抢救性”的保护整理和开发利用，对于弘扬和传播泰山文化具有十分重要的意义，为学术界研究泰山，提供了珍贵的文献依据，也为保护泰山发挥独特的参考作用。

（泰安市档案局）

威海名人

编者：中共威海市委办公室

山东人民出版社　　**字　数：**63 万

该书是威海建市三十周年发展成就专辑之一，主要收录了中国共产党成立以来在威海出生、威海籍及在威海工作、生活、学习的，有突出成就或重大影响的知名人士。收录内容包括知名人士基础信息以及主要经历、职务变动、主要成就、社会贡献等。入编人物按其从事领域和成就归属分为政治、军事、经济、文化、科教、体育六个篇章，共收录知名人士 596 位。

（威海市档案局　赵敏）

三十年三十人——环翠区设区 30 周年见证实录

编者：威海市环翠区档案局

中国文史出版社　　**字　数：**50 万

该书以 2016 年的口述史访谈工作为基础，精心整理了 30 位创业者的访谈稿件编辑成书，书中从这 30 位参与环翠区建设的普通人物、重大事件亲历者、重要决策参与者的个人视角，回忆光辉岁月，再现创业历程，原汁原味地记录环翠区 30 年的发展历史与成就。

（威海市环翠区档案局　许经彩）

威海卫收复一周年纪略（1945—1946）

编者：威海市环翠区档案馆

中国文史出版社　　字　数：20 万

该书记述了威海解放一年来新生人民政权的所作所为，分城市重获新生、党政组织政权、民主政权建设、保卫胜利果实、落实司法措施、开展优抚救助、繁荣经济文化、发展教育事业、减租减息和土地改革、支援全国解放十个篇章，首次以宏观的视角和历史唯物主义的观点，对新生的威海卫人民政权一年的工作情况进行了全方位的回顾与研究，使这一重要阶段的历史更加形象化和系统化。

（威海市环翠区档案局　许经彩）

文登印迹——文登历史发展图集

编者：威海市文登区档案局（馆）、中共威海市文登区委党史研究室

中共党史出版社　　字　数：88 万

该书深度挖掘馆藏档案资源，从档案的视角、以图片形式展现文登历史发展。书中时间跨度从文登建置的起源到当下的新时期，记述了文登上千年文化历史，涵盖了从清末到 2017 年初反映文登历史文化的照片，展现了文登历史上具有重要意义的事件与节点。该书扼要记述各时期经济、社会、文化发展特点，记录了文登社会发展历史、百姓生活变迁、人事风云激荡、山川城乡风貌的演变，综合反映了文登这个千年古县的发展。

（威海市文登区档案局　潘高峰）

烽火——纪念天福山起义 80 周年图集

编著者：中共威海市文登区委党史研究室、威海市文登区档案局（馆）

九州出版社　　字　数：11.3 万

该书从“一一·四”暴动到天福山起义，从支前小车到南征北战，从钢铁部队到三军发展，用图片展现了天福山起义燃起的烽火，不仅揭开了文登波澜壮阔的革命画卷，而且向后人展示了前辈们自强不息、拼搏争先的宝贵精神，天福山起义燃起的烽火，至今感召激励着我们不断前行。

（威海市文登区档案局　潘高峰）

炮火中的保育摇篮

编者：乳山市档案局、乳山市党史办

中共党史出版社　　字　数：20 万

该书通过对原始档案资料归类整理，不加以改动，以原生态的形式真实反映在革命战争年代中胶东育儿所的样貌和 300 多名奶母与保育员，养育 1223 名革命后代的劳动场景和生活细节，该书对弘扬乳娘精神，开展革命传统教育，推动红色基因、红色文化的发展，激励人们为实现中华民族伟大复兴的中国梦而奋斗具有重要意义。

（乳山市档案局　周梅娟）

威海经济技术开发区年鉴（2017）

编著者：威海经济技术开发区年鉴编纂委员会

线装书局　　字　数：94 万

该书有卷首彩图 39 幅、随文插图 391 幅、表格 47 张，卷首设图照专辑和目录，卷中设特载、大事记、总述、中共威海市委经济技术开发区工作委员会、威海经济技术开发区管理委员会等 30 个类目，卷末设索引。

（威海经济技术开发区档案馆　苏海青）

罗庄区档案馆指南

编者：廖丽伟、艾艳艳、姜楠

中国致公出版社　　字　数：16 万

该书分为四个部分：第一部分，罗庄区档案馆概况；第二部分，馆藏档案简介；第三部分，馆藏资料简介；第四部分，附录。此次重新编辑是以原《档案馆指南》为基础，对罗庄区在政治、经济、文化等方面日新月异的发展历程档案进行了完整留存，既是一部指导利用者准确、迅速地查阅利用档案资料的综合性档案工具书，也是宣传档案工作的重要窗口，更是密切档案馆与社会联系的桥梁。

（临沂市罗庄区档案局）

清朝科举制度下的文化家族

编者：沂水县档案局

黄海数字出版社　　字　数：40.6 万

该书以清代科举制度为轴，以文化家族的形成发展为线，纵溯近三百年的清朝历史，涉及华夏五十余个文化家族，振叶寻根，观澜索源，持之有故，引人入胜。

（沂水县档案局）

清末山东全省地图

编者：常广春

线装书局　　字　数：8.5 万

该书共收录地图 34 幅，保存完好，图例完整，有村庄、山脉、道路、湖泊等，印制清晰，使用了黑黄蓝红四种颜色。书中考证了地图档案形成时间，详细介绍了除缺失的《海丰县》《烟台》《曹州府》3 幅图外的 34 幅地图，为研究清末的行政区划、地形地貌提供了直观、翔实的资料。

（菏泽市档案局）

曹县改革开放实录

编者：王明岭、赵丹枫、朱 青、殷宪玉

线装书局　　**字　数：**43.4 万

该书真实记录了改革开放以来曹县各级党组织和广大党员干部攻坚克难、探索前行的艰辛历程，突出展示了曹县在经济建设、政治建设、文化建设、社会建设、生态文明建设和党的建设等领域取得的辉煌成就，客观总结了各行各业发展的经验教训。该书的编辑出版，对于全县各级领导和党员干部全面回顾了解曹县改革开放史，正确把握当前，科学谋划未来，更好地推进全面深化改革、全面建成小康社会的伟大实践，具有十分重要的意义。

（曹县档案局）

东明县探索推行家庭联产承包责任制档案

编者：王奇才

线装书局　　**字　数：**8.5 万

该书从探索萌芽、曲折前行、融合发展、继承发展四个过程及其产生的文献资料，系统地介绍了东明县推行农业生产责任制的全过程。

（东明县档案局）

中国共产党东明县第十三次代表大会代表名录

编者：中共东明县委组织部、中共东明县委党史委、东明县档案局

华龄出版社　　**字　数：**26.3 万

该书以编年体的形式，主要记叙中国共产党东明县第十三次代表大会代表的出生时间、籍贯、入党时间、参加工作时间等情况及其主要任职经历，适当反映个人著作，属于少数民族的代表，注明民族，妇女代表注明“女”。以客观叙述代表经历为主，不作评价。所反映的代表任职情况，以各级党、政、军、群众机关为主，适当反映人物和其他有关单位的任职经历。

（东明县档案局）

馆藏近代徽章研究

编者：张荣斌、李宝玲、杨宝章、宋淑睿、王云红

河南人民出版社

该书为河南省档案馆国家重点档案保护与开发项目“河南省档案馆馆藏民国徽章的鉴定与历史价值挖掘研究”的成果。2013 年起，河南省档案馆开展了对馆藏近代徽章的清查和统计，并对国内外近代徽章的研究成果做了大量的摸底了解工作，还与文物部门的有关专家沟通交流鉴定近代徽章的手段和办法，借助有关专业技术和经验。经过多年的鉴定整理与研究，形成此书。

（河南省档案局）

百年荆楚第一辑

编者：中国档案报社、湖北省档案馆

楚天书局　　**字　数：**20 万

该书是中国档案报社与湖北省档案局（馆）合办的《百年荆楚》档案文化专栏的内容精选集，包括已出刊的 25 期署名文章荟萃，分伟人掠影、家国情怀、英雄赞歌、楚天际会、长征记忆五个篇章，图文并茂，向读者讲述档案背后的湖北故事，弘扬荆楚文化，传递正能量。

千湖之省 碧水长流——湖北省湖泊摄影大赛获奖作品集

编者：湖北省档案馆

武汉出版社　　**字　数：**23 万

该书是湖北省档案局（馆）、湖北省水利厅、湖北省摄影家协会于 2016 年举办的“千湖之省、碧水长流——湖北省湖泊摄影大赛”中精选的参赛作品集。书中包括参赛作品 5000 余件，180 件作品获奖，其中金奖 2 幅（组），银奖 8 幅（组），铜奖 20 幅（组），优秀奖 150 幅（组），以展示“千湖之省”的自然风采和湖泊文化的深刻内涵，唤起社会“护湖、养湖、爱湖、亲湖、美湖”的意识和责任，共建人与自然和谐共处的美好家园。

（湖北省档案局）

湖湘档案图典（伍）·湖南省档案馆馆藏书法档案选辑

编者：湖南省档案局（馆）

湖南人民出版社　　**字　数：**10 万

该书是《湖湘档案图典》大型系列丛书的第五部，主要辑录湖南省档案馆馆藏首批建档知名书法家的书法作品档案，共选录 25 位书法家的 139 件书法作品档案。所有作品档案均为书法家原创，是馆藏书法作品档案的精品。书中书法家人物介绍按照建档编号、建档人物姓名、首次移交作品档案时间、移交作品档案总数、入选作品档案件数、个人简介的顺序进行；作品介绍按照作者、作品档号、作品题名、尺寸、幅式、释文的顺序进行。

（王明贵）

民国广州市政纪要汇编（全 3 册）

编者：广州市国家档案馆

广州出版社　　**字　数**：148 万

该书的材料全部选自广州市国家档案馆馆藏《广州市市政公报》的“市政纪要栏目”。《广州市市政公报》是民国时期广州市政府编辑出版发行的政府刊物，民国十年（1921 年）2 月广州市成立市政厅，同月《广州市市政公报》创刊，“市政纪要栏目”主要是报道市政建设进展情况。本书编辑是采用原件扫描后直接排版的形式，不作任何更改，维护档案的原始性。

（广州市档案局）

惠州宗祠

编者：惠州市档案局（馆）

团结出版社　　**字　数**：26.7 万

该书选取惠州本地 30 个大姓氏的宗祠，逐一对这些宗祠进行详细介绍，内容涵盖宗祠堂号、楹联、地址（遗址）、名称、面积、结构、朝向、姓氏由来、建造人、建造由来、曾发生的和宗祠有关的家族故事、宗祠变迁、现状等，为希望寻根追源的客家人提供丰富的信息，同时传播惠州各姓氏的宗祠文化和优秀客家传统文化。

（惠州市档案局）

齐贤修身 传承好家风——中山市家风家训文化读本

编者：中山市档案局（馆）

广东人民出版社　　**字　数**：8.6 万

该书共有“齐贤修身——中山近现代名人家风传承”和“民风传承——中山宗祠文化及家风传承”两个章节。选录近现代以来以孙中山为代表的 8 位中山籍先贤志士和 9 个族姓及宗祠，以图片形式综合展示中山家风家训文化传统，充分展现中山市优良家风家训，激励新一代中山人不忘初心，牢记使命，敢担当，做表率，传承和弘扬新时代的“中山精神”。

（中山市档案局）

龙门记忆

编者：龙门县档案局（馆）

光明日报出版社　　**字　数**：40.5 万

该书分古邑图志、先贤遗韵、大宅名门、风土人情、天赐胜地 5 个章节。全书以文字为主，以史料为基础，以现实为观照，辅以重要的历史资料图片和新近拍摄的图片，依据其内在逻辑整合，尝试在岭南历史文化的语境下，多角度、多侧面去解读龙门，从而使得人们较为系统地认识龙门、了解龙门。

（惠州市档案局）

宁培瑛画传 1902—1928

编者：广西壮族自治区档案馆

广西人民出版社　　**字　数**：25.6 万

该书分家乡求学寻踪、投身广州大革命洪流、推动广西农民运动高潮、在红色暴动中永生以及附录五个篇章，以传记形式叙述广西农民运动的先驱宁培瑛从求学、接受马克思主义思想到投身农民运动的生平轨迹，是一本研究广西革命先烈以及广西农民运动的史料书籍。

抗战时期广西档案史料选编

编者：广西壮族自治区档案馆

广西人民出版社　　**字　数**：61.9 万

该书是《中国抗战大后方历史文化丛书》的分册，分为奋起抗战、建设广西、国共合作以及省内抗战五辑，以广西壮族自治区档案馆馆藏档案为主，同时选用部分中国第二历史档案馆保存的有关广西的档案史料，以大量客观翔实的历史史料真实反映了抗战时期广西经济社会发展情况以及由中国共产党推动的广西抗日救亡运动情况，为读者生动展现了一幅八桂儿女抗击日本法西斯侵略的历史画卷，对研究广西抗战史以及广西党史具有十分重要的参考价值。

（范岐山）

中国战时首都档案文献・战时政治

编者：重庆市档案局（馆）

西南师范大学出版社　　**字　数**：159 万

该书以 1937 年 11 月（国民政府移住重庆）至 1946 年 5 月（国民政府还都南京）为时限，收录了国民政府移住重庆、国民政府在渝活动、国民政府还都南京、重庆市政府、重庆市党部、重庆市临时参议会等档案史料，是中国抗战首都史、中国抗战大后方史研究重要的基础性史料。

中国战时首都档案文献・战时经济

编者：重庆市档案局（馆）

西南师范大学出版社　　**字　数**：142 万

该书以 1937 年 11 月（国民政府移住重庆）至 1946 年 5 月（国民政府还都南京）为时限，收录了战时经济法规、战时经济政策、战时金融、战时工业、战时商业及其他经济情况等档案史料，是中国抗战首都史、中国抗战大后方史研究重要的基础性史料。

中国战时首都档案文献·战时反轰炸

编者：重庆市档案局（馆）

西南师范大学出版社　　**字　数：**245万

该书以1937年11月（国民政府移住重庆）至1946年5月（国民政府还都南京）为时限，收录了防空法规及会议记录、防空组织、积极防空、人口疏散等档案史料，是中国抗战首都史、中国抗战大后方史研究重要的基础性史料。

（重庆市档案局）

让档案说话·四川省档案利用实例选编

编者：四川省档案馆

四川人民出版社　　**字　数：**20.2万

该书是四川省档案馆在全省各级档案部门报送的近年来档案利用实例基础上，经过整理选编而成。书中收录的利用实例，从不同视角展示了档案的价值和作用。透过书中一个个鲜活的查档实例，让读者清楚地看到全社会对档案和档案工作的认知度在逐渐提高，特别是社会公众，为维护自身权益、了解家史、研究历史等纷纷来到档案馆，档案已揭开了它神秘的面纱，走进了老百姓的生活。同时，通过此书，读者也看到了档案工作者的辛勤付出，想利用者之所想，急利用者之所急，让利用者带着希望来，带着满意归。

四川省档案馆藏品荟萃

编者：四川省档案馆

四川省人民出版社　　**字　数：**16万

该书从四川省档案馆馆藏11万余卷清代档案和44万余卷民国档案中精选而成，分上下两卷，上卷精选馆藏清代珍贵档案，包括衙门事务、社会管理、民风民俗、川边改流、保路风潮五个章节；下卷精选馆藏民国珍贵档案，包括川政统一、西康建省、川人抗战、民国印象四个章节。书中所选馆藏珍贵历史档案，真实再现了清代至民国时期四川风云跌宕的历史，是研究川渝乃至西南地区的珍贵史料。

（四川省档案馆法规处）

贵州清水江文书（第二辑）

编者：贵州省档案馆、黔东南州档案馆、三穗县档案馆

贵州人民出版社　　**字　数：**135万

该书分为5册，选编原则为三穗县档案馆馆藏明清两朝和民国时期原始契约保存较好、内容基本完整的山林土地契约和内容相对重要的其他文书，如账单、税单、验契单等。包含了三穗县境内各族群众生活、劳作、协商、交往的复杂历史信息，种类繁多，内容丰富，藏量巨大。种类包括明代至民国时期产生的各种契约、税单、账册、乡规民约、诉讼文书、政府文告（抄本）、乡土教材、家规族谱等，内容涉及经济交往、权利分配、土地山林归属等诸多问题，只要关系群众生产生活，需要协商解决，有可能传诸子孙后代者，都用文书的方式笔录保存，构成了各族群众共同的历史文化记忆。该书将其各类文书通过技术扫描等手段，将其按照高清画质图片刊印成书，以便于文化遗产保护开发或学术研究甄采利用，充分发挥其历史研究价值和文献利用价值。

贵州清水江文书剑河卷（第一辑）

编者：贵州省档案馆、黔东南州档案馆、剑河县档案馆

贵州人民出版社　　**字　数：**145万

该书分为5册，选编原则为剑河县档案馆馆藏明清两朝和民国时期原始契约保存较好、内容基本完整的山林土地契约和内容相对重要的其他文书，如账单、税单、验契单等。包含了剑河县境内各族群众生活、劳作、协商、交往的复杂历史信息，种类繁多，内容丰富，藏量巨大。种类包括明代至民国时期产生的各种契约、税单、账册、乡规民约、诉讼文书、政府文告（抄本）、乡土教材、家规族谱等，内容涉及经济交往、权利分配、土地山林归属等诸多问题，该书将其各类文书通过技术扫描等手段，将其按照高清画质图片刊印成书，以便于文化遗产保护开发或学术研究甄采利用，充分发挥其历史研究价值和文献利用价值。

贵州清水江文书黎平卷（第二辑）

编者：贵州省档案馆、黔东南州档案馆、黎平县档案馆

贵州人民出版社　　**字　数：**158万

该书分为5册，选编原则为黎平县档案馆馆藏明清两朝和民国时期原始契约保存较好、内容基本完整的山林土地契约和内容相对重要的其他文书，如账单、税单、验契单等。包含了黎平县境内各族群众生活、劳作、协商、交往的复杂历史信息，种类繁多，内容丰富，藏量巨大。种类包括明代至民国时期产生的各种契约、税单、账册、乡规民约、诉讼文书、政府文告（抄本）、乡土教材、家规族谱等，内容涉及经济交往、权利分配、土地山林归属等诸多问题，该书将其各类文书通过技术扫描等手段，将其按照高清画质图片刊印成书，以便于文化

遗产保护开发或学术研究甄采利用，充分发挥其历史研究价值和文献利用价值。

（周端敏）

滇军抗战史话

编者：云南省档案馆

云南民族出版社　**字　数：**25万

该书挖掘并梳理云南省档案馆馆藏档案资料，分“慷慨壮歌赴疆场”“浴血勇冠台儿庄”“挥戈转战湘鄂赣”“碧血千载染中条”“众志成城援抗战”“守土有责保家园”“滇军受降壮国威”“1937—1945年滇军抗战足迹”等八个部分，重现滇军抗战可歌可泣的历史壮举，歌颂云南军民的爱国情怀和保家卫国的民族精神。

云南文庙影像

编者：云南省档案馆

云南民族出版社　**字　数：**16万

该书分“文庙今韵”“文笔塔影”两部分，通过翔实的档案资料、平实的语言文字、540余帧精美的图片，从不同的角度，全面呈现云南省57处文庙、51座文笔塔的历史状况和今日风貌，凸显了文庙作为优秀传统建筑和文人天地结合体的魅力，对于云南文庙、文笔塔资料的保存和传承起到重要作用，也为读者了解文庙文化进而全面了解云南文化提供重要平台。

云南省档案馆馆藏名人手迹

编者：云南省档案馆

云南民族出版社　**字　数：**19万

本书精选散存于云南省档案馆馆藏各有关全宗内的，与云南有关的近现代175位名人181件手迹汇辑成书。这些名人手迹，兼具文献史料和书法艺术价值，有的是名人亲笔手书的函件信札便条，有的是他们填写的履历表格，内容既有公务磋商，也有事务批示、师友举荐等，读者从中可以窥见书写者的才华和性情，领会其中传达的丰富的传统文化信息，并可细细品味档案之美。

中国文献遗产名录云南珍档解读

编者：云南省档案馆

云南民族出版社　**字　数：**19万

该书以图文并茂的形式，通过专家深入浅出的解读，展示云南入选《中国档案文献遗产名录》的7组档案珍品——“护国首义档案”“抗战时期华侨机工支援抗战运输档案”“纳西族东巴古籍”“彝族文献档案”“昆明教案与云南七府矿权的丧失及其收回档案”“清末云南为禁种大烟倡种桑棉推行实业档案文献”“卡佤山佤族酋长印谱”的庐山真面目，见证云南的神奇美丽和独特魅力，展现云南人独有的情怀和精神，使读者在回味、追寻云南记忆的同时，感知档案文献的独特魅力。

影像中的记忆——滇西抗战图文档案

编者：云南省档案馆、保山市档案馆、保山力宏文化传媒有限公司

云南民族出版社　**字　数：**14万

该书通过“铁血滇缅路”“悲壮远征军”“铁蹄践滇西”“飞虎驼峰线”“胜利大反攻”五个单元，用档案图片呈现日寇的凶残和最后的灭亡，呈现中国军人的壮烈、呈现滇西人民不畏强暴誓死抗战的勇气和中美两国人民并肩作战结下的友谊，展现了中华民族团结在中国共产党倡导建立的抗日民族统一战线旗帜下，万众一心，共赴国难的爱国主义情怀。

（陈静波）

五世达赖喇嘛自传（藏文，上、中、下册3本）

编者：西藏自治区档案馆

西藏人民出版社　**字　数：**46万

该书主要记载了五世达赖喇嘛阿旺罗桑嘉措个人生平事迹相关的历史事件，具有重要的史料价值。该书的最大价值就是证明了历史促成了祖国的统一和不可分割，清朝中央政府对五世达赖喇嘛的体恤优渥，格鲁派初期，特别是五世达赖喇嘛在清朝国家统一的进程中发挥的独特作用。

铁虎清册（藏文，1本）

编者：西藏自治区档案馆

西藏人民出版社　**字　数：**37.7万

该书全称为《甘丹颇章所属卫、藏、塔、工、绒等地区铁虎年普查清册》，为西藏自治区档案馆之馆藏档案。该书原件系黄缎裱糊的大张藏纸上用竹笔黑墨横书的藏文。藏历铁虎年（道光十年，公元1830年），西藏地方政府为增加财政收入，解决差赋负担不平衡的问题，对西藏的卫、藏、塔、工、绒等地区大部分宗豁的土地，差赋以及政府、贵族、寺院各自所领有的土地差赋进行了清查，其清查结果在呈报西藏噶厦政府及摄政审核，加盖印章后制定成清册。

藏念海如噶传记（藏文，1本）

编者：西藏自治区档案馆

西藏人民出版社　　字　数：24 万

该书详细记录了噶举派得道高僧藏念海如噶从出生、学习、救世到圆寂的生平事迹。藏念海如噶的一生波澜起伏，内容引人入胜。藏念海如噶系古典文学名著、家喻户晓的《米拉日巴传》的作者。该作品堪称藏族文学和佛学史上的经典之作，在国内外享有盛誉。作为藏念海如噶传记的作者，果仓日巴本人也是一位著名的噶举派的得道高僧，与藏念海如噶系师徒关系。著有米拉日巴的著名的徒弟日琼巴的传记。作为中国史学的组成部分，藏念海如噶在国内外研究噶举派、佛教史、西藏历史、民族史等方面具有很高的价值。

策默林第一任摄政阿旺楚成传记（藏文，上、下册 2 本）

编者：西藏自治区档案馆

西藏人民出版社　　字　数：44.2 万

该书从策墨林一世阿旺楚成的生平入手，展现了阿旺楚成丰富而充满传奇的人生历程，讲述了阿旺楚成在西藏历史上的杰出功绩，以及为藏、汉、蒙、满等兄弟民族之间的文化交流和密切中央与西藏地方政府的联系所做出的巨大贡献。阿旺楚成是 18 世纪西藏重要历史人物，他是一位从一名普通僧人骤升为仅次于达赖和班禅的传奇人物，曾奉乾隆皇帝命出任摄政，旋即又经清朝中央政府的批准为八世达赖喇嘛强白嘉措经师，随后兼任第六十一任甘丹赤巴，因其才学、政绩，在西藏享有三顶华盖之殊荣，备受尊荣。

第七世班禅额尔德尼洛桑丹贝尼玛传记·世界庄严（藏文，1 本）

编者：西藏自治区档案馆

西藏人民出版社　　字　数：35 万

该书详细记录了七世班禅丹贝尼玛被清政府正式认定为转世灵童，并由驻藏大藏亲自主持坐床大典，后拜八世达赖为师，1788、1791 年，廓尔喀先后两次入侵西藏，1801 年七世班禅受比丘戒，先后担任九世、十世、十一世达赖经师，摄政西藏八月有余，被清宣宗加封“宣化绥疆”的封号等重要历史事件。七世班禅丹贝尼玛深得清历代皇帝与历任驻藏大臣的信任，在宗教上起到团结西藏僧众的作用，在政治上遵从清政府命令，团结达赖，为维护西藏和平稳定方面做出了重大贡献。

西藏甘丹颇章地方政府官员品级簿册·珍宝珠串（藏文，1 本）

编者：西藏自治区档案馆

西藏人民出版社　　字　数：44 万

该书系西藏自治区档案馆整理的原西藏地方政府的历史档案，该书将藏历绕迥十三年木虎年（1794 年）至藏历绕迥十五年木鼠年（1924）间的十三种《珍宝珠串》按时间见顺序排列选辑成册，内容主要由祝词、引导导语、正文以及满清皇帝在位年号和藏历生属年代对照组成，依照三品级到七品级官员的内外职官顶戴品级，记录了僧官、俗官、军事官员的任职时间、任命原因、在任情况以及各大贵族获得爵位和顶戴情况，是了解和研究西藏甘丹颇章地方政府的人事管理制度以及政治制度文化方面的重要历史档案资料。

（黄文霞）

陕西省志·档案志（1988—2012 年）

编者：陕西省档案局

陕西师范大学出版总社　　字　数：80 万余字

该书是《陕西省志》的一部重要分志，全书共 8 篇 28 章，以及大事记、附录等，比较全面地记述了改革开放以来，陕西省档案事业波澜壮阔的发展历程。志书以述、记、志、图、表、录为表述形式，以志为主，采用篇、章、节、目结构层次，重点记述了 1988 至 2012 年底，陕西省档案机构、队伍建设、行政管理、资源建设、保管保护、开发利用、信息化建设、学会发展、科研与交流等方面工作情况。

紫阳贡茶文化

编者：陕西省档案局、紫阳县人民政府

陕西人民教育出版社　　字　数：40 万

该书共收录了有关紫阳茶文化的文章一百余篇、图片八十余幅。全书根据文章内容分为“贡茶文化”“贡茶新语”“媒体掠影”三辑。“贡茶文化”通过历史记载、档案佐证、民歌民谣、民间传说、实地调查等资料，深入挖掘了紫阳茶的文化内涵；“贡茶新语”通过历年来的科研成果，充分展示了紫阳富硒茶的品质特点和产业优势；“媒体掠影”收录了近年来在各大媒体、平台公开发表的有关紫阳富硒茶的文章。

（陕西省档案局）

新疆生产建设兵团历史文件选编

编者：兵团档案局　兵团党委党史研究室

新疆生产建设兵团出版社　　字　数：47 万

该书中所选的文选，均来自兵团馆藏档案和有

关文献，除个别地方作了技术性处理外，均保持历史原貌。书中主要选编了兵团2008至2012年的历史文献41篇，主要收录了兵团历次党代会报告，兵团党委、兵团在经济建设、政治建设、文化建设、社会建设、生态文明建设等方面的重要文献，以及兵团历次经济和社会发展规划纲要的制定和执行情况等，系统地反映兵团党委、兵团在中央和新疆维吾尔自治区党委的领导下，在履行维稳戍边历史使命、维护新疆社会稳定和长治久安、促进经济发展、发挥稳定器大熔炉示范区作用的实践中，形成的执政成果。

（新疆生产建设兵团档案局　王丽萍）

（十二）档案外事工作

国家档案局外事工作发展综述

2017年，国家档案局外事工作取得了新进展。

一、积极参与联合国教科文组织世界记忆项目

国家档案局继续积极参与联合国教科文组织世界记忆项目工作，并取得新进展。应联合国教科文组织雅加达办事处主任金光祚邀请，国家档案局局长李明华等5人于5月8—11日赴马来西亚吉隆坡出席了联合国教科文组织举办的“档案与利用：数字时代东南亚文献遗产”研讨会和联合国教科文组织《关于保存和获取数字遗产在内的文献遗产的建议书》东盟+3磋商会。李明华作为世界记忆项目亚太地区委员会主席，应邀介绍了亚太地区委员会在文献遗产保护和利用方面开展的国际合作，提出了以世界记忆项目为纽带，广泛开展国家、机构和个人之间合作的畅想，得到了与会代表的积极响应。

7月，国家档案局在中国人民大学档案学院成立世界记忆项目北京学术中心并举办“中国与世界记忆项目”论坛。中心经世界记忆项目国际咨询委员会教育与研究分委员会授权设立，由中国人民大学档案学院主办并提供支持。世界记忆项目国际咨询委员会教育与研究分委员会主席洛塔尔·乔丹、国际咨询委员会副主席帕帕·摩玛·迪奥普先生等11位世界记忆项目有关官员和专家参加了开幕式和论坛。

7月19—21日，李明华作为联合国教科文组织世界记忆项目亚太地区委员会主席出席了在东京举行的该委员会第17次会议。会议由日本教科文组织全国委员会承办，主要回顾过去一年亚太地区委员会的工作进展，讨论未来的工作计划。

10月，国家档案局外事办主任王红敏赴法国出席了联合国教科文组织世界记忆项目国际咨询委员会会议。我国申报的《甲骨文》和《近现代苏州丝绸档案》入选世界记忆名录。12月26日，国家档案局、教育部和国家文物局在故宫博物院联合举办了《甲骨文》入选世界记忆新闻发布会。

二、积极参与人文交流机制活动

5月22日，中俄档案合作分委会第一次会议在苏州召开。李明华率档案合作分委会中方成员出席了会议。以俄罗斯联邦档案署署长A. H. 阿尔基佐夫为团长的俄罗斯档案代表团参加了会议。会议讨论了中俄档案合作工作小组第十三次会议纪要的完成情况，以及2016—2020年中俄档案合作工作小组（分委会）工作大纲的实施近况。会议期间，中俄“丝路”历史档案展在苏州市档案馆展出。5月23日，国家档案局和俄罗斯联邦档案署共同举办了“大数据时代和档案工作”中俄档案工作研讨会。

3月，国家档案局加入中南非副总理级人文交流机制中方委员会，王绍忠担任机制中方委员会委员。4月底，王绍忠、王红敏赴南非参加中南非高级别人文交流机制首次会议。

9月13日，由国家档案局和俄罗斯联邦档案署联合举办的“锦瑟万里，虹贯东西——中俄‘丝绸之路’历史档案展”在深圳市档案中心开幕。中共中央政治局委员、国务院副总理刘延东和俄罗斯副总理戈罗杰茨共同出席了展览开幕式并致辞。中央政治局委员、广东省委书记胡春华，中俄人文合作委员会双方部分委员等100多位嘉宾出席。国家档案局局长李明华主持展览开幕式。展览汇集了来自中俄两国档案馆收藏的140件（组）历史档案珍品，展现了两国在外交、贸易、文化等方面近300年的交往历史。

三、积极参与国际档案理事会事务

以国家档案局副局长胡旺林为团长的中国档案代表团一行5人于11月26日至12月1日赴墨西哥城参加了国际档案理事会年会。期间，胡旺林与ICA主席、澳大利亚国家档案馆馆长大卫·弗里克先生等举行了工作会谈。双方交流了数字档案管理方面的经验，同意进一步加强中国国家档案局与澳大利亚国家档案馆和国际档案理事会的合作。

国际档案理事会东亚地区分会第13次全体大会暨数字格式文献遗产的选择和保护研讨会于11月7—8日在贵州省贵阳市举办，来自中国、日本、韩国等国家（地区）的150余名档案工作者参加了会议。会议选举李相敏为新秘书长，并向原秘书长朱福强先生授予荣誉证书。会议特邀来自澳大利亚、

卡塔尔等国家的8位专家和教授作报告，分享了他们从事数字格式文献遗产工作多年来的研究成果，东亚地区分会会员国（地区）代表也分别向大会做了报告。

4月3—7日，中国档案代表团赴瑞典斯德哥尔摩参加国际档案理事会企业档案处会议。4月23—28日，中国档案代表团赴挪威参加国际档案理事会专业协会处执行局会议。6月19—23日，国家档案局副局长刘鲤生等3人赴亚美尼亚参加国际档案理事会欧亚地区分会第18次会议。12月3日，中国档案代表团赴印度参加了国际档案理事会企业档案处执委会会议和研讨会。

四、积极推动档案双边合作与交流

6月20—28日，国家档案局与印尼国家档案馆共同主办，福建省档案馆协办的《中印尼社会文化关系展》在首都博物馆展出。展览共展出110余组珍贵档案，反映了华人与印尼当地人之间的关系，彰显了华人华侨刻苦耐劳、自强不息的奋斗精神，见证了中华文明与世界其他地区文明之间的持续不断的交流和融合。

应捷克共和国国家图书馆和保加利亚共和国国家档案馆邀请，6月26日至7月2日，李明华率中国档案代表团一行5人赴捷克和保加利亚进行工作访问，与捷克国家图书馆、保加利亚国家档案馆分别签署了合作协议，开展了工作交流。出访期间，代表团分别访问了捷克国家图书馆和保加利亚国家档案馆，通过座谈交流和实地参观，了解了捷克和保加利亚的档案工作、文化遗产保护工作情况，特别是有所侧重地了解了档案保管、修复、数字化等方面的情况。

6月22—25日，立陶宛国家档案馆馆长瑞莫尤斯?凯拉耶柳斯率代表团一行4人来京访问，并于6月23日与国家档案局签署了档案合作谅解备忘录。

为执行《中华人民共和国国家档案局和波兰共和国国家档案馆合作协议》，应国家档案局邀请，波兰国家数字档案馆数字化处处长马切伊·加耶夫斯基先生（Mr. Maciej Gajewski）于7月23—29日来华访问。马切伊·加耶夫斯基先生在华期间，先后参观了中国第一历史档案馆、天津市档案局和上海市档案局，了解档案数字化方面的工作情况。

根据《中华人民共和国国家档案局与蒙古国国家档案总局会谈纪要》，国家档案局与蒙古国国家档案总局联合举办的“中蒙关系1949—2016”档案展于9月19日在北京市档案馆举行开幕式。蒙古国驻华大使馆公使衔参赞、蒙古国国家档案总局局长等出席开幕式。

五、积极参与多边国际档案交流

4月4—8日，中国档案代表团赴菲律宾参加了由东南亚—太平洋音像档案协会与菲律宾大学图书馆和信息研究学院、菲律宾文化中心联合主办，由菲律宾电影发展理事会和ABS-CBN广播电视集团电影档案馆协办的第21届东南亚—太平洋音像档案协会会议和以“设想未来的音像档案”为主题的研讨会。代表团围绕“不同环境下音像档案工作者的角色与未来”“社群档案馆”“服务提供商引领的创意与技术”“记忆与档案馆”“面向年轻一代的利用和宣传项目”“历史、文化和音像档案馆”“培养未来的音像档案工作者”“通过联合国教科文组织世界记忆项目保护和宣传音像档案遗产”“技术与合作：档案馆的未来环境”等10个专题与参会的专家和代表进行了交流。

5月22—27日，中国档案代表团赴南非参加第44届国际标准化组织/信息与文献工作技术委员会（ISO/TC 46）大会。6月7—11日，国家档案局副局长付华率中国档案代表团赴澳大利亚参加澳大利亚国家档案馆堪培拉保管中心开馆仪式和研讨会。11月20—24日，中国档案代表团赴莫斯科参加了第24届国际科学实践大会，并做了题为《中国电子档案移交和接收过程的质量控制》的学术报告。11月21—24日，国家档案代表团赴澳门参加“一带一路历史记忆”系列国际研讨会，更好地了解了“一带一路”沿线国家（地区）有关“丝路”文献遗产的保存情况，有助于未来利用文献遗产更好地阐明“丝路”文化与经济从历史上给沿线各国（地区）带来的共赢效应，研究合作申报文献。

六、开展赴境外档案业务培训

10月15日至11月3日，由全国档案系统共22人组成的档案法律培训团，赴美国加利福尼亚州洛杉矶和旧金山两地进行了为期三周的培训学习。代表团在加州州立大学长滩分校学习了美国联邦机构体制、美国档案法律体系、数字档案安全管理等课程。此外，代表团还参观了加利福尼亚州档案馆、河滨县、洛杉矶市档案馆和文件中心、美国国家档案和文件管理局旧金山分局、尼克松总统图书馆和互联网档案馆等单位，与美国档案界同仁、其他相关方面人士进行了广泛而深入的交流。

11月12日至12月3日，6名档案工作者赴香港参加由国际档案理事会东亚地区分会和香港大学共同举办的“档案学深造证书班”。在为期3周的学习中，学员们系统学习了档案学基本理论，包括档案学基本术语、档案生命周期管理、档案整理、档案分类、档案著录、档案鉴定、档案宣传、电子文件管理、档案法律与道德问题、企业档案管理等方面内容，还就档案工作中经常遇到的一些有争议的实践问题展开讨论、寻求最佳解决方案，收获颇丰。

七、赴德国向托马斯·拉贝转交《拉贝日记》仿真复制件

12月，《拉贝日记》(家庭卷）入藏中央档案馆。

（刘双成）

国家档案局代表团出席联合国教科文组织举办的研讨会和东盟+3磋商会

5月8日至11日，应联合国教科文组织雅加达办事处邀请，国家档案局局长李明华等5人出席了在马来西亚吉隆坡举行的“保护与利用：数字时代东南亚文献遗产”研讨会和《关于保存和获取包括数字遗产在内的文献遗产的建议书》东盟+3磋商会。联合国教科文组织助理总干事法兰克·拉卢先生、东盟副秘书长、马来西亚旅游和文化部秘书长等出席了开幕式，50多位来自中、日、韩和东盟国家的代表出席了会议。

作为世界记忆项目亚太地区委员会主席，李明华局长应邀介绍了亚太地区委员会在文献遗产保护与利用方面开展的国际合作项目；提出了以世界记忆项目为纽带，广泛开展国家、机构和个人间的合作的倡议，得到与会代表的积极回应。会议草拟了《联合国教科文组织东盟成员国行动计划》。

（李文栋）

中俄档案合作分委会第一次会议暨“大数据时代和档案工作”中俄研讨会

5月22日，中俄档案合作分委会第一次会议在苏州召开。国家档案局局长李明华和俄罗斯联邦档案署署长A. H. 阿尔基佐夫出席会议。会议讨论了中俄档案合作工作小组第十三次会议纪要的完成情况，以及2016—2020年中俄档案合作工作小组（分委会）工作大纲的实施近况。会后，双方签署了会议纪要。

5月23日，国家档案局和俄罗斯联邦档案署共同举办了“大数据时代和档案工作”中俄档案工作研讨会。5位中方报告人和3位俄方报告人就大数据背景下档案工作面临的挑战与机遇展开探讨和交流，数百名来自全国各地的档案工作者参加了本次研讨会。

会议期间，为配合“一带一路”倡议，国家档案局与俄罗斯联邦档案署共同举办了“中俄‘丝绸之路’历史档案展”。展品主要由中央档案馆、中国第一历史档案馆、苏州市档案馆和俄罗斯的档案馆提供。展览从中国与俄罗斯交往的珍贵历史档案中挑选菁华，制作成110余件展板和复制件，展现了“丝绸之路”纽带两端的中俄交往历史。

（张乔）

参加澳大利亚国家档案馆堪培拉保管中心开馆仪式和研讨会

6月7—11日，应澳大利亚国家档案馆馆长大卫·弗里克邀请，国家档案局副局长付华等4人赴澳大利亚参加澳大利亚国家档案馆堪培拉保管中心开馆仪式，并参加国际档案研讨会和国家档案馆馆长论坛。

6月8日，澳大利亚国家档案馆举办了题为“全球视角下的文献遗产保护”的国际研讨会。来自26个国家的代表参加了研讨会，多位国家档案馆馆长受邀在研讨会上做了报告。

6月9日上午，付华副局长率中国档案代表团出席澳大利亚堪培拉保管中心开馆仪式，参观保管中心数字化工作室、修复工作室和档案库房。下午，出席国家档案馆馆长论坛。会议讨论了如何更好地发挥国家档案馆馆长论坛（FAN）机制作用，对全球档案事业发展作出更大贡献。会议的主要议题包括：开放政府、分享档案管理经验和实践、档案数字化、档案法规和标准制定、分享档案遗产等。

（刘双成）

参加国际档案理事会欧亚地区分会第18次会议和“档案征集领域的迫切问题”学术大会

6月19日至23日，国家档案局副局长刘鲤生等3人赴亚美尼亚参加国际档案理事会欧亚地区分会第18次会议和“档案征集领域的迫切问题”学术大会。会上，各成员国家代表对各自国家在2016—2017年档案事业的发展情况做了简要介绍。

刘鲤生副局长代表中国档案部门介绍了中国近一年来档案事业发展的总体情况，与会代表对中国政府高度重视档案工作，特别是加大对档案建设的投入以及档案事业取得的进步给予积极评价。

国家档案局保管部接收征集处同志做了题为《中国中央档案馆的档案收集工作》的报告，得到了与会代表的肯定。

（张乔）

举办“19世纪中期至20世纪”中印尼社会文化关系档案展

6月20日，由国家档案局和印度尼西亚国家档案馆主办、福建省档案馆协办的“中印尼社会文化关系档案展”在北京首都博物馆举办开幕式。国家档案局局长李明华、印尼国家档案馆穆斯塔瑞·伊勒万、印尼驻华大使苏更·拉哈尔佐出席了展览开幕式。

展览以“中印尼社会文化关系”为主题，以档案史料为载体，展出中印尼侨批档案近200件。展览共分三个部分：第一部分为“丝路帆远、异国谋生”，展现了华侨华人沿海上丝绸之路在印尼落地生根的历史印记；第二部分为“海上批路、汇通天下”，从侨批溯源、递送、作用等方面全方位再现了珍贵的侨批档案；第三部分“海邦剩馥、记忆永存”，展示了华侨华人将家乡的生活方式、风俗习惯、文化教育等带到侨居地的整合轨迹。

展品形式多样，不仅有信件、照片、文件、报告等，还有珍贵的侨批档案；内容丰富，包括反映华人与当地达雅族之间关系的文件、有关侨批的最早记载、当地移民局向华人签发的居留许可证等。展览再现了特定历史时期移居印尼的闽籍华侨华人的生产生活，是中国华侨华人的历史记忆，也见证了中华文明与世界其他地区之间持续不断的交流与整合。

（李文栋）

立陶宛国家档案馆馆长瑞莫尤斯·凯拉耶柳斯率代表团访华

6月22—25日，立陶宛国家档案馆馆长瑞莫尤斯·凯拉耶柳斯率代表团一行4人来京访问，期间参观了中国第一历史档案馆等。6月23日，国家档案局局长李明华会见立陶宛国家档案馆馆长瑞莫尤斯·凯拉耶柳斯，双方签署了《中华人民共和国国家档案局和立陶宛共和国档案局档案领域合作谅解备忘录》，在档案利用、档案复制件交换以及其他档案领域的合作达成一致。

（刘双成）

国家档案局代表团赴捷克和保加利亚访问

6月26日至7月2日，国家档案局局长李明华率中国档案代表团一行5人赴捷克和保加利亚进行工作访问，与捷克国家图书馆、保加利亚国家档案馆分别签署了合作协议，开展了工作交流。

访问期间，代表团受到了捷克国家图书馆马丁·戈康达馆长和保加利亚国家档案馆格鲁耶夫馆长热情、周到的接待。捷克国家图书馆古籍珍藏馆、图书修复工作室、图书数字化工作室等保管保护设施和相关工作以及保加利亚国家档案馆档案修复工作和档案数字化工作给代表团留下了深刻的印象。

（刘双成）

世界记忆项目亚太地区委员会执行局会议

7月19—21日，联合国教科文组织世界记忆项目亚太地区委员会（MOWCAP）第17次执行局会议在日本东京举行。本次会议由日本联合国教科文组织全国委员会承办，国家档案局局长李明华作为MOWCAP主席主持会议并在开幕式和闭幕式上讲话。日本文部科学省科学省国际事务部主任、日本联合国教科文组织全国委员会秘书长里见朋香女士参加开幕式并致欢迎词。

会上，执行局成员就过去一年MOWCAP的工作运转、财务状况、活动情况、新闻通讯、项目进展、资金筹集、行政管理等事项进行了沟通，讨论了世界记忆亚太地区名录提名程序修订和名录分委员会改革事宜。会议还确定，2018年MOWCAP第8次全体大会将于2018年5月下旬在韩国光州举办。

会后，全体参会人员对日本国立公文书馆、东洋文库和东京国立博物馆进行了工作访问，并在东京国立博物馆就数字化遗产的保护问题进行了座谈交流。

（张轶哲）

世界记忆项目北京学术中心启动仪式暨“中国与世界记忆项目”论坛在中国人民大学举办

7月11日，世界记忆项目北京学术中心启动仪式暨“中国与世界记忆项目”论坛在中国人民大学召开。中国国家档案局局长、世界记忆项目亚太地区委员会主席、中国国家委员会主席李明华，中国人民大学党委书记靳诺，联合国教科文组织世界记忆项目国际咨询委员会副主席、教育和研究分委员会主席洛塔尔·乔丹等出席开幕式并致辞。联合国教科文组织世界记忆项目国际咨询委员会副主席帕帕·摩玛·迪奥普等来自海内外的70多位专家、学者出席会议。

会上，中国国家档案局、联合国教科文组织世界记忆项目教育和研究分委员会、中国人民大学档案学院共同签署了关于开展世界记忆项目合作的谅解备忘录，并举行了世界记忆项目北京学术中心揭牌仪式，标志着世界记忆项目北京学术中心的正式成立。该中心由中国人民大学档案学院主办，协助世界记忆项目中国国家委员会和世界记忆项目教育和研究分委员会在中国推广世界记忆项目，收集和保存与世界记忆项目相关的各类文献，提供文献遗产保护、修复和数字化的研究依据及最佳实践范例，探索与联合国教科文组织其他世界遗产项目的协同作用及开展科研、培训等。中心的成立有助于世界记忆项目在中国，特别是在中国年青一代中的推广和宣传，吸引更多的有识之士投身世界记忆项目的研究。

（张轶哲）

举办“锦瑟万里，虹贯东西——中俄‘丝绸之路’历史档案展”

9月13日，国家档案局和俄罗斯联邦档案署在深圳市档案中心联合举办“锦瑟万里，虹贯东西——中俄‘丝绸之路’历史档案展”。中共中央政治局委员、国务院副总理刘延东和俄罗斯副总理戈罗杰茨共同出席了展览开幕式并致辞。中央政治局委员、广东省委书记胡春华同志，中俄人文合作委员会双方部分委员等100多位嘉宾出席。

中俄“丝绸之路”历史档案展是中俄人文合作委员会档案合作分委会2017年计划的一部分，同时也是中俄人文合作委员会第十八次会议的配套活动。本次展览汇集了来自中俄两国档案馆收藏的140件（组）历史档案珍品，展现了两国在外交、贸易、文化等方面近300年的交往历史。

参观结束后，刘延东副总理和戈洛杰茨副总理分别为展览题词。刘延东副总理题词：见证丝绸之路历史，再谱一带一路华章，共创中俄友好未来。戈洛杰茨副总理题词：祝贺俄中展览开幕！展览为俄中两国人民的友好关系发展做出了巨大贡献！

（张乔）

举办“中蒙关系1949—2016”档案展

9月21日，“中蒙关系1949—2016”档案展在北京市档案馆开幕。本次展览是在《中国国家档案局与蒙古国国家档案总局档案领域合作协议》框架下举办的，由国家档案局和蒙古国国家档案总局主办、北京市档案局协办。国家档案局局长李明华、蒙古国国家档案总局局长浩日乐丹巴·达木丁苏荣出席展览开幕式并致辞。国家档案局副局长王绍忠、蒙古国驻华大使馆公使衔参赞布拉根、北京市档案局局长程勇应邀出席展览开幕式。

展览分为“睦邻友好”“战略伙伴关系”“全面战略伙伴关系”3个部分，汇集了110余组珍贵档案资料和照片，反映了1949年中蒙建交以来在政治、经济、文化各方面的友好往来历史。其中较有代表性的档案包括：1949年10月6日，蒙古国部长会议主席兼外交部长霍尔洛·乔巴山元帅关于与中华人民共和国建交事宜的信函；1952年中蒙两国再递的国书；1960年5月27日至6月1日，周恩来总理访蒙并签署《中蒙友好互助条约》时的照片等。这些展品主要来自中央档案馆、外交部档案馆、北京市档案馆、内蒙古自治区档案馆、江苏省档案馆、山东省档案馆、南京市档案馆等单位。蒙古国国家档案总局也为展览提供了重要素材。

（李文栋）

《甲骨文》《近现代中国苏州丝绸档案》和《清代澳门地方衙门档案（1693年至1886年）》入选世界记忆名录

10月，我国申报的《甲骨文》《近现代中国苏州丝绸档案》和《清代澳门地方衙门档案（1693年至1886年）》成功入选世界记忆名录。

2016年，国家档案局与国家文物局共同确定以中国社科院、国家图书馆、故宫博物院等11家单位珍藏的约9.3万片甲骨为申报主体，启动《甲骨文》申报世界记忆名录工作。《甲骨文》的成功入选表明了世界对甲骨文重要文化价值的高度认可，对于国际社会了解和认识甲骨文以及中华优秀传统文化具有重要意义，也为增强中华民族文化自信注入了力量。

《近现代中国苏州丝绸档案》由苏州工商档案管理中心申报，是19世纪到20世纪末苏州众多丝绸企业和组织在技术研发、生产管理、营销贸易、对外交流过程中形成的由纸质文字、图案、图表和丝绸样本实物等不同形式的原始记录共计 2.95 万余卷。这组档案既是 100 多年苏州丝绸产业工艺技术和历史的珍贵记录，又见证了中国现代工业成长和一个多世纪的东西方商贸交流，对档案系统讲好“中国故事”、助推“一带一路”建设具有很大作用。

《清代澳门地方衙门档案（1693—1886 年）》为澳门档案馆和葡萄牙东波塔国家档案馆联合申报，由 3600 份档案文书组成。这批档案主要形成于 18 世纪中叶至 19 世纪中叶，是澳门地方官员在行使中国对澳门管制权的过程中，与澳门议事会理事官之间文书往来所形成的地方衙门档案，也有反映当时澳门社会状况、人民生活、城市建设和商业贸易而产生的各种账目、信札、契约、合同等，是研究澳门历史以至中外关系史极为珍贵的第一手资料。

（张轶哲）

国际档案理事会东亚地区分会第十三次全体大会暨数字格式文献遗产的选择和保护研讨会

11 月 6—8 日，国际档案理事会东亚地区分会第十三次全体大会暨数字格式文献遗产的选择和保护研讨会在贵阳召开。来自中国、日本、韩国、蒙古和中国香港特别行政区、澳门特别行政区的东亚地区分会会员单位代表，以及国内档案部门工作者 150 多人参会。

会议由国际档案理事会东亚地区分会和国家档案局联合主办、贵州省档案局承办。国家档案局局长李明华，贵州省副省长何力，国际档案理事会东亚地区分会主席、日本国立公文书馆馆长加藤丈夫出席开幕式并致辞。

开幕式结束后，国际档案理事会东亚地区分会举行了第 13 次全体大会。大会对 2015 年至 2017 年东亚地区分会的相关活动作了报告，选举和任命了新任秘书长，批准了新的项目和计划。

研讨会上，与会者针对数字时代给档案工作带来的全新机遇和挑战展开讨论，共商发展。国家档案局副局长付华作了题为《中国数字档案资源的积累与保存》的报告。

（张轶哲）

国际档案理事会东亚地区分会和香港大学共同举办“档案学深造证书班”

11 月 12 日至 12 月 3 日，国家档案局派出 6 名档案工作者赴香港参加由国际档案理事会东亚地区分会和香港大学共同举办的“档案学深造证书班”。

在为期 3 周的学习中，学员们系统学习了档案学基本理论，包括档案学基本术语、档案生命周期管理、档案整理、档案分类、档案著录、档案鉴定、档案宣传、电子文件管理、档案法律与道德问题、企业档案管理等方面内容，还就档案工作中经常遇到的一些有争议的实践问题展开讨论、寻求最佳解决方案，收获颇丰。学员们在高强度、全天候的英文授课环境中，认真听课，积极发言，与其他国家和地区的同学充分交流，也得到了培训主办方的高度赞誉。

（张轶哲）

国家档案局代表团参加国际档案理事会年会

11 月 26 日至 12 月 1 日，国家档案局副局长胡旺林等 5 人赴墨西哥城参加了国际档案理事会年会。该会议由国际档案理事会（ICA）、国际档案理事会拉丁美洲分会和墨西哥国家档案馆（AGN）主办，共有来自 83 个国家和地区的 568 位会议代表参加了会议。会议的主题是：“档案、公民权利和跨文化主义。”

代表团参加了主旨报告会议、部分平行会议和 ICA 全体大会，交流了《我国受灾纸质档案的抢救与修复》和《土地登记档案——农民权益的守护者》的报告。

11 月 27 日，ICA 主席、澳大利亚国家档案馆馆长大卫·弗里克先生在 IMSS 的 ICA 办公室会见了胡旺林，澳大利亚国家档案馆顾问委员会副主席普普里克先生参加了会见。大卫·弗里克感谢中国国家档案局对 ICA 以及联合国教科文组织世界记忆项目所做出的贡献。胡旺林向大卫·弗里克先生介绍了中国在档案数字化、信息安全等领域所开展的工作和取得的成果，表示将进一步推动国家档案局和 ICA 以及澳大利亚国家档案馆之间的合作。

（刘双成）

（十三）中国档案学会

2017 年中国档案学会工作综述

中国档案学会在国家档案局和中国科协的指导下，在八届理事会领导下，按照中国科协的工作部署及中国档案学会年度工作计划顺利开展八届理事会各项工作。

一、学会日常工作

8 月 16 日在石家庄召开中国档案学会八届三次理事会，段东升理事长通报了成立中国档案学会党委的情况。根据理事长提名经八届四次常务理事会决定，提请本次理事会以投票表决方式增补副理事长 2 名，增补常务理事 3 名。会议通过无记名投票方式选举胡振荣、邓小军为副理事长，邓小军兼任秘书长，增补耿树伟、许桂清、黄玉明为常务理事。新当选副理事长兼秘书长邓小军向大会通报《中国档案学会 2017 年改革方案》。

8 月 16 日在石家庄召开八届五次常务理事会，28 位常务理事参加会议，会议审议通过了《中国档案学会 2017 年上半年工作情况及下半年工作计划》《关于审批中国档案学会单位会员和个人会员入会情况的报告》《中国档案学会分支机构管理办法》。

12 月 26 日在北京召开八届六次常务理事会，审议通过了《中国档案学会 2017 年工作总结及 2018 年工作计划要点》《组织工作委员会关于审核 2017 年下半年申请加入中国档案学会个人会员和单位会员的情况报告》，讨论 2018 年全国档案工作者年会筹备工作。

积极发展会员，完善会员管理制度，不断增加学会凝聚力。2017 年中国档案学会共发展个人会员 41 名，单位会员 66 个。截至 2017 年 12 月底，中国档案学会共拥有个人会员 8007 人；单位会员 221 个。

加强对专业委员会的管理，2017 年制定了适应改革要求的《中国档案学会分支机构管理办法》，并认真执行，初见成效。

中国档案学会作为全国档案专家选拔工作的牵头单位之一，在所属专业委员会范围内组织进行了 2017 年全国档案专家推荐工作。经过个人申报、专业委员会推荐、专家评审等流程，中国档案学会完成 20 名全国档案专家候选人推荐工作。

二、党建工作

经中国科协科技社团党委批准，中国档案学会于 2017 年 1 月正式成立理事会层面党委。党委设委员 5 名，段东升为书记，邓小军为常务副书记，张斌为纪委委员，丁志隆、高大岭为委员。学会党委在学会建设中发挥政治核心、思想引领和组织保障作用，积极开展工作。

中国档案学会办事机构党支部召开 2 次民主生活会、1 次组织生活会，参加 4 次政治业务学习，参加中央办公厅党委组织的学习 17 次 32 人次。组织学会全体人员参观“砥砺奋进的五年”大型成就展览，开展党日活动，组织学会全体人员收看十九大开幕会。副理事长兼秘书长邓小军参加了“中办机关局级领导干部学习习近平新时代中国特色社会主义思想专题研讨班”的学习。全体人员认真学习领会习近平新时代中国特色社会主义思想和党的十九大精神，统一思想认识，明确政治方向，坚定理想信念。11 月在武汉召开部分高校理事座谈会期间，组织参观武汉东湖毛泽东故居。

三、学术期刊

办好会刊，努力提升学术出版水平。中国档案学会规范《档案学研究》编审流程，严把稿件质量关，2017 年完成 6 期《档案学研究》编辑出版工作，全年共刊发论文 134 篇。

整合在线编辑系统，完成《档案学研究》创刊以来 159 期内容的数字化工作，可通过中国档案学术网进行检索、浏览，方便读者利用。为提高信息化水平，更好地为会员服务，对网站进行改版，增加学会党建、会议管理、会员管理等功能。

发挥各专业委员会的专业特长和人才优势，组织编撰出版了《非物质文化遗产档案管理体系构建研究》《数字时代的档案整理》《档案数字化前整理工作》《企业档案信息化建设理论与实践》等学术专著。

（中国档案学会）

2017年全国档案学会秘书长会议

2017年全国档案学会秘书长工作会议于3月在北京科技会堂召开。国家档案局局长、中央档案馆馆长李明华，国家档案局副局长、中央档案馆副馆长付华，中国档案学会理事长段东升，中国科协党组成员兼学会学术部部长、企业办公室主任宋军出席会议并讲话。李明华同志讲话要求，档案学会工作要紧紧围绕习近平总书记系列重要讲话精神，从4个方面入手把学会工作进一步推向前进，一是要不断增强“四个意识”，二是要不断增进创新意识，三是要不断增进人才意识，四是要不断增进责任意识。李明华强调，学会工作重要、使命光荣，要进一步增强使命感和责任感，以更加奋发有为的精神、更加高效务实的作风发挥学会的功能，推动档案工作迈上新台阶；要努力扎实工作，开拓进取，以优异成绩迎接党的十九大胜利召开。付华同志提出，档案学会工作要在提升3个能力上下功夫，一是要在提升组织建设能力上下功夫，二是要在提升队伍建设能力上下功夫，三是要在提升学会服务能力上下功夫。段东升要求档案学会要全面贯彻中国科协有关改革和创新精神，并重点强调，一要着力提升学术建设能力；二要着力提升社会服务能力；三要着力提升基础保障能力。会上，中国食品科学技术学会副理事长兼秘书长邵薇，中国公路学会副理事长兼秘书长刘文杰介绍了各自的改革与创新经验。

（中国档案学会）

国家档案局“6·9国际档案日”专题讲座

中国档案学会配合国家档案局举办“6·9国际档案日”讲座，邀请故宫博物院研究馆员、故宫学研究所副所长王军作了题为《从档案史料看北京城市结构调整》的专题讲座。国家档案局局长、中央档案馆馆长李明华主持讲座，国家档案局副局长、中央档案馆副馆长刘鲤生等出席活动。在讲座中，王军通过大量珍贵档案，回顾了新中国成立初期中央人民政府行政中心区位置之争、改革开放以来有关北京城市结构问题的讨论、北京奥运大发展时期城市总体规划的修编与实施等重大事件，分析了北京单中心城市结构的形成过程，对如何进一步推进北京城市结构调整和京津冀协同发展进行了战略思考。

讲座让听众切身感受到，丰富的档案史料见证了北京半个多世纪以来的建设历程，真切认识到科学决策对于城市发展的重要意义。来自中央和国家机关、人民团体、中央企业档案部门等100余家单位的500余人聆听了讲座。

（中国档案学会）

2017年海峡两岸档案暨缩微学术交流会

中国档案学会继续举办已有26年历史的“海峡两岸档案暨缩微学术交流会”。7月6—7日在甘肃省敦煌市召开了主题为“互联网时代的社会记忆”的“2017年海峡两岸档案暨缩微学术交流会”，来自大陆和台湾的98名专家学者参加了会议。国家档案局副局长、中央档案馆副馆长付华、甘肃省委副秘书长省档案局局长赵国强、中国档案学会理事长段东升、中国文献影像技术协会副理事长杨成斌、中华档案暨资讯微缩管理学会理事长吴学燕出席开幕式并致辞。围绕主题分别从“档案、文献的标准体系建设”“新业态下档案、文献安全保障”“信息时代档案、文献的资源建设”“互联网时代档案、文献服务的创新”“网络时代数字信息的保存方式”五个内容约请全国各地档案部门、大学的专家学者撰写论文，中国文献影像技术协会也在图书馆界进行了论文的约稿，共撰写了17篇论文。台湾代表提交了8篇论文。两岸20位发言人围绕主题进行了交流。台湾代表团还与敦煌研究院的专家围绕“数字敦煌”进行了学术交流。

（中国档案学会）

授渔计划精准扶贫一帮一助学行动

中国档案学会在国家档案局指导下积极开展扶贫公益活动。为贯彻落实习近平总书记提出的“精准扶贫”和“扶贫先扶智”的指示精神，积极响应国家大力发展职业教育的政策方针，中国档案学会积极参加“授渔计划”和国家档案局、共青团中央“青年之声”等单位在全国开展精准扶贫一帮一助学行动，用公益推动职业教育发展。

（中国档案学会）

2017年全国青年档案工作者学术论坛

9月20—21日在杭州举办“2017年全国青年档案工作者学术论坛”。国家档案局副局长、中央档案馆副馆长付华、浙江省档案局局长刘芸等领导出席会议。论坛的主题是“青年—档案事业发展与创新中的力量担当”，征集论文700余篇，评选出优秀论文 182 篇，11 位青年档案工作者做了学术交流发言，来自浙江省档案学会的韩李敏理事长、浙江大学的傅荣校教授、辽宁大学的丁海斌教授对发言进行了精彩的点评。会议还特邀中国第二历史档案馆馆长马振犊作了“档案中的抗日战争史”的专题讲座。

（中国档案学会）

中国档案学会召开系列学术研讨会

中国档案学会服务档案事业发展大局，践行为科学决策服务的宗旨，针对档案工作中的热点及难点问题，组织召开了系列学术研讨会。

1. 中国档案学会与北京市档案局、北京市社科联共同举办的“档案见证北京”文化系列讲座共 12 场。

2. 2 月 23—24 日在上海召开“电子文件归档与电子档案管理模式创新研讨会”，国家档案局副局长、中央档案馆副馆长付华，上海市档案局馆长朱纪华、副局馆长邢建榕，中国（上海）自由贸易试验区管委会副主任李兆杰等领导出席会议。来自国家档案局馆，部分省市档案局馆、自贸试验区和有关高校、中央企业的代表共 50 余人参加会议。会议深入探讨了电子文件归档与电子档案管理模式创新问题，分享了上海自贸区等单位在电子文件单套制管理方面的创新经验。上海市档案局、国家开发银行办公厅、国家电网公司档案馆、中国人民财产保险股份有限公司等作了经验交流，与会代表围绕主题进行了深入的探讨，取得了一定的共识。

3. 4 月 18 日中国档案学会和浙江省档案学会联合举办的“档案公共服务能力建设学术研讨会”在杭州召开。中国档案学会理事长段东升出席会议并致辞，浙江省档案局局长刘芸作主旨发言，来自浙江省和全国各地档案部门和高校的 10 位同志在会上发言。与会代表分析研究了当前档案公共服务的现状和存在的问题，深刻阐释了档案公共服务的内涵、外延、意义和作用，明确提出了在新形势新要求下，进一步提高对档案公共服务能力建设重要性和紧迫性的认识。在认清自身不足的基础上，明确了要从强化法治意识，扎实做好档案基础工作，充分利用现代信息化手段，彻底免除公民查阅利用档案的收费制度，建立档案利用收集信息的研判机制，加强档案从业人员职业能力教育等方面扎实提高档案公共服务能力。

4. 5 月 11 日中国档案学会与云南省档案学会在昆明联合举办“档案中介服务管理研讨会”，来自各地的 70 位代表参加了会议。国家档案局、浙江省档案局、宁夏回族自治区档案局、广东省档案局、昆明市档案局的代表及中国人民大学、南京大学、云南大学的学者围绕档案中介服务管理的研究与实践作了交流发言，分析研究了当前档案中介机构服务管理的现状和存在的问题，阐明了档案中介服务的内涵、意义和作用，交流了各地档案中介服务管理的经验和做法，提出了新形势下进一步做好档案中介机构服务和管理的措施和办法。

5. 6 月 15 日中国档案学会与陕西省档案学会在西安联合举办了“方言建档研讨会”，来自全国 22 个省市自治区和计划单列市档案局馆的代表，特邀的陕西师范大学、清华大学专家，以及四川大学、云南大学学者参加了会议。来自浙江省档案局、天津市档案局、陕西省档案局、东莞市档案局、湖北省档案局、云南省档案局、陕西省佛坪县档案局的 7 位代表围绕方言建档工作和少数民族口述记忆抢救工作作了发言。教育部长江学者、陕西师范大学邢向东教授介绍了世界上最大规模的语言资源保护项目“中国语言资源保护工程”。

6. 8 月 17 日与河北省档案学会等单位在石家庄联合举办“绿色档案馆建设研讨会”。来自全国各地档案部门、高校、企业的 250 余人参加了会议，与会代表分享了绿色档案馆建设方面的成果。同期中国档案学会与国家档案局经科司在石家庄联合召开了“电子会计档案管理研讨会”。来自财政部、中国石油、中国电信、交通银行等单位的专家围绕电子会计档案的实践与研究进行了研讨。

7. 9 月 21 日中国档案学会与国家档案局法规司在杭州联合召开“《中华人民共和国档案法》修改研讨会”。会议重点围绕《档案法》修改的重点和难点问题展开深入讨论。全国人大常委会教科文卫委员会、国务院法制办等有关领导，及来自全国 17 个省市档案局馆的有关同志，高校档案学、法学方面的专家学者等参加会议。

8. 10 月 28 日中国档案学会与中国人民大学档案学院联合召开“吴宝康学术思想研讨会”，与会学者围绕吴宝康对新中国档案学理论发展的贡献及学术思想进行了研讨。

9. 中国档案学会指导各专业委员会开展学术交流活动，学会所属七个专业委员会分别围绕各自所属专业领域，召开学术年会和专题研讨会。基础理论学术委员会召开“学术年会暨档案学理论发展与地方档案工作创新学术研讨会”，整理鉴定学术委员会召开了“抗战档案整理鉴定研讨会”，档案文献编纂学术委员会召开了“档案编研开发与档案文化建设”专题研讨会，档案信息化技术委员会召开“电子文件归档与电子档案安全管理”2017年学术年会，企业档案学术委员会举办了“企业档案工作风险评估高端论坛暨座谈会”，档案保护技术委员会召开了“经典再现·胶片老电影保护研讨展示会”，影像技术委员会召开了“三维电子文件归档与管理”学术交流会。

（中国档案学会）

（十四）档案统计资料

2017 年度各省、自治区、直辖市档案事业机构情况表

单位：个

省别	各级档案行政管理部门	各级各类档案馆	档案室（处、科）
北京市	17	18	1545
天津市	17	33	1345
河北省	92	228	3747
山西省	131	147	4681
内蒙古自治区	115	141	5553
辽宁省	115	143	6244
吉林省	70	89	3083
黑龙江省	126	170	965
上海市	17	38	669
江苏省	109	159	3586
浙江省	99	114	5898
安徽省	123	152	7211
福建省	95	119	89
江西省	112	157	5694
山东省	155	222	7743
河南省	177	207	3529
湖北省	119	152	8714
湖南省	138	168	4109
广东省	141	190	575
广西壮族自治区	126	159	5784
海南省	23	35	1339
重庆市	40	66	2318
四川省	205	244	5684
贵州省	99	107	4607
云南省	145	157	133
西藏自治区	82	86	2245
陕西省	118	147	3102
甘肃省	101	114	7761
青海省	55	63	843
宁夏回族自治区	25	29	309
新疆维吾尔自治区	110	120	6751
* 合计 *	3097	3974	115856

2017年度各省、自治区、直辖市各级档案行政管理部门人员情况表

单位：人

省别	总计		现有全部专职人员情况																			
		其中：女性	年龄			文化程度									档案专业程度							
			50岁及以上	35—49岁	34岁及以下	博士研究生	硕士研究生	研究生班研究生	双学士	大学本科	大专	中专	高中	初中及以下	博士研究生	硕士研究生	研究生班研究生	大学本科	大专	中专	职业高中	接受在职培训教育
北京市	438	253	111	241	86	7	72	36	4	300	17	1	0	1	2	12	1	42	0	1	0	365
天津市	291	152	91	133	67	3	34	16	13	207	15	2	1	0	1	1	1	39	3	3	0	154
河北省	929	537	319	500	110	1	21	28	5	506	285	54	25	4	0	3	0	32	24	4	0	164
山西省	1444	931	379	788	277	0	28	8	5	751	540	48	57	7	0	5	0	47	84	41	0	387
内蒙古自治区	1287	735	470	621	196	1	23	16	18	747	442	23	17	0	0	0	0	50	64	5	0	336
辽宁省	1324	826	387	690	247	2	68	25	9	978	212	15	13	2	0	12	2	163	29	13	0	413
吉林省	776	411	260	424	92	4	16	24	18	513	174	13	12	2	0	0	0	23	23	1	1	170
黑龙江省	1120	668	370	579	171	0	34	15	5	724	297	29	14	2	0	3	3	69	16	0	0	190
上海市	239	107	88	121	30	2	32	9	0	174	19	1	2	0	0	3	1	19	3	6	0	118
江苏省	1385	630	451	656	278	3	88	94	8	955	193	18	18	8	0	11	44	130	44	8	0	526
浙江省	1342	587	444	660	238	1	70	39	19	942	231	29	10	1	0	10	4	110	36	15	0	672
安徽省	948	374	347	436	165	0	33	32	23	587	240	25	8	0	0	3	0	58	30	6	1	431
福建省	811	398	248	347	216	2	26	13	6	503	211	35	13	2	0	2	1	47	65	2	6	508
江西省	965	459	289	503	173	1	26	12	20	470	380	27	27	2	0	5	2	51	46	2	0	295
山东省	1463	652	516	725	222	2	75	40	2	1120	175	24	22	3	0	3	2	287	40	1	0	350

续表

省别	总计	其中：女性	现有全部专职人员情况：年龄：50岁及以上	年龄：35—49岁	年龄：34岁及以下	文化程度：博士研究生	文化程度：硕士研究生	文化程度：研究生班研究生	文化程度：双学士	文化程度：大学本科	文化程度：大专	文化程度：中专	文化程度：高中	文化程度：初中及以下	档案专业程度：博士研究生	档案专业程度：硕士研究生	档案专业程度：研究生班研究生	档案专业程度：大学本科	档案专业程度：大专	档案专业程度：中专	档案专业程度：职业高中	接受在职培训教育
河南省	2155	1238	620	1191	344	1	38	24	11	1186	755	83	52	5	1	1	1	48	38	12	0	461
湖北省	1381	633	524	638	219	3	47	43	7	731	490	37	22	1	0	5	2	56	60	30	5	327
湖南省	1311	624	389	733	189	0	47	28	1	699	444	53	36	3	0	3	1	49	51	1	0	321
广东省	1395	664	456	647	292	5	114	56	4	784	376	31	24	1	0	22	2	51	13	3	0	602
广西壮族自治区	822	397	315	414	93	0	7	27	4	473	273	20	17	1	0	1	1	51	41	7	0	413
海南省	204	85	66	97	41	0	7	2	0	112	59	8	13	3	0	2	0	2	10	1	0	85
重庆市	590	267	215	263	112	2	20	16	4	399	137	9	3	0	0	0	5	9	14	22	0	253
四川省	1920	942	571	1007	342	1	27	53	4	1100	658	40	32	5	1	1	0	46	54	82	8	828
贵州省	1370	617	387	724	259	0	13	20	1	774	486	46	21	9	0	0	0	37	46	8	0	334
云南省	1544	799	486	852	206	0	31	34	17	973	421	34	23	11	0	1	0	119	36	2	0	580
西藏自治区	291	191	10	136	145	0	3	9	0	157	88	8	8	8	0	0	0	17	14	4	0	54
陕西省	1297	672	382	743	172	1	27	26	1	635	491	73	39	4	0	0	0	30	24	4	0	300
甘肃省	926	506	255	521	150	0	11	25	2	430	371	54	28	5	0	0	0	15	25	11	1	114
青海省	264	171	80	141	43	0	4	6	1	165	74	7	6	1	0	0	2	3	3	0	0	117
宁夏回族自治区	261	146	92	139	30	0	2	10	2	167	74	6	0	0	0	0	0	11	16	5	0	83
新疆维吾尔自治区	858	587	140	562	156	1	10	13	8	531	278	14	2	1	0	0	0	20	20	2	0	197
* 合计 *	31351	16259	9758	16232	5361	43	1054	799	222	18803	8906	867	565	92	5	109	75	1731	972	302	22	10148

2017 年度各省、自治区、直辖市各级国家综合档案馆人员情况表

单位：人

省别	总计	其中：女性	年龄			文化程度									档案专业程度								档案干部专业技术职务				
			50岁及以上	35—49岁	34岁及以下	博士研究生	硕士研究生	研究生班研究生	双学士	大学本科	大专	中专	高中	初中及以下	博士研究生	硕士研究生	研究生班研究生	大学本科	大专	中专	职业高中	在职培训教育	研究馆员	副研究馆员	馆员	助理馆员	管理员
北京市	359	212	79	212	68	2	51	11	0	260	32	1	2	0	0	10	0	40	11	1	1	319	4	15	137	50	14
天津市	235	152	57	127	51	1	45	30	2	147	8	1	1	0	0	4	16	40	1	1	0	159	1	3	10	0	0
河北省	1331	803	357	816	158	1	15	17	4	712	445	88	47	2	0	2	0	61	77	7	2	360	2	50	119	99	29
山西省	249	177	55	157	37	0	0	1	2	127	99	8	12	0	0	0	0	14	28	8	2	37	0	7	40	31	7
内蒙古自治区	883	551	294	411	178	0	22	10	6	479	316	36	13	1	0	1	0	32	51	2	0	267	1	11	68	93	63
辽宁省	684	475	186	383	115	1	25	18	10	488	118	15	9	0	0	2	0	98	10	5	0	146	5	16	48	24	12
吉林省	655	405	218	359	78	0	14	16	24	399	178	14	9	1	0	0	0	29	45	5	1	198	22	95	154	82	25
黑龙江省	730	456	249	376	105	0	12	5	11	484	201	10	6	1	0	0	0	51	19	0	1	153	11	80	153	62	8
上海市	445	253	67	256	122	7	67	7	6	299	57	1	1	0	1	4	0	42	6	5	0	271	5	25	80	39	28
江苏省	521	302	122	283	116	4	36	21	12	333	97	12	6	0	0	7	0	45	36	11	0	147	4	40	146	95	2
浙江省	332	171	89	153	90	0	12	4	2	263	47	4	0	0	0	0	0	33	6	2	0	179	0	20	88	32	12
安徽省	363	195	115	167	81	0	10	8	5	196	125	13	6	0	0	2	0	30	20	2	0	176	1	3	49	30	4
福建省	270	141	64	132	74	2	10	6	4	158	64	15	8	3	0	0	0	20	16	0	0	146	2	11	30	33	7
江西省	107	64	27	59	21	0	3	0	1	49	43	4	6	1	0	1	0	5	2	1	0	41	0	0	3	2	0
山东省	1335	682	442	651	242	0	60	13	1	1019	190	26	23	3	0	4	0	314	30	0	1	378	14	189	285	169	25
河南省	1169	769	230	669	270	4	9	5	1	628	443	41	37	1	0	1	0	23	45	8	5	273	7	11	170	123	43
湖北省	401	187	122	202	77	0	21	6	3	179	166	16	9	1	0	2	2	38	23	14	0	93	11	11	66	43	8
湖南省	847	464	183	510	154	1	35	12	1	417	320	28	32	1	1	6	1	21	46	2	2	195	0	14	58	73	18
广东省	391	190	94	211	86	0	14	6	1	197	147	10	16	0	0	3	0	6	5	1	0	191	0	2	18	37	4
广西壮族自治区	544	292	197	274	73	0	12	10	4	260	215	19	20	4	0	4	1	36	44	2	0	319	1	13	36	54	28
海南省	44	25	16	18	10	0	0	0	0	18	18	2	6	0	0	0	0	0	2	0	0	8	0	0	0	10	0
重庆市	27	11	10	12	5	0	0	0	0	24	3	0	0	0	0	0	0	0	0	1	0	13	0	0	0	0	0
四川省	638	354	178	336	124	1	21	11	1	314	246	23	19	2	0	3	0	18	18	28	2	310	0	0	18	18	1
贵州省	719	349	195	387	137	0	5	9	4	398	262	25	10	6	0	0	0	25	38	8	2	165	0	4	21	62	24
云南省	476	303	119	290	67	0	1	6	0	283	163	15	5	3	0	1	0	35	12	0	0	196	1	47	123	46	14
西藏自治区	284	202	13	135	136	2	10	2	0	161	88	13	4	4	0	0	0	17	12	1	0	54	1	0	0	3	5
陕西省	941	544	247	544	150	0	8	13	10	388	424	62	34	2	0	0	0	17	19	5	1	272	0	6	40	76	18
甘肃省	595	391	117	364	114	0	7	5	0	286	258	24	14	1	0	0	0	6	16	16	0	130	1	7	32	32	4
青海省	212	149	41	124	47	0	0	1	2	136	59	8	6	0	0	0	7	9	5	1	0	72	0	10	59	32	18
宁夏回族自治区	49	28	16	21	12	0	2	1	0	36	10	0	0	0	0	0	0	1	1	0	0	38	0	2	8	13	1
新疆维吾尔自治区	483	355	73	321	89	0	6	3	8	308	148	7	2	1	0	0	1	7	11	2	0	150	0	4	12	14	3
* 合计 *	16319	9652	4272	8960	3087	26	533	257	125	9446	4990	541	363	38	2	57	28	1113	655	139	20	5456	94	696	2071	1477	425

2017年度各省、自治区、直辖市各级国家综合档案馆馆藏档案情况表

省别	案卷	以件为保管单位档案	录音磁带 录像磁带 影片档案	照片档案	底图	实物档案	缩微胶片		
							平片	开窗卡	卷片
	卷	件	盘	张	张	件	张	张	万幅
北京市	5325805	2256066	42563	596923	40211	55783	231	19	3397
天津市	5302058	2475318	74402	381560	987	31131	0	0	616
河北省	14805277	15889982	56437	998429	31356	71216	117	0	2
山西省	8473525	3316576	15318	567029	26747	47748	1421	4700	329
内蒙古自治区	10929605	5785791	24565	451267	108804	40136	28	3317	32
辽宁省	10988488	18101984	29031	876794	453764	32326	8740	0	7556
吉林省	11969032	7786609	43677	334432	6880	18729	24011	944	2221
黑龙江省	7806642	7783685	20804	590034	64110	4063	206	5312	45
上海市	10039994	4434260	19097	867888	36973	57568	71567	0	2852
江苏省	21593591	19719102	82241	1779735	29727	113297	41518	0	885
浙江省	15688414	16088770	28710	1982884	186801	137350	6318	500	1491
安徽省	16671802	14630271	34212	406657	17319	30397	0	0	264
福建省	7896315	4689773	17492	443624	20938	18732	10665	0	13
江西省	8426086	9021512	5691	186678	7572	25844	1086	0	200
山东省	12670933	10247812	73421	3213594	107622	170420	1213171	3850	1040

续表

省别	案卷	以件为保管单位档案	录音磁带 录像磁带 影片档案	照片档案	底图	实物档案	缩微胶片		
							平片	开窗卡	卷片
	卷	件	盘	张	张	件	张	张	万幅
河南省	16055175	12502846	87596	1027929	152923	56794	0	0	68
湖北省	12814016	7285409	24089	701576	6022	166745	63	1106	1338
湖南省	18644616	16936472	74233	844636	23838	62239	0	0	170
广东省	15432075	13121678	53409	2450690	167626	136639	5930	653	685
广西壮族自治区	4867469	18318810	26581	322441	7337	38927	27247	0	482
海南省	552363	1863066	1917	53356	359	5143	30	0	0
重庆市	7780570	13679459	7409	190612	100	7212	0	0	113
四川省	19366881	29728880	32057	736849	35463	46104	622936	0	736
贵州省	7006846	10773713	9778	266897	32605	42455	4644	0	1115
云南省	10377087	25996094	28742	899425	31008	110618	918	0	1577
西藏自治区	3617132	5113937	5030	113795	20520	45186	0	0	3515
陕西省	7539184	8687641	13064	302378	6526	21666	12	0	0
甘肃省	5771378	4929129	37386	308558	14238	24382	51022	0	0
青海省	2139373	6261595	12132	188985	42230	42041	15699	0	156
宁夏回族自治区	1303932	4214219	15144	214566	8390	38832	0	100	233
新疆维吾尔自治区	5548212	4429879	15077	673862	392995	37182	3500	0	0
* 合计 *	307403876	326070338	1011305	22974083	2081991	1736905	2111080	20501	31131

2017 年度各省、自治区、直辖市各级国家综合档案馆收集档案情况表

省别	接收档案					征集档案					接受寄存档案
	案卷	以件为保管单位档案	录音磁带录像磁带影片档案	照片档案	底图	案卷	以件为保管单位档案	录音磁带录像磁带影片档案	照片档案	底图	
	卷	件	盘	张	张	卷	件	盘	张	张	卷件
北京市	165373	445242	76	13975	0	1866	946	0	4729	0	0
天津市	253370	450614	26	4631	0	39	1730	1	157	0	91557
河北省	602376	701202	58	33552	0	1	83	19	5678	0	38907
山西省	629794	494293	611	9280	0	13	1867	23	2577	0	3152
内蒙古自治区	273070	655503	193	4581	644	1086	8620	118	341	0	180173
辽宁省	199031	9199178	1204	89912	43467	1073	4853	46	54843	0	180401
吉林省	179672	586017	4	50180	0	1248	501	135	9629	0	189927
黑龙江省	179529	575728	391	3951	153	3057	25309	3	1547	0	13943
上海市	218538	427016	1902	36924	0	263	5533	34	2821	0	513956
江苏省	1829730	2545384	2086	52813	0	1671	13123	49	20548	0	1146934
浙江省	1000484	2439633	1527	47093	3087	845	25482	67	36197	0	1540542
安徽省	1360269	5324934	2969	53586	0	369	5777	12	43745	0	631447
福建省	330275	689052	1905	9170	0	209	3281	85	10436	0	890600
江西省	705097	1308622	561	12588	99	508	4810	30	1209	0	78079
山东省	692689	1492769	3875	157324	370	617	3963	708	9299	0	2089288

续表

省别	接收档案					征集档案					接受寄存档案
	案卷	以件为保管单位档案	录音磁带录像磁带影片档案	照片档案	底图	案卷	以件为保管单位档案	录音磁带录像磁带影片档案	照片档案	底图	
	卷	件	盘	张	张	卷	件	盘	张	张	卷件
河南省	757662	928585	3395	21060	100	674	4564	112	11595	0	103647
湖北省	473148	1153518	1371	41539	66	2243	32655	52	6852	0	423288
湖南省	941451	1893004	1078	31182	0	2670	7987	59	13265	0	355484
广东省	1179468	1618505	4772	121275	1376	361	8115	93	10505	141553	678857
广西壮族自治区	154388	2164438	972	26617	0	13	4832	656	5201	0	13990
海南省	31024	304797	0	288	0	235	571	23	1457	0	37929
重庆市	253961	2203543	16	20370	0	26	75	116	50	0	78125
四川省	394182	4686936	1268	9085	0	443	2641	28	8273	0	1346294
贵州省	351563	1295864	356	12725	210	770	15423	170	153	52	27796
云南省	473267	2619096	2253	27401	0	1392	2637	229	5059	0	113210
西藏自治区	20355	377970	88	24810	232	4963	25249	0	463	150	80891
陕西省	263728	1336287	493	10481	1002	395	202	67	2305	0	153275
甘肃省	86888	771290	948	6760	341	149	8779	558	6274	0	5389
青海省	25850	451343	1665	1903	0	82	2261	16	5908	0	1
宁夏回族自治区	42831	652213	8	8191	0	697	1022	2	126	0	47075
新疆维吾尔自治区	132940	526396	3543	31446	12650	27	289	46	430	0	24444
* 合计 *	14202003	50318972	39614	974693	63797	28005	223180	3557	281672	141755	11078601

2017 年度各省、自治区、直辖市各级国家综合档案馆开放档案和利用档案、资料情况表

省别	开放档案情况		利用档案		政府信息公开查阅场所	爱国主义教育基地	举办展览		利用资料		利用现行文件	
	案卷	以件为保管单位										
	卷	件	人次	卷件次	个	个	个	参观人次	人次	册次	人次	件次
北京市	922150	223946	62888	60753	18	17	54	111624	364	771	567	1113
天津市	1082618	61392	73295	196411	16	20	48	47725	970	3699	5318	15360
河北省	3769316	1914161	308832	606493	130	135	80	201159	20851	30340	16811	28517
山西省	2064583	295026	129690	304075	67	70	77	55508	6587	13979	2920	5370
内蒙古自治区	2521592	996811	136726	328420	60	55	64	142493	4787	9694	3457	5334
辽宁省	2155210	577471	283867	484999	80	56	45	89678	4263	52657	3922	6565
吉林省	2062676	477505	111749	223547	28	23	66	237786	1888	6798	5594	10639
黑龙江省	2006454	1797470	141307	212206	84	70	68	55902	4669	9523	7956	23872
上海市	1298143	3365	271690	314725	32	17	34	402362	2441	9321	1309	2571
江苏省	2587723	586095	498835	914119	108	104	213	442695	10856	25009	32100	45581
浙江省	3502200	2180434	454803	779200	92	68	188	398483	9900	61413	7164	18138
安徽省	3104565	1479485	267856	439707	70	72	65	68412	6957	9730	7551	10168
福建省	1697537	28298	249160	409526	85	54	115	176092	2699	8341	2934	4491
江西省	1746463	962599	206149	326559	85	56	77	45757	8649	16327	11845	31171
山东省	1533147	651513	209420	462721	137	121	205	155200	10922	23835	4855	10133

续表

省别	开放档案情况		利用档案		政府信息公开查阅场所	爱国主义教育基地	举办展览		利用资料		利用现行文件	
	案卷	以件为保管单位										
	卷	件	人次	卷件次	个	个	个	参观人次	人次	册次	人次	件次
河南省	3882492	1687449	351185	628165	145	129	203	217483	24555	57108	405119	58088
湖北省	2865964	574531	249237	592398	234	81	180	284720	12386	34800	9744	22183
湖南省	6550092	6855052	317345	743336	100	101	204	583159	14184	41660	13664	32208
广东省	825132	369173	176362	392181	140	118	199	267853	11236	21341	54731	65457
广西壮族自治区	778319	1973560	119901	159420	109	104	183	68392	5135	7340	4306	6983
海南省	150339	344349	17988	36409	15	9	12	3795	417	1096	549	1777
重庆市	1272934	1389434	316520	524221	34	22	40	58436	6270	6497	11054	18892
四川省	6432235	2326181	700958	1406161	159	180	241	308934	5969	16959	9559	25416
贵州省	2200270	1268536	222870	270969	51	40	34	41840	5576	6207	21849	11888
云南省	1725222	2496288	178675	650612	129	76	64	64425	3175	6535	5981	14443
西藏自治区	51554	770990	13262	17658	4	20	21	1031	1156	1391	425	1279
陕西省	2310140	1138453	221838	410027	77	91	142	201840	5171	11065	2850	5962
甘肃省	1057389	597322	146270	295222	77	50	109	294579	6443	14706	6950	89237
青海省	187102	254819	18141	69775	27	37	62	102792	1606	3025	1302	2728
宁夏回族自治区	205906	391047	32837	64376	16	13	27	5616	522	4749	1096	2667
新疆维吾尔自治区	589474	114440	52959	144781	113	60	66	51266	1438	3143	754	50524
* 合计 *	63138941	34787195	6542615	12469172	2522	2069	3186	5187037	202042	519059	664236	628755

2017年度各省、自治区、直辖市各级国家综合档案馆抢救国家重点档案情况表

省别	应抢救档案总数		已抢救档案数量			
					本年度抢救档案数量	
	卷	件	卷	件	卷	件
北京市	1213381	6415	1032598	6291	0	99
天津市	864602	201973	850482	200606	1582	4589
河北省	396275	241007	179718	47721	1023	8904
山西省	50065	75535	38350	74808	1457	621
内蒙古自治区	317893	66194	160258	39260	26705	25509
辽宁省	1437429	33723830	225440	2780279	2605	1980000
吉林省	967375	900081	412623	273097	36237	126959
黑龙江省	488176	168183	248024	107168	38491	48771
上海市	1466587	357	860083	357	23743	0
江苏省	850314	230379	708675	180732	38268	8021
浙江省	498659	34633	339143	26695	14343	1057
安徽省	95430	32390	69006	9141	5270	3440
福建省	650487	78025	471801	72499	18849	1157
江西省	368869	61644	237818	46891	4673	7
山东省	756311	303048	425661	237753	1844	4281
河南省	400398	154172	241579	55880	6779	2608
湖北省	803793	79611	551071	48808	26725	13908
湖南省	752492	651184	390933	126671	16221	13929
广东省	338910	8260	184450	6092	21519	1462
广西壮族自治区	161613	794376	88968	513438	4310	23525
海南省	22433	67976	10031	22740	2001	1029
重庆市	1042164	154678	505944	95535	26786	56593
四川省	1983326	18859	1558913	12495	56155	1605
贵州省	575401	130766	338813	80455	29243	12661
云南省	932648	1260459	336088	498926	66610	148453
西藏自治区	3124857	316274	62493	59886	4532	253
陕西省	119456	277703	88806	165950	3063	78530
甘肃省	276936	14296	210553	6656	5335	3395
青海省	80762	156846	22998	88869	4027	8661
宁夏回族自治区	11977	33223	10021	21295	484	1345
新疆维吾尔自治区	443132	605042	314429	244350	6330	13882
* 合计 *	21492151	40847419	11175770	6151344	495210	2595254

2017年度各省、自治区、直辖市各级国家综合档案馆馆库面积及馆内设备情况表

省别	馆库面积					馆内设备											
	档案馆总建筑面积	档案馆库房建筑面积	后库建筑面积	档案技术用房建筑面积	对外服务用房建筑面积	缩微设备					电子计算机		复印机	空调机		去湿机	消毒设备
						缩微摄影机	冲洗机	拷贝机	阅读器	阅读复印机	服务器	微机		集中式	分散式		
	平方米	平方米	平方米	平方米	平方米	台	台	台	台	台	个	台	台	台	台	台	台
北京市	112739	33803	0	7255	6464	6	1	2	7	0	133	1153	38	56	841	94	46
天津市	117456	40281	14856	14745	8522	8	1	2	9	1	136	884	45	99	347	126	68
河北省	286117	115589	8462	15839	15454	10	2	5	5	10	197	1596	245	132	1281	226	112
山西省	223952	91876	3325	23943	22562	13	4	3	7	11	105	1352	312	106	381	243	274
内蒙古自治区	238034	79854	7320	14907	16443	7	3	3	11	5	120	1464	197	28	94	53	66
辽宁省	380265	154374	3880	35946	41343	37	5	7	39	13	138	2104	201	342	606	473	260
吉林省	164154	63548	4035	16855	15736	9	0	2	6	1	94	1185	272	43	171	188	79
黑龙江省	200381	88534	5998	18097	19994	9	1	1	0	3	86	1293	200	22	71	158	131
上海市	155630	57885	0	27090	20016	6	4	3	19	12	263	2133	90	119	299	267	44
江苏省	851688	315798	0	54319	60121	7	2	1	19	3	387	3656	248	72	1000	950	268
浙江省	658586	199869	10458	52848	73910	10	6	4	13	2	690	3157	202	308	689	467	160
安徽省	417278	192877	0	41985	42489	7	2	2	5	2	172	1928	259	68	893	563	179
福建省	283451	112673	438	22028	27751	2	3	0	4	7	210	1743	201	257	1076	502	148
江西省	300804	136601	8101	24792	34977	13	2	2	12	10	159	1534	251	431	898	405	202
山东省	447919	149254	15283	39048	51544	17	5	8	15	13	351	3188	315	153	790	753	519

续表

省别	馆库面积					馆内设备											
	档案馆总建筑面积	档案馆库房建筑面积	后库建筑面积	档案技术用房建筑面积	对外服务用房建筑面积	缩微设备					电子计算机		复印机	空调机		去湿机	消毒设备
						缩微摄影机	冲洗机	拷贝机	阅读器	阅读复印机	服务器	微机		集中式	分散式		
	平方米	平方米	平方米	平方米	平方米	台	台	台	台	台	个	台	台	台	台	台	台
河南省	406722	176396	10822	28847	18620	23	2	9	3	9	133	1551	279	36133	893	485	269
湖北省	294236	101934	5330	36040	28079	2	0	2	3	3	138	1460	200	195	710	505	155
湖南省	433968	179122	13275	44376	59596	19	1	2	4	15	174	1813	264	212	1314	997	286
广东省	604540	237523	12535	67961	103314	28	5	10	23	9	404	3177	297	275	2132	1171	231
广西壮族自治区	217933	84875	5214	16762	22937	11	1	1	0	2	151	1652	220	136	1368	716	151
海南省	51596	18755	1240	5419	6691	3	1	0	2	3	22	272	45	28	255	89	64
重庆市	141157	63370	5110	19512	11296	2	1	1	7	1	102	1146	75	111	563	402	60
四川省	682315	296113	1600	74279	75044	3	1	3	12	0	273	3142	355	78	1732	1339	409
贵州省	217004	91607	2356	18359	16467	6	2	3	5	0	103	1486	235	77	561	506	147
云南省	463786	212726	10779	43745	77537	8	0	0	3	3	190	2540	295	82	381	377	175
西藏自治区	86140	29687	824	3640	1585	35	2	4	3	12	58	318	97	10	65	58	14
陕西省	231994	95503	6257	19839	16378	12	2	2	1	7	133	1579	29056	71	584	242	207
甘肃省	252435	74375	6562	17067	13532	10	2	2	4	6	132	1422	194	6	143	37	20
青海省	99187	31031	0	6118	6406	5	0	1	12	4	48	412	105	0	0	26	19
宁夏回族自治区	80095	24139	1278	9620	11227	5	2	3	3	1	58	571	63	43	31	30	35
新疆维吾尔自治区	227098	72560	1310	19972	16449	12	1	1	4	5	123	1242	169	34	297	25	52
* 合计 *	9328659	3622531	166648	841254	942482	345	64	89	260	173	5483	52153	35025	39727	20466	12473	4850

2017年度各省各级档案行政管理部门和国家综合档案馆事业费、国家综合档案馆基建情况表

省别	档案事业费	本年度在建项目			本年度竣工项目		
		新建	改扩建	建筑面积	新建	改扩建	建筑面积
	万元	个	个	平方米	个	个	平方米
北京市	7704	2	1	60417	0	0	0
天津市	6692	0	0	0	0	1	8516
河北省	2519	0	1	12342	1	0	2000
山西省	4325	10	0	55895	7	0	24478
内蒙古自治区	4361	10	0	61869	3	0	9391
辽宁省	10488	7	1	99140	1	2	2200
吉林省	5411	8	0	54389	2	0	6999
黑龙江省	1598	5	1	28292	2	0	5513
上海市	14886	0	0	140833	1	0	5421
江苏省	17299	14	1	174087	5	3	80201
浙江省	38038	20	2	294107	4	1	34104
安徽省	8910	14	1	152522	5	0	46200
福建省	6186	15	0	102386	4	1	31168
江西省	3972	14	1	85147	4	1	15945
山东省	10686	32	1	390309	3	1	45540

续表

省别	档案事业费	本年度在建项目			本年度竣工项目		
		新建	改扩建	建筑面积	新建	改扩建	建筑面积
	万元	个	个	平方米	个	个	平方米
河南省	4242	12	3	103478	8	3	29927
湖北省	6324	20	0	205761	8	0	37071
湖南省	7456	19	1	135231	11	2	66088
广东省	26839	29	11	451389	6	4	31537
广西壮族自治区	10239	26	1	112550	10	0	83570
海南省	2079	4	0	17200	1	0	200
重庆市	31446	11	0	239692	2	1	11249
四川省	16216	30	1	184497	6	2	40399
贵州省	6927	23	1	142465	7	1	35675
云南省	10223	34	0	1546444	7	0	36137
西藏自治区	1340	3	1	55216	5	0	3435
陕西省	6974	22	1	85495	11	1	37053
甘肃省	3177	10	0	52707	1	0	1700
青海省	832	7	1	44379	2	0	3950
宁夏回族自治区	1362	4	0	10322	4	0	9930
新疆维吾尔自治区	2541	13	0	86948	6	0	17176
* 合计 *	281293	418	31	5185509	137	24	762773

2017 年度各省、自治区、直辖市机关档案工作基本情况表

省别	档案机构	现有全部专职人员		兼职人员	本年经费投入	室存全部档案					本年接收档案		室存资料	利用档案		陈列室	档案室库房建筑面积
			女性			案卷	以件为保管单位档案	录音磁带录像磁带影片档案	照片档案	底图	案卷	以件为保管单位					
	个	人	人	人	万元	卷	件	盘	张	张	卷	件	册	人次	卷件次	个	平方米
北京市	552	1680	1287	16880	11419	60296732	13973795	128456	1543802	74227	3854353	1405868	413396	924246	1131345	294	145162
天津市	875	748	576	3144	2752	7664264	8166395	30434	399091	143704	843080	760249	232681	296208	340016	129	44910
河北省	3255	3138	2255	5222	11709	10654592	13706112	113322	455443	70929	535642	982723	1738913	286908	327267	487	107998
山西省	4241	2814	2099	3723	2527	8358975	5116826	46907	337505	97748	377459	658601	456787	165959	246595	212	90748
内蒙古自治区	5168	3996	2870	5195	44509	11245609	17284653	89920	748790	233455	478473	994572	854293	296798	292661	242	119902
辽宁省	5060	3538	2431	5479	4712	23628056	27500096	214915	1667981	154937	1819821	2133782	1328985	655021	737204	495	190064
吉林省	2647	1556	1062	2156	6012	6438053	5861940	22998	191087	351013	278658	533217	180429	130735	154710	107	53671
黑龙江省	796	882	599	746	851	4943576	4932563	17153	176266	70389	302080	364574	474141	301687	335032	59	34625
上海市	78	141	93	381	1384	4065063	3151814	19928	295893	3349	142980	262880	209763	61828	67060	10	18602
江苏省	2862	2673	2027	9687	16897	55704580	39638035	503677	1743441	147499	4348625	4949632	1348495	2502544	2815428	622	298258
浙江省	4769	3535	2761	58938	25547	67386263	74990100	212253	1739512	331562	4637761	5373057	2102185	2597514	3239800	669	283495
安徽省	6197	3912	2574	11076	13663	32492940	40014516	109584	1107704	384207	2075106	4137190	2088384	942510	835580	1135	250108
福建省	32	226	177	732	1379	2662976	6634074	16666	211667	35708	185618	610825	378236	36196	37567	22	21907
江西省	5032	2515	1487	6657	6803	17013315	22286556	75419	825241	144082	833720	1487891	1156429	624254	460286	968	173153
山东省	5604	6721	4286	10841	39784	31173053	33556180	464311	3121342	278700	2707466	2613835	2532959	1479849	1398110	2121	244493
河南省	2914	2978	2237	2876	33421	12486716	12937995	74826	947979	222740	569023	1066320	1211761	374899	309017	517	120143
湖北省	7501	7714	5440	14323	78109	35429519	56398810	238508	3640743	553693	2533464	5589960	2763490	56934222	983789	5863	345449
湖南省	2992	2883	1530	3207	56870	11090229	17891277	54673	523878	103613	831361	1458600	815955	365365	356104	584	147054
广东省	469	827	649	2406	4997	20992055	15617158	138943	814751	1889982	854112	1720798	971423	527205	592712	145	83289
广西壮族自治区	4794	1858	1260	6338	60280	16522150	47035307	105646	916626	131185	861392	3698514	706543	521078	550370	490	154310
海南省	1018	546	357	1041	3291	3582822	9140736	14232	226628	10893	197015	845136	70565	200378	149997	36	33611
重庆市	1917	1226	813	2504	11148	21138653	30625727	86350	802463	49723	1862771	3080850	1164444	945148	731270	342	112922
四川省	5190	2064	1417	7349	18955	23925907	84243044	101456	1460641	421964	1534198	3606738	1490328	794081	641454	1366	226896
贵州省	4070	1774	992	5850	34216	9302979	25378742	92538	791168	96860	348154	1877131	1307997	407446	360487	507	125270
云南省	73	105	91	1450	409	651487	1629196	6981	180857	138556	36202	148980	52255	22923	26341	23	9436
西藏自治区	2189	991	598	2494	22693	401525	7944388	10830	140361	13071	26274	987046	114300	72209	32092	125	33264
陕西省	2504	1583	985	2496	53028	6186165	13925591	24534	355702	81383	234269	960227	1258654	279801	374082	415	66176
甘肃省	7401	3263	1989	6931	4912	8053188	25048752	151506	915813	66969	302999	2031653	1089368	378666	280878	945	140152
青海省	703	427	282	703	2618	2047725	4789085	33971	289150	135268	99823	417280	244706	65035	323911	129	25991
宁夏回族自治区	282	26	23	25	119	68759	372633	1849	16476	1656	2608	37973	9627	7082	4825	6	2073
新疆维吾尔自治区	5413	2743	2328	9342	5553	22525844	19131060	104343	1061134	133192	1433878	2941490	1206276	595740	963178	361	170230
* 合计 *	96598	69083	47575	210192	580567	538133770	688923156	3307129	27649135	6572257	35148385	57737592	29973768	73793535	19099168	19426	3873363

2017 年度省国家综合档案馆馆藏档案情况表

馆别	案卷	以件为保管单位档案	录音磁带 录像磁带 影片档案	照片档案	底图	实物档案	缩微胶片		
							平片	开窗卡	卷片
	卷	件	盘	张	张	件	张	张	万幅
北京市档案馆	2125717	324167	33672	206493	12733	31325	231	19	3347
天津市档案馆	1648801	221357	67377	77065	813	0	0	0	616
河北省档案馆	988375	203083	289	18160	0	0	0	0	0
山西省档案馆	350933	23978	44	5498	0	0	270	0	0
内蒙古自治区档案馆	598825	45412	6441	6026	50043	0	0	0	0
辽宁省档案馆	1424919	9757369	1091	121691	303	77	2083	0	7536
吉林省档案馆	1777787	285859	2518	77268	0	0	19351	0	284
黑龙江省档案馆	689440	17949	2327	85642	43289	0	0	0	22
上海市档案馆	3291112	374718	7873	189800	0	16026	0	0	2193
江苏省档案馆	705762	369118	46416	105609	0	9400	38771	0	796
浙江省档案馆	870180	330760	5010	515557	0	272	5597	500	754
安徽省档案馆	478672	121985	2093	80992	0	6690	0	0	264
福建省档案馆	624937	239308	6405	40657	0	1031	10584	0	10
江西省档案馆	454350	227519	176	16258	0	336	1086	0	192
山东省档案馆	976700	336235	2860	68207	0	0	296	3850	835
河南省档案馆	423584	375507	680	39733	399	3223	0	0	68
湖北省档案馆	778446	250846	1124	69339	0	4936	63	1106	345
湖南省档案馆	811507	1174539	2567	35198	0	4338	0	0	142
广东省档案馆	1186854	320432	10184	700222	444	4302	2999	340	1
广西壮族自治区档案馆	611078	422559	4463	41113	0	987	0	0	482
海南省档案馆	103677	85533	724	17604	0	2048	0	0	0
重庆市档案馆	1041871	206056	1074	40828	1	1780	0	0	113
四川省档案馆	1168866	62641	2620	2620	0	499	0	0	729
贵州省档案馆	620771	285381	486	15123	0	1365	4644	0	274
云南省档案馆	1261454	661430	1956	49253	0	7763	300	0	1385
西藏自治区档案馆	3167736	122426	3088	18349	0	35267	0	0	3269
陕西省档案馆	556719	97530	0	0	0	0	0	0	0
甘肃省档案馆	417870	143517	3390	19572	0	210	795	0	0
青海省档案馆	240156	210044	4093	51982	0	22002	15605	0	156
宁夏回族自治区档案馆	130924	75874	12516	14771	0	1604	0	0	233
新疆维吾尔自治区档案馆	550662	24466	608	53178	350606	0	3500	0	0
* 合计 *	30078685	17397598	234165	2783808	458631	155481	106175	5815	24046

2017年度省以上国家综合档案馆收集档案情况表

馆别	接收档案					征集档案					接受寄存档案
	案卷	以件为保管单位档案	录音磁带录像磁带影片档案	照片档案	底图	案卷	以件为保管单位档案	录音磁带录像磁带影片档案	照片档案	底图	
	卷	件	盘	张	张	卷	件	盘	张	张	卷件
中央档案馆	19331	18291	447	5754	0	2	0	51	0	0	0
中国第一历史档案馆	0	0	0	0	0	0	0	0	0	0	0
中国第二历史档案馆	0	0	0	0	0	0	0	0	0	0	0
北京市档案馆	2071	1711	0	0	0	1850	0	0	61	0	0
天津市档案馆	86942	35893	6	3762	0	0	1289	0	0	0	0
河北省档案馆	135435	0	0	0	0	0	0	0	0	0	0
山西省档案馆	1802	752	0	0	0	0	0	0	0	0	0
内蒙古自治区档案馆	9264	11304	0	0	0	0	0	0	0	0	0
辽宁省档案馆	12840	8501548	819	83461	303	177	0	0	0	0	0
吉林省档案馆	48445	3351	3	50000	0	0	274	77	0	0	0
黑龙江省档案馆	48709	12489	3	0	0	0	0	0	0	0	0
上海市档案馆	16692	6466	1856	2831	0	0	1105	0	280	0	0
江苏省档案馆	47967	72945	267	0	0	0	3003	0	9076	0	200000
浙江省档案馆	223906	100402	0	1196	0	0	0	0	0	0	0
安徽省档案馆	56903	6875	682	50118	0	0	3018	0	335	0	0
福建省档案馆	100500	3649	1795	1000	0	0	195	0	0	0	0
江西省档案馆	19464	25562	0	0	0	0	200	0	0	0	0
山东省档案馆	14307	51265	729	0	0	0	0	0	0	0	0
河南省档案馆	2354	62515	323	1045	0	0	8	0	0	0	0
湖北省档案馆	112664	30117	0	948	0	0	1043	0	5214	0	5054
湖南省档案馆	82959	100784	78	0	0	0	191	0	0	0	0
广东省档案馆	8870	35316	2	75	0	0	4890	0	864	0	0
广西壮族自治区档案馆	2382	52961	0	433	0	0	130	0	82	0	14
海南省档案馆	3842	47680	0	0	0	0	0	23	1300	0	0
重庆市档案馆	16534	60811	0	0	0	0	0	2	0	0	19629
四川省档案馆	0	20433	0	0	0	0	0	0	0	0	0
贵州省档案馆	78865	35258	180	3546	0	0	134	0	11	0	0
云南省档案馆	74391	18218	101	5645	0	0	820	105	500	0	0
西藏自治区档案馆	174	17051	0	0	0	0	0	0	0	0	0
陕西省档案馆	6658	12732	0	0	0	0	0	0	0	0	0
甘肃省档案馆	3026	51946	0	0	0	0	581	377	244	0	0
青海省档案馆	1789	79644	986	34	0	81	146	4	5537	0	0
宁夏回族自治区档案馆	2961	35104	1	816	0	0	448	0	10	0	36184
新疆维吾尔自治区档案馆	0	2462	0	0	0	0	16	42	11	0	0
* 合计 *	1242047	9515535	8278	210664	303	2110	17491	681	23525	0	260881

2017 年度省以上国家综合档案馆开放档案和利用档案、资料情况表

馆别	开放档案情况		开放档案目录		利用档案		政府信息公开查阅场所	爱国主义教育基地	举办展览		利用资料		利用现行文件	
	案卷	以件为保管单位档案	案卷级	文件级										
	卷	件	万条	万条	人次	卷件次	个	个	个	参观人次	人次	册次	人次	件次
中央档案馆	0	0	0	0	925	223	1	1	11	276755	46	727	1193	4689
中国第一历史档案馆	0	3039100	0	322	0	0	0	0	2	937	0	0	0	0
中国第二历史档案馆	260722	0	26	0	7473	63873	0	1	3	6000	0	0	0	0
北京市档案馆	634322	18000	63	121	910	4261	1	1	1	4450	38	122	135	80
天津市档案馆	778143	0	78	166	5721	18914	1	4	3	30000	30	1715	4200	14144
河北省档案馆	987053	182923	32	10	694	3340	1	0	1	160000	50	105	12	12
山西省档案馆	25511	0	1	99	3204	10594	1	0	1	0	0	0	6	2
内蒙古自治区档案馆	277982	0	0	0	2296	8954	1	1	1	2096	0	0	19	23
辽宁省档案馆	933294	37151	91	4	3255	9806	1	4	2	50000	1052	45206	113	146
吉林省档案馆	400367	45000	0	0	10134	0	1	1	6	58300	0	0	325	1589
黑龙江省档案馆	331399	0	0	0	2675	3500	1	1	3	20000	12	350	650	2768
上海市档案馆	904557	0	90	404	12539	97716	1	1	3	164776	1300	7199	215	1464
江苏省档案馆	264431	14568	26	1	2049	13766	1	1	3	2200	22	58	4	5
浙江省档案馆	154424	10019	15	49	2715	30405	1	1	5	9000	1604	31118	527	7122
安徽省档案馆	11399	0	1	20	1047	5064	1	1	1	9000	8	24	0	0
福建省档案馆	244002	18329	24	67	4049	60093	1	1	3	6811	248	1743	132	557
江西省档案馆	184195	0	18	191	2278	2272	1	1	4	6519	128	370	60	138
山东省档案馆	53961	0	0	196	3476	9790	1	1	13	10000	17	114	18	67
河南省档案馆	164719	0	16	0	1225	2624	1	1	1	8300	0	0	0	0
湖北省档案馆	242298	0	24	0	7103	5790	1	1	5	13500	1383	1493	27	136
湖南省档案馆	344300	0	34	517	3768	16038	1	1	5	370000	10	54	13	13
广东省档案馆	72301	727	5	33	4998	5642	1	1	5	20000	2770	2770	16916	16916
广西壮族自治区档案馆	25340	89271	11	38	1989	48753	1	1	4	6794	39	103	19	169
海南省档案馆	55697	1000	0	24	2200	10000	1	1	2	1600	40	300	20	100
重庆市档案馆	634750	0	61	654	5612	25269	1	0	1	300	76	161	0	0
四川省档案馆	715353	59257	71	0	4141	46246	1	1	3	1375	248	1365	2	2
贵州省档案馆	335315	143947	153	0	1368	6899	1	1	1	1034	0	0	1368	1368
云南省档案馆	0	0	0	0	2132	104481	1	1	4	4500	57	465	961	1651
西藏自治区档案馆	0	0	0	0	357	1972	0	1	0	0	0	0	0	0
陕西省档案馆	428680	0	0	0	2800	18000	1	1	1	20030	0	0	50	151
甘肃省档案馆	271376	360	403	0	6263	3995	1	1	1	60000	1	1	10	10
青海省档案馆	76195	0	8	6	2730	8559	1	1	2	80000	88	434	9	30
宁夏回族自治区档案馆	32180	424	3	43	698	3485	2	1	0	0	38	221	136	143
新疆维吾尔自治区档案馆	166718	0	17	0	1842	3980	1	1	1	2336	7	15	157	49600
合计 *	10010984	3660076	1274	2964	114666	654304	32	36	102	1406613	9312	96233	27297	103095

2017 年度省以上国家综合档案馆抢救国家重点档案情况表

馆别	应抢救档案总数		已抢救档案数量		本年度抢救档案数量	
	卷	件	卷	件	卷	件
中央档案馆	0	0	0	0	0	0
中国第一历史档案馆	0	10000000	0	0	0	0
中国第二历史档案馆	0	0	0	0	0	0
北京市档案馆	1199431	0	1020958	0	0	0
天津市档案馆	830000	0	830000	0	0	0
河北省档案馆	236604	0	151517	0	63	0
山西省档案馆	0	0	0	0	0	0
内蒙古自治区档案馆	124563	0	72575	0	7713	0
辽宁省档案馆	980000	33723043	0	2780000	0	1980000
吉林省档案馆	436777	134501	215797	0	641	0
黑龙江省档案馆	275269	15474	159203	15474	24965	0
上海市档案馆	1366038	0	760058	0	404	0
江苏省档案馆	205306	152904	180394	152904	34838	7168
浙江省档案馆	22199	0	5843	0	721	0
安徽省档案馆	0	0	0	0	0	0
福建省档案馆	179587	0	179587	0	500	0
江西省档案馆	137692	0	78637	0	711	0
山东省档案馆	380002	227160	99930	207830	0	0
河南省档案馆	52063	0	39995	0	155	0
湖北省档案馆	210922	0	210922	0	0	0
湖南省档案馆	69850	198071	64370	0	2049	0
广东省档案馆	67000	0	14683	0	1042	0
广西壮族自治区档案馆	6035	0	1279	0	623	0
海南省档案馆	10652	460	753	263	0	0
重庆市档案馆	468790	0	253332	0	0	0
四川省档案馆	567285	3384	395000	0	37000	0
贵州省档案馆	182031	0	73199	0	268	0
云南省档案馆	305845	0	185684	0	55129	0
西藏自治区档案馆	3119676	0	61732	0	4532	0
陕西省档案馆	0	0	0	0	0	0
甘肃省档案馆	88485	0	88085	0	0	0
青海省档案馆	0	0	0	0	0	0
宁夏回族自治区档案馆	0	0	0	0	0	0
新疆维吾尔自治区档案馆	61716	0	61716	0	2184	0
* 合计 *	11583818	44454997	5205249	3156471	173538	1987168

2017年度省以上国家综合档案馆馆库面积及馆内设备情况表

馆别	档案馆总建筑面积					馆内设备											
		档案馆库房建筑面积	后库建筑面积	档案技术用房建筑面积	档案对外服务用房建筑面积	缩微设备					电子计算机		复印机	空调机		去湿机	消毒设备
						缩微摄影机	冲洗机	拷贝机	阅读器	阅读复印机	服务器	微机		集中式	分散式		
	平方米	平方米	平方米	平方米	平方米	台	台	台	台	台	个	台	台	台	台	台	台
中央档案馆	63045	23431	3849	3413	2075	1	1	2	14	0	33	366	22	31	175	2	2
中国第一历史档案馆	11000	5000	0	769	258	15	2	4	15	2	33	512	24	19	170	11	3
中国第二历史档案馆	30288	11400	0	3650	1400	17	4	6	29	1	40	619	20	6	203	17	12
北京市档案馆	20300	9000	0	3500	1200	6	1	2	7	0	72	502	0	44	289	0	4
天津市档案馆	36006	11000	14856	6000	4150	8	1	2	8	1	44	377	5	11	52	0	1
河北省档案馆	17695	4124	3538	210	300	8	1	3	5	1	18	335	12	0	807	19	7
山西省档案馆	10802	7994	0	300	200	5	2	1	4	3	11	19	2	18	17	0	0
内蒙古自治区档案馆	24130	3017	0	2082	1334	2	1	2	7	1	5	425	22	1	0	1	1
辽宁省档案馆	80081	35739	3600	7414	13364	25	3	4	28	2	31	459	7	275	138	46	3
吉林省档案馆	22298	9360	3577	424	5701	0	0	0	4	0	23	206	1	14	19	18	3
黑龙江省档案馆	18967	9327	2810	1285	3836	2	1	1	0	0	8	142	0	0	0	0	0
上海市档案馆	32857	13994	0	7451	9358	0	1	1	4	2	95	652	23	25	49	114	6
江苏省档案馆	15181	6900	0	600	390	5	1	1	11	1	11	420	7	2	167	31	2
浙江省档案馆	53257	16000	2163	1000	15275	4	2	2	3	1	32	270	5	2	0	6	1
安徽省档案馆	8640	4525	0	0	0	3	1	2	2	0	7	352	28	0	67	24	2
福建省档案馆	41476	13907	0	3204	12636	0	1	0	3	0	15	260	6	1	0	22	3
江西省档案馆	21022	6748	0	2109	5470	4	2	2	5	0	27	228	0	0	0	9	4
山东省档案馆	49230	14987	3523	3415	16589	0	1	2	1	0	30	314	6	1	9	1	43
河南省档案馆	13822	7000	0	400	0	3	1	1	2	1	0	30	0	0	9	1	1
湖北省档案馆	0	0	0	0	0	0	0	0	0	0	0	0	0	0	0	0	0
湖南省档案馆	19107	6100	0	2851	4547	1	1	0	2	0	4	134	4	6	14	22	1
广东省档案馆	39000	19238	0	3600	5930	3	1	1	12	1	23	370	5	1	30	10	6
广西壮族自治区档案馆	22088	6023	0	521	5873	4	1	1	0	1	21	245	7	16	93	42	2
海南省档案馆	16320	4531	0	3368	4587	0	1	0	0	0	3	27	3	7	0	0	1
重庆市档案馆	13499	7200	0	878	200	2	1	1	2	1	6	199	4	1	91	36	4
四川省档案馆	22500	8220	1600	1800	2900	3	1	2	11	0	9	254	8	2	98	28	2
贵州省档案馆	12248	6368	0	1374	0	2	1	1	2	0	6	135	7	9	76	2	0
云南省档案馆	26260	6136	4224	7280	8620	0	0	0	0	0	13	180	19	3	60	14	2
西藏自治区档案馆	16252	0	0	0	0	5	1	2	3	3	12	41	3	2	2	0	0
陕西省档案馆	21000	6000	2604	300	500	1	1	0	1	2	0	153	0	2	0	10	3
甘肃省档案馆	16243	5054	3781	1123	900	4	1	1	4	2	8	127	4	0	1	0	0
青海省档案馆	5696	2346	0	938	1500	0	0	0	0	0	0	0	0	0	0	0	0
宁夏回族自治区档案馆	18691	3155	0	2200	3546	5	2	3	3	1	20	110	8	3	0	0	0
新疆维吾尔自治区档案馆	9728	3092	1310	296	2065	1	1	1	4	2	10	121	4	1	11	0	0
* 合计 *	828729	296916	51434	73754	134704	139	40	51	196	29	670	8584	266	503	2647	486	119

2017年度各省、自治区、直辖市档案专业教育基本情况表

省别	学校		毕业生数						教师人数		在职培训教育							
											面授培训						网上培训	
	高等学校	中等学校	博士研究生	硕士研究生	双学位	大学本科	大专	中专	高等学校	中等学校	岗位培训		继续教育		专题培训		岗位培训	继续教育
	个	个	人	人	人	人	人	人	人	人	期	人	期	人	期	人	人次	人次
北京市	1	0	0	0	0	99	0	0	14	0	13	1548	28	2726	74	5034	855	970
天津市	2	0	0	6	0	14	0	0	25	0	9	787	2	172	62	2186	1	0
河北省	0	0	0	0	0	0	0	0	0	0	1	150	0	0	0	0	0	0
山西省	0	0	0	0	0	0	0	0	0	0	0	0	1	300	2	12	0	20
内蒙古自治区	0	0	0	0	0	0	0	0	0	0	3	660	4	1137	5	805	0	273
辽宁省	2	0	0	23	0	128	0	0	22	0	17	2614	11	2073	26	1558	1559	298
吉林省	0	0	0	0	0	0	0	0	0	0	8	702	4	728	4	26	0	0
黑龙江省	0	0	0	0	0	0	0	0	0	0	0	0	0	0	0	0	0	0
上海市	1	0	0	79	0	60	0	0	12	0	21	2374	27	4874	72	2646	0	0
江苏省	3	0	0	5	0	73	238	0	28	0	7	1321	19	2932	48	3250	5607	3259
浙江省	0	0	0	0	0	0	0	0	0	0	13	570	2	285	36	1089	0	0
安徽省	1	0	0	19	0	65	0	0	11	0	12	3285	9	1140	16	2505	0	158
福建省	2	0	0	10	0	31	37	0	10	0	10	2323	5	1081	13	1191	0	1558
江西省	1	0	0	7	8	76	0	0	10	0	4	467	2	308	6	525	0	0
山东省	1	0	0	7	0	32	0	0	9	0	25	2083	10	1492	14	501	0	1
河南省	2	0	0	15	0	505	0	0	19	0	5	221	7	821	9	689	0	21
湖北省	2	0	52	8	12	64	40	0	33	0	20	3139	3	223	4	640	0	0
湖南省	1	0	0	17	0	30	0	0	14	0	6	633	2	27	9	31	563	355
广东省	1	0	0	0	0	179	0	0	7	0	14	2445	15	4844	23	2087	1903	135
广西壮族自治区	1	0	0	13	0	48	0	0	12	0	1	142	4	0	7	860	0	0
海南省	0	0	0	0	0	0	0	0	0	0	6	1380	0	0	1	70	0	0
重庆市	0	0	0	0	0	0	0	0	0	0	14	1285	3	548	30	2586	0	21
四川省	1	1	0	8	0	47	0	138	9	12	18	1327	19	2771	62	4487	17	51
贵州省	1	0	0	0	0	48	0	0	8	0	3	164	0	0	17	880	0	0
云南省	0	0	0	0	0	0	0	0	0	0	10	3896	2	558	11	1292	19	0
西藏自治区	0	0	0	0	0	0	0	0	0	0	0	0	0	0	0	0	0	0
陕西省	0	0	0	0	0	0	0	0	0	0	5	577	5	1055	3	116	1	13
甘肃省	0	0	0	0	0	0	0	0	0	0	3	582	2	384	13	1443	0	0
青海省	0	0	0	0	0	0	0	0	0	0	3	4	3	3	11	100	0	7
宁夏回族自治区	0	0	0	0	0	0	0	0	0	0	4	802	1	180	8	590	0	0
新疆维吾尔自治区	0	0	0	0	0	0	0	0	0	0	3	755	16	1743	22	336	341	0
* 合计 *	23	1	52	217	20	1499	315	138	243	12	258	36236	206	32405	608	37535	10866	7140

附　录

2017年中央档案馆国家档案局大事记

2月21日　召开国家重点档案保护与开发项目管理实施座谈会。

2月23—24日　中国档案学会在上海举办“电子文件归档和电子档案管理模式创新研讨会”，付华出席会议。

3月2日　印发《2017年全国档案宣传工作要点》。

3月3日　全国政协委员、国家档案局原局长杨冬权向中国人民政治协商会议第十二届全国委员会第四次会议提交了《关于为档案馆工作人员设立岗位津贴的提案》《关于全线恢复京杭大运河的提案》《关于增设北京市属图书情报硕士专业学位授权点满足北京地区应用型人才需求的提案》。

3月28—29日　全国档案学会秘书长会议在北京举行，李明华、付华出席会议。

4月9日　档案业务岗位培训班在北京举行，李明华为学员授课。

4月18—19日　2017年度全国档案科技项目立项评议会议在北京召开，付华出席会议。

4月22日　网络环境中的文件与档案信任研讨会在北京召开，付华出席会议。

5月4—5日　破产、关闭国有企业档案处置工作专题座谈会在江苏常州召开，付华出席会议。

5月6日　档案专业人员岗位培训班在北京举办，李明华为学员授课。

5月7日—11日　“保护与利用：数字时代东南亚文献遗产”研讨会在马来西亚召开，李明华出席活动。

5月8日　“档案规范化管理培训班”在北京举办，胡旺林为学员授课。

5月9日　档案标准化委员会第25次年会在北京召开，王绍忠出席会议。

5月10—12日　“中介服务管理研讨会”在云南昆明举办，付华出席会议。

5月16—17日　电子公文归档规范讨论会在北京举办，付华出席会议。

5月21—25日　中俄档案合作分委会第一次会议、“大数据时代与档案工作”研讨会、中俄“丝路”档案展开幕式在江苏苏州召开，李明华、王绍忠出席活动。

6月5日　全国档案安全工作会议在天津召开，李明华出席会议并讲话，王绍忠主持会议。

6月6日　中央企业协作组组长会议在北京召开，付华出席会议。

6月12—17日　第一期全国县级档案局长馆长培训班在北京举行，李明华出席结业式，王绍忠、付华为学员授课。

6月15日　国家重点档案保护与开发项目管理培训班在北京举办，刘鲤生出席培训班开班式。

6月19—24日　国际档案大会亚欧分会第十八次会议在亚美尼亚召开，刘鲤生率团参加。

6月21—23日　王绍忠接待印度尼西亚国家档案馆代表团赴陕西档案馆参观访问。

6月23日　李明华在中国第一历史档案馆会见立陶宛国家档案馆代表团，共同签署合作谅解备忘录。

6月26—30日　李明华率团出访捷克国家图书馆、保加利亚国家档案馆，签署合作谅解备忘录，进行档案业务工作交流。

6月27日　数字档案室现场经验交流会在北京召开，王绍忠出席会议并讲话。

7月4日　四川省档案领导干部文化建设培训班在北京举办，李明华为学员授课。

7月6日　满铁与七七事变主题档案展览开幕式在辽宁沈阳举行，王绍忠出席活动。

7月5—8日　海峡两岸档案暨缩微学术交流会在甘肃敦煌举行，付华出席会议。

7月11日　世界记忆项目北京学术中心启动仪式暨“中国与世界记忆项目”论坛在中国人民大学举行，李明华出席活动。

7月16—19日　农业农村档案工作会议暨档案工作规范化管理整县推进现场会在甘肃兰州召开，付华出席会议。

7月18日　《中央档案馆藏侵华日本战犯笔供选编（第二辑）》新书发布会在中国人民抗日战争纪念馆举行，王绍忠出席发布会并致辞。

7月18—21日 联合国教科文组织世界记忆项目亚太地区委员会执行局会议在日本召开，李明华率团参加。

7月24—29日 全国档案县级档案局长馆长培训班在北京召开，李明华出席开班式并授课。

7月28日 河南省精准扶贫档案工作现场会在信阳市光山县召开，李明华出席会议并讲话。

7月27—28日 2017年度国家档案局优秀科技成果奖评审会在北京召开，付华出席会议。

8月15日 国家重点档案保护与开发项目专家咨询委员会会议在北京举行，李明华、王绍忠、刘鲤生出席会议。

8月16—18日 电子会计档案管理研讨会在河北石家庄召开，付华出席会议。

8月28日 企业电子文件归档和电子档案管理中期检查会议在北京召开，付华出席会议。

9月1日 大数据环境下政务信息的归档与管理研讨会在北京召开，付华出席会议。

9月1—21日 第九期档案领导干部培训班在中国浦东干部学院举办，李明华为学员授课。

9月5—7日 全国民国档案文件级目录著录与采集业务工作研讨会在哈尔滨举行，王绍忠出席会议。

9月13日 由中国国家档案局、俄罗斯联邦档案署联合举办的“锦瑟万里，虹贯东西——中俄‘丝绸之路’历史档案展”在深圳开展，李明华出席开幕式。

9月18—23日 第三期全国县级档案局长馆长培训班在四川成都举办，李明华为学员授课。

9月19—20日 2017年全国青年档案工作者学术论坛在杭州召开，付华出席论坛。

9月19—21日 丝绸之路文化博览会之中国档案珍品展在甘肃敦煌开展，刘鲤生出席开展式。

9月20—23日 中国档案第十六次宣传工作会议在江苏无锡召开，胡旺林出席活动。

9月21日 “中蒙关系1946—2016”档案展开幕式在北京市档案馆举行，李明华、王绍忠出席活动。

9月21日 2017年全国档案科技管理暨科技成果推广会议在北京召开，付华出席会议。

11月5—9日 “会计档案管理办法培训班”在福建厦门举办，刘鲤生出席开班式。

11月9日 “学习贯彻党的十九大精神 推进档案开放利用服务高峰论坛”在湖北长沙举行。

11月6—9日 国际档案理事会东亚地区分会第13次会议暨数字格式文献遗产的选择和保护研讨会在贵州贵阳举行，李明华、付华出席会议。

11月8—10日 第23届中国纪录片学术盛典暨第4届深圳青年影像节在深圳举行，王绍忠出席活动。

11月21—25日 中国档案资讯网指导委员会会议暨新媒体应用经验交流会在四川成都召开，美丽乡村建设档案工作项目验收会在浙江杭州召开，付华出席会议。

11月23—30日 第9期档案领导干部培训班在中央党校举办，李明华为学员授课。

11月27—29日 2017年国际档案理事会年会在墨西哥举办，胡旺林率中国档案代表团参会。

12月11日 《世界记忆名录——南京大屠杀档案》影印本（南京出版社2017年12月版）、《拉贝日记》影印本（江苏人民出版社2017年12月版）新书首发式在江苏南京举行，李明华出席首发式。

12月14日 召开国家重点档案保护与开发项目保护中心项目评审会。

12月27日 2017年度全国档案局长馆长会议在北京召开，陈世炬出席会议并讲话，李明华作工作报告，胡旺林、王绍忠、付华、刘鲤生出席会议。

12月28日 2018年副省级以上综合档案馆业务建设评价工作动员会在北京召开，李明华、王绍忠出席会议。